D1539640

Grand Livre

PHP 4 & MySQL

<u>www.microapp.com</u>

Copyright

© 2000   Data Becker GmbH & Co KG
           Merowingerstr. 30
           40223 Düsseldorf

© 2000   Micro Application
           20-22, rue des Petits-Hôtels
           75010 Paris

1ere Édition - Août 2000

Auteurs   G.A. LEIERER et R. STOLL

Traduction   Samy BOUTAYEB

Toute représentation ou reproduction, intégrale ou partielle, faite sans le consentement de MICRO APPLICATION est illicite (Loi du 11 Mars 1957, article 40, 1er alinéa).
Cette représentation ou reproduction illicite, par quelque procédé que ce soit, constituerait une contrefaçon sanctionnée par les articles 425 et suivants du Code Pénal.
La Loi du 11 Mars 1957 n'autorise, aux termes des alinéas 2 et 3 de l'article 41, que les copies ou reproductions strictement réservées à l'usage privé du copiste et non destinées à l'utilisation collective d'une part, et d'autre part, que les analyses et les courtes citations dans un but d'exemple et d'illustration.

Avertissement aux utilisateurs   Les informations contenues dans cet ouvrage sont données à titre indicatif et n'ont aucun caractère exhaustif.
Elles ne sauraient engager la responsabilité de l'éditeur.
La société MICRO APPLICATION ne pourra être tenue pour responsable de toute omission, erreur ou lacune qui aurait pu se glisser dans cet ouvrage ainsi que des conséquences, quelles qu'elles soient, qui résulteraient de l'utilisation des informations et indications fournies.

ISBN : 2-7429-1864-7
REF. DB : 442043

Tous les produits cités dans cet ouvrage sont des marques déposées de leur société respective.

En couverture : photo (c) 1997 Photodisc, Inc.

MICRO APPLICATION
20,22 rue des Petits-Hôtels
75010 PARIS
Tél. : (01) 53 34 20 20 - Fax : (01) 53 34 20 00
http://www.microapp.com

Support technique :
Tél. : (01) 53 34 20 46 - Fax : (01) 53 34 20 00
E-mail : info-ma@microapp.com

Avant-propos

La collection *Grand Livre* s'adresse aussi bien aux débutants qu'aux utilisateurs chevronnés. Sans négliger les aspects théoriques, nous donnons toujours priorité à la pratique, afin que vous puissiez rapidement être autonome. Pour vous permettre de tirer un profit maximum de la somme d'informations contenue dans ce livre, nous mettons à votre disposition différents outils.

Le **cours express** : le premier chapitre des *Grand Livre* est conçu sous la forme d'une présentation globale du domaine abordé. Il vous permettra d'être rapidement productif avant de perfectionner vos connaissances dans les chapitres suivants.

- Les **Ateliers pratiques** : les *Grand Livre* fournissent des solutions concrètes à des problèmes pratiques. Telle est la vocation des *Ateliers pratiques* qui décrivent, pas à pas, la mise en œuvre d'une technique particulière.

- Le **SuperIndex** : aussi exhaustif que possible, ce SuperIndex vous permettra de retrouver facilement et rapidement l'information qui vous manque.

Conventions typographiques

Afin de faciliter la compréhension des techniques décrites, nous avons adopté les conventions typographiques suivantes :

- **gras** : menu, commande, boîte de dialogue, bouton, onglet.
- *italique* : zone de texte, liste déroulante, case à cocher, bouton radio.
- `Police bâton` : instruction, listing, adresse Internet, texte à saisir.
- ➡ : dans les listings, indique un retour à la ligne volontaire dû aux contraintes de la mise en page.

Au cours de votre lecture, vous rencontrerez les encadrés suivants :

Propose des trucs pratiques.

Met l'accent sur un point important, souvent d'ordre technique, qu'il ne faut négliger à aucun prix.

Vous recommande une technique ou une marche à suivre.

Il s'agit d'informations supplémentaires relatives au sujet traité.

Fait référence à un chapitre du Grand Livre où vous trouverez des informations complémentaires.

Fait référence à un fichier ou programme du CD d'accompagnement.

Reportez-vous au site indiqué pour obtenir plus d'informations.

Donne la définition d'un terme technique rencontré dans le texte.

Introduction

Rien de plus éphémère qu'un bon site web. Ce qui, hier encore, était "actuel" devient rapidement dépassé. Pour qui ne souhaite pas modifier sans cesse le code HTML de son site web, il devient nécessaire d'envisager la mise en œuvre de nouvelles stratégies.

Préalables à l'utilisation de cet ouvrage

La solution à ce problème réside dans le concept des pages web dynamiques générées à partir de bases de données : le code HTML de la page est automatiquement généré par un langage de script côté serveur tandis que les contenus actualisés sont appelés à partir d'une base de données à laquelle les pages sont liées.

Ce mécanisme était jusqu'à présent réservé aux serveurs prenant en charge la technologie "Active Server Pages" (ASP) de Microsoft. Depuis l'introduction du langage de script PHP et du serveur de bases de données MySQL, il est devenu possible de créer des pages web dynamiques sous Linux, par exemple à partir d'Apache, le serveur web Open Source, numéro un de sa catégorie. Initialement conçu pour Linux, le serveur web Apache a été porté sous Windows9x/NT où il peut être utilisé gratuitement.

Quant à la base de données relationnelle MySQL, quelques arguments de poids parlent en faveur de son utilisation : elle fait partie des serveurs de bases de données les plus rapides pour Linux. Par ailleurs, elle est utilisable gratuitement dans ce système d'exploitation.

Chapitre 1

Le domaine : Internet et Intranet

PHP 4 & MySQL

1. Le domaine : Internet et Intranet

Il n'y a pratiquement aucun média qui ait autant influé sur notre comportement de communication, ces dernières années, qu'Internet et les réseaux privés de type Intranet qui se sont développés en relation avec le réseau Internet.

La mise en réseau de machines localisées sur toute la planète a rendu possible l'accès à des données situées sur des machines distantes, permettant ainsi à deux utilisateurs ou plus d'échanger rapidement des informations et des messages et de communiquer directement.

De fait, l'interconnexion à l'échelle de la planète de ces réseaux, en relation avec les innovations qui marquent les nouvelles technologies de l'information, dans de nombreux domaines ayant une incidence considérable sur notre culture, ont conduit à une complexité croissante.

Cette situation concerne tout d'abord le domaine de la communication, qui, du fait de l'interconnexion mondiale, a atteint un niveau de complexité sans cesse croissant.

D'après les enquêtes publiées par le NUA Internet Survey, on comptait en juin 1999 quelque 179 millions d'internautes dans le monde, sur la base de quelques 43,2 millions de nœuds de réseau interconnectés. Selon des estimations, le nombre d'internautes dépassera les 300 millions d'ici à l'an 2001.

Concrètement, cela signifie que l'administrateur d'un nœud de réseau aura théoriquement accès à 43,2 millions d'autres nœuds de réseau et qu'il pourra y accéder également, du fait de la structure à base de liens hypertextes propre au réseau Internet.

C'est ainsi que nous pouvons affirmer que les possibilités de communication offertes par les réseaux mondiaux de données ont atteint un niveau de complexité jamais vu, en raison des différents services Internet (transfert hypertexte, transfert de fichiers, d'informations, de messages électroniques), des zones de conversation virtuelles et des univers virtuels ainsi que des agents intelligents de recherche d'information.

Grâce aux utilitaires actuellement disponibles, l'élaboration de pages statiques destinées à ce média est à peine plus difficile que l'édition et la mise en page d'un document texte à partir d'un logiciel de traitement de texte récent. Pour qui crée son propre site à l'aide de générateurs HTML entièrement automatisés, il n'est pratiquement pas besoin de se préoccuper de considérations techniques.

Cependant, dès que l'on veut animer ces pages web en les rendant interactives et dynamiques, il est nécessaire d'avoir un minimum de notions sur la technologie Internet sous-jacente. C'est pour répondre à cette nécessité qu'ont été conçues les sections suivantes : rédigées sous une forme synthétique et sans prétention à l'exhaustivité, elles donnent une vue d'ensemble sur les origines d'Internet et ses principaux protocoles.

1.1. Internet aux origines

En 1968, le département de la Défense américain a réalisé des recherches sur la possibilité de connecter des ordinateurs à travers des réseaux grande distance (WAN). L'objectif était de garantir en cas de guerre la fiabilité des transmissions des informations de contrôle et de commandement, dans l'hypothèse où différentes parties de ce réseau auraient été mises hors d'état de fonctionner.

En 1969, sous la direction de l'Advanced Research Project Agency (ARPA), un organisme dépendant du département de la Défense américain, ces recherches ont été intensifiées. L'ARPA a mis en place un premier réseau de transmission par paquets à travers des lignes louées. Les ordinateurs hôtes ont ainsi pu communiquer par l'intermédiaire de 4 nœuds de réseau installés dans les universités californiennes de Los Angeles (UCLA) et de Santa Barbara (UCSB), à l'Université de l'Utah ainsi qu'au Stanford Research Institute (SRI).

En même temps, des protocoles étaient développés afin de permettre l'établissement de connexions logiques avec des machines distantes, par l'intermédiaire de routeurs. En 1972, le réseau ARPANET disposait de 20 nœuds de communication et de 50 hôtes. Les premiers services disponibles étaient des liaisons entre terminaux ainsi que des services de transfert de fichiers, qui présentaient déjà une grande similitude avec les services Internet actuels TELNET et FTP.

En 1974, Vincent Cerf (Stanford University) et Robert Kahn (DARPA) présentaient pour la première fois les bases de l'architecture TCP/IP. L'objectif de cette architecture était l'indépendance des liaisons par rapport à l'architecture utilisée par les réseaux et les ordinateurs hôtes, ainsi que la possibilité de communiquer à travers différents réseaux. Le TCP/IP s'est alors établi comme standard.

Dès 1983, la Defense Communication Agency (DCA) du département de la Défense américain assuma la direction du réseau ARPANET et transféra la partie militaire de ce réseau au MILNET. Ce sous-réseau a été séparé du reste du réseau, qui a continué à porter le nom ARPANET, par des passerelles sévèrement contrôlées. Au milieu des années 80, le réseau ARPANET a fusionné avec le NSFNET (un réseau de la fondation américaine National Science Foundation).

Dès lors, de plus en plus de réseaux se sont connectés à ce réseau et le nom Internet est apparu pour désigner ce réseau de réseaux. En 1990, le réseau Internet était constitué de 3 000 sous-réseaux et de plus de 200 000 ordinateurs hôtes.

1.2.   Les protocoles Internet

Le modèle d'architecture TCP/IP

À la base de la structure logique d'Internet se trouve la famille de protocoles TCP/IP et le modèle d'architecture de communication entre ordinateurs sur quatre couches, qui constitue une forme simplifiée du modèle OSI (Open Systems Interconnection) à 7 couches, qui fut développé et complété par l'ISO (Organisation internationale de standardisation).

Dans le modèle à 4 couches, développé par Cerf et Kahn, sur l'initiative du département de la Défense américain, chaque couche met ses services à la disposition de la couche supérieure et fait appel aux services de la couche inférieure. Chaque couche se base sur les services de la couche inférieure, sans savoir comment celle-ci mène à bien ce service. Le flux de données est vertical.

La communication logique intervient entre les couches de même niveau des ordinateurs communiquant entre eux. Elle fait appel à des règles (appelées protocoles) destinées à coordonner la communication.

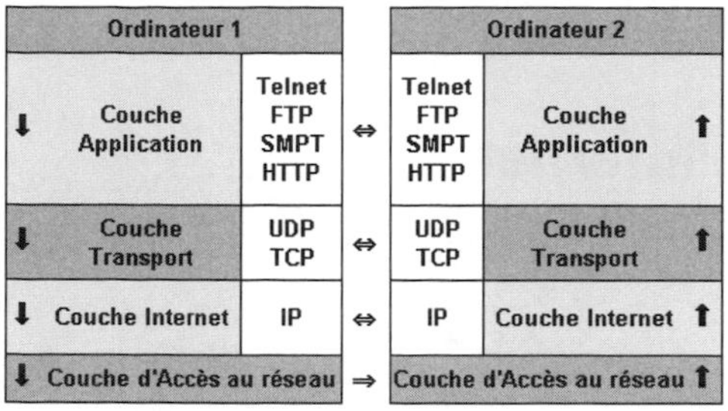

◀ Fig. 1.1 :
Le modèle d'architecture à quatre couches organisant la communication entre ordinateurs

La communication entre les applications de la couche Application de l'ordinateur 1 et celle de l'ordinateur distant 2 se déroule comme suit : les données parcourent de haut en bas les différentes couches de l'ordinateur local, chaque couche réémettant celles qu'elle a reçues, auxquelles elle ajoute un en-tête (header) comportant ses propres informations de contrôle.

Du côté de l'ordinateur distant, les paquets de données suivent le même chemin de bas en haut. Chaque couche retire à cette occasion l'en-tête qui lui est destiné et transmet les données à la couche supérieure.

La couche d'accès au réseau

La couche inférieure, la couche d'accès au réseau, se contente de définir que l'hôte doit se connecter au réseau à l'aide d'un protocole, afin de transmettre des paquets IP par ce canal. Les protocoles utilisables sont notamment Ethernet, FDDI, ISDN, etc. La transmission physique peut passer par des médias très différents, tels que les câbles coaxiaux en cuivre, les câbles en fibre de verre ou encore les liaisons radio directionnelles.

La couche Internet

La couche Internet est destinée à permettre aux ordinateurs hôtes d'envoyer des paquets sur un réseau quelconque, de piloter le mécanisme d'adressage et de choisir un itinéraire. La communication entre les différents réseaux passe par des routeurs. Il s'agit de machines configurées exprès pour organiser l'acheminement des paquets de données.

Les différents paquets peuvent être acheminés jusqu'à l'hôte d'arrivée, indépendamment les uns des autres. La conséquence est que les paquets n'arrivent pas à destination dans l'ordre dans lequel ils ont été envoyés. Dans ce cas, il revient aux couches hautes de rassembler ces paquets.

La couche Transport

La couche Transport est située immédiatement au-dessus de la couche Internet. Elle est chargée d'établir une liaison de transport entre deux processus s'exécutant sur différentes machines. Deux protocoles correspondant à cette couche ont fait l'objet d'une normalisation : le Transmission Control Protocol (TCP) et l'User Datagram Protocol (UDP).

La couche Application

Située au-dessus de la couche Transport, la couche Application constitue l'interface avec l'utilisateur. Elle regroupe toute une série de protocoles de haut niveau. Les premiers standards à avoir été définis concernaient le transfert de fichiers (FTP), l'accès aux terminaux virtuels (TELNET) et la messagerie électronique (SMTP). Par la suite, d'autres protocoles sont venus s'ajouter (par exemple le protocole HTTP).

Les protocoles de la couche Internet

Le protocole IP

Les fonctions du protocole IP

Le protocole IP met à la disposition des couches supérieures les services suivants :

- adressage (adresse IP) des nœuds du réseau ;
- service de datagramme ;
- fragmentation des paquets de données ;
- sélection des paramètres de transmission.

Le protocole IP (IP) situé dans la couche Internet est responsable du transport des paquets de données d'un hôte à un autre et peut de ce fait être également rattaché à la couche 3 du modèle ISO/OSI (couche Réseau).

Les ordinateurs hôtes participant à cette communication peuvent appartenir au même réseau ou à des réseaux physiques distincts connectés par l'intermédiaire de routeurs.

Contrairement au protocole TCP orienté autour des flux de données et des connexions, le protocole IP transmet les données par le biais de communications sans connexion prenant la forme de paquets de données, connus sous le nom de datagrammes dans la terminologie TCP/IP.

Les données sont envoyées par le réseau sous forme de petits paquets. Dans le réseau, les différents paquets de données, qui comportent chacun l'adresse complète du destinateur, atteignent leur destination en empruntant des voies distinctes et dans un laps de temps qui leur est propre. Du fait des différences d'architecture réseau qu'ils peuvent rencontrer en chemin, les paquets doivent souvent être à nouveau fragmentés.

Le protocole IP reçoit les données des couches de protocoles situées au-dessus de lui. Ces données sont décomposées en paquets et sont assorties d'un en-tête IP. Cet en-tête comporte toutes les données requises pour l'envoi des paquets via Internet.

Le protocole IP réalise le mécanisme d'adressage requis. Chaque machine accessible par l'intermédiaire du réseau doit disposer d'une adresse IP unique de 32 bits.

L'adresse IP

Une adresse IP est formée de deux parties, l'adresse du réseau et l'adresse de la machine. En notation décimale, une adresse IP est constituée de 4 octets séparés par des points, 1 octet correspondant à 8 bits de l'adresse qui en totalise 32. La plus petite adresse IP est 0.0.0.0 et la plus grande 255.255.255.255.

La partie réseau de l'adresse IP correspondant au réseau désigne le réseau. Toutes les machines d'un même réseau ont en commun cette partie réseau. Selon la classe du réseau, la limite entre la partie réseau et la partie hôte est située après le premier, le deuxième ou le troisième octet. La partie réseau de l'adresse IP est destinée à identifier une machine donnée au sein du réseau.

On distingue 5 classes d'adresses (classes A, B, C, D et E). Les classes D et E ne sont utilisées qu'à des fins de test et n'ont pas d'intérêt pour des usages courants.

	Classe	1er octet	2ème octet	3ème octet	4ème octet	Plage
A	Adresse IP	0-127	0-255	0-255	0-255	de 1.0.0.0 à 127.0.0.0
	Serveurs					128
	Hôtes					16.777.214
	Partie réseau					Partie hôte
B	Adresse IP	128-191	0-255	0-255	0-255	de 128.0.0.0 à 191.255.0.0
	Serveurs					16.384
	Hôtes					65.534
	Partie réseau					Partie hôte
C	Adresse IP	192-223	0-255	0-255	0-255	de 192.0.0.0 à 223.255.255.0
	Réseaux					2.097.152
	Hôtes					256
	Partie réseau					Partie hôte

◀ Fig. 1.2 :
Classes de réseaux, adresses IP et parties réseau et hôte

Comme il est difficile de mémoriser les adresses IP, des noms symboliques ont été introduits pour leurs réseaux et machines. L'espace des noms est structuré hiérarchiquement. La racine de l'arborescence est représentée par un point.

Au niveau suivant se trouvent les domaines de niveau supérieur, par exemple `fr` pour la France. Cette indication est suivie d'un point puis du nom symbolique du réseau, ou de ses sous-réseaux. Dans l'exemple suivant, cela correspond à `.rds`. Pour finir, nous avons tout en bas de la hiérarchie le nom symbolique de la machine, par exemple `.rds586`.

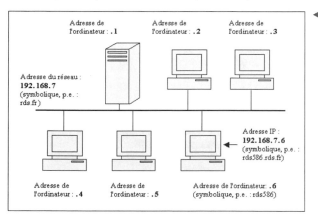

◀ Fig. 1.3 :
Exemple d'un réseau de classe C dans le domaine d'adresses réservé aux Intranet

Les domaines de niveau supérieur

Les missions de l'AFNIC (http://www.nic.fr/)

■ l'établissement d'un plan de dénomination ou nommage de la zone ".fr", conformément à la loi française ;

■ la mise en œuvre du plan de nommage et la diffusion des informations sur le nommage ;

■ l'exploitation de serveurs de noms d'accès à Internet pour la zone ".fr" ;

■ le transfert, au plan national et international, des connaissances et des savoir-faire acquis.

La gestion des domaines de niveau supérieur est assurée au niveau national par les organismes compétents en la matière.

L'organisme compétent pour la France est l'AFNIC (Association française pour le nommage Internet en coopération, `http://www.nic.fr/`). L'AFNIC est une association loi 1901 (à but non lucratif). Elle a été créée en décembre 1997 par l'INRIA et par les ministères chargés des Télécommunications, de l'Industrie et de la Recherche. L'AFNIC réunit tous les acteurs, publics ou privés, concernés par le développement d'Internet et par son utilisation : fournisseurs d'accès à Internet (FAI), utilisateurs, organisations internationales ou francophones.

On distingue entre les domaines de niveau supérieur géographiques et ceux relatifs à des organisations. Les codes géographiques de pays sont formés de deux lettres définies dans la norme ISO 3166. En plus de ces codes, il existe aux USA des domaines de niveau supérieur se rapportant à des organisations et à des institutions.

▼ Tab. 1.1 : Domaines de niveau supérieur géographiques (exemples)

Domaine	Description
`.AT`	Autriche
`.AU`	Australie
`.CA`	Canada
`.CH`	Suisse
`.DE`	Allemagne
`.DK`	Danemark
`.FR`	France
`.NL`	Pays-Bas

▼ Tab. 1.2 : Domaines de niveau supérieur d'organisations

Domaine	Description
`.NET`	Fournisseurs d'accès à Internet
`.GOV`	Institutions gouvernementales aux USA
`.COM`	Société commerciale
`.EDU`	Établissements d'enseignement et de formation aux USA
`.MIL`	Institutions militaires aux USA
`.ORG`	Organisations non commerciales

Le service de noms de domaines (DNS)

Le service de noms de domaines (DNS, Domaine Name Service) a été introduit afin de gérer les domaines. Il fonctionne sur le principe de zones. Une zone commence à un nœud dans l'arborescence DNS et englobe toutes les branches des niveaux inférieurs. Un serveur de noms peut déléguer l'autorité sur une sous-zone à un autre serveur de noms. Les serveurs de noms connaissent les serveurs de noms voisins, situés aux niveaux immédiatement inférieurs et supérieurs. Pour des raisons de sécurité il existe dans chaque zone au moins deux serveurs de noms actifs.

Le routage sous Internet

Les fonctions des routeurs

- les routeurs sont chargés de rediriger le flux de données d'un réseau physique vers un autre, lorsqu'un hôte appartenant à un réseau physique doit communiquer avec un hôte appartenant à un autre réseau physique ;
- la fonction de routage peut être réalisée par un hôte normal et par le logiciel de routage correspondant, ou bien par des dispositifs conçus pour cette tâche.

Les routeurs assument sur Internet la tâche de relier les réseaux entre eux. Les routeurs échangent entre eux des paquets d'informations de routage. L'itinéraire suivi par les paquets de données est enregistré dans une table de routage.

Lorsqu'un paquet de données doit être envoyé à un autre réseau, il doit tout d'abord être envoyé à un routeur. Pour ce faire, la machine doit connaître une adresse de routeur.

Selon la configuration des machines impliquées, plusieurs stratégies de routage sont envisageables. Le routage statique implique pour chaque réseau d'enregistrer les routes alternatives correspondantes et possibles dans une table de routage destinée à cet effet.

Dans le routage par défaut, une seule adresse de routage est enregistrée dans la table de routage de la machine. Ce routeur par défaut, qui définit pour sa part la suite de l'itinéraire emprunté par le paquet de données pour atteindre le réseau de destination, se fait envoyer tous les paquets destinés à un autre réseau.

Contrairement aux deux possibilités dont il vient d'être question, le routage dynamique consiste à échanger les paquets d'informations de routage, tant entre les routeurs entre eux qu'entre les routeurs et les hôtes. Des protocoles de passerelle, tels que le protocole d'information de routage RIP (Routing Information Protocol), veillent à ce qu'au sein des domaines de routage les différents routeurs connaissent les chemins entre les réseaux.

Les protocoles de la couche Transport

Le protocole de contrôle de transmission (TCP)

Le protocole de contrôle de transmission (TCP, Transmission Control Protocol) est le protocole de transport intéressant les connexions. Situé au-dessus du protocole IP, il appartient à la couche 4 (couche Transport) du modèle ISO/OSI. Il correspond à la spécification Military Standard (MIL-STD) 1778 et s'appuie directement sur le protocole Internet (IP).

Le protocole TCP constitue un service de transmission de données en duplex, intéressant les connexions et séquentiel. Le fait que les données perdues, dupliquées ou présentées dans le désordre soient détectées et corrigées confère à ce protocole un niveau de fiabilité qui fait défaut au protocole IP.

> **Les fonctions du protocole TCP**
>
> - connexion et déconnexion de bout en bout entre des applications adressées ;
> - détection et réparation d'erreurs de bout en bout à l'aide de sommes de contrôle ;
> - contrôle de flux de bout en bout ;
> - sequencing ;
> - transfert de flux de données ;
> - contrôle de flux de données.

Par l'entremise d'un programme de la couche Application, le protocole TCP est chargé d'établir une liaison. Le protocole TCP reçoit un flux de données comportant les données du programme de l'utilisateur, les décompose en segments pouvant atteindre une taille de 64 Ko et attribue un en-tête spécifique à chacun de ces segments.

Ces segments d'une taille maximale de 64 Ko transportés d'un port de protocole TCP à un autre ne doivent pas être confondus avec les paquets de données (datagrammes) de la couche Internet. En effet, la structure formée de segments de données est traitée par les processus utilisateurs comme un flux continu d'octets de données.

Après cela, les segments sont transmis au protocole Internet (IP), qui est chargé de créer les différents datagrammes (fragmentation) et de les envoyer.

À la réception des datagrammes chez le destinataire et après la suppression des en-têtes, ceux-ci sont transmis à nouveau au protocole TCP, qui est responsable du traitement des segments, du contrôle d'erreurs et de ce qu'ils soient bien transmis dans le bon ordre (sequencing) sous forme de flux de données continu adressé à un programme de la couche Application.

Les ports et les sockets

> **Les fonctions des sockets**
>
> - Dans la terminologie TCP/IP, un socket est un tuple de forme <adresse IP, port>, formé à partir de l'adresse IP d'une machine et du numéro de port caractéristique d'un service donné.
> - Les sockets sont réalisés par un système d'exploitation prenant en charge le protocole TCP/IP au moment de l'établissement de la connexion. Ils peuvent être utilisés par les programmes ainsi que pour accéder à des fichiers.
> - Les sockets peuvent être ouverts et fermés.
> - Il est possible d'y lire ou d'y écrire des données.

Le paquet de données IP est routé vers le bon destinataire à l'aide de l'adresse IP. À partir de là, il doit être transmis au bon processus d'application. Lorsqu'il est parvenu à la machine de destination, un contrôle intervient à l'aide du numéro de protocole figurant dans l'en-tête de l'adresse IP, et indiquant à quel protocole de transport les données ont été transmises.

Le numéro 6 correspond au protocole TCP, le numéro 17 au protocole UDP. Le protocole de transport doit transmettre les données au bon processus d'application.

Celui-ci est identifié à l'aide du numéro de port indiqué dans l'en-tête du segment TCP. La combinaison formée du numéro de port et de l'adresse IP est désignée sous le nom de socket : ainsi un processus de communication est défini de façon unique par un socket formé de deux valeurs.

Les numéros de ports sont sur 16 bits, permettant ainsi de réaliser jusqu'à 60 535 ports distincts.

Pour mieux comprendre la fonction des numéros de ports, vous pouvez imaginer à titre de comparaison le système téléphonique ou une installation téléphonique : les numéros de ports correspondent aux numéros d'appel d'installations privées automatiques (sélection), l'adresse du réseau correspondant à l'indicatif local et l'adresse de l'hôte correspondant au numéro d'appel du central.

Des numéros de port fixes ont été réservés pour certains processus d'application fréquemment utilisés. Ainsi, le port 80 est réservé pour le Web, tandis que les ports 20 et 21 correspondent au protocole FTP, le port 23 au protocole Telnet et le port 110 au protocole POP3 (Post Office Protocol).

Les protocoles de la couche Application

Le protocole de transfert hypertexte (HTTP)

Le protocole de transfert hypertexte (HTTP, Hypertext Transfer Protocol) a été développé en vue de l'échange de documents *.html*. Il existe sous deux versions, la version 1.0 et la version 1.1. Bien que cette dernière version, plus récente, soit prise en charge par la plupart des navigateurs (à compter de la version 4), elle n'est pas disponible sur tous les serveurs HTTP.

Le protocole HTTP est basé sur le protocole TCP/IP et règle la communication entre le serveur web et le client web. Le protocole HTTP définit le format, le contenu et l'ordre des messages échangés entre le client et le serveur. Comme tous les messages sont échangés sous forme de chaînes de caractères ASCII, le protocole HTTP est largement multi-plate-forme.

Le protocole HTTP est un protocole sans connexion. Autrement dit, le serveur et le client terminent le processus à l'issue de chaque commande. Pour chaque nouvelle commande intervenant dans la suite du processus de communication, ils lancent un nouveau processus indépendamment du contenu des messages de statut transmis.

La communication entre client et serveur web intervient selon le protocole HTTP de la manière suivante : le client web envoie un message de requête au serveur web. Ce dernier y répond par un message de réponse. Le protocole HTTP organise la structure de ces messages. Fondamentalement, tous les messages HTTP sont formés d'une série d'en-tête ainsi que, séparé par une ligne blanche, du contenu à proprement parler.

Lors de l'envoi d'un message de requête, une connexion TCP/IP est établie avec le serveur web. Si celui-ci peut fournir la page demandée, le document est retourné par la même connexion, qui est ensuite refermée.

Structure d'une requête HTTP

La requête est formée d'une URL, de l'élément `Method-Token`, des informations d'en-tête (`Header`) ainsi que d'un `Entity-Header` avec les données à émettre. La structure d'une requête est subdivisée en trois segments :

▼ Tab. 1.3 : Segments d'une requête HTTP

Segment	Description
Ligne de statut	Comporte le `Method-Token`.
Header	Comporte les en-têtes `General-Header`, `Request-Header` et `Entity-Header`.
Entity-Body	Comporte les données à transférer.

L'élément `Method-Token` décrit la méthode à appliquer au document. Les méthodes suivantes sont possibles :

▼ Tab. 1.4 : Recueil de méthodes HTTP

Méthode HTTP	Description
GET	Demande au serveur un document référencé par une URL.
HEAD	Fait en sorte que seule la partie `<HEAD>` du document *.html* soit transmise (par exemple dans les moteurs de recherche).
PUT	Fait transférer et enregistrer sous une URL indiquée sur le serveur web les données figurant dans l'élément `Entity-Body`.
DELETE	Supprime un document.
POST	Transmet des informations figurant dans l'élément `Entity-Body` au processus du serveur (interface CGI).
LINK	Établit une relation entre deux documents web. La méthode n'est pas spécifiée plus précisément et n'est pratiquement pas employée.
UNLINK	Annule une relation créée par la méthode `LINK` entre deux documents *.html*. La méthode n'est pas spécifiée plus précisément et n'est pratiquement pas employée.

▼ Tab. 1.5 : En-têtes d'une requête HTTP

Header	Description
General-Header	Informations générales, telles que les informations concernant le cache (`max-age`, `no-cache`, `only-if-cached`, etc.), la date de `Request` et de `Response` (y compris la zone horaire), les serveurs intermédiaires (champ `Forwarded`).

1

Le domaine : Internet et Intranet

▼ Tab. 1.5 : En-têtes d'une requête HTTP	
Header	**Description**
Request-Header	Informations sur les formats de fichiers, les jeux de caractères, les langues (champs Accept), les indications sur les droits d'accès aux fichiers (champ Authorization), les indications destinées au serveur de cache proxy (champ If-Modified-Since), etc.
Entity-Header	Informations sur les données transférées dans le segment Entity-Body, telles que des informations sur les méthodes utilisables sur le document référencé (champ Allow), indications donnant des informations sur la longueur, le type et l'encodage des données à transmettre (champs Content), indications sur la date de modification du document (champ Last-Modified), etc.

Les données prévues dans la perspective du transfert figurent dans le segment Entity-Body. En tout état de cause, celui-ci est cependant vide lors d'une requête HTTP.

Structure d'une réponse HTTP

La structure d'une réponse HTTP est analogue à celle d'une requête HTTP. Elle comporte en plus une ligne de statut (Status-Line) et segment Entity-Body, qui comporte le document à transférer.

L'élément Status-Line est constitué, dans une réponse HTTP, du code de statut (Status-Code) et du texte Reason-Phrase qui comporte un bref commentaire sur le code de statut.

Les différents codes de statut et leur signification sont indiqués dans le tableau suivant :

▼ Tab. 1.6 : Récapitulatif des codes de statut d'une réponse HTTP		
Code	**Message**	**Signification**
200	OK	La méthode demandée a été exécutée avec succès et une réponse valide se trouve dans le reste du message Response.
201	Created	Le message confirme la création de nouvelles pages côté serveur. En plus de cela, l'URL de la nouvelle page est retournée avec l'en-tête URI.
202	Accepted	Lorsque des méthodes ne peuvent être exécutées immédiatement par le serveur, ce statut en assure l'exécution ultérieure.
203	Provisional Information	Lorsque les méthodes GET ou HEAD sont exécutées par un proxy, celui-ci peut noter des informations complémentaires dans les en-têtes.
204	No Content	La méthode demandée a été exécutée avec succès ; cependant, comme le reste du message Response ne comporte pas de réponse, le navigateur n'a pas besoin de modifier l'affichage courant.
300	Multiple Choices	Le serveur peut lire l'information demandée à partir de différents fichiers. Le client doit sélectionner le fichier à partir d'une liste de fichiers possibles.
301	Moved Permanently	La page demandée a été déplacée à un autre endroit. La nouvelle URL a été notée dans URI et Location.
302	Moved Temporarily	La page demandée a été déplacée temporairement à un autre endroit. Le client ne doit pas modifier les liens.

▼ Tab. 1.6 : Récapitulatif des codes de statut d'une réponse HTTP		
Code	Message	Signification
304	Not Modified.	Dans le cas où l'en-tête If-Modified-Since a été modifié dans la méthode GET, le serveur retourne ce code de statut dans le cas où la page concernée n'a pas été modifiée après la date indiquée dans l'en-tête.
400	Bad Request	La syntaxe de la requête était inexacte. Celle-ci n'a pas pu être exécutée.
401	Unauthorized	Le fichier demandé est envoyé après l'envoi d'un mot de passe. Le serveur demande au client, par l'intermédiaire de la méthode WWW-Authenticate, d'utiliser une procédure particulière pour les mots de passe.
403	Forbidden	Le serveur refuse l'exécution sans indiquer de raison particulière.
404	Not Found	Le serveur ne peut exécuter la méthode car l'URL est introuvable.
405	Method Not Allowed	La méthode demandée n'est pas permise pour la page indiquée. Les méthodes autorisées sont retournées dans l'en-tête de la réponse Allow.
406	None Acceptable	Le serveur n'envoie pas l'information demandée parce que le client a indiqué, à l'aide des méthodes Accept et Accept-Encoding, qu'il n'est pas en mesure de les traiter.
408	Request Timeout	La requête n'a pas été complétée dans un laps de temps donné et l'exécution de la méthode n'a pas pu commencer.
409	Conflict	Un conflit qui se produit par exemple dans une méthode PUT, lorsque des modifications seraient perdues, suite à l'exécution d'une méthode.
410	Gone	La page demandée a été supprimée et le serveur ne dispose d'aucune information sur un nouvel emplacement.
500	Internal Server Error	Une erreur interne s'est produite au niveau du serveur.
501	Not Implemented	La méthode demandée ne peut pas être exécutée par le serveur car il ne la connaît pas.
502	Bad Gateway	Le serveur a dû accéder à une passerelle ou à un autre serveur pour traiter la méthode et a obtenu à cette occasion un message d'erreur.
503	Service Unavailable	Le serveur surchargé ne peut pas exécuter la méthode. L'en-tête Retry-After comporte l'indication du moment où la méthode peut être exécutée.
504	Gateway Timeout	Le serveur a dû accéder à une passerelle ou à un autre serveur pour traiter la méthode et n'a pas obtenu de réponse.

Le protocole de transfert de fichiers (FTP)

Le protocole FTP est spécifié dans la norme MIL-STD 1780. Il permet d'échanger des fichiers entre deux machines, indépendamment du système d'exploitation. Le protocole FTP est basé sur le protocole TCP. Il utilise le port 20 pour les transferts de données ou le port 21 pour les transferts de données de contrôle. Le client FTP a la possibilité de choisir entre différents formats de données (par exemple ASCII ou binaire).

Le protocole simple de transfert de courrier (SMTP)

Le protocole SMTP est un protocole simple basé sur FTP et destiné à l'échange de courrier électronique entre différentes machines. L'échange de messages électroniques assuré par le protocole SMTP se déroule de la façon suivante.

Le client SMTP établit une connexion TCP ou port 25 du serveur SMTP et attend la réaction du serveur. Le serveur SMTP envoie une ligne de texte par l'intermédiaire de laquelle il s'identifie et dans laquelle il indique s'il est prêt à recevoir des messages. En l'absence de réponse du serveur, la connexion établie par le client SMTP est interrompue.

Le protocole de bureau de poste (POP)

Le protocole POP est un protocole standard utilisé par les clients de messageries pour lire des informations provenant du serveur. Le protocole POP a été défini en 1984 parallèlement au protocole TCP/IP. Actuellement, ce protocole en est à la version 3 (POP3).

Un client de messagerie prenant en charge le protocole POP3 se connecte au serveur POP3 et déclenche le transfert des messages. Le protocole POP3 permet de déterminer si les messages lus doivent être conservés sur le serveur ou s'ils doivent être supprimés après avoir été transmis. Il est également possible de supprimer un message sans qu'il ait été précédemment transmis.

Le protocole d'accès aux messages électroniques (IMAP)

Le protocole IMAP est un protocole de messagerie étendu, dont les fonctionnalités sont supérieures au protocole POP3. Il a été développé afin de transmettre des messages selon les besoins. À la différence du protocole POP 3, le protocole IMAP permet de sélectionner les données à transmettre. Dans ce protocole, seules les lignes d'en-tête sont transmises initialement.

Par ailleurs, le protocole IMAP permet de mettre en place des boîtes aux lettres hiérarchiques directement sur le serveur. Il permet également d'accéder à différentes boîtes aux lettres lors d'une connexion.

Ce protocole permet au client de modifier le statut d'un message pour marquer des messages lus comme étant des messages non lus et inversement. De même, il permet d'enregistrer, de copier ou de supprimer des messages directement sur le serveur sans qu'ils aient été transférés vers le client. D'autres possibilités sont les options de recherche sur le serveur en vue de sélectionner des messages.

Telnet

Le protocole Telnet est défini dans la norme MIL-STD 1782. Il permet d'accéder aux machines connectées au réseau à une session de terminal. Pour ce faire, une connexion TCP est établie sur le port 23. Le protocole Telnet permet d'accéder aux ressources d'une machine distante, la machine du client faisant office de terminal.

L'interface de passerelle commune (CGI)

Les pages web générées dynamiquement à l'aide de formulaires ou de bases de données reliées exigent en règle générale l'exécution côté serveur de programmes intégrant le traitement de formulaires ou les données d'une base de données externe dans la page web.

L'interface créée à cet effet entre le serveur web et les programmes qui y sont localisés porte le nom de Common Gateway Interface (CGI).

La Common Gateway Interface contrôle l'appel et le passage de paramètres de programmes externes, les scripts CGI. Le passage des paramètres intervient conformément à la méthode HTTP sélectionnée lors de l'appel du programme CGI. Le serveur HTTP et le programme CGI appelé communiquent à travers toute une série de variables d'environnement définies dans la norme CGI. Ces variables comportent des informations sur le serveur HTTP et la requête générée par le client.

Le mécanisme sous-jacent à l'interface CGI est extrêmement simple : un client HTTP demande une page dont l'URL renvoie à un programme à exécuter par le serveur. Celui-ci se trouve dans un répertoire spécial qui est connu dans la configuration du serveur (par exemple, *cgi-bin*).

L'extension du fichier permet au serveur de reconnaître qu'il s'agit d'un programme ou d'un script qu'il doit exécuter. Le script génère un en-tête de réponse conformément au protocole HTTP, une ligne vide ainsi que le contenu de la réponse. La sortie du programme intervient sur la sortie écran qui est redirigée par le serveur vers le client HTTP.

Qu'est-ce que la variable QUERY_STRING ?

La variable QUERY_STRING figure à la suite de l'URL dont elle est séparée par un point d'interrogation. Elle comporte les paramètres à passer à un programme CGI et qui sont stockés dans la variable d'environnement QUERY_STRING.

Un script CGI peut être appelé par la méthode HTTP `GET` ou `POST`.

Dans la méthode `GET`, les paramètres à passer au script CGI, séparés par un point d'interrogation, sont inscrits à la suite de l'URL de la requête du client.

La deuxième possibilité de passer des données à un script CGI fait appel à la méthode `POST`. Dans cette méthode les données figurant dans l'élément `Entity-Body` sont passées au serveur web et sont redirigées vers le script CGI à travers l'entrée standard.

Différents langages de programmation peuvent être utilisés dans le script. Il peut s'agir d'un programme C compilé, d'un script pour l'interpréteur PHP, configuré comme un programme CGI, d'un script Perl ou de tout autre programme exécutable.

Un script CGI peut générer des documents dans différents formats (*.html*, etc.). Pour que le client à qui le document généré est destiné sache de quel type il s'agit, le script CGI génère un en-tête précédant les données à proprement parler. Cet en-tête est constitué de lignes de texte utilisant le format précédemment décrit de l'en-tête HTTP. Il s'achève par une ligne vide.

Comme indiqué ci-dessus, chaque en-tête est constitué d'au moins deux lignes qui sont requises dans chaque script. La première ligne spécifie le type MIME du document, par exemple :

`Content-Type: text/html`

Dans la mesure où le script génère un lien vers un autre document, la première ligne comporte l'indication `Location` de ce document, par exemple :

`Location: http://www.microapp.com/Index.htm`

La deuxième ligne est une ligne vide séparant l'en-tête des données utiles.

Chapitre 2

L'environnement de travail : mise en place et configuration

2. L'environnement de travail : mise en place et configuration

Nous décrirons dans le présent chapitre l'environnement de travail requis d'une part pour le développement de pages web dynamiques connectées à des bases de données utilisant PHP et MySQL, et d'autre part pour leur publication sur serveur web sur Internet ou en Intranet.

Les composantes de l'environnement de travail

- Système d'exploitation
  - Linux ou
  - Windows 9x ou
  - Windows NT
- Serveur web
  - Apache ou
  - autre serveur web
- PHP3 /PHP4
  - PHP sous forme de module de serveur web ou
  - PHP sous forme de programme CGI
- MySQL
  - MySQL sous Linux ou
  - MySQL sous Windows
- Outils d'administration pour MySQL
  - phpMyAdmin (client web) ou
  - myAdmin (client Windows)

Pour que de telles pages puissent être publiées sur Internet, il est tout d'abord nécessaire que PHP soit installé sur le serveur web de votre fournisseur d'accès à Internet (FAI). La première solution consiste à utiliser PHP sous forme de programme CGI. Cependant, la solution de loin la meilleure consiste, pour le FAI, à utiliser le serveur web Apache et à installer PHP comme module Apache.

Il est par ailleurs nécessaire que le serveur de bases de données MySQL tourne sur le serveur de votre FAI et que vous y ayez accès, par exemple à travers des outils d'administration appropriés.

Ces conditions étant réunies, vous n'avez besoin de rien d'autre que d'un éditeur ASCII pour créer vos pages web dynamiques. Vous l'utiliserez pour créer les pages HTML et les fichiers sources PHP requis, que vous transférerez ensuite dans le répertoire de publication qui vous a été attribué par votre FAI.

Il y a de très fortes chances que votre FAI utilise le serveur web Apache. Comme nous le verrons ci-après, en 1999, 57 % des sites web Internet étaient basés sur le serveur web Apache. De même, les deux autres prérequis, à savoir PHP et MySQL, font partie de la configuration standard d'un serveur web Apache ou d'un système Linux, et sont de ce fait généralement remplis.

PHP, comme nous aurons l'occasion de le préciser par la suite, est un langage de script côté serveur et immergé dans le code HTML. Autrement dit, le code PHP est interprété par le serveur web et non pas par le navigateur web, comme c'est par exemple le cas des scripts JavaScript.

Pour le développement de pages web dynamiques comportant du code PHP embarqué, cela signifie que, le cas échéant, vous ne pourrez constater d'éventuelles erreurs sur les pages que vous aurez créées que lorsque la page en question aura été transférée dans le répertoire de publication de votre FAI et lorsqu'elle sera demandée par un navigateur web.

Cette situation justifie que vous disposiez, à des fins de test, depuis votre ordinateur personnel, de votre propre serveur web doté de son module PHP ainsi que d'un serveur de bases de données MySQL. Cette solution vous permettra de tester tranquillement les pages que vous aurez créées, sans avoir à supporter de frais de connexion superflus.

Pour ce qui est du serveur web Apache et de PHP, un simple PC sous Windows 9x ou Windows NT ou encore un serveur Linux font très bien l'affaire.

Les logiciels requis, dont il vient d'être question, sont donc utilisables dans l'un ou l'autre environnement (une plate-forme Linux ou un système Windows 32 bits). À noter : si vous utilisez MySQL sur un système Microsoft, vous devez vous procurer la licence de ce logiciel.

2.1. Le serveur web Apache

Le serveur web Apache est basé sur le serveur web développé au NCSA par Rob McCool. Jusqu'en 1995, le serveur Apache était le plus utilisé sur Internet. Sa première version bêta date d'avril 1995. La version 1.0 a été publiée en décembre 1995.

NCSA

■ National Center for Supercomputing Applications, université de l'État de l'Illinois, USA http://www.ncsa.uiuc.edu/.

Le serveur web Apache tient son nom de ce qu'il a été développé à partir d'un grand nombre de bouts de programmes (de l'anglais *patches*) ajoutés par différents utilisateurs du serveur web NCSA pour en étendre les fonctionnalités. C'est à partir de ce serveur du NCSA "rafistolé" ("a patchy server") que le serveur web Apache s'est développé.

En 1996 déjà, le serveur Apache prenait la place de numéro un, jusqu'alors dévolue au serveur web du NCSA. Depuis cette date, il n'a cessé de conquérir des parts de marché.

The Apache Software Fondation

■ http://www.apache.org

D'après une enquête de Netcraft réalisée en mai 1999, près de 57 % des sites web accessibles par Internet étaient administrés par un serveur web Apache. Le serveur web Apache est utilisable sur différentes plates-formes UNIX, sous Linux, sous OS/2, ainsi que sous les systèmes d'exploitation Microsoft (Windows 98, Windows NT). La version stable est actuellement la version 1.3.12. Il existe par ailleurs une version 2.0 alpha.

Le serveur web Apache se distingue avant tout par sa disponibilité sur pratiquement toutes les plates-formes, par un niveau élevé de performances pour des exigences matérielles modestes et (c'est là sa principale qualité) sa conception modulaire.

Outre les différents modules intégrant la distribution Apache actuellement disponible, de nombreux autres modules sont disponibles pour les applications les plus diverses.

Procédure d'installation du serveur web Apache

Si vous utilisez une distribution courante telle que la SuSE, le serveur web Apache est généralement déjà installé sur votre système. À défaut, il peut être installé à l'aide des utilitaires de configuration (la distribution SuSE utilise pour ce faire le programme YaST) sans aucun problème et sans que vous ayez à compiler le code source.

Cependant, si vous souhaitez utiliser toujours la dernière version et sélectionner vous-même les options importantes, telles que les modules à intégrer, n'hésitez pas à utiliser la dernière distribution source en date et à la recompiler.

La compilation du code source d'Apache est une opération particulièrement simple, grâce à l'AutoConf-Style Interface (APACI), qui est disponible depuis la version 1.3 d'Apache.

Pour que l'installation puisse réussir, vous devez disposer temporairement d'un espace disque de 12 Mo. Par ailleurs, vous devez avoir installé un compilateur C ANSI opérationnel. Le meilleur choix en la matière consiste à utiliser le compilateur C GNU (version 2.7.2 ou supérieure), qui se trouve généralement préinstallé sur votre système Linux. La procédure décrite à la suite se rapporte à la version 1.3.12 d'Apache.

Le script `configure` constitue le principal élément de l'interface APACI. Ce script localisé dans le répertoire *usr/local/apache/apache_1.3.12* vous permettra de personnaliser le serveur web en fonction de vos besoins.

Vous trouverez ci-après un récapitulatif des principales options qui peuvent être passées à l'appel du script. Les valeurs par défaut sont également précisées.

Options d'installation

Ces options se rapportent au répertoire dans lequel le serveur web Apache doit être installé. Les répertoires utilisés ici comme répertoires par défaut dépendent de la distribution Linux utilisée. Tel est le cas dans la distribution SuSE, où le répertoire d'installation d'Apache, qui est défini par l'option `--prefix`, est *usr/local/httpd*.

▼ Tab. 2.1 : Récapitulatif des options d'installation	
Option	**Fonction**
`--help, - h`	Affichage du texte d'aide
`--show-layout`	Affichage du modèle de l'ensemble des répertoires d'installation
`--with-layout=[F:]ID`	Utilisation de l'identifiant du modèle

▼ **Tab. 2.1 :** Récapitulatif des options d'installation

Option	Fonction
`--prefix=PREFIX`	Répertoire principal des fichiers indépendants de l'architecture matérielle [`/usr/local/apache`]
`--exec-prefix=EPREFIX`	Répertoire principal des fichiers dépendants de l'architecture matérielle
`--bindir=DIR`	Répertoire des programmes utilisateurs [`usr/local/apache/bin`]
`--sbindir=DIR`	Répertoire des programmes de l'administrateur système [`usr/local/apache/bin`]
`--libexecdir=DIR`	Répertoire des programmes exécutables [`/usr/local/apache/libexec`]
`--mandir=DIR`	Répertoire du manuel [`/usr/local/apache/man`]
`--sysconfdir=DIR`	Répertoire des fichiers de configuration [`/usr/local/apache/conf`]
`--datadir=DIR`	Répertoire des fichiers en lecture seule [`/usr/local/apache`]
`--includedir=DIR`	Répertoire des fichiers *Include* [`/usr/local/apache/include`]
`--localstatedir=DIR`	Répertoire des fichiers modifiables [`/usr/local/apache`]
`--runtimedir=DIR`	Répertoire des fichiers modifiables pendant l'exécution d'Apache (par exemple fichier de verrou [`/usr/local/apache/logs`])
`--logfiledir=DIR`	Répertoire des fichiers journaux [`/usr/local/apache/logs`]
`--proxycachedir=DIR`	Répertoire du cache proxy [`/usr/local/apache/proxy`]

Options de configuration

Les options de ce bloc se rapportent essentiellement à la spécification de `rules`. Ces `rules` sont des paramètres définis par défaut en fonction de la plate-forme utilisée et destinés au script `configure` ainsi qu'aux modules additionnels.

▼ **Tab. 2.2 :** Récapitulatif des options de configuration

Option	Fonction
`--enable-rule=NAME`	Active le paramètre de configuration `'NAME'`, dépendant d'une plate-forme (Rule)
`--disable-rule=NAME`	Active le paramètre de configuration `'NAME'`, dépendant d'une plate-forme (Rule). Les paramètres possibles sont : [`DEV_RANDOM=default`] [`EXPAT=default`] [`IRIXN32=yes`] [`IRIXNIS=no`] [`PARANOID=no`] [`SHARED_CHAIN=de`] [`SHARED_CORE=default`] [`SOCKS4=no`] [`SOCKS5=no`] [`ANTHSREGEX=default`]
`--add-module=FILE`	Installe et active "à chaud" un paramètre de configuration
`--activate-module=FILE`	Active un module additionnel déjà installé
`--permute-module=N1:N2`	Échange "à chaud" un module additionnel avec un autre

▼ Tab. 2.2 : Récapitulatif des options de configuration

Option	Fonction
--enable-module=NAME-- disable-module=NAME	Active ou désactive le module additionnel 'NAME' Les modules suivants sont disponibles. Ils sont intégrés par défaut (=yes) ou non (=no) : [access=yes] [actions=yes][alias=yes] [asis=yes] [auth=yes] [auth_anon=no] [auth_db=no] [auth_dbm=no] [auth_digest=no] [autoindex=yes] [cern_meta=no] [cgi=yes] [digest=no] [dir=yes] [env=yes] [example=no] [expires=no] [headers=no] [imap=yes] [include=yes] [info=no] [log_agent=no] [log_config=yes] [log_referer=no] [negotiation=yes] [proxy=no] [rewrite=no] [setenvif=yes] [so=no] [speling=no] [status=yes] [unique_id=no] [userdir=yes] [usertrack=no] [vhost_alias=no] [mime=yes] [mime_magic=no] [mmap_static=no]
--enable-shared=NAME	Active la compilation tardive d'un module additionnel 'NAME' comme objet DSO (Shared Object)
--disable-shared=NAME	Désactive la compilation tardive d'un module additionnel 'NAME' comme objet DSO (Shared Object)
--with-perl=FILE	Chemin de l'interpréteur PERL supplémentaire
--without-support	Les programmes de support (htdigest, dbmmanage, etc.) ne sont pas compilés ni installés
--without-confadjust	Désactive les paramètres User/Situation dans config

Options SuEXEC

Tous les scripts CGI sont normalement référencés sous l'identificateur de l'utilisateur et du groupe du serveur web Apache. Lorsqu'un script CGI a besoin, par exemple pour accéder à une base de données, d'un identificateur différent, le programme additionnel **suexec** peut être utilisé. Les options ci-après s'appliquent à ce programme additionnel.

▼ Tab. 2.3 : Récapitulatif des options SuEXEC

Option	Fonction
--enable-suexec	Active la compilation et l'installation de suEXEC
--suexec-caller=NAME	Définit le nom d'utilisateur de suEXEC, sous lequel le processus Apache est exécuté [www]
--suexec-docroot=DIR	Définit le répertoire racine de suEXEC : [PREFIX/share/htdocs]
--suexec-logfile=FILE	Définit le fichier journal de suEXEC : [PREFIX/var/log/suexec_log]
--suexec-userdir=DIR	Définit le répertoire de l'utilisateur de suEXEC : [public_html]

Les modules Apache

Un avantage essentiel d'Apache par rapport aux autres serveurs web est sa modularité. Selon les modules intégrés ou non, le serveur web Apache peut être personnalisé très finement en fonction de besoins précis. Le tableau ci-après récapitule les modules Apache disponibles et leurs fonctionnalités sous-jacentes, tout en précisant quels modules sont intégrés par défaut lors de

L'environnement de travail : mise en place et configuration

l'installation d'un serveur web Apache.

▼ Tab. 2.4 : Récapitulatif des modules Apache		
Module	**Par défaut**	**Fonction**
mod_access	Oui	Contrôle des accès sur la base des noms d'hôte et/ou des adresses IP
mod_actions	Oui	Affectation de scripts CGI à des types MIME
mod_alias	Oui	Création de noms de répertoires virtuels et redirection sur d'autres URL
mod_asis	Oui	Envoi de documents dépourvus d'en-tête généré automatiquement
mod_auth	Oui	Configuration de répertoires protégés par mots de passe
mod_auth_anon	Non	Accès anonyme utilisant l'adresse électronique comme mot de passe
mod_auth_db	Non	Authentification des utilisateurs à l'aide de fichiers Berkeley DB
mod_auth_dbm	Non	Authentification des utilisateurs à l'aide de fichiers DBM
mod_auth_digest	Non	Authentification des utilisateurs
mod_autoindex	Oui	Indexation automatique
mod_cern_meta	Non	Permet l'utilisation de métafichiers du CERN
mod_cgi	Oui	Permet l'exécution de scripts CGI
mod_digest	Non	Authentification des utilisateurs à l'aide de la méthode d'authentification MD5
mod_dir	Oui	Fournit l'instruction DirectoryIndex
mod_env	Oui	Passage de variables d'environnement à des scripts CGI et des documents SSI, définition de variables quelconques dans la configuration du serveur
mod_example	Non	Démonstration et test de l'API (uniquement à des fins de test)
mod_expires	Non	Ajout d'une date d'expiration à l'en-tête
mod_headers	Non	Modification d'en-têtes HTTP
mod_imap	Oui	Permet l'utilisation d'images composites côté serveur
mod_include	Oui	Pour l'utilisation de directives Server-Side Includes (SSI)
mod_info	Non	Informations sur l'installation du serveur
mod_log_agent	Non	Journalisation des informations sur le type et la version des navigateurs utilisés
mod_log_config	Oui	Tenue d'un ou plusieurs fichiers journaux
mod_log_referer	Non	Informations sur les pages faisant référence à l'URL concernée
mod_mime	Oui	Génération des en-têtes MIME en fonction de l'en-tête du fichier
mod_mime_magic	Non	Génération des en-têtes MIME en fonction du contenu du fichier

▼ Tab. 2.4 : Récapitulatif des modules Apache

Module	Par défaut	Fonction
mod_negotiation	Oui	Fonctions destinées aux type-maps et aux MultiViews
mod_proxy	Non	Fonction d'un serveur proxy
mod_rewrite	Non	Remplace et complète mod_alias
mod_setenvif	Oui	Définition de variables d'environnement, remplace la fonctionnalité de mod_browser dans les versions antérieures d'Apache
mod_so	Non	Chargement dynamique de modules
mod_speling	Non	Correction d'erreurs dans l'orthographe d'URL
mod_status	Oui	Informations sur l'état courant du serveur
mod_unique_id	Non	Création d'identifiants uniques (par exemple identificateurs de session)
mod_userdir	Oui	Définition de répertoires d'utilisateurs
mod_usertrack	Non	Contrôle du comportement des utilisateurs à l'aide de cookies

Déroulement de la procédure d'installation

À la différence des précédentes versions d'Apache et des configurations définies par quelques distributions courantes (par exemple la SuSE), le répertoire d'installation par défaut est, depuis la version 1.3, */usr/local/apache*. Ce paramètre a été respecté dans l'installation qui est décrite ici. Si vous souhaitez réaliser une installation conforme à la pratique établie dans la distribution SuSE, vous devez modifier le répertoire d'installation à l'aide des options correspondantes (par exemple *--prefix = /usr/local/httpd*).

Installation express

- Créer le répertoire d'installation
- Copier dans ce répertoire l'archive contenant les sources du programme Apache
- `gunzip - c apache_1.3.12.tar.gz | tar xf -`
- `$ ./configure --prefix=/usr/local/apache`
- `$ make`
- `$ make install`

La première opération à exécuter lors de l'installation d'Apache consiste à créer le répertoire d'installation (par défaut */usr/local/apache*).

L'environnement de travail : mise en place et configuration

2

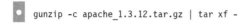

Archive du serveur web Apache

Vous trouverez l'archive *apache_1.3.12.tar.gz* dans le répertoire *Apache/Linux* du CD-Rom accompagnant cet ouvrage.

Vous devez ensuite copier l'archive */usr/local/apache* dans le répertoire nouvellement créé. Puis exécutez la commande

```
gunzip -c apache_1.3.12.tar.gz | tar xf -
```

pour décompresser et désarchiver l'archive en question. Le répertoire *../apache_1.3.12* est ainsi créé sous le répertoire */usr/local/apache*.

Après avoir désarchivé les sources du programme Apache, passez dans le répertoire */usr/local/apache/apache_1.3.12* et appelez le script **configure** avec les options d'installation et de configuration de votre choix. Ce script génère le fichier *Makefile* destiné à la phase de compilation qui sera exécutée par la suite. Pour notre part, nous installons Apache avec les paramètres par défaut :

```
$   ./configure --prefix=/usr/local/apache
```

Après cela, compilez les sources Apache à l'aide de la commande

```
$  make
```

Si la compilation s'est déroulée sans erreurs, vous trouverez le fichier exécutable *httpd* dans le répertoire */usr/local/apache/apache_1.3.12/src*. Pour terminer, exécutez la commande

```
$  make install
```

qui crée des répertoires supplémentaires requis par les serveurs web et y copie les fichiers correspondants. Le programme de serveur exécutable (le démon **httpd**) se trouve alors dans le répertoire */usr/local/apache/bin*, avec un script shell destiné à mettre en route et à arrêter le serveur Apache.

Personnalisation du fichier de configuration

Avant de lancer le serveur web Apache pour la première fois, vous devez définir quelques paramètres dans le fichier de configuration *httpd.conf*. Le fichier de configuration est normalement situé dans le répertoire */usr/local/apache/conf*.

Les principaux paramètres se rapportent au nom du serveur et au répertoire de publication que vous devez choisir.

```
## httpd.conf - Apache http server configuration file
ServerName www.sitetest.fr
DocumentRoot  "/usr/local/apache/htdocs"
```

Le nom du serveur peut être choisi librement. Vous devez cependant vous assurer qu'il existe une ligne DNS valide pour ce nom, c'est-à-dire une ligne figurant dans le fichier *host*. Dans la distribution SuSE, ce fichier doit se trouver dans le répertoire */etc/*. Cette ligne dans le fichier */etc/hosts* peut être libellée par exemple ainsi :

```
192.168.10.1    www.sitetest1.fr    sitetest1
```

pour une adresse de réseau de classe C à l'intérieur du domaine d'adresses réservé aux Intranet, conformément à la RFC 1597.

Mise en route et arrêt du serveur web Apache

Nous pouvons à présent effectuer une première mise en route du serveur web Apache. Vous pouvez utiliser à cet effet le script `apachectl`, suivi du paramètre `start`. Si vous avez choisi l'installation par défaut, ce script se trouve dans le répertoire */usr/local/apache/bin*.

```
$ /usr/local/apache/bin/apachectl start
```

Appelez ensuite à partir de votre navigateur la page d'accueil d'Apache :

```
http://Servername:Port
```

`Servername` fait référence au nom du serveur que vous avez défini dans le fichier de configuration *httpd.conf*. Dans le cas où vous avez spécifié un port autre que celui qui est défini par défaut (port 80), celui-ci doit également être spécifié.

Si l'installation s'est déroulée correctement, votre navigateur devrait à présent afficher la page d'accueil du serveur web Apache.

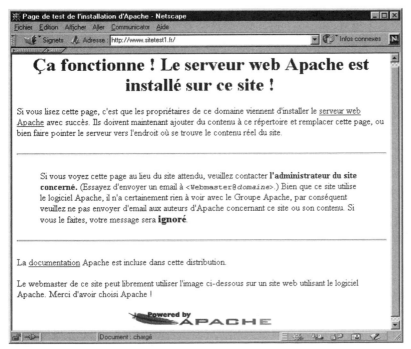

▲ Fig. 2.1 : *La page d'accueil d'Apache*

Pour arrêter le serveur web Apache, appelez le script shell `apachectl` suivi du paramètre `stop`.

 `$ /usr/local/apache/bin/apachectl stop`

2.2. Le langage de script PHP

Le serveur Apache ayant été correctement installé, nous pouvons à présent passer à l'installation du langage de script PHP.

PHP : Hypertext Preprocesseur

■ http://www.php.net/

Le langage PHP est un langage de script immergé dans le code HTML et s'exécutant du côté du serveur. La version actuelle de PHP3, au moment où ces lignes sont écrites, est la version 3.0.16.

Parallèlement à cette version, la version PHP 4.0.0 est également disponible dans la première version stable, à l'issue d'un vaste cycle de tests complets.

Ces deux versions sont toutes deux disponibles librement en fichier source et en fichier binaire. Le programme PHP est sous licence GNU GPL (General Public Licence). De ce fait, le logiciel peut être utilisé librement dans le cadre d'une activité commerciale.

Windows 2000 et PHP 4

À l'heure où nous rédigeons cet ouvrage, il n'est pas possible de s'assurer du bon fonctionnement de Windows 2000 et de PHP 3/4 dans tous les détails. Cependant, les premières expériences montrent que tout fonctionne généralement comme prévu. Malgré cela, quelques problèmes ont été évoqués dans les listes de diffusion. Il ne fait pas de doute que la version définitive de PHP 4 ou qu'une prochaine mise à jour réglera rapidement les difficultés éventuelles.

Installation de PHP

PHP peut être installé soit comme programme CGI soit comme module pour le serveur web Apache. Lorsqu'il est installé comme un programme CGI, PHP fonctionne avec tous les serveurs web. S'agissant du serveur web Apache, PHP est utilisable dans une version modulaire, permettant à PHP d'afficher des performances encore plus élevées.

PHP comme programme CGI

Lorsque PHP est installé comme programme CGI, le programme, utilisé dans sa variante la plus simple, est installé dans le répertoire *cgi-bin* du serveur web. Cette variante est déconseillée du point de vue de la sécurité. Cependant, l'instruction `ScriptAlias` permet au serveur web Apache d'utiliser un autre répertoire pour l'interpréteur PHP.

À chaque requête que le serveur web identifie comme étant un appel d'un script PHP, ce PHP lance un nouveau processus. Lorsque PHP a été chargé, la page demandée peut être interprétée et exécutée. Après cela, PHP est à nouveau terminé, c'est-à-dire que le serveur web doit quitter proprement le processus dans lequel PHP a été exécuté.

PHP comme module Apache

Dans cette variante, PHP est durablement intégré comme sous-programme du serveur web Apache. PHP fait ainsi partie intégrante d'Apache. Il est ainsi toujours prêt à interpréter et à exécuter des scripts sur demande, sans réinitialisation. Cette variante fait l'économie de la procédure d'initialisation, ce qui se traduit par une rapidité de traitement sensiblement plus élevée que l'installation comme programme CGI.

Ce mode d'installation s'avère donc généralement le plus efficace. Il est plus rapide que l'installation comme programme CGI et applique les critères de sécurité du serveur web Apache.

Choix de la version : PHP 3 ou PHP 4 ?

> **ZEND**
>
> ■ http://www.zend.com/

 La version actuelle de PHP 4 est la version PHP 4.0.0. Cette version est très largement compatible avec PHP 3. Le noyau du langage de cette nouvelle version de PHP est constitué d'un moteur de scripts baptisé ZEND, qui a été entièrement réécrit par les développeurs Zeev Suraski et Andi Gutmans.

PHP réalise une séparation radicale entre le moteur de scripts, formé d'un compilateur interne et d'un exécuteur, et les modules supplémentaires construits autour de ce moteur. Une partie de ces modules est héritée de PHP 3, tandis que d'autres ont été ajoutés. Le compilateur étant intégré, le code PHP est traduit en interne au format binaire par. De ce fait, l'exécution des scripts se montre nettement plus rapide qu'avec PHP 3.

Du fait de sa très large compatibilité avec PHP 3, grâce à laquelle les scripts développés pour PHP 3 fonctionnent également à l'aide de PHP 4, rien ne s'oppose à la mise en œuvre de PHP 4, d'autant que ses performances améliorées constituent un argument supplémentaire en sa faveur.

Le cycle de bêta-tests étant entre-temps achevé pour PHP 4, dont la version stable est dorénavant disponible, il n'y a plus aucune raison de ne pas utiliser PHP 4 sur des serveurs de production.

Installation de PHP 4 comme module Apache sous Linux

> **Installation express**
>
> ■ Créer le répertoire d'installation
> ■ Copier dans ce répertoire l'archive contenant les sources de PHP
> ■ `$ gunzip - c php-4.0.x.tar.gz | tar xf -`
> ■ `$ ./configure --with-apache=/usr/local/apache/apache_1.3.12/ --with-gd=/usr/local/gd/gd1.3 --enable-track-vars`

```
■ $ make
■ $ make install
■ Passer au répertoire d'installation d'Apache
■ $ ./configure --prefix= /usr/local/apache --activate-module= src/modu-
   les/php4/libphp4.a
■ $ make
■ $ make install
```

Nous présenterons ci-après l'installation de PHP 4.0.0 comme module Apache dans un système Linux.

Dans le cas où vous préféreriez cependant continuer à utiliser PHP 3, la procédure d'installation se déroule de manière analogue.

Pour commencer, décompressez l'archive *php-4.0.x.tar.gz* dans le répertoire */usr/local/php4/*.

```
$ gunzip -c php-4.0.x.tar.gz | tar xf -
```

Passez ensuite au répertoire *.../php-4.0.0* et appelez le script `configure` en spécifiant les options de configuration de votre choix :

```
$  ./configure --with-apache=/usr/local/apache/apache_1.3.12/ -- with-gd=/usr/local/gd/gd1.3 --
enable-track-vars
```

Dans notre exemple, PHP 4.0.0 a été configuré comme un module Apache comportant une bibliothèque GD intégrée. La bibliothèque GD est requise, si vous projetez de créer des images à l'aide de PHP.

Contrairement aux précédentes versions bêta de PHP 4 (jusqu'à *php-4.0b4pl1*), le serveur des bases de données MySQL se trouve intégré à la version PHP 4.0.0. Il n'a donc plus à être spécifié dans le script configuré pour être intégré comme module (jusqu'alors, le paramètre était `--with-mysql`).

Les principales options de configuration sont récapitulées ci-après.

Noms de fichiers et de répertoires

Les options suivantes se rapportent aux noms de répertoires et de fichiers prédéfinis :

▼ Tab. 2.5 : Options définissant les noms de répertoires et de fichiers	
Option	**Fonction**
`--prefix=PREFIX`	Répertoire des fichiers indépendants de l'architecture [`/usr/local`]
`--exec-prefix=EPREFIX`	Répertoire des fichiers dépendants de l'architecture [`/usr/local`]
`--bindir=DIR`	Répertoire des programmes exécutables par l'utilisateur [`EPREFIX/bin`]
`--sbindir=DIR`	Répertoire des programmes exécutables par l'administrateur système [`EPREFIX/sbin`]
`--libexecdir=DIR`	Programmes exécutables [`EPREFIX/libexec`]

▼ Tab. 2.5 : Options définissant les noms de répertoires et de fichiers

Option	Fonction
`--datadir=DIR`	Répertoire des données indépendantes de l'architecture (accès en lecture seule) [PREFIX/share]
`--sysconfdir=DIR`	Données dépendantes du système (accès en lecture seule) [PREFIX/etc]
`--sharedstatedir=DIR`	Répertoire des données modifiables indépendantes de l'architecture (accès en lecture-écriture) [PREFIX/com]
`--localstatedir=DIR`	Données dépendantes du système (accès en lecture-écriture) [PREFIX/var]
`--libdir=DIR`	Répertoire des bibliothèques [EPREFIX/lib]
`--includedir=DIR`	Fichiers d'en-têtes C destinés au compilateur C gcc [PREFIX/include]
`--oldincludedir=DIR`	Fichiers d'en-têtes C destinés à d'autres compilateurs C que gcc [/usr/include]
`--infodir=DIR`	Répertoire *Info* [PREFIX/info]
`--mandir=DIR`	Répertoire des pages de manuels [PREFIX/man]
`--srcdir=DIR`	Répertoire des sources

Modules additionnels et extensions

Vous trouverez ci-après le récapitulatif des principales fonctions `--enable` et `--with`, qui sont reconnues par `configure`. Ces options permettent essentiellement d'activer ou de désactiver la prise en charge des différentes extensions. Les noms de chemin figurant entre crochets correspondent aux répertoires d'installation.

Pour vous permettre de suivre les exemples présentés dans cet ouvrage, vous devez au moins sélectionner la prise en charge de la bibliothèque graphique GD (à l'aide du paramètre `--with-gd`), parmi les nombreuses extensions disponibles. Comme nous venons de le préciser, la prise en charge de MySQL est déjà intégrée à PHP 4.0.0 et ne doit donc pas être configurée.

Pour créer PHP comme module pour le serveur web Apache, vous devez spécifier le paramètre `--with-apache` ainsi que le répertoire d'installation d'Apache.

▼ Tab. 2.6 : Récapitulatif des principaux modules additionnels et extensions PHP

Option	Fonction
`--with-config-file-path=PATH`	Définit le répertoire du fichier de configuration *php.ini* [/usr/local/lib]
`--disable-debug`	Désactive les symboles spécifiques au débogueur
`--enable-safe-mode`	Active par défaut le mode sécurisé en vue de l'attribution des droits d'accès
`--with-exec-dir[=DIR]`	Lorsque le mode sécurisé (safe-mode) est activé, les programmes exécutables ne sont autorisés que dans le répertoire spécifié [/usr/local/php/bin]
`--enable-track-vars`	Active par défaut les variables de suivi GET/POST/Cookie.

▼ Tab. 2.6 : Récapitulatif des principaux modules additionnels et extensions PHP

Option	Fonction
`--enable-magic-quotes`	Active par défaut les "magic quotes"
`--disable-rpath`	Désactive le passage de chemins supplémentaires pour les bibliothèques de runtime
`--disable-short-tags`	Désactive par défaut la balise <?
`--with-apxs[=FILE]`	Intègre Apache extension Tool (APXS) [apxs]
`--with-apache[=DIR]`	Crée le module Apache [/usr/local/etc/httpd]
`--with-mod_charset`	Active mod_charset (Apache)
`--enable-force-cgi-redirect`	Active le contrôle de sécurité pour les commandes de redirection (recommandé dans l'installation de PHP comme programme CGI)
`--enable-discard-path`	Lorsque ce paramètre est activé, PHP peut être installé comme programme CGI à l'extérieur du système web dans un répertoire protégé.
`--with-fhttpd[=DIR]`	Intègre le module fhttpd. [usr/local/src/fhttpd]
`--with-aspell[=DIR]`	Intègre la prise en charge de ASPELL
`--enable-bcmath`	Prise en charge de BC-Math
`--with-mod-dav=DIR`	Prise en charge de DAV (module Apache mod_dav)
`--with-ftp`	Prise en charge de FTP
`--without-gd`	Désactive la prise en charge de la bibliothèque graphique GD
`--with-gd[=DIR]`	Active la prise en charge de la bibliothèque graphique GD
`--with-icap[=DIR]`	Prise en charge d'ICAP
`--with-imap[=DIR]`	Prise en charge d'IMAP
`--with-java[=DIR]`	Prise en charge de JAVA
`--with-ldap[=DIR]`	Prise en charge de LDAP [/usr/local/ldap]
`--with-mcrypt[=DIR]`	Prise en charge de mcrypt
`--with-mhash[=DIR]`	Prise en charge de mhash
`--with-msql[=DIR]`	Prise en charge de mSQL. [/usr/local/Hughes]
`--with-mysql[=DIR]`	Prise en charge de MySQL
`--with-adabas[=DIR]`	Prise en charge de Adabas D. [/usr/local]
`--with-custom-odbc[=DIR]`	Prise en charge de ODBC, définie par l'utilisateur. [/usr/local]
`--with-oracle[=DIR]`	Prise en charge d'Oracle. [$ORACLE_HOME]
`--without-pcre-regex`	Sans prise en charge d'expressions régulières compatibles avec Perl
`--enable-trans-sid`	Active transparent session id
`--with-snmp[=DIR]`	Prise en charge de SNMP
`--with-xml[=DIR]`	Prise en charge de XML

Génération et liaison du module PHP

Après avoir créé à l'aide du script `configure` le Makefile requis pour la compilation, exécutez la commande `make`, puis la commande `make install` :

```
$  make
$  make install
```

Après cela, le serveur web Apache doit être recompilé pour intégrer le module PHP. Pour ce faire, placez-vous à nouveau dans le répertoire d'installation du programme Apache et appelez de là le script `configure`. Il est important que vous activiez à présent le module PHP que vous venez de créer. Vous utiliserez à cet effet l'option `--activate-module`.

```
$   ./configure --prefix=/usr/local/apache --activate-module=src/modules/php4/libphp4.a
$   make
$   make install
```

Lorsque ces opérations se sont correctement terminées, vous disposez dorénavant dans le répertoire */usr/local/apache/bin* d'un fichier exécutable du démon **httpd** doté d'un module PHP 4 intégré.

Paramètre important dans le fichier de configuration httpd.conf

```
■  AddType application/x-httpd-php .php3
```

Pour terminer, il vous reste à indiquer au serveur web Apache qu'il doit traiter dorénavant les fichiers portant l'extension *.php3* comme des programmes PHP.

Pour la version 1.3.12 d'Apache, l'instruction de configuration correspondante est :

```
AddType MIME-Typ ExtensionFichier [ExtensionFichier ...]
```

Cette instruction associe des fichiers comportant une extension donnée à un type MIME donné.

Pour ce faire, ajoutez au fichier de configuration d'Apache */usr/local/apache/conf/httpd.conf* la ligne suivante :

```
AddType application/x-httpd-php .php3
```

Installation de PHP sous Windows

Installation express

■ Création du répertoire d'installation, par exemple *c:\php4*

■ Décompression de la distribution binaire, par exemple à l'aide du programme `unzip`

Paramètres de *php.ini* :

■ `extension_dir = c:\php4`

2

L'environnement de travail : mise en place et configuration

```
■ doc_root = d:\apache\htdocs
■ ScriptAlias /php3/ "c:/path-to-php-dir/"
■ AddType application/x-httpd-php3 .php3
■ Action application/x-httpd-php3 "/php3/php.exe"
```

L'installation de PHP sous Windows est très simple. Vous devez décompresser les fichiers d'une distribution binaire de PHP actuelle destinée à Windows 32, dans le répertoire de votre choix, par exemple *c:\php4*.

Copiez le modèle destiné au fichier d'initialisation *php.ini-dist* dans votre répertoire d'installation de PHP dans un nouveau fichier nommé *php.ini*. Éditez ensuite le fichier *php.ini* à l'aide d'un éditeur ASCII quelconque. Vous devez conserver le fichier modèle *php.ini-dist* sans le modifier, afin de pouvoir accéder aux paramètres par défaut, chaque fois que vous le souhaiterez.

Spécifiez en regard de **extension_dir** votre répertoire PHP ou le répertoire dans lequel vous avez enregistré les extensions PHP destinées à être chargées sur demande. Par exemple :

```
extension_dir = c:\php4
```

Indiquez en regard du paramètre **doc_root** le répertoire dans lequel vos scripts PHP seront stockés. Ce répertoire devrait être en règle générale le répertoire destiné aux documents de votre serveur web. En effet, ce répertoire fait déjà l'objet de mesures de sécurité. Nous aurons ainsi :

```
doc_root = d:\apache\htdocs
```

Les paramètres du fichier *php.ini* seront présentés plus en détail ci-après.

En plus de cela, vous devez définir différents paramètres dans le fichier de configuration du serveur web Apache. Pour ce faire, ouvrez le fichier *httpd.conf* et ajoutez les lignes suivantes. Dans les cas où les lignes de paramètres correspondantes figurent déjà sous forme de commentaires, il vous suffit de les décommenter.

```
ScriptAlias /php3/ "c:/path-to-php-dir/"
AddType application/x-httpd-php3 .php3
Action application/x-httpd-php3 "/php3/php.exe"
```

Optimisation : le fichier d'initialisation de PHP

Après avoir installé PHP comme programme CGI ou bien comme module Apache, PHP est en principe prêt à fonctionner. Vous pouvez ainsi appeler depuis votre navigateur un script PHP présent dans le répertoire de publication de votre serveur web.

Avant de procéder aux premiers tests sur PHP, il vous reste encore à paramétrer le fichier d'initialisation de PHP, par l'intermédiaire duquel vous pourrez contrôler le comportement de PHP sur différents points.

Après la réinstallation de PHP 4, le répertoire d'installation comporte le fichier *php.ini-dist* (sous PHP 3, il s'agit du fichier *php3.ini-dist*). Ce fichier constitue le modèle du fichier d'initialisation de PHP.

PHP s'attend à trouver un fichier d'initialisation *php.ini* dans le répertoire que vous avez défini au moment de la configuration de PHP dans le script `configure` à l'aide de l'option `--with-config-file-path=PATH` (sous Linux, le répertoire par défaut est */usr/local/lib*). La première chose à faire est donc de prendre le fichier modèle situé dans le répertoire d'installation, de le copier dans le répertoire correspondant sous le nom *php.ini*. L'instruction adéquate est par exemple :

```
cp php.ini-dist /usr/local/lib/php.ini
```

Pour pouvoir accéder à tout moment aux paramètres par défaut du fichier *init*, vous devez laisser le fichier *php.ini-dist* tel quel sans le modifier.

La syntaxe du fichier init

Syntaxe du fichier php.ini

```
; Section
[Nom de la section]
Option = valeur ou clé ; commentaire
```

La syntaxe du fichier *init* est très simple. Un point important est de respecter les majuscules et les minuscules dans la désignation des options.

Les clés fréquemment utilisées dans le fichier *init* sont `On`, `Off`, `Yes`, `No`, `True`, `False`.

Vous pouvez utiliser `1` ou `0` à la place de `True` ou de `False`. Contrairement aux options, l'utilisation de majuscules ou de minuscules est sans importance dans les clés. Les commentaires explicatifs introduits par un point-virgule ainsi que les noms de sections, notés entre crochets, sont ignorés. Pour que les modifications apportées au fichier *php.ini* puissent être prises en compte, vous devez auparavant relancer le serveur web Apache.

La section des options du langage

La première section du fichier d'initialisation de PHP concerne les options du langage PHP. L'un de ces paramètres est `safe_mode`. Lorsque `safe_mode` est activé, différentes restrictions ayant des incidences sur la sécurité sont mises en place. Ainsi, il est possible d'établir qu'un fichier ou un répertoire n'est accessible que lorsque son propriétaire est le même que celui du script.

▼ Tab. 2.7 : Récapitulatif des options du langage PHP

Option	Fonction
engine=On	Ce commutateur permet d'activer ou de désactiver le parseur PHP
short_open_tag =On	Dans le cas où cette option est activée, il est possible d'utiliser la balise <? pour imbriquer les scripts PHP dans le code HTML. Dans le cas contraire, seules les balises <?php et <script> sont reconnues.
asp_tags =Off	Dans le cas où cette option est activée, il est également possible d'utiliser la balise <% %> (dans le style ASP) pour imbriquer les scripts PHP dans le code HTML

▼ Tab. 2.7 : Récapitulatif des options du langage PHP

Option	Fonction
precision =14	Nombre de chiffres significatifs dans les nombres à virgule flottante
y2k_compliance =Off	Commutateur permettant d'activer la compatibilité an 2000 (recommandé uniquement avec les navigateurs compatibles avec l'an 2000)
output_buffering =Off	Dans le cas où cette option est activée, il est possible d'envoyer des en-têtes (ainsi que des cookies) même lorsque le contenu de la page (body) a déjà été transmis ; cette option ralentit l'affichage
safe_mode =Off	Dans le cas où cette option est activée, PHP fonctionne en mode sécurisé
safe_mode_exec_dir =	Répertoire des programmes exécutables dans le mode sécurisé (safe-mode)
highlight.string= #DD0000	Couleurs destinées à la coloration syntaxique avec la fonction show_syntax
highlight.comment = #FF8000	
highlight.keyword = #007700	
highlight.bg= #FFFFFF	
highlight.default = #0000BB	
highlight.html = #000000	
expose_php = On	Cette option signale si PHP est installé sur le serveur (peut être non souhaitée, pour différentes raisons)

Paramétrage de limitation des ressources

Cette section comporte les paramètres définissant les valeurs maximales pour la taille et le temps d'exécution des scripts PHP.

▼ Tab. 2.8 : Options de limitation des ressources

Option	Fonction
max_execution_time = 30	Temps maximal d'exécution d'un script (exprimé en secondes) (s'applique uniquement à UNIX)
memory_limit = 8388608	Taille maximale des scripts (8 Mo)

Gestion des erreurs et journalisation

Cette section s'applique aux options chargées de contrôler l'affichage des erreurs et leur journalisation.

▼ Tab. 2.9 : Options de gestion et de journalisation des erreurs

Option	Fonction
error_reporting = 7	Valeur de type bit destinée au contrôle de l'affichage des erreurs ; cette valeur est le résultat de la somme des valeurs suivantes : 1 = erreurs normales 2 = avertissements normaux 4 = Erreur du parseur 8 = messages (avertissements pouvant être ignorés, mais donnant souvent des informations précieuses sur les sources d'erreurs possibles)
display_errors = On	Permet d'afficher les erreurs sur la console (ligne de commande ou navigateur)
log_errors = Off	Dans le cas où cette option est activée, l'affichage des erreurs fait appel à un journal des erreurs (le fichier journal spécifique au serveur, *stderr*, ou le fichier *error_log* ; voir ci-après)
track_errors = Off	Dans le cas où cette option est activée, la dernière erreur qui s'est produite est stockée dans la variable du système $php_errormsg
;error_prepend_string ="<font color = ff0000>"	Balise HTML affichée avant un message d'erreur (par exemple la balise <FONT> définissant la couleur).
;error_append_string= "</font>"	Balise HTML affichée après un message d'erreur
;error_log = filename	Le fichier journal des erreurs
;error_log = syslog	Utilisation du journal des résultats sous Windows (uniquement Windows NT); sous Unix, c'est SYSLOG(3) qui est utilisé
warn_plus_overloading = Off	Dans le cas où cette option est activée, l'utilisation dans les opérations sur des chaînes de caractères de l'opérateur + à la place de l'opérateur . donne lieu à un avertissement

Paramétrage de la gestion des données

Nous présenterons ci-après les options permettant de contrôler les différents aspects relatifs au traitement des données entrantes issues de requêtes GET/POST et COOKIE ainsi que de la gestion des symboles et des caractères spéciaux.

Il existe deux paramètres importants pour le comportement de PHP, les commutateurs magic-_quotes_gpc et magic_quotes_runtime.

Le commutateur magic_quotes_gpc définit si, avec les chaînes de caractères que PHP reçoit de formulaires par le biais de requêtes GET/POST ou de cookies, il exécute ou non un échappement automatique pour les caractères spéciaux terminant une chaîne de caractères. Cela est important dans le cadre d'opérations d'écriture ou de lecture de chaînes de caractères dans des champs de bases de données.

Ainsi, si vous passez à un champ de base de données MySQL la chaîne de caractères "Porte d'Orléans" sans autre traitement, MySQL interprète le caractère spécial (en l'occurrence l'apostrophe) comme la fin de la chaîne passée et les caractères suivants comme des commandes SQL erronées, ce qui donne lieu à une erreur de temps d'exécution.

Pour éviter cela, les chaînes de caractères comportant des caractères spéciaux devant être traités comme des caractères normaux doivent être précédées d'un caractère d'échappement, représenté par une barre oblique inverse. PHP propose pour ce faire la fonction **addslashes()**, dont il sera question plus avant, dans la section consacrée aux fonctions de chaînes de caractères de PHP.

Lorsque le commutateur `magic_quotes_gpc` est à `ON`, l'échappement manuel est superflu, et est automatiquement mis en œuvre par PHP.

Le commutateur `magic_quotes_runtime` remplit une fonction analogue, à cette différence qu'il s'agit dans ce cas d'un échappement automatique de données lues à partir de sources de données externes, telles que des fichiers ou des bases de données.

▼ Tab. 2.10 : Options de gestion des données

Option	Fonction
gpc_order = "GPC"	Ordre d'évaluation de requêtes GET/POST/Cookie (par défaut, les variables POST sont prioritaires sur les variables GET, les variables Cookie sont prioritaires sur les variables POST et GET).
gpc_globals =On	Dans le cas où cette option est activée, les variables GET/POST/Cookie peuvent être utilisées globalement. Lorsque l'option est désactivée (Off), il est possible d'accéder aux variables GPC par l'intermédiaire des variables d'environnement $HTTP_GET_VARS[ ], $HTTP_POST_VARS[ ] et $HTTP_COOKIE_VARS[ ], dans le cas où l'option suivante track_vars est activée.
track_vars = On;	Dans le cas où cette option est activée, les variables d'environnement: $HTTP_GET_VARS[ ], $HTTP_POST_VARS[ ] et $HTTP_COOKIE_VARS[ ] sont utilisées.
magic_quotes_gpc = On	Dans le cas où cette option est activée, les données provenant des requêtes GET/POST/Cookie sont pourvues d'une barre oblique inverse (\).
magic_quotes_runtime =Off	Comme précédemment, mais pour les données générées pendant l'exécution à partir de sources de données externes (à partir de bases de données ou de fichiers).
magic_quotes_sybase =Off	Dans le cas où cette option est activée, utilise les caractères spéciaux dans le style Sybase (apostrophe simple (') au lieu d'apostrophe double (").
auto_prepend_file =	Fichier *php3* ou *HTML* ajouté automatiquement avant le script PHP à exécuter.
auto_append_file =	Fichier *php3* ou *HTML* ajouté automatiquement après le script PHP à exécuter.

Définition des chemins et des répertoires

La section suivante du fichier d'initialisation de PHP permet de paramétrer quelques chemins et répertoires d'installation prédéfinis par rapport aux exigences spécifiques de votre système.

▼ Tab. 2.11 : Chemins et répertoires prédéfinis

Option	Fonction
`include_path =`	Chemin par défaut des fichiers *include* UNIX : "/path1:/path2". Windows : "\path1;\path2"
`doc_root =`	Répertoire racine des scripts PHP (il s'agit en règle générale du répertoire de publication du serveur web)
`user_dir =`	Répertoire à l'intérieur duquel différents répertoires d'utilisateurs peuvent être créés, sous la forme /~Username
`;upload_tmp_dir =`	Répertoire temporaire de téléchargement HTTP
`upload_max_filesize = 2097152`	Taille maximale pour le téléchargement de fichiers (2 Mo)
`extension_dir = ./`	Chemin correspondant aux extensions PHP

Extensions dynamiques pour l'environnement Windows

Cette section comporte les extensions dynamiques. Celles-ci peuvent être décommentées en supprimant le caractère de commentaire (;), ce qui permet de les activer.

▼ Tab. 2.12 : Extensions dynamiques pour l'environnement Windows

Option	Fonction
`;extension = php_mysql.dll`	Fonctions MySQL
`;extension = php_nsmail.dll`	Messagerie Netscape
`;extension = php_calendar.dll`	Fonctions de calendrier
`;extension = php_dbase.dll`	Fonctions dBase
`;extension = php_filepro.dll`	Fonctions FilePro
`;extension = php_gd.dll`	Bibliothèque graphique GD-
`;extension = php_dbm.dll`	Fonctions DBM
`;extension = php_mssql.dll`	Fonctions MS SQL
`;extension = php_zlib.dll`	Fonctions Z-Lib
`;extension = php_imap4r2.dll`	Fonctions de messagerie (IMAP4)
`;extension = php_ldap.dll`	Protocole LDAP pour les services de répertoire
`;extension = php_crypt.dll`	Fonctions de cryptage
`;extension = php_msql2.dll`	Fonctions mSQL
`;extension = php_odbc.dll`	Fonctions ODBC

La section des paramètres des modules

Cette section permet de définir les paramètres de différents modules intitulés [NomModule]. Elle comporte entre autres des sous-sections correspondant aux différentes bases de données prises

L'environnement de travail : mise en place et configuration

2

en charge par PHP. Pour des raisons de place, nous avons choisi les deux sous-sections [ODBC] et [MySQL] pour représenter l'ensemble des sections relatives aux bases de données.

Utilisation de variables du journal du système

▼ Tab. 2.13 : Options définissant les variables du journal du système	
Option	**Fonction**
define_syslog_variables = Off	Commutateur utilisé pour l'utilisation des variables du journal du système : $LOG_PID, $LOG_CRON, etc. L'état activé diminue le degré de performance.

Paramètres de la fonction de messagerie

▼ Tab. 2.14 : Options de configuration de la fonction de messagerie	
Option	**Fonction**
SMTP = localhost	Nom du serveur SMTP (uniquement Win32)
sendmail_from = me@localhost.com	Ligne par défaut pour l'émetteur de messagerie (uniquement Win32)
sendmail_path =	Chemin vers le programme Sendmail (uniquement UNIX)

Configuration du débogueur PHP

▼ Tab. 2.15 : Options de configuration du débogueur PHP	
Option	**Fonction**
debugger.host = localhost	Nom d'hôte du débogueur PHP
debugger.port =7869	Port du débogueur PHP
debugger.enabled = False	Commutateur utilisé par le débogueur

Configuration de la fonction de journalisation

▼ Tab. 2.16 : Options de configuration de la fonction de journalisation	
Option	**Fonction**
;logging.method = db	Paramètres de journalisation
;logging.directory = /path/to/log/directory	Chemin du répertoire des journaux

Configuration de quelques options SQL générales

▼ Tab. 2.17 : Options pour SQL	
Option	**Fonction**
sql.safe_mode =Off	Dans le cas où cette option est activée, SQL fonctionne en mode sécurisé

Configuration de la prise en charge d'ODBC

▼ Tab. 2.18 : Options de configuration d'ODBC	
Option	**Fonction**
uodbc.allow_persistent = On	Dans le cas où cette option est activée, les connexions persistantes (permanentes) sont possibles
uodbc.max_persistent = -1	Nombre maximal de connexions persistantes. 1 signifie illimité
uodbc.max_links = -1	Nombre maximal de connexions persistantes et non persistantes. -1 signifie illimité
uodbc.defaultlrl = 4096	Gestion de champs longs. Nombre d'octets retournés aux variables
uodbc.defaultbinmode = 1	Gestion de données binaires 0 : passthru 1 : retourne la valeur sans la modifier 2 : Conversion en donnée de type caractère

Configuration de la prise en charge de MySQL

▼ Tab. 2.19 : Options de configuration de la prise en charge de MySQL	
Option	**Fonction**
mysql.allow_persistent = On	Dans le cas où cette option est activée, les connexions persistantes (permanentes) sont possibles
mysql.max_persistent = -1	Nombre maximal de connexions persistantes. -1 signifie illimité
mysql.max_links = -1	Nombre maximal de connexions persistantes et non persistantes. -1 signifie illimité
mysql.default_port =	Port du serveur MySQL
mysql.default_host =	Nom d'hôte du serveur MySQL
mysql.default_user =	Utilisateur par défaut du serveur MySQL
mysql.default_password =	Mot de passe par défaut du serveur MySQL

Configuration des options bcmath

▼ Tab. 2.20 : Options pour les fonctions bcmath	
Option	**Fonction**
bcmath.scale = 0	Nombre de positions après la virgule pour les fonctions bcmath

Fichier de configuration des paramètres généraux du navigateur

▼ Tab. 2.21 : Options des paramètres généraux du navigateur	
Option	**Fonction**
;browscap = extra/browscap.ini	Chemin du fichier de configuration *browscap.ini*

Options pour la gestion de session

La gestion de session est une nouvelle fonction de PHP4.

▼ Tab. 2.22 : Options pour la gestion de session	
Option	**Fonction**
session.save_handler=files	Identificateur de fichier pour un fichier chargé d'enregistrer ou de récupérer les données relatives à la session
session.save_path=/tmp	Chemin sous lequel les données relatives à la session sont enregistrées
session.use_cookies=1	Commutateur utilisé pour les cookies
session.name=PHPSESSID	Nom par défaut de la session, également utilisé comme nom de cookie
session.auto_start=0	Dans le cas où cette option est activée (=1), le module de la session est lancé à chaque requête
session.cookie_lifetime=0	Durée de vie des cookies de session (en secondes) 0 signifie jusqu'à la fermeture du navigateur
session.serialize_handler=php	Identificateur de fichier pour la sérialisation de données relatives aux sessions (la valeur par défaut est php. C'est actuellement la seule valeur possible)
session.gc_probability=1	Paramètres de contrôle de la routine de vidage de la mémoire (valeur exprimée en %) 1 signifie que la routine est lancée à chaque session
session.gc_maxlifetime=1440	Nombre de secondes à l'issue desquelles les variables de session sont effacées par la routine de vidage

Votre premier script PHP

Ce travail de configuration étant achevé, il est temps de faire un premier test de PHP. Pour ce faire, créez un nouveau fichier à l'aide de l'éditeur ASCII de votre choix. Éditez-y les lignes de code suivantes :

```
<?
phpinfo();
?>
```

Enregistrez ensuite le script sous le nom *test.php3*. Nous n'entrerons pas dans les détails du mode opératoire de ce script.

Nous nous contenterons pour l'instant de faire les observations suivantes : la notation <? et ?> permet au serveur web Apache de reconnaître que les instructions signalées par cette notation sont du code PHP. La deuxième ligne du script appelle la fonction `phpinfo()`, chargée d'afficher des informations sur les paramètres de configuration et d'initialisation ainsi que sur les détails de l'environnement du serveur web Apache.

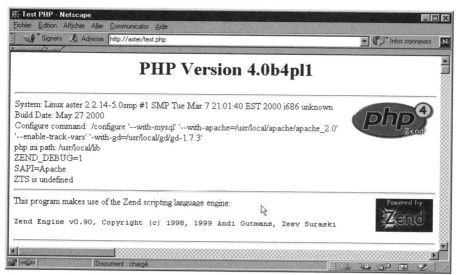

▲ Fig. 2.2 : *Le premier test de l'installation de PHP*

Copiez à présent le fichier *test.php3* dans le répertoire de publication de votre serveur web local (ou de votre fournisseur d'accès à Internet). Écrivez ensuite dans la zone *Adresse* de votre navigateur web l'URL à laquelle cette page est accessible sur votre serveur web :

```
http://monserveur/test.php3
```

Si tout fonctionne correctement, votre navigateur affiche une page complète détaillant les nombreuses informations relatives à votre installation PHP et à celle de votre serveur web Apache.

L'environnement de travail : mise en place et configuration

Directive	Local Value	Master Value
define_syslog_variables	Off	Off
highlight.bg	#FFFFFF	#FFFFFF
highlight.comment	#FF8000	#FF8000
highlight.default	#0000BB	#0000BB
highlight.html	#000000	#000000
highlight.keyword	#007700	#007700
highlight.string	#DD0000	#DD0000
allow_call_time_pass_reference	On	On
asp_tags	Off	Off
display_errors	On	On
enable_dl	On	On
error_append_string	Off	Off
error_prepend_string	Off	Off
expose_php	On	On
ignore_user_abort	On	On
implicit_flush	Off	Off
log_errors	Off	Off
magic_quotes_gpc	On	On
magic_quotes_runtime	Off	Off
magic_quotes_sybase	Off	Off
output_buffering	Off	Off
register_argc_argv	On	On
register_globals	On	On
safe_mode	Off	Off
short_open_tag	On	On
sql.safe_mode	Off	Off
track_errors	Off	Off
track_vars	On	On
y2k_compliance	Off	Off
arg_separator	&	&
auto_append_file	no value	no value
auto_prepend_file	no value	no value

◀ Fig. 2.3 :
Utilisation de la fonction phpinfo() pour afficher les informations sur la configuration PHP

2.3. Le serveur de bases de données MySQL

MySQL est constitué du serveur de bases de données `mysqld` ainsi que de différents programmes clients.

MySQL utilise le langage de requêtes SQL, qui a été développé dans les années 70 par IBM et qui constitue actuellement le langage de requête standard pour les bases de données relationnelles. Le prédécesseur de MySQL est le langage mSQL (Mini SQL), toujours utilisé.

MySQL est disponible à l'adresse http://www.tcx.se/info.html sous différentes formes

■ distribution binaire ;

■ distribution avec le code source.

MySQL est disponible pour les autres systèmes d'exploitation que Microsoft en version source ou en version binaire. Il peut être porté sur tous les systèmes d'exploitation modernes respectant le standard POSIX et utilisant un compilateur C++. La version binaire offre l'avantage de permettre une installation plus facile du serveur de base de données. Quant à la version source de MySQL, écrite en C et en C++, elle est plutôt destinée à ceux qui souhaitent accéder au code source ou même le modifier.

Si vous voulez vous procurer la dernière version de MySQL, vous pouvez choisir parmi toute une série de versions différentes. La dernière version stable de MySQL est la version 3.22.32.

Les conventions de numérotation des versions

La question des versions et de leur numérotation mérite quelques précisions.

Le numéro de version comporte trois nombres et éventuellement un suffixe. Le premier nombre (*3*) décrit le format de fichier. Le deuxième nombre (*22*) correspond à l'édition, tandis que le troisième nombre (*32*) désigne le numéro de version. Le suffixe (absent ici) précise si la documentation est complète et si la version est stable. Le suffixe *alpha* caractérise une édition dont des portions importantes de code ont été ajoutées, sans faire l'objet de tests complets. Les erreurs connues dans les nouvelles portions de code devraient en principe être largement documentées. Le suffixe *bêta* désigne une édition dont le nouveau code a été intégralement testé et dont la documentation est complète. Les versions bêta ne comportent en principe plus d'erreurs connues. Lorsque au bout d'un certain temps aucune erreur nouvelle n'est détectée, la version bêta passe au stade de version *gamma*. Lorsque, comme c'est ici le cas, le suffixe est absent, cela signifie que cette version était utilisée dans différentes applications sans qu'aucune erreur apparaisse. Elle est ainsi qualifiée de version stable.

Installation de MySQL

MySQL figure déjà au nombre des paquetages compris dans les distributions Linux courantes (RedHat ou SuSE, notamment). L'installation du paquetage MySQL intervient alors à l'aide de l'utilitaire d'installation de votre distribution (par exemple YaST dans la distribution SuSE). Les répertoires d'installation utilisés à cette occasion diffèrent d'une distribution à l'autre et sont spécifiés dans la documentation accompagnant votre distribution.

Avant de pouvoir utiliser le serveur de bases de données MySQL, que vous aurez installé en suivant cette procédure, vous devez appeler le script

 `mysql_install_db`

Celui-ci crée les tables de privilèges MySQL requis pour l'administration des droits d'accès au serveur de bases de données. La documentation de votre distribution Linux précise dans quel répertoire ce script se trouve.

Installation de la distribution binaire de MySQL

À côté de ce premier mode d'installation, il existe un autre moyen d'installer un serveur de bases de données MySQL opérationnel, consistant à installer une distribution binaire de MySQL indépendante de votre distribution Linux. Cette solution offre un double avantage : elle permet d'une part d'installer plus rapidement la dernière version de MySQL et d'autre part de définir le répertoire d'installation de MySQL.

Distribution binaire de MySQL

Vous trouverez dans le répertoire *MySQL/Linux* du CD-Rom accompagnant cet ouvrage la dernière version en date de la distribution binaire de MySQL.

L'environnement de travail : mise en place et configuration **2**

Désarchivez l'archive compressée à l'aide de la commande :

```
$ gunzip -c mysql-VERSION-OS.tar.gz | tar xvf -
```

Cette commande crée automatiquement le répertoire d'installation */usr/local/mysql-VERSION-OS*.

Créez ensuite un lien symbolique vers ce répertoire :

```
ln -s mysql-VERSION-OS mysql
```

Vous devez ensuite créer les tables de privilèges dans le répertoire */usr/local/mysql*. Pour ce faire, appelez depuis ce même répertoire le script `mysql_install_db` :

```
cd mysql
scripts/mysql install db
```

Recompilation du code source de MySQL

Il existe une autre méthode d'installation de MySQL, que nous recommanderons aux utilisateurs avancés : elle consiste à recompiler les sources contenues dans la distribution en code source de MySQL.

La compilation des sources de MySQL requiert un compilateur C++ ANSI opérationnel. Si vous utilisez le compilateur GNU C, vous devez disposer de la version 2.8.1 ou ultérieure.

L'installation se déroule de manière analogue à celle d'Apache ou de PHP.

Pour commencer, désarchivez dans le répertoire */usr/local/mysql* l'archive compressée à partir de la distribution en code source :

```
$ gunzip -c  mysql-VERSION.tar.gz |tar xf -
```

Le sous-répertoire */usr/local/mysql/mysql-VERSION* est automatiquement créé. Passez ensuite dans ce répertoire et procédez à la configuration suivante à l'aide du script `configure` :

Installation express

■ Création du répertoire d'installation */usr/local/mysql*
■ Copie dans ce répertoire de l'archive comportant les fichiers sources
■ Désarchivage à l'aide de la commande: `$ zcat mysql-VERSION.tar.gz |tar xvf -`
■ Passage au répertoire */usr/local/mysql/mysql<VERSION>*
■ Configuration de l'édition du programme à l'aide du script `configure`
■ Compilation avec `make`
■ Installation avec `make install`
■ Création des tables de privilège de MySQL à l'aide du script `mysql_install_db`

```
./configure --prefix=/usr/local/mysql
```

Après cela, les sources sont compilées et installées en appelant les commandes suivantes :

- make
- make install

Avant de pouvoir travailler avec le serveur de bases de données MySQL, il convient de créer les tables de privilèges MySQL :

- scripts/mysql_install_db

Répertoires et programmes

Dans le cas où vous avez installé MySQL à l'aide de l'utilitaire d'installation de votre distribution Linux, vous devez vous reporter à la documentation accompagnant cette dernière, afin de situer les répertoires utilisés, dans la mesure où l'organisation des répertoires peut différer d'une distribution à l'autre.

Dans le cas où vous avez installé MySQL en choisissant vous-même le répertoire de votre choix (par exemple dans le répertoire d'installation recommandé), vous trouverez les fichiers et programmes importants dans le cadre de l'utilisation du serveur de bases de données, dans les sous-répertoires indiqués ci-après :

▼ **Tab. 2.23 : Les principaux répertoires de l'installation de MySQL**

Répertoire	Description
.../data	Fichiers de bases de données et fichiers journaux
../bin	Programmes et utilitaires de bases de données
../bin	Programme serveur
Répertoire d'installation	Documentation
../share	Fichiers complémentaires divers (extensions du langage)
../include	Fichiers include
../lib	Bibliothèques de runtime
../sql-bench	Bancs d'essai SQL

Le sous-répertoire *../bin/* du répertoire d'installation que vous avez défini comporte l'ensemble des programmes et utilitaires de bases de données MySQL. Le tableau ci-après donne un aperçu de ces programmes et de leur fonction :

▼ **Tab. 2.24 : Programme et utilitaires de bases de données MySQL**

Programme	Fonction
mysql	Programme client chargé de l'administration de MySQL.
mysqlaccess	Script PERL chargé de l'attribution de droits sous MySQL.
mysqladmin	Utilitaire permettant de passer par lots des commandes à MySQL.
mysql_fix_privilege_tables	mysql_fix_privilege_tables est utilisé pour définir plus finement les droits d'accès à MySQL.

▼ Tab. 2.24 : Programme et utilitaires de bases de données MySQL	
Programme	**Fonction**
mysqlbug	Utilitaire chargé de l'envoi de rapports de bogues aux développeurs de MySQL. Ce programme lance automatiquement l'éditeur EMACS et affiche un formulaire de rapport d'erreurs.
mysql_install_db	Script chargé d'installer la base de données 'mysql'.
mysqldump	Utilitaire chargé de sauvegarder sur disque les données issues d'une base de données ou de différentes tables.
mysql_setpermission	Script PERL chargé d'attribuer des droits dans la base de données mysql par l'intermédiaire d'un menu.
mysqlimport	Utilitaire chargé d'extraire des données ASCII à partir d'un tableau.
mysqlshow	Affichage de toutes les bases de données installées du serveur MySQL.

La plupart des commandes attendent des paramètres supplémentaires. Vous pouvez afficher ces derniers en appelant les différentes commandes sans paramètre spécifié.

Comme cela a été précisé plus haut, il est nécessaire de créer des tables de privilèges MySQL avant de lancer ce programme pour la première fois. Pour ce faire, vous devez appeler le script **mysql_install_db**, situé dans le sous-répertoire *../scripts* du répertoire d'installation que vous avez défini. Ce script crée en particulier les trois tables **user**, **host** et **db**, dans lesquelles les droits d'accès à la base de données MySQL ont été définis.

Pour adapter les droits d'accès en fonction de vos propres besoins, vous pouvez définir les droits d'accès, avant d'exécuter le script **mysql_install_db**. Autre possibilité : utiliser les commandes SQL correspondantes après l'installation du système d'accès et le démarrage du serveur de bases de données. Pour plus de précisions, reportez-vous à la section ci-après.

Démarrage et arrêt du serveur de bases de données MySQL

Le serveur de bases de données MySQL peut être démarré à l'aide du script **safe_mysqld**. Ce dernier se trouve dans le sous-répertoire */bin* de votre répertoire d'installation. Pour lancer le serveur de bases de données, appelez la commande ci-après depuis le répertoire d'installation :

```
$ bin/safe_mysqld &
```

Cependant, dans son mode de fonctionnement normal, selon la plate-forme Linux utilisée, le serveur de bases de données est lancé automatiquement lors du démarrage de la machine, par l'intermédiaire d'un script situé dans le répertoire *../init.d* (dans la distribution SuSE 6.2 par exemple, ce script se trouve sous */sbin/ini.d/mysql*).

Premier test

À l'issue de la procédure d'installation, faites un premier test pour vérifier que le serveur fonctionne normalement. Pour ce faire, appelez le programme `mysqladmin`, accompagné du paramètre `version` :

 bin/mysqladmin version

Si le serveur de bases de données est en service, le texte suivant s'affiche à l'écran :

Informations affichées par le programme mysqladmin

- bin/mysqladmin Ver 8.0 Distrib 3.22.32, for pc-linux-gnu on i686
- TCX Datakonsult AB, by Monty
- Server version3.22.32
- Protocol version10
- ConnectionLocalhost via UNIX socket
- UNIX socket/tmp/mysql.sock
- Uptime:3 mn 14 sec
- Threads: 1 Questions: 3 Slow queries: 0 Opens: 6 Flush tables: 1 Open tables: 2

Le système d'accès à MySQL

MySQL utilise un système de sécurité et d'accès différencié, que nous allons présenter plus en détail.

La fonction de base de ce système est d'attribuer aux différents utilisateurs présents sur un hôte des droits leur permettant d'exécuter des commandes CREATE, SELECT, INSERT, UPDATE et DELETE.

Le serveur de bases de données MySQL distingue les différents utilisateurs, non pas sur la base de leur nom mais sur celle de la combinaison `host/user`. De cette façon, le système de sécurité définit très finement quel utilisateur de quel hôte bénéficie de quel droit sur quelle base de données. Les noms d'utilisateurs et les mots de passe qui doivent être attribués par MySQL n'ont rien à voir avec ceux attribués par le système Linux.

Les paramètres relatifs au système de sécurité et d'accès sont consignés dans trois tables ci-après :

La table user

La table `user` recense toutes les combinaisons `host/user` auxquelles l'accès au serveur MySQL est autorisé. Tous les droits accordés à un utilisateur dans cette table s'appliquent à toutes les bases de données. Lorsque des droits spécifiques à une table doivent être accordés à des utilisateurs particuliers, on utilise la table `db`.

L'environnement de travail : mise en place et configuration

2

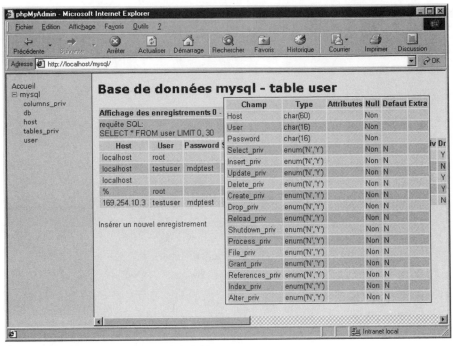

▲ Fig. 2.4 : *Contenu et structure de la table user*

La table db

La table **db** définit quelle base de données est autorisée à utiliser telle combinaison **host/user** avec quels droits. Elle affine en quelque sorte les règles définies dans la table **user** en matière de droits d'accès.

Champ	Type	Attributes	Null	Defaut	Extra
Host	char(60)		Non		
Db	char(64)		Non		
User	char(16)		Non		
Select_priv	enum('N','Y')		Non	N	
Insert_priv	enum('N','Y')		Non	N	
Update_priv	enum('N','Y')		Non	N	
Delete_priv	enum('N','Y')		Non	N	
Create_priv	enum('N','Y')		Non	N	
Drop_priv	enum('N','Y')		Non	N	
Grant_priv	enum('N','Y')		Non	N	
References_priv	enum('N','Y')		Non	N	
Index_priv	enum('N','Y')		Non	N	
Alter_priv	enum('N','Y')		Non	N	

◀ Fig. 2.5 :
Structure de la table db

La table host

Pour qu'il soit possible qu'un utilisateur de chaque hôte d'un réseau ait accès au serveur de base de données, l'enregistrement correspondant à l'hôte peut être omis dans la table **db**. Au lieu de cela, les hôtes correspondants du réseau peuvent être définis dans la table **host**. La table **host** fait donc office de table de consultation pour les enregistrements d'hôtes vides dans la table **db**.

Champ	Type	Attributes	Null	Defaut	Extra
Host	char(60)		Non		
Db	char(64)		Non		
Select_priv	enum('N','Y')		Non	N	
Insert_priv	enum('N','Y')		Non	N	
Update_priv	enum('N','Y')		Non	N	
Delete_priv	enum('N','Y')		Non	N	
Create_priv	enum('N','Y')		Non	N	
Drop_priv	enum('N','Y')		Non	N	
Grant_priv	enum('N','Y')		Non	N	
References_priv	enum('N','Y')		Non	N	
Index_priv	enum('N','Y')		Non	N	
Alter_priv	enum('N','Y')		Non	N	

◄ Fig. 2.6 :
Structure de la table host

Les colonnes **Host** et **Db** de la table **host** peuvent également comporter des marque-place (%). Généralement, sont applicables soit les droits de la table **user** soit ceux de la table **db**.

Après chaque modification des droits d'accès, il est nécessaire d'exécuter l'instruction

 $ mysqladmin reload

afin de recharger le serveur de bases de données, et de rendre effectives les modifications.

Définition des droits d'accès au serveur de bases de données MySQL

Nous montrerons dans l'exemple ci-après la procédure de création de l'utilisateur **testuser** à travers l'utilisation du client **mysql** et de quelques commandes SQL adressées au serveur de bases de données.

L'utilisateur **testuser** se fait attribuer le mot de passe **mdptest**. Il doit avoir la possibilité de se connecter au serveur de bases de données MySQL, depuis les hôtes **localhost** et depuis ceux qui utilisent l'adresse IP **192.168.7.48**.

Cet utilisateur ne doit pouvoir accéder à la base de données **testdb** que depuis l'hôte **localhost**. En revanche, il doit pouvoir se connecter à la base de données **coursdb** à partir de tous les hôtes. Pour ce faire, connectez-vous à la base de données **mysql** en tant qu'utilisateur **root** :

 $ mysql -u root mysql

Vous vous trouvez à présent dans le mode Édition du client **mysql** et vous pouvez taper à l'invite

 mysql>

toutes sortes de commandes SQL adressées au serveur de bases de données. Lorsque vous saisissez **help** à l'invite **mysql**, vous pouvez voir les commandes disponibles en mode Édition du client :

mysql> help

Adressez les commandes SQL suivantes au serveur de bases de données, sans oublier de terminer chaque commande par un point-virgule. Pour quitter le mode Édition de **mysql**, tapez la commande **quit**.

 mysql> insert into user (host,user,password) values ('localhost','testuser',password('mdptest'));

L'environnement de travail : mise en place et configuration

2

```
mysql> insert into user (host,user,password) values ('192.168.7.48','testuser',password('mdptest'));
mysql> insert into db (host,db,user,Select_priv,Insert_priv,Update_priv,Delete_priv, Create_priv,
➥ Drop_priv)
values ('localhost','testdb','testuser','Y','Y','Y','Y','Y','Y');
mysql> insert into db (host,db,user,Select_priv,Insert_priv,Update_priv,Delete_priv, Create_priv,
➥ Drop_priv)
values ('%','coursdb','testuser','Y','Y','Y','Y','Y','Y');
mysql> quit
```

Après avoir envoyé au serveur de bases de données toutes les commandes SQL requises pour la définition des droits d'accès, vous devez exécuter la commande

```
$ mysqladmin reload
```

pour relancer le serveur de bases de données. À partir de cet instant, les nouveaux droits deviennent effectifs.

Administration du serveur de bases de données MySQL à partir du navigateur web

Parions que l'utilisation du client `mysql` dans la section précédente ne vous a pas semblé particulièrement agréable. Le client manque de convivialité, et les possibilités d'édition en cas d'erreurs de saisie sont plutôt frustes. L'utilisation de la ligne de commande n'est pas sans rappeler aux utilisateurs accoutumés aux interfaces utilisateurs graphiques la préhistoire de l'informatique, qu'ils croyaient depuis longtemps révolue.

Fonctions de phpMyAdmin (http://www.htmlwizard.net/phpMyAdmin/)

- création et suppression de bases de données ;
- création, copie, modification et suppression de tables ;
- édition, ajout et suppression de champs ;
- exécution de commandes SQL et de requêtes batch ;
- création d'index ;
- chargement de fichiers textes dans des tables.

Fort heureusement, il existe cependant différents utilitaires rendant plus conviviale l'administration de bases de données MySQL. L'un de ces utilitaires, `phpMyAdmin`, consiste en un ensemble de scripts PHP, permettant d'administrer des bases de données MySQL en passant par un navigateur web.

L'intérêt de l'utilisation de phpMyAdmin est évident au regard de la thématique développée dans le présent ouvrage. Cet utilitaire fait en effet une démonstration particulièrement frappante de l'accès à des bases de données MySQL à l'aide de PHP ainsi que des possibilités offertes par la création de pages web dynamiques publiées à partir de ces outils.

La dernière version en date de phpMyAdmin est la version 2.0.5. Ce logiciel est disponible gratuitement.

Installation de phpMyAdmin

Décompressez l'archive comportant les fichiers phpMyAdmin dans un sous-répertoire de votre répertoire de publication Apache.

PhpMyAdmin

Vous trouverez l'archive de phpMyAdmin dans le répertoire *MySQL\Clients\PHP* du CD-Rom accompagnant cet ouvrage.

Si vous avez installé phpMyAdmin sur un serveur accessible par Internet, vous devez protéger le répertoire comportant les fichiers phpMyAdmin contre tout accès non autorisé. À défaut de cela, vous laissez la porte ouverte aux accès non autorisés à votre serveur de bases de données. Lisez à ce sujet les explications figurant dans la documentation de phpMyAdmin.

Le fichier de configuration de phpMyAdmin

La configuration de phpMyAdmin est réalisée à partir du fichier *config.inc.php3*. Vous devez indiquer dans ce fichier le nom d'hôte du serveur de bases de données MySQL, votre nom d'utilisateur ainsi que votre mot de passe. En raison de la possibilité d'accéder à différents serveurs MySQL, il est également possible de configurer l'accès à plusieurs serveurs MySQL.

Vous trouverez ci-après un extrait du fichier *config.inc.php3*. Dans ce fichier, nous avons configuré un accès à l'hôte **192.168.7.1** pour l'utilisateur **admin**, doté du mot de passe **admin**. L'hôte défini par défaut, auquel phpMyAdmin accède à l'ouverture, est l'hôte **localhost**.

▼ Listing **2.1** : *Extrait du fichier de configuration config.inc.php3*

```
$cfgServers[1]['host'] ='localhost';        // Nom d'hôte de MySQL
$cfgServers[1]['port'] ='';                 // Port de MySQL
$cfgServers[1]['adv_auth'] = false;          // Utilisation de "advanced authentication"
$cfgServers[1]['stduser'] ='';              // Utilisateur par défaut de MySQL
$cfgServers[1]['stdpass'] ='';              // Mot de passe par défaut de MySQL
$cfgServers[1]['user'] ='';                 // Utilisateur de MySQL
$cfgServers[1]['password'] ='';             // Mot de passe de MySQL (uniquement pour basic auth)
$cfgServers[1]['only_db'] ='';              // Restreint l'accès à la base de données db
$cfgServers[1]['verbose'] ='';             // Nom d'hôte complet
$cfgServers[2]['host'] ='192.168.7.1';
$cfgServers[2]['port'] ='';
$cfgServers[2]['adv_auth'] = false;
$cfgServers[2]['stduser'] ='';
$cfgServers[2]['stdpass'] ='';
$cfgServers[2]['user'] ='admin';
$cfgServers[2]['password'] ='admin';
$cfgServers[2]['only_db'] ='';
$cfgServers[2]['verbose'] ='';
$cfgServerDefault = 1;                       // Serveur par défaut  (0 = no default server)
```

L'environnement de travail : mise en place et configuration

Utilisation de phpMyAdmin

Après avoir installé phpMyAdmin et avoir défini les données d'accès dans le fichier *config.inc-.php3*, vous pouvez accéder au serveur de bases de données à partir de votre navigateur web. Pour ce faire, ouvrez depuis ce dernier le fichier

http://VotreNomDeServeur/VotreRepertoirePhpMyAdmin/index.php3

La page d'accueil de phpMyAdmin apparaît alors dans la fenêtre du navigateur, accompagnée des bases de données MySQL présentes sur l'hôte MySQL par défaut. Comme vous pouvez le voir, quatre bases de données sont visibles. L'une d'elles est la base de données `mysql`, qui contient les tables `user`, `db` et `host` du système d'accès de MySQL (voir précédemment).

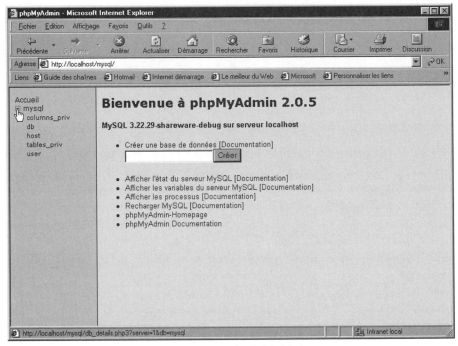

▲ Fig. 2.7 : *Administration de MySQL à partir de phpMyAdmin*

À présent, examinons de plus près la table `user`. Nous avons déjà créé deux enregistrements dans cette table à l'aide du client `mysql`.

Pour afficher le contenu de la table `user`, cliquez pour commencer sur la ligne correspondant à la base de données `mysql` dans la partie gauche de la fenêtre du navigateur. Toutes les tables de cette base de données sont affichées.

Après avoir cliqué sur la ligne correspondant à la table `user`, le navigateur web affiche une nouvelle page faisant apparaître la structure ainsi que différentes possibilités d'accès à cette table. Cliquez sur le lien *Browse* pour afficher le contenu de cette table.

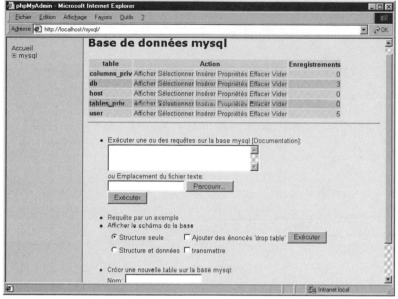

▲ Fig. 2.8 : *Accès à la base de données mysql à partir de phpMyAdmin*

Le lien *Select* permet d'exécuter des requêtes. Quant au lien *Insert*, il permet d'ajouter de nouveaux enregistrements.

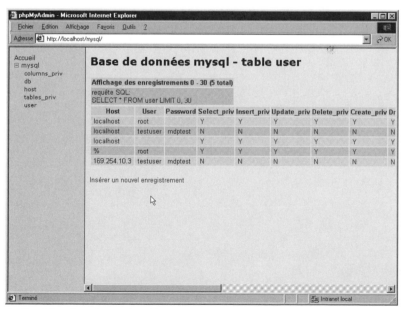

▲ Fig. 2.9 : *Requête sur la table user*

Vous pouvez cliquer sur le lien *Browse* pour bien voir que les enregistrements que vous avez transmis au serveur de base de données par l'intermédiaire de commandes SQL figurent effectivement dans les tables correspondantes.

L'environnement de travail : mise en place et configuration

2

Chapitre 3

PHP - Le langage de script universel pour le Web

3. PHP - Le langage de script universel pour le Web

3.1. Qu'est-ce que PHP ?

PHP est un langage de script côté serveur embarqué. En tant que tel, il constitue une extension utilisée par les serveurs Internet permettant de créer avec un minimum d'efforts des pages web dynamiques destinées aux applications Internet multimédias ou de e-commerce.

S'agissant d'un langage côté serveur, le code du script est exécuté par le serveur (contrairement à JavaScript, un autre langage de script couramment utilisé) en réponse à une requête HTTP, autrement dit lorsqu'une page est appelée par la méthode GET ou lorsqu'un formulaire est traité par la méthode POST.

La syntaxe de PHP s'inspire largement du langage C, tout en présentant certains traits de parenté avec les langages Perl et Java. PHP est un langage multiplate-forme. Il a été porté sur de nombreuses stations UNIX, telles que Linux, où il fonctionne aussi bien que sur des machines Windows.

PHP est un langage de programmation créé au début de l'année 1995 par Rasmus Lerdorf. Initialement baptisé PHP/FI, il était destiné en particulier à la réalisation d'applications pour le Web.

La signification du sigle PHP a évolué depuis que ce langage existe. À l'origine, le nom complet était "Personal Homepage Tools". Cela a donné par la suite "Hypertext Preprocessor".

Actuellement, il existe deux versions du langage : PHP 3 (version 3.016), qui est un langage interprété pur, ainsi que PHP 4 (version 4.0. RC1), sous forme de compilateur de code objet. PHP 4 utilise en interne le moteur de script ZEND, diffusé commercialement, qui est chargé de compiler le script appelé, améliorant de manière notable la rapidité de traitement par rapport à PHP 3.

PHP 3 tout comme PHP 4 peut être utilisé soit comme n'importe quel programme CGI portable soit comme module intégré pour un large éventail de serveurs HTTP, parmi lesquels il convient de citer en particulier le serveur web Apache.

Principales fonctions de PHP

- fonctions mathématiques ;
- fonctions d'accès au système de répertoires et de fichiers ;
- fonctions HTTP ;
- fonctions de manipulation de tableaux et de chaînes ;
- fonctions de retouche d'images ;
- fonctions de calendrier, de date et d'heure ;
- fonctions de messagerie ;
- prise en charge d'IMAP ;
- fonctions d'interrogation de serveur LDAP ;
- fonctions de connexion à un socket Internet ;
- fonctions de gestion de sessions ;
- prise en charge des cookies.

Avec plus de 1 200 fonctions utilisables dans des applications très variées, PHP couvre pratiquement tous les domaines en rapport avec les applications web.

C'est ainsi que PHP dispose de fonctions d'accès au système de répertoires et de fichiers du serveur web. De même, il existe des fonctions de manipulation de chaînes de caractères, de traitement de tableaux. Quant aux fonctions pour la prise en charge d'expressions régulières, elles devraient intéresser tout particulièrement les développeurs connaissant le langage Perl.

Il existe une collection complète de fonctions de retouche d'images *.gif* et *.png*, susceptibles d'être utilisées conjointement à la bibliothèque graphique GD, pour la génération dynamique d'images.

Les applications d'e-commerce ne sont pas en reste, avec l'introduction dans PHP 4 de fonctions de gestion de sessions.

Cependant, ce qui rend le langage PHP tout à fait intéressant est sa faculté à s'interfacer à de nombreuses bases de données SQL. Les principaux systèmes de gestion de bases de données pris en charge directement par les fonctions dédiées de PHP sont référencés ci-après.

Systèmes de gestion de bases de données SQL pris en charge par PHP

- Adabas D ;
- Dbase ;
- FilePro ;
- Informix ;
- MSQL ;
- MySQL ;
- Oracle ;
- PostgreSQL ;
- Solid ;
- Sybase ;
- Unid dbm ;
- Velocis.

PHP prend notamment en charge l'accès au serveur de bases de données MySQL largement utilisé, qui se montre indiqué notamment pour les applications web : doté d'une rapidité de traitement élevée et peu gourmand en mémoire, MySQL offre de nombreuses fonctions.

Par ailleurs, PHP possède de fonctions ODBC, permettant de s'interfacer de manière conviviale à toute base de données ODBC.

Vous trouverez dans le présent ouvrage la description d'une partie des fonctions proposées par PHP, à savoir les principales fonctions utilisables en relation avec la création de pages web dynamiques interfacées à des bases de données. Conformément à la thématique développée dans le présent ouvrage, nous présenterons les fonctions de bases de données à partir des fonctions prises en charge par le serveur de bases de données MySQL. De même, la signification des accès aux bases de données prenant en charge l'interface ODBC nous conduit à nous appuyer dans cette présentation sur les fonctions ODBC de PHP.

Vous trouverez sur les sites www.php.net et www.zend.com une référence complète des fonctions de PHP.

3.2.   Fonctionnement de PHP

Contrairement aux langages Perl ou TCL, où le client (le navigateur) demande à accéder aux scripts situés directement du côté du serveur (par exemple http://www.unsite.fr/cgi-bin/ perl_script.pl), dans le cas de PHP, le code PHP fait partie intégrante de la page HTML. L'utilisateur qui appelle une telle page ignore tout du code sous-jacent à cette page, ce code ayant été interprété côté serveur avant d'être traduit en code HTML. Pour ce faire, le serveur web lance l'interpréteur PHP, qui traduit le document demandé et exécute le code source de la page. Les commandes figurant dans la page sont interprétées et le résultat prend la forme d'une page HTML publiée à la place du code source dans le même document. À l'issue de cette phase de traduction, la page modifiée est envoyée au client pour y être affichée par le navigateur.

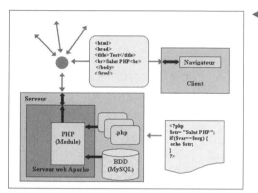

◀ Fig. 3.1 :
*PHP comme module
Apache*

Le serveur web reconnaît à l'extension des fichiers, différente de celle des pages HTML simples, si le document appelé par le client comporte du code PHP. L'extension utilisée par les pages PHP peut être définie individuellement dans le fichier de configuration du serveur web. Les extensions courantes pour les pages PHP sont *.php3* ou *.php*. De cette façon, la page web est créée dynamiquement, c'est-à-dire au moment même où le client y accède. Cela permet donc de modifier la page avant qu'elle ne soit envoyée au client, en fonction du dialogue avec l'utilisateur.

Dans ce procédé d'interprétation du code PHP côté serveur, qui requiert un certain temps, les pages PHP sont plus lentes à s'afficher que les pages HTML statiques.

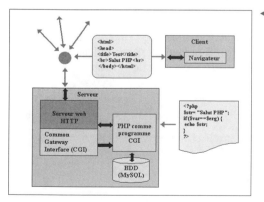

◀ Fig. 3.2 :
*PHP comme programme
CGI*

3.3. Les différences entre PHP et JavaScript

De la même manière que les instructions PHP, les programmes JavaScript sont immergés dans le code HTML d'une page web. Cependant, à la différence de PHP, ils sont envoyés au client (le navigateur web), par lequel ils sont ensuite exécutés.

Dans les pages PHP, le code du programme reste masqué pour l'appelant (même lorsque l'on visualise depuis le navigateur le code source de la page). La raison en est que du côté du serveur web, ce code est interprété, exécuté puis retiré de la page, avant que cette dernière ne soit expédiée. Au contraire, dans les pages JavaScript, le code source JavaScript peut être visualisé par l'utilisateur ayant appelé la page en question, depuis son navigateur web.

Autre différence : contrairement au JavaScript, les instructions PHP ne permettent pas de lancer d'applications sur la machine du client, de l'interroger ou de le contrôler. Cela est dû au fait que les possibilités offertes au programmeur sur la machine du client sont ni plus ni moins celles qui sont accessibles avec des pages HTML normales.

Dans la mesure où l'utilisation de PHP comporte des risques en matière de sécurité, ceux-ci résident toujours du côté du serveur web.

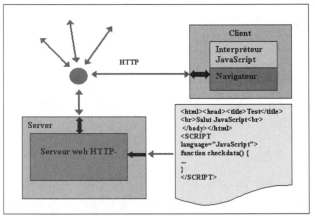

◀ Fig. 3.3 :
*Schéma fonctionnel de
JavaScript*

Les nouveautés de PHP 4

À côté des améliorations de performances, rendues possibles par l'intégration du moteur de script ZEND, la version PHP 4offre par rapport à PHP 3 un certain nombre d'avancées essentiel-les, qui constituent autant d'arguments en faveur du changement de version.

Les principales nouveautés de PHP 4

■ libération automatique de la mémoire inutilisée ;
■ constantes booléennes ;
■ extensions orientées objet ;
■ prise en charge de COM ;
■ boucles `foreach` pour la manipulation de tableaux (array) ;
■ nouvelles fonctions de tableaux (array) ;

■ mise en mémoire cache de la sortie pour le stockage de la sortie de scripts PHP dans des variables ;
■ références à des variables (pointeurs) ;
■ sessions ;
■ liaison tardive de fonctions ;
■ suppression de la mémoire de variables à l'aide de la fonction unset() ;
■ variables à l'intérieur de chaînes ;
■ coloration syntaxique améliorée ;
■ amélioration des possibilités de configuration ;
■ amélioration de l'adaptation au serveur web.

Les améliorations essentielles concernent notamment la gestion mémoire, les différentes extensions du langage (telles que la possibilité de la liaison tardive de fonctions) ainsi que l'implémentation de la programmation orientée objet (POO).

Par ailleurs, les fonctions de programmation de l'interface COM (Component Object Model) et DCOM (Distributed COM) sont prises en charge.

À côté de cela, de nouvelles fonctionnalités sont disponibles : des fonctions de tableau (array), une nouvelle structure de boucle, permettant de manipuler efficacement les tableaux, ainsi que des fonctions supplémentaires de gestion de sessions.

Il existe quelques incompatibilités peu nombreuses. Elles concernent les paramètres de constructeurs, pour lesquels PHP 4 ne permet plus que les variables scalaires. De même, la portée de `break` et `continue` à l'intérieur des fichiers liés par `include()` est devenue locale avec PHP 4. Par ailleurs, il n'est plus possible d'utiliser `return()` à l'intérieur des fichiers liés par `include()`.

3.4.   Les bases du langage PHP

La syntaxe de PHP est largement inspirée du langage C. PHP 4 reprend par ailleurs quelques particularités de Java et de Perl. Chaque script PHP est constitué d'une suite d'instructions et de commentaires.

Généralités sur la syntaxe de PHP

Le code PHP est directement immergé dans les fichiers *.html*. Il peut figurer à différents endroits de ces fichiers, tout en étant entrecoupé de code HTML. Le début et la fin des portions de code PHP sont signalés à l'intention de l'interpréteur PHP. Il existe différentes possibilités d'intégration de code PHP dans un fichier *.html*.

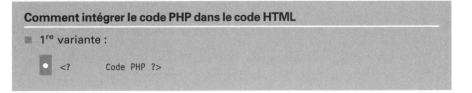

Comment intégrer le code PHP dans le code HTML

■ 1re variante :

● `<?      Code PHP ?>`

Sidebar (rotated): **3**   PHP - Le langage de script universel pour le Web

■ 2e variante :

```
<?PHP    Code PHP ?>
```

■ 3^e variante :

```
<?php    Code PHP ?>
```

■ 4^e variante :

```
<%       Code PHP %>
```

■ 5^e variante :

```
<script language="php">
Code PHP
</script>
```

Une possibilité souvent utilisée est représentée par le style SGML (Standard Generalized Markup Language) :

```
<?
    echo "Intégration dans le style SGML";
?>
```

Une autre possibilité est basée sur la méthode appliquée dans le langage XML (Extensible Markup Language), le nom PHP pouvant être noté en majuscules :

```
<?PHP
    echo "Intégration dans le style XML";
?>
```

ou en minuscules :

```
<?PHP
    echo "Intégration dans le style XML";
?>
```

Le style ASP (Active Server Pages) ne peut être utilisé que lorsque vous avez défini la valeur **On** pour l'option `asp_tags` dans la section **Language Options** du fichier de configuration PHP *php.ini*.

```
<%
    echo "Intégration dans le style ASP";
%>
```

Par ailleurs le style JavaScript est une autre méthode de marquage des sections de scripts :

```
<script language="php">
    echo "Intégration dans le style JavaScript";
</script>
```

Les commentaires

Les commentaires en PHP sont introduits par la séquence /* et se terminent par la séquence */. Ainsi notés, les commentaires peuvent figurer à part, à la fin d'une ligne, à la suite de code PHP, ou bien sur plusieurs lignes. Par ailleurs, PHP utilise également les signes de commentaires // du langage C, qui ne doivent cependant être utilisés que pour de brefs commentaires à la fin d'une ligne.

```
/* ----- Ceci est un commentaire ---------------------- */
$ date_courante = date("z");        /* en voici un autre */
echo $datum;                        // et ici un autre
```

Les instructions

Les instructions reconnues en PHP

- instructions ;
- appels de fonctions ;
- boucles ;
- conditions

Les instructions sont traitées lors de l'exécution d'un programme. En règle générale, elles donnent lieu à des modifications sur les objets de données ou à des interactions avec l'environnement de travail.

Les instructions PHP se terminent par un point-virgule, comme en C.

Voici un exemple d'instruction simple, immergée dans le code HTML. Il s'agit de l'appel de la fonction `echo()`, à l'aide de laquelle les chaînes de caractères peuvent être sorties sur le navigateur.

▼ **Listing 3.1** : *Script 04ex001.php3*

```
<html><head><title>Script1</title></head>
<body>
<?  /* Le code PHP figure ci-après */
echo ("Salut PHP");
?>
</body>
</html>
```

Sortie :

```
Salut PHP
```

PHP - Le langage de script universel pour le Web

3

Les expressions

Si l'on voulait caractériser PHP en une seule phrase, on pourrait dire qu'il s'agit d'un langage orienté expressions.

Qu'est-ce donc qu'une expression ? De manière générale, une expression est une suite de caractères obéissant à une syntaxe prédéfinie. Le schéma des expressions est très variable. La principale caractéristique des expressions est qu'elles possèdent toujours une valeur (ne serait-ce que la valeur 0 ou "", pour la chaîne vide).

Les instructions forment ainsi un composant central de PHP. Si vous voulez comprendre le mode opératoire d'un script PHP, vous devez toujours identifier les expressions présentes dans le script et vous demander quelle est la valeur de cette expression, à quelle expression cette valeur est affectée et quelle est alors la valeur de l'expression.

Les expressions élémentaires

L'expression suivante est une expression dans le sens où nous venons de la définir :

```
100
```

Il s'agit d'une constante de type entier de valeur **100**. Il existe d'autres expressions élémentaires, telles que les constantes et les variables.

Les expressions composées

Les expressions composées résultent de la combinaison d'expressions élémentaires à l'aide d'opérateurs ou de l'affectation de valeurs d'expressions à d'autres expressions, à l'aide d'opérateurs d'affectation.

Dans l'instruction suivante, l'expression **$a** se voit affecter l'expression **100**, qui est en l'occurrence une constante de type entier et de valeur **100**.

```
$a = 100;
```

Après cette affectation, la valeur de **$a** est également **100**. Nous disposons ainsi de deux valeurs : la valeur des constantes de type entier, à savoir **100**, et la valeur de **$a**, qui est passée à **100**.

Dans l'instruction ci-après, l'expression **$a** est affectée à l'expression **$b**.

```
$b = $a;
```

L'instruction complète, en l'occurrence $b = $a, possède à présent la valeur **100**. L'expression **$b** = $a est équivalente à l'expression $b = $a = 100.

Utilisation des fonctions comme des expressions

Autre exemple d'expressions : les fonctions. Les fonctions sont également des expressions dont la valeur est celle de leur valeur retournée. La fonction **test()**, ci-après, est également une expression de valeur **100** :

```
function test () {
```

```
    rerurn 100;
}
```

De même, dans l'expression composée

```
$resultat = test();
```

il s'agit également d'une expression de valeur 100.

Incrémentation préfixée et incrémentation postfixée dans les expressions

En PHP, les expressions complexes utilisent des concepts empruntés au langage C : l'incrémentation préfixée et l'incrémentation postfixée, ainsi que la décrémentation préfixée et la décrémentation postfixée.

Ces deux modes d'incrémentation augmentent la valeur de variables. La différence réside dans la valeur de l'expression d'incrémentation. L'incrémentation préfixée, notée ++$var, reçoit comme valeur la valeur de la variable incrémentée. L'incrémentation postfixée, notée $var++, reçoit au contraire la valeur initiale de la variable avant que l'incrémentation ne soit intervenue. Autrement dit, PHP incrémente la valeur de la variable après avoir lu sa valeur. L'exemple ci-après illustre ce mode de fonctionnement :

▼ Listing 3.2 : *Script 04ex002.php3*

```
<?
$var=100;
echo ++$var;
?>
```

Sortie :

```
101
```

mais :

▼ Listing 3.3 : *Script 04ex003.php3*

```
<?
$var=100;
echo $var++;
?>
```

Sortie :

```
100
```

Valeur de vérité des expressions

Il arrive fréquemment que l'on ne soit pas intéressé à la valeur spécifique d'une expression, mais que l'on souhaite simplement évaluer si la valeur de vérité de l'expression est VRAI ou FAUX.

PHP 4 reconnaît les constantes booléennes **TRUE** (1) et **FALSE** (0). Dans la version PHP 4, une expression a la valeur VRAI si la constante booléenne **TRUE** lui est affectée, ou toute autre expression dont la valeur est **TRUE**.

▼ Listing 3.4 : *Script 04ex004.php3*

```
<?
$var1=TRUE;
echo "$var1";
?>
```

Sortie :

```
1
```

Contrairement à PHP 4, PHP 3 ne connaît pas de type de données booléen. Dans PHP 3, la valeur de vérité d'une expression est donc établie comme suit :

Toute valeur numérique positive ou négative non nulle ainsi que toute chaîne de caractères non vide, à l'exception de "0", signifie **VRAI**.

La valeur 0, une chaîne de caractères vide et la chaîne de caractères "0" signifient **FAUX**.

Les types de données non scalaires (tableaux et objets) sont interprétés comme **FAUX** (0) lorsqu'ils ne comportent aucun élément. Dans le cas contraire, ils retournent **VRAI** (1).

Les expressions de comparaison

Les expressions de comparaison constituent une autre catégorie d'expressions basée sur la valeur de vérité dont il vient d'être question. Les expressions de comparaison sont souvent utilisées dans les instructions conditionnelles utilisant des opérateurs de comparaison. Ainsi dans l'exemple suivant :

```
if ($valeur < 0)
    instruction;
```

Dans les expressions de comparaison, la comparaison porte toujours sur la valeur de deux parties d'expressions. Selon le résultat de la comparaison, la valeur de l'expression complète est donc soit **FAUX** (0) soit **VRAI** (1). Les opérateurs de comparaison pris en charge par PHP sont :

▼ **Tab. 3.1 : Les opérateurs de comparaison de PHP**

Opérateur	Description
>	supérieur
>=	supérieur ou égal
==	égal
!=	inégal
<	inférieur
<=	inférieur ou égal

Les expressions combinées affectation-opérateur

Si vous avez déjà utilisé le langage C, vous savez qu'il est possible de combiner des expressions affectation-opérateur. Cette possibilité existe également en PHP.

Ainsi, si vous voulez augmenter de 10 la valeur d'une variable, l'expression suivante peut être utilisée dans une expression :

```
&a += 10
```

Cette expression revient à dire "Prenez la valeur de $a, ajoutez-lui 10 et affectez à la valeur ainsi obtenue à la variable $a". Dans ces expressions combinées affectation-opérateur, chaque opérateur associant deux éléments est utilisé conjointement à un opérateur d'affectation.

Cela est illustré dans l'exemple ci-après pour l'opérateur de multiplication :

▼ Listing 3.5 : *Script 04ex005.php3*

```
<?
$var=100;
echo $var *=5;
?>
```

Sortie :

```
500
```

Les opérateurs conditionnels dans les expressions

Il existe un autre type d'expressions, fréquemment utilisé dans le langage PHP et qui est emprunté au langage C : l'opérateur conditionnel triple.

```
expression1 ? expression2 : expression3
```

Lorsque la valeur de la première expression est VRAI, celle de la deuxième expression est retournée. Dans le cas contraire, c'est-à-dire lorsque la valeur de expression1 est FAUX, la valeur de l'expression globale prend la valeur de la troisième expression :

▼ Listing 3.6 : *Script 04ex006.php3*

```
<?
$var1=200;
$var2=100;
$resultat =($var1<$var2) ? 100 : 50;
echo $resultat;
?>
```

Sortie :

```
50
```

PHP - Le langage de script universel pour le Web

3

Mais :

▼ Listing 3.7 : *Script 04ex007.php3*

```
<?
$var1=100;
$var2=200;
$resultat =($var1<$var2) ? 100 : 50;
echo $resultat;
?>
```

Sortie :

```
100
```

Les instructions

Dans la section précédente, nous avons utilisé à plusieurs reprises le terme "instruction", mais sans avoir défini précisément ce qu'il recouvre. À présent, nous savons ce qu'est réellement une expression, nous n'aurons donc aucune difficulté à donner une définition du terme "instruction" :

Une instruction est une expression suivie d'un point-virgule. Elle est construite sur le modèle :

```
expression;
```

Dans l'expression $b=$a=100;, dont il a précédemment été question, $a=100 est une expression valide. Pour autant, ce n'est pas une instruction. Quant à l'expression $b=$a=100;, il s'agit d'une instruction valide.

Les opérateurs

Vous avez vu dans la précédente section comment les expressions élémentaires sont combinées à l'aide d'opérateurs, pour former des expressions plus complexes. PHP un nombre d'opérateur bien plus important que les opérateurs couramment utilisés dans les dialectes Basic.

Les opérateurs arithmétiques

PHP dispose des quatre opérateurs arithmétiques élémentaires ainsi que de l'opérateur modulo, qui retourne le reste de la division.

▼ Tab. 3.2 : **Les opérateurs arithmétiques de PHP**

Exemple	Nom	Description
$a + $b	Addition	Somme de $a et de $b
$a - $b	Soustraction	Différence de $a et de $b
$a * $b	Multiplication	Produit de $a et de $b
$a / $b	Division	Quotient de $a et de $b
$a % $b	Modulo	Reste de la division de $a/$b

Les opérateurs d'affectation

Fondamentalement, PHP ne connaît qu'un seul opérateur d'affectation, le signe égale simple (=). Cet opérateur permet d'affecter la valeur d'une expression à une autre expression. L'opérateur d'affectation ne doit pas être confondu avec l'opérateur de comparaison (==). Ce dernier n'est pas utilisé pour affecter des valeurs mais pour vérifier la concordance des valeurs de deux expressions.

▼ **Tab. 3.3 : L'opérateur d'affectation**

Exemple	Nom	Description
$a + $b	Affectation	La valeur de l'expression $b est affectée à l'expression $a.

Nous avons souligné, dans la section sur les expressions, la possibilité connue dans le langage C de combiner l'opérateur d'affectation avec d'autres opérateurs. C'est ainsi que l'on dispose des affectations combinées ci-après :

▼ **Tab. 3.4 : Opérateurs d'affectation combinés**

Exemple	Description
$a += $b	La valeur de l'expression $b est ajoutée à la valeur de l'expression $a et le résultat est affecté à l'expression $a.
$a -= $b	La valeur de l'expression $b est retirée de la valeur de l'expression $a et le résultat est affecté à l'expression $a.
$a *= $b	La valeur de l'expression $a est multipliée par la valeur de l'expression $b et le résultat est affecté à l'expression $a.
$a /= $b	La valeur de l'expression $a est divisée par la valeur de l'expression $b et le résultat est affecté à l'expression $a.
$a %= $b	La valeur de l'expression $a est divisée par la valeur de l'expression $b et le reste de la division est affecté à l'expression $a.
$a .= $b	La valeur de l'expression $a est ajoutée comme chaîne de caractères à la valeur de l'expression $b et la chaîne de caractères obtenue est affectée à l'expression $a.

Vous trouverez ci-après un exemple d'utilisation de la combinaison des opérateurs modulo et d'affectation. La sortie de cet exemple montre que la variable **$a** comporte effectivement le modulo de la division.

▼ Listing **3.8** : *Script 04ex008.php3*

```
<?
$a = 100;
$b = 80;
$a %= $b;
echo $a;
?>
```

Sortie :

20

Affectation par référence

Nous devons nous intéresser à une autre question importante en rapport avec les affectations : dans les affectations dont il a été précédemment question, la valeur d'une variable est affectée à une autre variable. Il existe donc deux variables distinctes et, par conséquence, deux adresses mémoire distinctes. Si elles présentent la même valeur, elles n'en sont pas moins complètement indépendantes l'une de l'autre dans la mémoire. PHP 3 ne connaît que ce mode d'affectation, connue sous le nom d'affectation "par valeur".

 En revanche, PHP 4 connaît un autre type d'affectation, à l'issue de laquelle les deux variables pointent sur la même adresse mémoire. On parle dans ce contexte d'affectation "par référence". Ainsi, lorsque vous procédez à des affectations par référence, ce n'est pas la valeur d'une variable qui est affectée à une autre variable, mais son adresse mémoire. En conséquence, nous avons à présent deux variables qui pointent sur la même adresse mémoire : il ne subsiste donc qu'une variable (une adresse mémoire) avec deux noms.

▼ **Tab. 3.5 : Affectation par référence**

Exemple	Nom	Description
$a = &$b	Affectation par référence	L'adresse mémoire de la variable $a est définie sur celle de la variable $a.

Les deux exemples ci-après illustreront cette importante différence. Dans le premier exemple, la valeur de la variable $b, en l'occurrence 10, est affectée à la variable $a, de sorte que la nouvelle valeur de la variable $a est à présent 10.

La valeur de la variable $a est ensuite incrémentée d'une unité. La nouvelle valeur de $a est à présent 10. Dans l'instruction suivante, les deux variables sont éditées à l'aide de la fonction echo() : comme il fallait s'y attendre, la variable $a a la valeur 11 tandis que la variable $b a la valeur 10.

▼ Listing 3.9 : *Script 04ex009.php3*

```
<?
$a=100;
$b=10;
$a = $b;
++$a;
echo $a;
echo "<br>";  // Passage à la ligne
echo $b;
?>
```

Sortie :

```
10
11
```

Cependant, le fonctionnement est totalement différent lorsque l'affectation intervient par référence. À l'issue d'une affectation de ce type, les deux variables pointent sur la même adresse mémoire. De ce fait, chaque modification de la variable $a, en l'occurrence une incrémentation d'une unité, est répercutée de la même façon sur la variable $b, ce qui explique que la valeur affichée est différente de la sortie précédente.

▼ Listing 3.10 : *Script 04ex010.php3*

```
<?
$a=100;
$b=10;
$a = &$b;         // $a et $b pointent à présent sur la même adresse mémoire !!
++$a;
echo $a;
echo "<br>";  // Passage à la ligne
echo $b;
?>
```

Sortie :

```
11
11
```

Les opérateurs au niveau des bits

PHP dispose de toute une série d'opérations pour les manipulations au niveau des bits, qui ne peuvent être utilisées qu'en relation avec le type de données entier (`integer`).

▼ Tab. 3.6 : **Les opérateurs au niveau des bits de PHP**

Exemple	Nom	Description
$a & $b	And	Combinaison ET de bits
$a | $b	Or	Combinaison OU de bits
$a ^ $b	Xor	Combinaison OU exclusive de bits
~ $a	Not	Complément de bit
$a << $b	Shift left	Décale les bits de $a de $b pas vers la gauche (chaque pas vers la gauche signifie "multiplication par 2")
$a >> $b	Shift right	Décale les bits de $a de $b pas vers la droite (chaque pas vers la droite signifie "division par 2")

Vous trouverez ci-après un exemple simple de décalage de bits vers la gauche. Dans cet exemple, les bits de la variable $a doivent être décalés de deux pas vers la gauche. En notation binaire, nous avons $2^0 = 1$, qui donne $2^3 = 8$.

▼ Listing 3.11 : *Script 04ex011.php3*

```
<?
$a=1;                          // binaire : 00000001
```

PHP - Le langage de script universel pour le Web

3

```
$b=3;
$a << $b;                 // décale de 3 pas vers la droite : 00001000
echo $a << $b;            // le résultat attendu est 8
?>
```

Sortie :

```
8
```

Les opérateurs de comparaison

Les opérateurs de comparaison de PHP permettent de comparer deux expressions. La valeur des expressions faisant appel à ces opérateurs de comparaison est VRAI (1), lorsque la condition à contrôler par l'opérateur en question est vérifiée.

▼ Tab. 3.7 : **Les opérateurs de comparaison de PHP**

Exemple	Nom	Description
$a == $b	égal	Vrai si la valeur de $a est égale à la valeur de $b.
$a != $b	inégal	Vrai si la valeur de $a est différente de la valeur de $b.
$a < $b	inférieur à	Vrai si la valeur de $a est inférieure à celle de $b.
$a > $b	supérieur à	Vrai si la valeur de $a est supérieure à la valeur de $b.
$a <= $b	inférieur ou égale à	Vrai si la valeur de $a est inférieure ou égale à la valeur de $b.
$a >= $b	supérieur ou égale à	Vrai si la valeur de $a est supérieure ou égale à la valeur de $b.

Au lieu d'utiliser comme opérandes les variables **$a** et **$b** du précédent tableau, n'importe quelle expression PHP valide peut être utilisée, comme le montre l'exemple de script ci-après.

▼ Listing **3.12** : *Script 04ex012.php3*

```
<?
$a = 100;
$b = 80;
if( Pow($a+100/3,2) > $b+21/3)
      echo "Expression1 est inférieur à Expression2";
else
      echo "Expression1 est supérieur à Expression2";
?>
```

Sortie :

```
Expression1 est inférieur à Expression2
```

php[4] PHP 4 connaît encore deux autres opérateurs de comparaison, permettant de vérifier si deux variables sont identiques, c'est-à-dire si la valeur et le type des deux variables concordent.

▼ Tab. 3.8 : Les opérateurs d'identité de PHP4

Exemple	Nom	Description
$a === $b	identique	VRAI si la valeur de $a est égale à celle de $b et si $a et $b appartiennent au même type.
$a !== $b	non identique	VRAI si la valeur de $a n'est pas égale à celle de $b ou si $a et $b appartiennent à des types différents.

▼ Listing 3.13 : *Script 04ex013.php3*

```
<?
$a = 100;                    // Type de donnée integer
$b = 100.0;                  // Type de donnée double
if( $a === $b)               // les types de données étant différents,
                             // les variables ne sont pas identiques
 echo "Les variables ".'$a=',$a," et ".'$b=',$b," sont identiques";
else
 echo "Les variables ".'$a=',$a, " et ".'$b=',$b," ne sont pas identiques";
?>
```

Sortie :

```
Les variables $a=100 et $b=100 ne sont pas identiques
```

Les opérateurs d'incrémentation et de décrémentation

Les opérateurs d'incrémentation et de décrémentation de PHP permettent d'incrémenter ou de décrémenter la valeur de variables. La syntaxe de ces opérateurs est empruntée au langage C. Un point essentiel est que les opérateurs d'incrémentation et de décrémentation peuvent figurer aussi bien avant leurs opérandes (notation préfixée : **++$a**) qu'après (notation postfixée : **$a++**). La différence est que dans le premier cas, la valeur de la variable est d'abord modifiée, après quoi la variable est retournée. Dans le second cas, l'ordre des opérations est inversé.

▼ Tab. 3.9 : Les opérateurs d'incrémentation et de décrémentation de PHP

Exemple	Nom	Description
++$a	incrémentation préfixée	Augmente la valeur de la variable $a de 1 et retourne la nouvelle valeur de la variable $a.
$a++	incrémentation postfixée	Retourne la valeur de la variable $a et l'incrémente ensuite de 1.
--$a	décrémentation préfixée	Diminue la valeur de la variable $a de 1 et retourne la nouvelle valeur de la variable $a.
$a--	décrémentation postfixée	Retourne la valeur de la variable $a et la décrémente ensuite de 1.

Nous avons déjà vu des exemples de l'utilisation de ces opérateurs à la section *Les expressions*.

Les opérateurs logiques

Les opérateurs logiques de PHP permettent de relier logiquement toutes sortes d'expressions PHP. La valeur des expressions ainsi obtenues est soit VRAI soit FAUX.

Tab. 3.10 : Les opérateurs logiques de PHP		
Exemple	Nom	Description
[Expression1] and [Expression2]	Et	Vrai si [Expression1] et [Expression2] sont vraies.
[Expression1] or [Expression2]	Ou	Vrai si soit [Expression1] soit [Expression2] soit les deux sont vraies.
[Expression1] xor [Expression2]	Ou	Vrai si soit [Expression1] soit [Expression2] sont vraies mais pas les deux.
! [Expression1]	Non	Vrai si [Expression1] n'est pas vraie.
[Expression1] && [Expression2]	Et	Vrai si [Expression1] et [Expression2] sont vraies.
[Expression1] || [Expression2]	Ou	Vrai si soit [Expression1] soit [Expression2] est vraie.

Les opérateurs de chaîne

PHP connaît un opérateur de chaîne élémentaire, à l'aide duquel deux chaînes de caractères peuvent être concaténées.

Tab. 3.11 : L'opérateur de chaîne de PHP		
Exemple	Nom	Description
$a.$b	Concaténation de chaînes	Assemble deux chaînes de caractères en une seule

Priorité des opérateurs

Le tableau suivant récapitule les règles de priorité et d'associativité s'appliquant aux opérateurs disponibles en PHP. Le tableau est trié en ordre décroissant. Les opérateurs figurant sur une même ligne ont la même priorité. La connaissance de la priorité des opérateurs et importante dans l'optique de la construction et de l'évaluation d'expressions composées ainsi que pour définir les parenthèses requises pour parvenir à un résultat donné.

L'associativité indique si l'opérateur se rapporte à l'opérande placé à sa gauche ou à sa droite. Les opérateurs de comparaison sont donc toujours non associatifs, tandis que l'opérateur + est associatif à gauche, dans la mesure où un nombre est additionné à l'opérande situé à gauche de l'opérateur.

Tab. 3.12 : Priorité des opérateurs PHP		
Priorité	Associativité	Opérateur
1	non associatif	new
2	droite	[

▼ Tab. 3.12 : Priorité des opérateurs PHP

Priorité	Associativité	Opérateur
3	droite	`! ~ ++ -- (int) (double) (string) (array) (object) @`
4	droite	`* / %`
5	droite	`+ - .`
6	droite	`<< >>`
7	non associatif	`< <= > >=`
8	non associatif	`= = != = = =`
9	gauche	`&`
10	gauche	`^`
11	gauche	`|`
12	gauche	`&&`
13	gauche	`||`
14	gauche	`? :`
15	gauche	`= += -= *= /= .= %= &= |= ^= ~= <<= >>=`
16	droite	`print`
17	gauche	`and`
18	gauche	`xor`
19	gauche	`or`
20	gauche	`,`

Le tableau comporte également des expressions qui ne sont pas à proprement parler des opérateurs (par exemple la fonction `print`). Malgré cela, elles méritent de figurer dans ce tableau compte tenu de leur priorité dans l'évaluation d'expressions.

Les fonctions mathématiques de PHP

Après avoir vu quels sont les différents opérateurs disponibles en PHP, nous passons à présent aux fonctions mathématiques élémentaires prises en charge par PHP. De la sorte, vous serez à même d'utiliser PHP pour calculer toutes sortes d'expressions mathématiques.

▼ Tab. 3.13 : Les fonctions mathématiques de PHP

Fonction	Exemple	Description
abs	abs(-100) = 100	Valeur absolue
acos	acos(0.5) = 1.0471975511966	Arc cosinus
asin	asin(0.5) = 0.5235987755983	Arc sinus
atan	atan(0.5) = 0.46364760900081	Arc tangent
atan2	atan2(0.4,0.6) = 0.58800260354757	Arc tangent hyperbolique

▼ Tab. 3.13 : Les fonctions mathématiques de PHP

Fonction	Exemple	Description
base_convert	base_convert(1000,2,10) = 8	Conversion de nombres appartenant à deux systèmes numériques distincts
bindec	bindec(1000) = 8	Conversion de valeurs binaires en décimal
ceil	ceil(12.7) = 13	Arrondi à l'entier supérieur le plus proche
cos	cos(0.5) = 0.87758256189037	Cosinus
decbin	decbin(3) = 11	Conversion de valeurs décimales en binaire
dechex	dechex(16) = 10	Conversion de valeurs décimales en hexadécimal
decoct	decoct(256) = 400	Conversion de valeurs décimales en octal
exp	exp(2) = 7.3890560989307	Puissance de base e
floor	floor(12.4) = 12	Arrondi à l'entier inférieur le plus proche
getrandmax	getrandmax() = 32767	Retour du nombre aléatoire maximal
hexdec	hexdec(FF) = 255	Conversion de valeurs hexadécimales en décimal
log	log(2.7) = 0.99325177301028	Logarithme naturel d'un nombre
log10	log10(100) = 2	Logarithme de base 10
max	max(34,23,12) = 34	Valeur maximale d'une liste d'arguments
min	min(34,23,12) = 12	La valeur la plus faible d'une liste d'arguments
mt_rand	2345654	Retour d'un nombre aléatoire optimisé dont la valeur se situe entre 0 et 1
mt_srand	mt_srand(100)	Définition de la valeur initiale pour le générateur de nombres aléatoires optimisé
mt_getrandmax	mt_getrandmax() = 2147483647	Retour de la valeur aléatoire la plus élevée de mt_rand
number_format	number_format(100000.5,'2',',',','.') = 100.000,50	Retour d'un nombre formaté
octdec	octdec(400) = 256	Conversion de valeurs octales en décimal
pi	pi() = 3.1415926535898	Retour de la valeur de pi.
pow	pow(2,3) = 8	Retour de la puissance en base x
rand	345	Retour d'un nombre aléatoire situé entre 0 et 1
round	round(12.5) = 12	Arrondi d'un nombre à virgule flottante
sin	sin(0.5) = 0.4794255386042	Sinus
sqrt	sqrt(16) = 4	Racine carrée
srand	srand(100)	Définition de la valeur initiale du générateur de nombres aléatoires

▼ Tab. 3.13 : Les fonctions mathématiques de PHP		
Fonction	**Exemple**	**Description**
tan	tan(0.5) = 0.54630248984379	Tangente

Les types de données de PHP

PHP utilise les types de données suivants :

▼ Tab. 3.14 : Les types de données de PHP	
Type de données	**Description**
integer (int)	Nombre entier
double (real)	Nombre à virgule flottante
string	Chaîne de caractères d'une longueur maximale de 32 768 caractères
array	Tableau
object	Objet
boolean	Valeur de vérité (TRUE, FALSE) (nouveau sous PHP 4)

Typage automatique

- un nombre sans point est interprété comme un nombre entier ;
- un nombre doté d'un point est interprété comme un nombre à virgule flottante ;
- des caractères entre guillemets sont interprétés comme des chaînes ;
- lors de l'évaluation d'expressions, l'opérateur utilisé détermine le type de données auquel appartient le résultat.

Contrairement à d'autres langages de programmation, les types de données ne doivent pas être définis de manière explicite, le typage étant réalisé automatiquement. Le type d'une variable est déterminé par la valeur qui lui est affectée. Lorsque PHP a recours au typage automatique, les règles énoncées dans la liste "Typage automatique" sont appliquées.

Lorsque, comme c'est le cas dans l'exemple ci-après, un programme utilise exclusivement des opérateurs arithmétiques, le résultat est le type de données numérique. Selon le type de données des opérandes utilisés, le choix se portera sur integer ou sur double. Lorsqu'un des opérandes est de type double, le résultat appartient également à ce type.

▼ Listing 3.14 : *Script 04ex014.php3*

```
<?
$nbre1=10.0;
$nbre2=15;
```

PHP - Le langage de script universel pour le Web

3

```
$str1= " FRF";
$resultat=$nbre1+$nbre2+$str1;
echo'$resultat='."$resultat";
echo'<br>La variable $resultat est de type', gettype($resultat);
?>
```

Sortie :

```
$resultat=25
La variable $resultat est de type double
```

Lorsque, au contraire, l'un des opérateurs utilisés est un opérateur de type **string** (dans l'exemple ci-après, l'opérateur **.**), le résultat appartient également au type **string**.

▼ **Listing 3.15** : *Script 04ex015.php3*

```
<?
$nbre1=10.0;
$nbre2=15;
$str1= " FRF";
$resultat=$nbre1+$nbre2 . $str1;
echo'$resultat='."$resultat";
echo'<br>La variable $resultat est de type', gettype($resultat);
?>
```

Sortie :

```
$resultat=25 FRF
La variable $resultat est de type string
```

Le transtypage

La fonction **settype()** permet de convertir le type auquel appartient une variable. Dans l'exemple ci-après, PHP attribue automatiquement le type **integer** à la variable **$nbre**. Celui-ci passe ensuite au type **double**.

▼ **Listing 3.16** : *Script 04ex016.php3*

```
<?
$nbre=10;
settype($nbre, "double");
echo'La variable $nbre est de type', gettype($nbre);
?>
```

Sortie :

```
La variable $nbre est de type double
```

Détermination du type de données

La détermination du type de données auquel appartient une variable n'étant pas toujours possible, PHP propose un certain nombre de fonctions chargées de cette opération.

Fonctions de détermination du type de données

- gettype()
- is_long()
- is_double()
- is_string()
- is_array()
- is_object()
- is_bool()

 La fonction is_bool() est venue s'ajouter aux autres fonctions avec la version PHP 4, en raison de l'introduction du nouveau type de données boolean.

Nous avons déjà utilisé la fonction gettype() dans les deux précédents exemples, afin de déterminer et d'afficher le type de données issu du typage automatique réalisé par PHP. L'exemple suivant illustrera la mise en œuvre des fonctions is_string() et is_double().

▼ Listing **3.17** : *Script 04ex017.php3*

```
<?
$var=100;
if (is_string($var))
     echo'Le type de données de $var est string';
else if (is_double($var))
     echo'Le type de données de $var est double';
else
     echo'Le type de données de $var n\'est ni string ni double'; // Notez le caractère
➡ d'échappement "\"
?>
```

Dans cet exemple, modifiez à titre d'essai le type de données de la variable **$var** et examinez la sortie obtenue comme résultat.

Un autre exemple avec **gettype()** se rapporte au contrôle du type de données de valeur NULL, de chaînes vides et du nombre **0** :

▼ Listing **3.18** : *Script 04ex018.php3*

```
<?
$var1=NULL;
$var2="";
$var3=0;
echo gettype($var1),"<br>";
echo gettype($var2),"<br>";
```

```
echo gettype($var3);
?>
```

Sortie :

```
NULL
string
integer
```

Vous pouvez constater que la valeur NULL, qui signifie "aucune entrée", est distinguée de la chaîne vide et du nombre 0.

Transtypage explicite

De manière analogue au langage C, le langage PHP permet de modifier explicitement le type d'une variable. Dans cette opération, une expression cast est placée avant une variable ou une expression, par exemple :

▼ Listing 3.19 : *Script 04ex019.php3*

```
<?
$var="100 FRF";
echo'Pour commencer, le type de la variable est $var', gettype($var);
$var = (double)$var;
echo'<br>Après le cast, le type de la variable est $var', gettype($var);
echo "<br>et a la valeur $var";
?>
```

Sortie :

```
Pour commencer, le type de la variable est $var string
Après le cast, le type de la variable est $var double
et a la valeur 100
```

Voici les casts possibles :

▼ Tab. 3.15 : Les opérateurs cast de PHP	
Opérateur cast	**Description**
(int), (integer)	Conversion en integer.
(real), (double), (float)	Conversion en double.
(string)	Conversion en string.
(array)	Conversion en array.
(object)	Conversion en object.

Le transtypage automatique est prioritaire par ses opérateurs, la mise en œuvre du transtypage automatique par le biais des casts n'est intéressante qu'en l'absence d'opérateurs univoques.

Conversion de chaînes de caractères en type de données numérique

Dans le cas où une chaîne de caractères est évaluée comme un type de données numérique, le type et la valeur sont déterminés comme suit :

Si la chaîne comporte le caractère . (le point), la chaîne est interprétée comme étant de type `double`, sinon elle est de type `integer`.

La valeur d'une chaîne de caractères interprétée comme un nombre est déterminée par son caractère initial. S'il s'agit d'un nombre valide, la valeur est 0. Examinez les différentes sorties des deux exemples suivants :

▼ Listing 3.20 : *Script 04ex020.php3*

```
<?
$var="100.0" + "50 centimes";
echo'Le type de la variable $var est', gettype($var);
echo "<br>La valeur de la variable est $var";
?>
```

Sortie :

```
Le type de la variable $var est integer
La valeur de la variable est 150
```

Mais :

▼ Listing 3.21 : *Script 04ex021.php3*

```
<?
$var=".100.0" + "50 centimes";
echo'Le type de la variable $var est', gettype($var);
echo "<br>La valeur de la variable est $var";
?>
```

Sortie :

```
Le type de la variable $var est integer
La valeur de la variable est 50
```

Les constantes

Le langage PHP définit les constantes à l'aide du mot-clé `define()`. Elles ne peuvent plus alors recevoir d'autre valeur. De manière analogue aux règles appliquées aux variables, PHP affecte automatiquement le type d'une constante.

▼ Listing 3.22 : *Script 04ex022.php3*

```
<?
define ("DB", "c:/Data/CoursBDD");
```

PHP - Le langage de script universel pour le Web

3

```
echo "Le type de la constante est : ";
echo (gettype(DB));
echo "<br>";
echo "La valeur de la constante est : ";
echo (DB);
?>
LEGENDE= Script 04ex02
.php3
```

Sortie :

```
Le type de la constante est : string
La valeur de la constante est : c:/Data/CoursBDD
```

Constantes prédéfinies de PHP

PHP définit toute une série de constantes qui sont référencées dans le tableau suivant :

▼ Tab. 3.16 : Les constantes prédéfinies de PHP	
Constante	**Fonction**
NULL	La valeur NULL signifie, contrairement à la chaîne "" (chaîne vide) ou au nombre 0, qu'aucune entrée n'a été faite. Cela est important, par exemple dans le cadre de requêtes portant sur des champs de bases de données. La constante NULL a été introduite par PHP 4.0. Le résultat du contrôle du type de données d'une variable comportant la valeur NULL, obtenu à l'aide de la fonction gettype(), est NULL.
__FILE__	Le nom du fichier de script qui est en cours d'analyse. Lorsque cette constante est utilisée dans un fichier, lié à l'aide de include() ou de require(), c'est le nom du fichier lié qui est appelé, et non pas celui du fichier appelant.
__LINE__	Le numéro de ligne du script courant, qui est en cours d'analyse. Lorsque cette constante est utilisée dans un fichier lié par include() ou require(), le numéro de ligne du fichier lié est retourné.
PHP_VERSION	Chaîne de caractères comportant le numéro de version de l'analyseur PHP.
PHP_OS	Le nom du système d'exploitation sur lequel l'analyseur PHP est exécuté.
TRUE	La valeur VRAI (1). La constante TRUE est une nouveauté de PHP 4.0.
FALSE	La valeur FAUX (0). La constante FALSE est une nouveauté de PHP 4.0.
E_ERROR	Erreur distincte d'une erreur de l'analyseur. L'exécution du script est interrompue.
E_WARNING	Avertissement. Le script courant continue à être exécuté.
E_PARSE	Syntaxe incorrecte dans le fichier de script. L'exécution du script est interrompue.
E_NOTICE	Remarque. Signale des erreurs possibles. Le script courant continue à être exécuté.

Les variables

Les variables font référence à une adresse mémoire donnée de l'ordinateur, susceptible de recevoir n'importe quel contenu. Dans la notation PHP, les variables sont précédées d'un caractère $ initial. La casse des noms de variables n'est pas prise en compte.

Contrairement aux langages de programmation fortement typés tels que le langage Pascal, le langage PHP n'exige pas que le type des variables soit spécifié de manière explicite. Les variables sont initialisées par l'affectation d'une variable.

Les tableaux constituent une forme particulière de variables. En l'occurrence, il ne s'agit pas de variables individuelles mais de collections de plusieurs variables. En raison de leur signification particulière, les tableaux ne seront pas traités ici mais séparément (voir page 100).

Le type de données des variables

Comme cela a été évoqué à la section relative aux types de données, PHP reconnaît automatiquement, lors de l'exécution, le type auquel la variable appartient. Dans cette opération, le type est déterminé par le contenu de la variable. Ainsi, dans l'exemple suivant,

```
$nbre = 100;
```

Ici, la déclaration permet d'affecter le type de données `integer` à la variable. Si, en revanche, on affecte à la variable la valeur

```
$nbre = 100.4;
```

c'est le type `double` qui est affecté au nombre en question.

Fonctions de vérification et de transtypage

PHP propose toute une série de fonctions permettant de manipuler des variables.

C'est ainsi que la fonction `isset()` permet de déterminer notamment si une variable a été définie. De même, la fonction `empty()` permet de vérifier si une variable est vide : dans le cas d'une variable numérique, la valeur sera 0, et dans le cas d'une chaîne de caractères, ce sera une chaîne vide.

Alors que la fonction `gettype()` retourne une chaîne précisant le type de données auquel appartient une variable (`integer`, `double`, etc.), la valeur retournée par un grand nombre de fonctions, également chargées de vérifier le type de données de variables (`is_integer`, `is_double`, `is_string`, etc.), est une valeur de vérité, c'est-à-dire soit TRUE (1) soit FALSE (0), ce qui s'avère plus pratique à utiliser dans des expressions logiques.

▼ Tab. 3.17 : Fonctions de vérification de variables

Fonction	Description	Valeur retournée
doubleval	Convertit le type d'une variable en `double`	`double`
empty	Vérifie si une variable est "vide"	TRUE/ FALSE (1/0)
gettype	Détermine le type de la variable	`string`

▼ Tab. 3.17 : Fonctions de vérification de variables

Fonction	Description	Valeur retournée
intval	Convertit le type d'une variable en integer	integer
is_array	Vérifie si la variable est de type Array	TRUE/ FALSE (1/0)
is_bool	Vérifie si une variable est de type bool	TRUE/ FALSE (1/0)
is_double	Vérifie si la variable est de type double	TRUE/ FALSE (1/0)
is_float	Vérifie si la variable est de type float	TRUE/ FALSE (1/0)
is_int	Vérifie si la variable est de type integer	TRUE/ FALSE (1/0)
is_integer	Vérifie si la variable est de type integer	TRUE/ FALSE (1/0)
is_long	Vérifie si la variable est de type integer	TRUE/ FALSE (1/0)
is_object	Vérifie si la variable est de type object	TRUE/ FALSE (1/0)
is_real	Vérifie si la variable est de type real	TRUE/ FALSE (1/0)
is_numeric	Vérifie si une variable est un nombre ou une chaîne numérique	TRUE/ FALSE (1/0)
is_string	Vérifie si la variable est de type string	TRUE/ FALSE (1/0)
isset	Vérifie si la variable est définie	TRUE/ FALSE (1/0)
settype	Définit le type de la variable	TRUE/ FALSE (1/0)
strval	Convertit le type d'une variable en string	string
unset	Retire une variable de la mémoire	1

Parmi les fonctions de ce groupe, la fonction **isnumeric()** est intéressante : elle permet de vérifier si le contenu d'une variable est un nombre ou une chaîne numérique. Cette fonction est une nouveauté de PHP 4.0. Un exemple :

▼ Listing 3.23 : *Script 04ex023.php3*

```
<?
$var="100";
if (is_int($var) or is_double($var)) {
   echo "Le contenu de la variable est un nombre";
}
elseif (is_numeric($var)) {
    echo "Le contenu de la variable est une chaîne numérique";
}
elseif (is_string($var)) {
    echo "Le contenu de la variable est une chaîne non numérique";
}
?>
```

Sortie :

> `Le contenu de la variable est une chaîne numérique`

Le script ci-après illustre l'emploi des fonctions `isset()`, `empy()`, et `gettype()` :

▼ Listing 3.24 : *Script 04ex024.php3*

```
<?
$Var1 = 100.0;
$def = isset($Var1);
$vide = empty($Var1);
$type = gettype($Var1);
echo "<br>La variable est-elle definie ? : ", (int)$def;
echo "<br>La variable est-elle vide ? : ", (int)$vide;
echo "<br>le type de la variable est : ", $type;
?>
```

Sortie :

> `La variable est-elle définie ?: 1`
> `La variable est-elle vide ?: 0`
> `le type de la variable est : double`

Lorsque la variable `$var1` est retirée de la mémoire à l'aide de la fonction `unset()`, cela donne le résultat suivant :

▼ Listing 3.25 : *Script 04ex025.php3*

```
<?
$Var1 = 100.0;
unset($Var1);                    // La variable a été vidée de la mémoire
$def = isset($Var1);
$vide = empty($Var1);
$type = gettype($Var1);
echo "<br>La variable est-elle définie ?: ", (int)$def;
echo "<br>La variable est-elle vide ?: ", (int)$vide;
?>
```

Sortie :

> `La variable est-elle définie ?: 0`
> `La variable est-elle vide ?: 1`

Visibilité et durée de vie des variables

La visibilité et la durée de vie des variables constituent deux aspects importants en rapport avec les variables. De manière générale, la règle est que les variables en PHP sont toujours visibles dans leur contexte local. Ainsi, une variable définie au sein d'une fonction n'est pas visible de l'extérieur de cette variable.

PHP - Le langage de script universel pour le Web — 3

L'inverse est également vrai : une variable définie avec une portée globale à l'extérieur de tous les blocs de fonctions n'a aucune validité au sein d'un bloc de fonctions.

▼ Listing 3.26 : *Script 04ex026.php3*

```
<?
$Var = 100;
function test()
{
  return $Var;              // $Var n'est pas connu dans cette fonction !
}
$resultat = test();
if ($resultat)
  echo "$resultat";
else
  echo "Aucune sortie, la variable n'étant pas visible localement !";
?>
```

Sortie :

```
Aucune sortie, la variable n'étant pas visible localement !
```

Pour obtenir que la variable globale **$Var** soit également connue localement au sein de la fonction **test()**, celle-ci doit se faire connaître explicitement au sein de la fonction à l'aide du mot-clé **global** :

▼ Listing 3.27 : *Script 04ex027.php3*

```
<?
$Var = 100;
function test()
{
  global $Var;        // La variable doit être définie globalement
  return $Var;
}
$resultat = test();
if ($resultat)
  echo "$resultat";
else
  echo "Aucune sortie, la variable n'étant pas visible localement !";
?>
```

Sortie :

```
100
```

L'accès aux variables globales par le tableau $GLOBALS

Un autre moyen d'accéder à une variable globale, depuis le contexte local d'une fonction, est d'utiliser le tableau $GLOBALS défini par PHP.

Il s'agit d'un tableau associatif dans lequel les noms font office de mots-clés. L'exemple suivant illustre de quelle manière une fonction accède à la variable locale $Var par l'intermédiaire du tableau $GLOBALS :

▼ Listing 3.28 : *Script 04ex028.php3*

```
<?
$Var = 100;
function test()
{
   return $Globals[$Var];          // Accès au tableau $Globals
}
$resultat = test();
echo "$resultat";
?>
```

Sortie :

```
100
```

Les classes de stockage des variables

La classe de stockage d'une variable est une autre propriété importante. Les variables normales perdent leur valeur lorsqu'elles quittent leur contexte local. Lorsqu'elles y reviennent elles sont réinitialisées.

Il arrive que l'on souhaite conserver la valeur de variables après qu'elles sont sorties d'un bloc de fonctions : pour obtenir ce résultat, on utilise le mot-clé static, pour les utiliser comme variables statiques.

Dans l'exemple ci-après, la variable $Var n'ayant pas de durée de vie statique, elle est donc réinitialisée chaque fois qu'elle retourne dans le bloc de fonctions. Le résultat de la sortie reste toujours 1, alors même que la fonction test() a été appelée à deux reprises.

▼ Listing 3.29 : *Script 04ex029.php3*

```
<?
function test()
{
 $Var=0;
   ++$Var;
   return $Var;
}
$resultat1 = test();
$resultat2 = test();
echo "$resultat2";
```

```
?>
```

Sortie :

```
1
```

Cependant, dans le cas où la variable $Var est définie comme étant statique, elle conserve sa valeur, même après avoir quitté le bloc de fonctions et l'avoir réintégré à l'issue d'un nouvel appel de la fonction test(). Le résultat obtenu est alors différent de ce que nous avions précédemment :

▼ **Listing 3.30** : *Script 04ex030.php3*

```
<?
function test()
{
  static $Var=0;         // Variable avec une durée de vie statique !
  ++$Var;
  return $Var;
}
$resultat1 = test();
$resultat2 = test();
echo "$resultat2";
?>
```

Sortie :

```
2
```

Les tableaux

Les tableaux (array) représentent la structure de données la plus importante du langage PHP. La conception des tableaux en PHP est quelque peu différente de celle qui a cours dans les langages de programmation Pascal, C ou Java.

Le langage PHP utilise des tableaux à une dimension. Il est cependant possible que des éléments d'un tableau pointent vers d'autres tableaux, permettant ainsi de réaliser des tableaux multidimensionnels à partir de tableaux de tableaux.

Contrairement aux langages Pascal ou C, dans lesquels les tableaux sont implémentés comme des ensembles de dimension n contenant des variables appartenant au même type, en PHP, les variables des tableaux peuvent appartenir à des types distincts.

Le cas de tableau le plus simple est un tableau numérique indexé. L'index du tableau permet d'accéder à un élément unique du tableau. Pour initialiser ce genre de tableau, il suffit simplement de lui affecter des valeurs. L'indexation est assurée automatiquement par PHP. Les index de tableaux PHP commencent par 0.

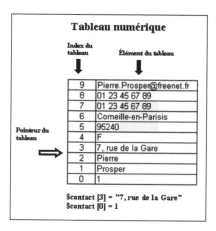

◀ Fig. 3.4 :
Un tableau numérique

L'exemple ci-après illustre un cas de figure typique : pour réaliser une application simple de gestion des contacts, les différents éléments d'information relatifs à un contact sont insérés dans un tableau $contact. Comme indiqué précédemment, vous n'avez pas à vous soucier de l'indexation de ces enregistrements, puisque PHP s'en charge.

Après cela, la boucle while lit les éléments précédemment insérés. Pour montrer que les éléments du tableau appartiennent effectivement à différents types de données, la fonction gettype() détermine en plus de cela le type de données des éléments, lors de la lecture des éléments du tableau.

▼ Listing 3.31 : *Script 04ex031.php3*

```php
<?
$contact[0]= 1;
$contact[1]= "Martin";
$contact[2]= "Marianne";
$contact[3]= "8, rue des Myrtilles";
$contact[4]= "F";
$contact[5]= "13000";
$contact[6]= "Marseille";
$contact[7]= "01 23 45 67 89";
$contact[8]= "01 23 45 67 90";
$contact[9]= "Marianne.Martin@freenet.com";

$i=0;
while ($i<count($contact)) {
    echo gettype($contact[$i]),"----->", $contact[$i],"<br>";
 $i++;
}
?>
```

Le script génère la sortie ci-après :

La capacité de ce genre de tableau est uniquement limitée par la mémoire dont la machine dispose. PHP n'exige pas de fixer de limite supérieure pour le tableau.

Si l'on veut déterminer le nombre d'éléments contenus dans un tableau, on peut utiliser la fonction **count()**. Ainsi en est-il dans le précédent exemple, où elle a été utilisée pour formuler la condition d'arrêt de la boucle **while** responsable de l'édition des éléments du tableau.

Outre la fonction **count()**, il existe toute une série de fonctions de manipulation de tableaux. Ainsi, un tableau peut être trié à l'aide des fonctions **sort()**, **ksort()** ou **asort()**. De même; les fonctions **prev()** et **next()** permettent d'atteindre des éléments particuliers du tableau. Ces fonctions ainsi que les autres fonctions des tableaux **array** feront l'objet d'un développement à la section *Les fonctions de tableau* (voir page 108).

Il est également possible d'initialiser un tableau à l'aide du mot-clé **array**. Après modification, l'exemple précédent génère la même sortie :

▼ Listing **3.32** : *Script 04ex032.php3*

```php
<?
$contact=array (
    1,
    "Martin",
    "Marianne",
    "8, rue des Myrtilles",
    "F",
    "13000",
    "Marseille",
    "01 23 45 67 89",
    "01 23 45 67 90",
    "Marianne.Martin@freenet.com"
    );
$i=0;
while ($i<count($contact)) {
    echo gettype($contact[$i]),"----->", $contact[$i],"<br>";
$i++;
```

```
    }
?>
```

Les tableaux associatifs

Les tableaux dont il a été question jusqu'ici permettent d'accéder aux éléments par l'intermédiaire du numéro correspondant. Le langage PHP permet cependant de générer des tableaux
dont les éléments sont référencés par des chaînes de caractères associatives. Ces tableaux sont
connus sous le nom de tableaux associatifs ou de tables de hachage.

Dans les tableaux associatifs, les éléments des tableaux ne sont pas simplement numérotés, mais
chaque élément reçoit une chaîne de caractères en guise de nom, la clé d'index. C'est par
l'intermédiaire de cette clé que chaque élément peut ensuite être adressé.

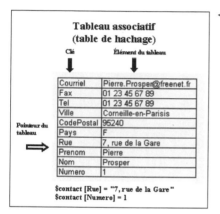

◀ Fig. 3.6 :
Un exemple de tableau associatif

Ainsi, au lieu d'utiliser les index à incrémentation automatique de PHP, vous pouvez également
définir des identifiants associatifs de votre cru pour les différents éléments du tableau. La
procédure est illustrée dans l'exemple suivant.

▼ Listing **3.33** : *Script 04ex033.php3*

```
<?
$contact[Numero]= 1;
$contact[Nom]= "Martin";
$contact[Prenom]= "Marianne";
$contact[Rue]= "8, rue des Myrtilles";
$contact[Pays]= "F";
$contact[CodePostal]= "13000";
$contact[Ville]= "Marseille";
$contact[Tel]= "01 23 45 67 89";
$contact[Fax]= "01 23 45 67 90";
$contact[Courriel]= "Marianne.Martin@freenet.com";
echo $contact[Nom];
?>
```

Pour accéder à un élément donné à l'intérieur d'un tel tableau associatif, on utilise à la place de l'index du tableau une clé d'index, comme dans l'exemple précédent d'édition par le navigateur du nom du contact.

```
echo $contact[Nom];
```

Si vous préférez utiliser le mot-clé **array**, vous devez utiliser l'opérateur **=>** pour indiquer les valeurs des clés du tableau associatif. Démonstration ci-après :

▼ Listing 3.34 : *Script 04ex034.php3*

```
<?
$contact=array(
    "Numero"=>1,
    "Nom"=>"Martin",
    "Prenom"=>"Marianne",
    "Rue"=>"8, rue des Myrtilles",
    "Pays"=>"F",
    "CodePostal"=>"13000",
    "Ville"=>"Marseille",
    "Tel"=>"01 23 45 67 89",
    "Fax"=>"01 23 45 67 90",
    "Courriel"=>"Marianne.Martin@freenet.com"
    );
echo $contact[Nom];
?>
```

Les tableaux multidimensionnels

Comme nous l'avons indiqué plus haut, le langage PHP permet de réaliser des tableaux multidimensionnels sous la forme de tableaux dans des tableaux.

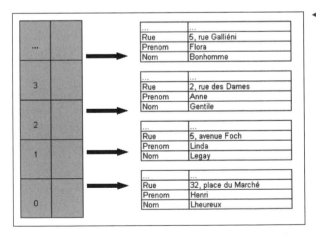

◀ Fig. 3.7 :
Utilisation de tableaux multidimensionnels

L'application de gestion de contacts basée sur le tableau unidimensionnel ne permet pas encore d'obtenir un résultat opérationnel. À partir du moment où l'on veut saisir de nouveaux contacts, les problèmes se font jour.

Certes les tableaux numériques dont il a été question plus haut permettent d'entrer autant de nouvelles adresses de contacts que l'on souhaite ; en revanche, l'accès à un élément particulier du tableau, par exemple le domicile de Madame Martin, s'avère difficile et suppose des calculs répétitifs de d'index.

L'utilisation d'un tableau associatif met au jour un autre problème lié à l'impossibilité d'utiliser des clés identiques, ce qui oblige à utiliser de nouveaux noms de clés pour chaque entrée créée.

Pour éviter ces problèmes, l'on est amené à créer une structure de données complexe, conçue de façon à contenir un tableau comme élément de tableau. Dans le cas de notre gestion de contacts, il s'agit du tableau **$contact**. Celui-ci contient dans un de ses éléments un tableau comportant les données complètes sur le contact, et ce, pour chaque contact pris en compte.

Le script correspondant, à l'aide duquel cette approche est concrétisée, se présente comme suit :

▼ Listing **3.35** : *Script 04ex035.php3*

```
<?
get_adress ();
for ($Numero=0;$Numero<11;$Numero++)  {
 $contact[$Numero]= array (
      "Nom"=>$Nom,
      "Prenom"=>$Prenom,
      "Rue"=>$Rue,
      "Pays"=>$Pays,
      "CodePostal"=>$CodePostal,
      "Ville"=>$Ville,
      "Tel"=>$tel,
      "Fax"=>$fax,
     "Courriel"=>$Courriel );
}
foreach($contact as $cc=>$details) {
   foreach($details as $c=>$elem) {
      echo $cc,": ",$c,": ",$elem,"<br>";
   }
   echo "<br>";
}
function get_adress() {
global $Nom,$Prenom,$Rue,$Pays,$CodePostal,$Ville,$tel,$fax,$Courriel;
 $Nom="Martin";
 $Prenom="Marianne";
 $Rue="8, rue des Myrtilles";
 $Pays="F";
 $CodePostal="13000";
 $Ville="Marseille";
```

```
$tel="1234-5678";
$fax="1234-5679";
$Courriel="Marianne.Martin@freenet.com";
}
?>
```

La boucle **for** affecte à chaque élément `$contact[$Numero]` du tableau `$contact` un tableau associatif comportant l'ensemble des données concernant un contact. Dans cet exemple simplifié, les données destinées aux contacts lus proviennent de la pseudo-fonction `get_adress()`. Pour plus de simplicité, cette fonction est conçue pour lire le même jeu d'informations de contact à chaque passage de boucle.

Dans une application en grandeur nature, ces données seraient lues à partir d'un formulaire HTML ou à partir d'un fichier, permettant ainsi de saisir un grand nombre de contacts différents et de les stocker dans un tableau. La question de l'utilisation de formulaires ainsi que celle de la lecture de données à partir de fichiers n'ayant pas encore été abordées, nous avons donc choisi d'utiliser la pseudo-fonction `get_adress()` pour simuler la saisie de données.

Signalons par anticipation la boucle **foreach**, utilisée pour l'édition des éléments du tableau. Cette boucle s'avère pratique pour traiter les données de tableaux. Nous y reviendrons dans la section suivante.

Comme vous avez pu le constater, le langage PHP permet de construire des structures de données complexes à l'aide de tableaux associatifs imbriqués, de manière analogue à ce qu'il est possible de réaliser dans d'autres langages de programmation avec les **records** (Pascal) ou les **structures** (C).

Si cela est possible, cela vient principalement de ce que les tableaux en PHP permettent de stocker des données appartenant à différents types de données.

Accès aux éléments d'un tableau à l'aide de foreach

PHP 4 prend en charge une structure de boucle spécialement destinée à la manipulation de tableaux, la boucle **foreach**.

Il existe deux variantes de la boucle **foreach**.

Syntaxe de l'instruction foreach

■ dans les tableaux numériques :

```
foreach($array as $element)
instruction;
```

■ dans les tableaux associatifs :

```
foreach($array as $key => $element)
instruction;
```

 La boucle **foreach** fonctionne de la manière suivante : tout d'abord, le compteur interne du tableau `$array` se positionne sur le premier élément, après quoi le tableau

---

$array est parcouru progressivement. À chaque passage de la boucle, l'élément courant du tableau est passé à la variable $element et le pointeur interne se positionne sur l'élément suivant. La deuxième variante de la boucle **foreach** procède de la même façon, à ceci près que des valeurs de clé peuvent être utilisées pour le traitement des tableaux associatifs.

Nous avons utilisé dans la section précédente une boucle **foreach** doublement imbriquée. Elle nous a permis d'afficher les données se rapportant à la structure de données créée pour saisir les adresses de contact.

La boucle externe référence à l'aide de la variable de tableau $details les sous-tableaux contenus dans les éléments du tableau $contact. De son côté, la boucle **foreach** interne affiche alors les clés $k et les éléments $elem du sous-tableau $details.

Le script suivant fournit un autre exemple de l'utilisation de la boucle **foreach**. Ce script est chargé de documenter et de tester les fonctions mathématiques de PHP. Pour chacune de ces fonctions, une chaîne comportant le nom de la fonction et un appel de la fonction paramétré en conséquence sont lus dans un tableau bidimensionnel. L'instruction **foreach** est utilisée pour éditer chacun des éléments du tableau :

▼ Listing 3.36 : *Script 04ex036.php3*

```
<?
$math = array(
array("abs(-100) = ", abs(-100)),
array("acos(0.5) = ", acos(0.5)),
array("asin(0.5) = ", asin(0.5)),
array("atan(0.5) = ", atan(0.5)),
array("atan2(0.4,0.6) = ", atan2(0.4,0.6)),
array("base_convert(1000,2,10) = ", base_convert(1000,2,10)),
array("bindec(1000) = ", bindec(1000)),
array("ceil(12.7) = ", ceil(12.7)),
array("cos(0.5) = ", cos(0.5)),
array("decbin(3) = ", decbin(3)),
array("dechex(16) = ", dechex(16)),
array("decoct(256) = ", decoct(256)),
array("exp(2) = ", exp(2)),
array("floor(12.4) = ", floor(12.4)),
array("getrandmax() = ", getrandmax()),
array("hexdec(FF) = ", hexdec(FF)),
array("log(2.7) = ", log(2.7)),
array("log10(100) = ", log10(100)),
array("max(34,23,12) = ", max(34,23,12)),
array("min(34,23,12) = ", min(34,23,12)),
array("mt_rand = ", mt_rand),
array("mt_srand(100) = ", mt_srand(100)),
array("mt_getrandmax() = ", mt_getrandmax()),
array("number_format(100000.5,'2',',','.') = ", number_format(100000.5,'2',',','.')),
array("octdec(400) = ", octdec(400)),
```

3

PHP - Le langage de script universel pour le Web

```
array("pi() = ", pi()),
array("pow(2,3) = ", pow(2,3)),
array("rand = ",  rand),
array("round(12.5) = ", round(12.5)),
array("sin(0.5) = ", sin(0.5)),
array("sqrt(16) = ",sqrt(16)),
array("srand(100) = ", srand(100)),
array("tan(0.5) = ", tan(0.5)));
foreach ($math as $resultat) {
        echo "$resultat[0]$resultat[1] <br>";
}
?>
```

Une précision si vous vous intéressez à la sortie affichée par ce script : elle a été utilisée pour documenter et tester les fonctions mathématiques de PHP à la section *Les fonctions mathématiques de PHP* (voir page 87). Elle est identique à la deuxième colonne du tableau des fonctions mathématiques, figurant à cet endroit.

Dans le précédent exemple, chaque élément du tableau représente lui-même à son tour un tableau. De ce fait, il est possible d'utiliser deux boucles **foreach** imbriquées pour générer une sortie identique :

▼ **Listing 3.37** : *Script 04ex037.php3*

```
<?
.....
foreach ($math as $func) {
    foreach ($func as $elem)
            echo "$elem";
            echo "<br>";
    }
?>
```

Les fonctions de tableau

De nombreux problèmes de programmation trouvent une solution efficace par l'utilisation des tableaux. De ce fait, PHP propose toute une série de fonctions spécifiques pour le traitement de tableaux. Il s'agit essentiellement de fonctions de navigation dans des tableaux, de fonctions d'accès aux éléments des tableaux ainsi que de fonctions de tri de tableaux.

Fonctions d'accès et de navigation

Vous trouverez ci-après un récapitulatif des fonctions permettant de naviguer à l'intérieur d'un tableau et de celles permettant d'accéder aux différents éléments d'un tableau. Ces fonctions sont assorties d'exemples. Nous examinerons ensuite plus en détail quelques-unes de ces fonctions.

▼ Tab. 3.18 : **Fonctions d'accès aux éléments d'un tableau et de navigation dans des tableaux**

Fonction	Exemple	Description
array_walk	$sucess = array_ walk ($arr,'func');	Applique une fonction définie par l'utilisateur func() aux éléments d'un tableau.
count	$nombre = count($arr);	Détermine le nombre d'éléments contenus dans un tableau.
current	$resultat= current($arr);	Retourne l'élément courant d'un tableau.
each	$arr1= each($arr)	Retourne la paire clé/valeur suivante d'un tableau associatif.
end	$resultat = end($arr);	Place le pointeur interne sur le dernier élément.
key	$rocultat = kcy($arr);	Retourne la clé de la position courante du pointeur du tableau.
next	next($arr)	Fait avancer le pointeur interne du tableau d'une position.
pos	$resultat= pos($arr)	Retourne l'élément courant d'un tableau.
prev	prev($arr)	Fait reculer le pointeur interne du tableau d'une position
reset	$resultat= reset($arr);	Place le pointeur interne du tableau sur le premier élément et retourne ce dernier.
sizeof	$resultat= sizeof($arr);	Retourne le nombre d'éléments du tableau.

La fonction `array_walk()` permet d'appliquer une fonction définie par l'utilisateur à tous les éléments d'un tableau. Cette fonction comporte plusieurs paramètres : le premier paramètre est constitué par les valeurs des éléments du tableau, le deuxième par les clés. Le troisième paramètre est prévu pour des données définies par l'utilisateur.

Pour que la fonction modifie elle-même les valeurs courantes du tableau, le premier paramètre doit être passé par référence. Dans l'exemple ci-après, les éléments d'un tableau sont mis au carré à l'aide de la fonction `array_walk()` et de la fonction auxiliaire `square()`. Le paramètre `$x`, à l'aide duquel les éléments du tableau sont passés en paramètres, est passé par référence à la fonction auxiliaire.

▼ Listing 3.38 : *Script 04ex038.php3*

```
<?
$arr = array(1,2,3,4,5,6);
$success = array_walk($arr,'square');
foreach ($arr as $elem) {
  echo "$elem ";
}
function square (&$x) {
 $x = $x*$x;
}
?>
```

Sortie :

```
1 4 9 16 25 36
```

La navigation à l'intérieur d'un tableau constitue une tâche courante. Vous pouvez utiliser la fonction **next()** pour intervenir sur le pointeur interne du tableau. Cette fonction fait avancer le pointeur du tableau d'une position.

De la même façon, le pointeur du tableau peut reculer d'une position à l'aide de la fonction **prev()**. Dans la section suivante, la fonction **next()** est utilisée pour faire avancer le pointeur du tableau, qui pointe toujours sur le premier élément lors de l'initialisation, de façon à pointer vers le deuxième élément. La fonction **key()** peut alors être utilisée pour retourner et afficher la clé de cet élément.

▼ **Listing 3.39** : *Script 04ex039.php3*

```
<?
$arr=array(e1=>10,e2=>11,e3=>12);
next($arr);
$resultat = key($arr);
echo $resultat;
?>
```

Sortie :

```
e2
```

L'exemple suivant montre de quelle manière la fonction **each()** est utilisée pour retourner la paire clé/valeur courante d'un tableau associatif.

Le pointeur interne est placé sur le deuxième élément du tableau, à l'aide de la fonction **next()**, après quoi la paire clé/valeur correspondant à cet élément est déterminée à l'aide de la fonction **each()**.

▼ **Listing 3.40** : *Script 04ex040.php3*

```
<?
$arr=array(e1=>10,e2=>11,e3=>12);
next($arr);
$arr1 = each($arr);
foreach ($arr1 as $key=>$elem) {
  echo "$key=>$elem  ";
}
?>
```

Sortie :

```
1=>11 value=>11 0=>e2 key=>e2
```

Fonctions de tri

Le tri des différents éléments d'un tableau constitue un cas de figure fréquent dans le cadre de la gestion de tableaux.

Le tri peut être effectué selon différents ordres de tri, soit d'après les valeurs des éléments soit d'après leurs clés.

▼ Tab. 3.19 : Fonctions de tri des tableaux		
Fonction	**Exemple**	**Description**
arsort	arsort ($arr);	Trie un tableau en ordre décroissant en conservant les associations d'index.
asort	asort ($arr);	Trie un tableau associatif en ordre croissant en conservant les associations d'index.
krsort	krsort($arr);	Tri indexé d'un tableau associatif en ordre décroissant.
ksort	ksort($arr);	Tri indexé d'un tableau associatif en ordre croissant.
rsort	rsort($arr);	Trie un tableau unidimensionnel en ordre décroissant.
sort	sort($arr)	Trie un tableau unidimensionnel en ordre croissant.
uasort	uasort($arr, func);	Trie un tableau à l'aide d'une fonction de comparaison func($a,$b).
uksort	uksort($arr, func);	Tri indexé d'un tableau associatif en utilisant une fonction de comparaison func($a,$b).
usort	usort ($arr, func);	Trie un tableau associatif à l'aide des valeurs en utilisant la fonction de comparaison func($a,$b).

L'exemple suivant illustre le fonctionnement de la fonction de tri `asort()` : cette fonction est utilisée pour trier des tableaux associatifs et pour conserver l'association entre la clé d'index associative et les éléments du tableau.

▼ Listing 3.41 : *Script 04ex041.php3*

```
<?
$arr = array ("d"=>"Doris", "c"=>"Carola", "b"=>"Burga", "e"=>"Elvira", "an"=>"Anna", "am"=>"Amanda");
asort($arr);
foreach ($arr as $key=>$elem) {
  echo "$key=>$elem ";
}
?>
```

Sortie obtenue avec la fonction `asort()` :

```
am=>Amanda an=>Anna b=>Burga c=>Carola d=>Doris e=>Elvira
```

Vous pouvez également modifier l'exemple précédent et utiliser à la place de la fonction `asort()` la fonction `sort()`. Le résultat est le suivant.

Sortie obtenue avec la fonction `sort()` :

```
0=>Amanda 1=>Anna 2=>Burga 3=>Carola 4=>Doris 5=>Elvira
```

Comme vous pouvez le voir, la fonction **sort()** ne se prête pas au tri de tableaux associatifs. En effet, cette fonction supprime les clés associatives et réattribue des clés numériques en fonction de l'ordre de tri.

La fonction **ukort()** constitue un exemple de fonction de tri plus complexe. Cette fonction, également conçue pour le tri de tableaux associatifs sur la base de leurs clés, utilise pour la procédure de tri une fonction définie par l'utilisateur, la fonction **comparaison()**.

La fonction **comparaison()** requiert deux variables à comparer, par exemple **$a** et **$b**. Selon que **$a == $b**, **$a > $b** ou bien **$a < $b**, la valeur retournée est **0**, **1** ou **-1**.

▼ Listing 3.42 : *Script 04ex042.php3*

```
<?
$arr = array ("d"=>"Doris", "c"=>"Carola", "b"=>"Burga", "e"=>"Elvira", "an"=>"Anna", "am"=>"Amanda");
uksort($arr, comparaison);
foreach ($arr as $key=>$elem) {
  echo "$key=>$elem ";
}
function comparaison($a,$b) {
  if ($a==$b)
     return 0;
  elseif ($a > $b)
     return 1;
  else
     return -1;
}
?>
```

Sortie :

```
am=>Amanda an=>Anna b=>Burga c=>Carola d=>Doris e=>Elvira
```

Pour trier le tableau en ordre décroissant, il vous suffit d'intervertir dans la fonction de tri **comparaison()** l'affectation des valeurs retournées pour le cas **$a > $b** et **$a < $b** :

▼ Listing 3.43 : *Script 04ex043.php3*

```
function comparaison($a,$b) {
  if ($a==$b)
     return 0;
  elseif ($a > $b)
     return -1;
  else
     return 1;
}
```

Sortie :

e=>Elvira d=>Doris c=>Carola b=>Burga an=>Anna am=>Amanda

Fonctions de tableau pour d'autres applications

Il existe plusieurs autres fonctions de tableau pour les autres opérations sur les tableaux :

▼ Tab. 3.20 : Autres fonctions de tableaux de PHP

Fonction	Exemple	Description
list	list($a,$b,$c,$d, $e,$f) =$arr;	Dans une opération, affecte des valeurs à un groupe de variables.
range	range($min, $max);	Génère un tableau avec des nombres entiers situés dans la plage de nombres indiquée.
shuffle	shuffle($arr);	Mélange aléatoirement les éléments d'un tableau.

Il arrive fréquemment que l'on utilise une commande pour affecter des valeurs à un groupe de variables, comme s'il s'agissait dans ces différentes variables d'éléments de tableaux. Cette opération fait appel à la fonction list().

Dans l'exemple suivant, le contenu du tableau $arr est passé aux six variables $a, $b, $c, $d, $e, et $f, en utilisant une seule commande d'affectation.

▼ Listing 3.44 : *Script 04ex044.php3*

```
<?
$arr= array(1,2,3,4,5,6);
list($a,$b,$c,$d,$e,$f)=$arr;
echo "$a $b $c $d $e $f";
?>
```

Sortie :

```
1 2 3 4 5 6
```

Le résultat en sortie de cet exemple montre bien que les variables de $a à $f comportent à présent les valeurs des éléments du tableau.

Autre application : le remplissage d'un tableau par des nombres entiers situés à l'intérieur d'une plage de valeurs données. La fonction utilisée à cet effet est la fonction range().

▼ Listing 3.45 : *Script 04ex045.php3*

```
<?
$arr=range(1,20);
foreach ($arr as $elem) {
  echo "$elem ";
}
?>
```

PHP - Le langage de script universel pour le Web

Sortie :

> 1 2 3 4 5 6 7 8 9 10 11 12 13 14 15 16 17 18 19 20

Comme vous pouvez l'observer dans l'exemple suivant, la fonction shuffle() permet de supprimer par une fonction aléatoire le tri d'un tableau préalablement trié. Si ce tableau comportait un index associatif, celui-ci est également perdu.

▼ Listing 3.46 : *Script 04ex046.php3*

```
<?
$arr = array ("d"=>"Doris", "c"=>"Carola", "b"=>"Burga", "e"=>"Elvira", "an"=>"Anna", "am"=>"Amanda");
shuffle($arr);

foreach ($arr as $key=>$elem) {
  echo "$key=>$elem ";
}
?>
```

Sortie :

> 0=>Carola 1=>Elvira 2=>Doris 3=>Anna 4=>Burga 5=>Amanda

Nouvelles fonctions de tableau dans la version PHP 4

php4 PHP 4 propose toute une série de fonctions de tableau supplémentaires offrant de nombreuses fonctionnalités familières aux programmeurs Perl.

▼ Tab. 3.21 : Fonctions de tableau de PHP 4		
Fonction	**Exemple**	**Description**
array_count_values	$arr1=array_count_values ($arr);	Compte tous les éléments d'un tableau et retourne leur fréquence.
array_keys	$arr2= array_keys($arr1);	Retourne les clés d'un tableau.
array_merge	$arr3=array_merge ($arr1, $arr2);	Fusionne deux tableaux.
array_pad	$arr1=array_pad($arr, $n, $valeur);	Agrandit un tableau $arr de $n éléments en le remplissant par les valeurs $valeur. Si $n < 0, le remplissage commence à zéro.
array_pop	$elem = array_pop($arr);	Supprime le dernier élément d'un tableau et le retourne.
array_push	$arr1 = array_push ($arr, $elem, ..);	Ajoute des éléments $elem à la fin du tableau.
array_ reverse	$arr1=array_reverse($arr);	Retourne un tableau inverse.
array_shift	$elem= array_shift ($arr);	Retire un élément au début d'un tableau et le retourne.
array_slice	$arr2=array_slice($arr,$pos,$nombre);	Retourne $nombre éléments du tableau à compter de la position $pos.

▼ Tab. 3.21 : Fonctions de tableau de PHP 4

Fonction	Exemple	Description
array_splice	$arr1=array_splice ($arr,$pos,$nombre,$arr_e);	Retire $nombre éléments du tableau à compter de la position $pos et ajoute des éléments issus de $arr_e. $arr1 contient les éléments remplacés.
array_unshift	$arr1=array_unshift ($arr,x,y,z);	Insère des éléments isolés $elem au début d'un tableau.
array_values	$arr1=array_values ($arr);	Retourne toutes les valeurs d'un tableau associatif.
compact	$a =1;$b =2;$c =3;$arr=compact ("a","b","c");	Récupère les noms de variables et leurs valeurs dans un tableau.
in_array	in_array(3,$arr);	Retourne TRUE lorsqu'une valeur figure dans un tableau.

Le script suivant illustre l'utilisation de la fonction `array_keys()` pour affecter à un autre tableau les clés d'index d'un tableau :

▼ Listing 3.47 : *Script 04ex0471.php3*

```
<?
$arr1=array(e1=>10,e2=>11,e3=>12);
$arr2 = array_keys($arr1);
foreach ($arr2 as $elem) {
  echo "$elem ";
}
?>
```

Sortie :

```
e1 e2 e3
```

La fonction `array_pad()` permet d'augmenter de $n éléments la taille d'un tableau, en le remplissant soit au début soit à la fin par une valeur indiquée, par exemple le caractère x.

Si le nombre d'éléments du tableau supplémentaires est supérieur à 0, ces éléments sont ajoutés à la fin du tableau, sinon au début. L'exemple ci-après montre les deux possibilités :

▼ Listing 3.48 : *Script 04ex0472.php3*

```
<?
$arr = array(1,2,3,4,5);
$arr2 = array_pad($arr, $n ,x);
foreach ($arr2 as $elem) {
  echo "$elem ";
}
?>
```

Sortie :

```
pour $n= -10 :    x x x x x 1 2 3 4 5
pour $n= 10 :     1 2 3 4 5 x x x x x
```

La fonction `array_slice()` prend dans un tableau un nombre `$nombre` d'éléments trouvés à partir de la position `$pos`, pour les retourner à un deuxième tableau.

Si `$pos` est supérieur à 0, la numérotation commence à la position initiale du tableau, sinon à partir de la fin du tableau :

▼ Listing **3.49** : *Script 04ex048.php3*

```
<?
$arr = array(1,2,3,4,5);
$pos=2;
$nombre=2;
$arr2 = array_slice($arr,$pos,$nombre);
foreach ($arr2 as $elem) {
  echo "$elem ";
}
?>
```

Sortie :

```
3 4
```

La fonction `array_splice()` retire `$nombre` éléments d'un tableau à compter d'une position donnée, et ajoute tous les éléments issus d'un tableau `$arr_e`.

Les éléments remplacés sont déposés dans le tableau `$arr1`. Pour l'indication de la position d'un élément de tableau, il convient de noter que le premier élément occupe toujours la position 0.

▼ Listing **3.50** : *Script 04ex049.php3*

```
<?
$arr = array(1,2,3,4,5,6);
$arr_e = array(u,v,w);
$pos=2;
$nombre=2;
$arr1 = array_splice($arr,$pos,$nombre,$arr_e);
foreach ($arr as $elem) {
  echo "$elem ";
}
?>
```

Sortie :

```
1 2 u v w 5 6
```

La fonction `array_unshift()` est utilisée pour insérer différents éléments `$elem` au début d'un tableau.

Vous pouvez observer dans cet exemple que les éléments ajoutés **x**, **y** et **z** ne proviennent pas d'un tableau mais sont passés élément par élément à la fonction.

▼ Listing **3.51** : *Script 04ex050.php3*

```
<?
$arr = array(1,2,3,4,5,6);
$arr1 = array_unshift($arr,x,y,z);
foreach ($arr as $elem) {
  echo "$elem  ";
}
?>
```

Sortie :

```
x y z 1 2 3 4 5 6
```

La fonction `array_values()` permet de retourner de manière simple toutes les valeurs d'un tableau associatif.

▼ Listing **3.52** : *Script 04ex051.php3*

```
<?
$arr = array(
"abs(-100) = " => abs(-100),
"acos(0.5) = " => acos(0.5),
"asin(0.5) = " => asin(0.5));
$arr1 = array_values($arr);
foreach ($arr1 as $elem) {
  echo "$elem<br>";
}
?>
```

Sortie :

```
100
1.0471975511966
0.5235987755983
```

La fonction `in_array()` est utilisée pour examiner un tableau afin d'y rechercher une valeur donnée.

Cette fonction retourne la valeur de vérité **TRUE** si la valeur a été trouvée.

▼ Listing **3.53** : *Script 04ex052.php3*

```
<?
$arr = array(1,2,3,4,5,6);
```

```
if (in_array(3,$arr)) {
  echo "La valeur a été trouvée dans le tableau";
  }
?>
```

Sortie :

```
La valeur a été trouvée dans le tableau
```

La fonction `compact()` est une autre fonction utile. Elle récupère dans un tableau le nom des variables, qui prennent la place de l'index, et leurs valeurs, qui prennent la place des éléments correspondants.

La fonction `compact()` peut être utilisée dans une application de débogage, chargée de récupérer dans un tableau plusieurs variables situées à des endroits données d'un script puis de sortir leur nom et leurs valeurs dans un rapport de débogage. Pour plus de précisions sur cette application, reportez-vous à la section *Un débogueur simple* (voir page 181).

▼ Listing 3.54 : *Script 04ex053.php3*

```
<?
$a=1;
$b=2;
$c=3;
$d=4;
$arr = compact("a","b","c","d");
foreach ($arr as $key=>$elem) {
  echo "$key=>$elem  ";
}
?>
```

Sortie :

```
a=>1 b=>2 c=>3 d=>4
```

Manipulation des chaînes de caractères

Outre les nombreuses fonctions de tableau dont il vient d'être question, PHP propose une collection complète de fonctions pour la manipulation de chaînes de caractères.

À cela rien de surprenant : en effet de nombreux problèmes qui se présentent dans le cadre de la réalisation de pages web dynamiques sont en rapport avec les opérations sur les chaînes de caractères. Citons quelques exemples d'application : certains caractères spéciaux utilisés dans des bases de données doivent être remplacés afin de réaliser par la suite des traitements sur les données lues. De même, ces fonctions peuvent être utilisées pour décoder des chaînes de caractères codées selon les règles s'appliquant aux URL.

Vous trouverez ci-après une description des fonctions de chaînes de caractères de PHP, regroupées par domaine d'application.

Les fonctions de substitution de caractères dans les chaînes de caractères

Dans ce groupe, un certain nombre de fonctions sont constamment utilisées : ce sont les fonctions de suppression de caractères initiaux ou finaux ainsi que les fonctions de traitement des caractères spéciaux.

▼ **Tab. 3.22 : Les fonctions de substitution de caractères dans les chaînes de caractères**

Fonction	Exemple	Description
AddCSlashes	$str1=addcslashes($str, $charlist);	Fait précéder les caractères spéciaux de caractères d'échappement de type C.
StripCSlashes	$str1=stripcslashes($str);	Supprime les caractères d'échappement de type C.
AddSlashes	$str1= AddSlashes($str);	Fait précéder les caractères spéciaux d'une barre oblique inverse.
StripSlashes	$str1=StripSlashes ($str);	Supprime les barres obliques inverses devant les caractères spéciaux.
QuoteMeta	$str1= QuoteMeta($str);	Fait précéder les caractères . \+ * ? [^] ($) d'une barre oblique inverse.
Chop	$str1=chop($str)	Supprime les espaces initiaux.
ltrim	$str1= ltrim($str);	Supprime les espaces initiaux.
strtr	$str1 = strtr($str, $from, $to);	Substitue les caractères d'une chaîne de caractères à partir d'une liste de substitution.
str_replace	$str1 = str_replace($strs, $stre, $str);	Substitue par une chaîne de substitution $stre toutes les occurrences d'une chaîne de recherche $strs à l'intérieur d'une chaîne $str.
trim	$str1= trim($str);	Supprime les espaces initiaux et finaux d'une chaîne de caractères.

Ce groupe comporte deux fonctions importantes : la fonction AddSlashes() et la fonction Strip-Slashes(). La fonction AddSlashes() est utilisée pour "échapper" des chaînes de caractères, c'est-à-dire pour insérer des barres obliques inverses (\) devant des caractères spéciaux figurant dans des chaînes, lorsque les caractères spéciaux correspondants doivent être interprétés comme des caractères normaux.

Cette fonction s'avère particulièrement importante dans l'utilisation de bases de données. En effet, lorsqu'ils sont dépourvus de ce caractère d'échappement, les caractères spéciaux présents dans des chaînes passés à des champs de bases de données donnent lieu à des erreurs d'exécution. Ces erreurs se produisent lorsque le système de base de données interprète le caractère spécial comme une fin de chaîne et tous les caractères suivants comme des commandes SQL erronées.

L'exemple ci-après montre l'utilisation de la fonction AddSlashes().

PHP - Le langage de script universel pour le Web

▼ Listing 3.55 : *Script 04ex054.php3*

```
<?
$str = "Porte d'Orléans";
echo addslashes($str);
?>
```

Sortie :

```
Porte d\'Orléans
```

La fonction `AddSlashes()` permet de supprimer à nouveau les barres obliques inverses qui ont été insérées par la fonction `AddSlashes()`.

▼ Listing 3.56 : *Script 04ex055.php3*

```
<?
$str = "Porte d\'Orléans";
echo stripslashes($str);
?>
```

Sortie :

```
Porte d'Orléans
```

Les fonctions de conversion, de segmentation et de combinaison de chaînes de caractères

Certaines fonctions sont fréquemment employées : la conversion majuscules/minuscules ainsi que la segmentation de chaînes de caractères à l'aide de caractères séparateurs prédéfinis.

▼ **Tab. 3.23 : Fonctions de conversion, segmentation et combinaison de chaînes de caractères**

Fonction	Exemple	Description
strrev	$str1 = strrev($str);	Inversion de chaînes de caractères.
strtolower	$str1 = strtolower($str);	Mise en minuscules.
strtoupper	$str1 = strtoupper($str);	Mise en majuscules.
ucfirst	$str1 =ucfirst($str);	Mise en majuscule de l'initiale.
ucwords	$str1 =ucwords($str);	Mise en majuscule de l'initiale de chaque mot.
Ord	$wert = ord("A");	Retourne la valeur ASCII.
quoted_printable_ decode	$str1=quoted_printable_ decode($str);	Décode les chaînes imprimables guillemetées (Quoted Printable) en valeurs codées sur 8 bits.
bin2hex	$str1 = bin2hex($str);	Conversion de binaire en hexadécimal.

▼ Tab. 3.23 : Fonctions de conversion, segmentation et combinaison de chaînes de caractères

Fonction	Exemple	Description
convert_cyr_string	$str1 = convert_cyr_string($str, $from, $to);	Conversion de caractères entre jeux de caractères cyrilliques.
explode	$arr=explode($sep, $str);	Scinde une chaîne de caractères à l'aide du caractère séparateur $sep.
strtok	$str1= strtok($str)	Sépare une chaîne de caractères en "token".
implode	$str= implode($sep,$arr);	Regroupe les éléments d'un tableau dans une chaîne en utilisant une chaîne de jointure.
join	Comme implode()	Comme implode().

Vous trouverez ci-après un exemple d'utilisation de la fonction explode(), à l'aide de laquelle une chaîne de caractères peut être décomposée en plusieurs parties à l'aide d'un caractère séparateur. Le résultat de la fonction est un tableau comportant les différentes parties obtenues par le découpage de la chaîne.

▼ Listing 3.57 : *Script 04ex056.php3*

```
<?
$str="Cette chaîne de caractères doit être segmentée";
$arr=explode(" ", $str);
foreach ($arr as $elem) {
   echo "$elem<br>";
}
?>
```

Sortie :

```
Cette
chaîne
de
caractères
doit
être
segmentée
```

La fonction strtok() donne en principe le même résultat que la fonction explode(). Cependant, à la différence de cette fonction, elle retourne uniquement la chaîne suivante, ce qui oblige à l'appeler à plusieurs reprises. Dans l'exemple suivant, ces appels multiples interviennent à l'intérieur d'une boucle while.

Comme vous pouvez le voir, à partir du deuxième appel, il n'y a rien d'autre à passer à la fonction que le caractère séparateur. La fonction strtok() permet également de spécifier plusieurs séparateurs.

▼ Listing 3.58 : *Script 04ex057.php3*

```
<?
$str="Cette chaîne de caractères doit être segmentée";
$str1=strtok($str, " ");
echo "$str1<br>";
while($str1) {
 $str1=strtok(" ");
    echo "$str1<br>";
}
?>
```

La fonction `implode()` est le pendant de la fonction `explode()`. Cette fonction permet de regrouper les éléments d'un tableau en une chaîne de caractères et de les passer à une variable de chaîne. L'exemple ci-après illustre le comportement inverse des fonctions `explode()` et `implode()`. Dans un premier temps, la chaîne de caractères est scindée en utilisant l'espace comme séparateur. Les parties ainsi obtenues sont passées au tableau `$arr`.

Dans un deuxième temps, le processus inverse est réalisé en utilisant la fonction `implode()`. Le caractère séparateur choisi pour relier à nouveau les différentes parties est le signe deux-points.

▼ Listing 3.59 : *Script 04ex058.php3*

```
<?
$str="Cette chaîne de caractères doit être segmentée";
$arr=explode(" ", $str);
$str1=implode(":",$arr);
echo $str1;
?>
```

Sortie :

```
Cette:chaîne:de:caractères:doit:être:segmentée
```

Les fonctions de recherche et de comparaison

Les fonctions appartenant à ce groupe sont utilisées pour comparer les chaînes de caractères ainsi que pour rechercher des caractères et des chaînes de caractères.

▼ Tab. 3.24 : Les fonctions de recherche et de comparaison de chaînes de caractères

Fonction	Exemple	Description
strcmp	$resultat = strcmp($str1, $str2)	Compare deux chaînes de caractères. Si $str1 < $str2 retourne -1, sinon 1, et retourne 0 en cas d'égalité.
strcasecmp	$resultat = strcasecmp($str1, $str2)	Comme strcmp(), mais insensible à la casse.

▼ Tab. 3.24 : **Les fonctions de recherche et de comparaison de chaînes de caractères**

Fonction	Exemple	Description
strnatcmp	$resultat = strnatcmp($str1, $str2)	Comme strcmp(), mais tient compte d'un ordre de tri "naturel" dans les chaînes numériques, c'est-à-dire que "abc90de" est inférieur à "abc100e".
strnatcasecmp	$resultat = strnatcasecmp ($str1, $str2)	Comme strnatcmp(), mais insensible à la casse.
strpos	$str1= strpos($str, $str_recherche, $offset);	Trouve la position de la première occurrence d'une chaîne à compter de la position $offset.
strrpos	$resultat= strrpos($str, $char);	Trouve la position de la dernière occurrence d'un caractère $char.
strspn	$str1= strspn($str, $motif)	Retourne une partie de la chaîne faisant partie du motif de recherche.
strcspn	$str1= strcspn($str, $motif)	Retourne une partie de la chaîne ne faisant pas partie du motif de recherche.
strstr	$str1= strstr($str, $str_recherche);	Recherche la première occurrence d'une chaîne $str_recherche et la retourne ainsi que toutes les suivantes.
strchr	Comme strstr()	Comme strstr().
strrchr	$str1= strstr($str, $str_recherche);	Trouve la dernière occurrence d'un caractère.
substr	$str1= substr($str, $start, $length	Retourne la partie d'une chaîne de caractères à partir de $start et de longueur $length.

L'exemple suivant illustre l'emploi de la fonction strcmp(), utilisée pour comparer au niveau binaire deux chaînes de caractères. En cas d'égalité des chaînes $str1 et $str2, la fonction retourne 0. Si $str1 < $str2, la valeur retournée et -1. Dans le cas contraire, la valeur retournée est 1.

▼ Listing 3.60 : *Script 04ex0591.php3*

```
<?
$str1= "Salut, comment ça va ?";
$str2= "Salut, comment ça va ?";
$resultat=strcmp($str1, $str2);
if ($resultat == 0):
    echo "Les deux chaînes sont identiques";
elseif ($resultat < 0):
    echo "String1 est plus petit que String2";
else:
 echo "String1 est plus grand que String2";
endif;
```

```
?>
```

Sortie :

```
Les deux chaînes sont identiques
```

Dans une comparaison de chaînes faisant appel à la fonction `strcmp()`, la chaîne "**text90abcd**" est considérée plus grande que la chaîne "**text100abc**". Dans le cas de chaînes partiellement numériques, on a besoin d'un ordre de tri naturel, qui tienne compte des nombres qui y figurent. Dans ce cas, on peut utiliser la fonction `strnatcmp()`. La fonction `strnatcmp()` ou sa variante la fonction `strnatcasecmp()`, insensible à la casse, sont de nouvelles fonctions qui ont été introduites dans la version PHP 4.0. En voici un exemple :

▼ Listing **3.61** : *Script 04ex0592.php3*

```
<?
$str1="text90aaa";
$str2="text100aa";
$resultat=strnatcmp($str1,$str2);
if ($resultat<0) {
 echo $str1, " est plus petit que ", $str2;
} elseif ($resultat>0) {
echo $str1, " est plus grand que ", $str2;
}
?>
```

Sortie :

```
text90aaa est plus petit que text100aa
```

L'utilisation de la fonction `strcmp()` aurait dans ce cas donné le résultat inverse.

Autre exemple de recherche dans une chaîne de caractères : la fonction `substr()`, qui permet de trouver et de retourner à partir de la position `$pos` d'une chaîne de caractères une sous-chaîne de longueur `$lenght`.

▼ Listing **3.62** : *Script 04ex060.php3*

```
<?
$str= "Recherche d'une sous-chaîne dans une chaîne de caractères";
$pos= 37;
$lenght = 20;
$str1= Substr($str, 37, 20);
echo $str1;
?>
```

Sortie :

```
chaîne de caractères
```

Les fonctions d'édition de caractères et de chaînes de caractères

Le langage PHP utilise les fonctions suivantes pour l'édition de caractères et de chaînes de caractères :

Fonction	Exemple	Description
chr	$resultat= chr(65);	Retourne le caractère correspondant à la valeur ASCII.
echo	echo $a, $b, $c;	Retourne une chaîne de caractères.
print	print($var);	Retourne une chaîne de caractères.
printf	printf ("%s%s%s", $a, $b, $c);	Retourne une chaîne de caractères formatée.
sprintf	printf ("%s%s%s", $a, $b, $c);	Retourne une chaîne de caractères formatée.
flush	flush();	Vide le tampon de sortie.

▼ Tab. 3.25 : Fonctions d'édition de caractères et de chaînes de caractères

Alors que la fonction echo peut traiter plusieurs arguments, la fonction print() n'en accepte qu'un seul.

▼ Listing **3.63** : *Script 04ex061.php3*

```
<?
$a= "Prénom :  <br>";
$b= "Nom :  <br>";
$c= "Ville :  <br>";
echo $a, $b, $c;
?>
```

Sortie :

```
Prénom :
Nom :
Ville :
```

Les caractères de format de la fonction printf()

- % pas de conversion ;
- b traite la valeur comme un nombre entier (integer) ;
- c interprète la valeur comme une valeur ASCII et sort le caractère correspondant ;
- d retourne la valeur comme valeur décimale ;
- f retourne la valeur comme nombre à virgule flottante ;
- o retourne la valeur comme nombre octal ;
- s retourne une chaîne de caractères ;
- x retourne la valeur comme valeur hexadécimale ; utilise des minuscules ;
- X retourne la valeur comme valeur hexadécimale ; utilise des majuscules.

À la différence de la fonction `print()`, les fonctions `printf()` et `sprintf()` acceptent plusieurs arguments.

Le format des données à éditer est déterminé par une chaîne de format à spécifier, combinée à partir des caractères de format figurant dans le tableau ci-après.

Le script suivant illustre l'édition de trois variables de chaînes d'après l'exemple précédent utilisant la fonction `printf()` :

▼ Listing **3.64** : *Script 04ex062.php3*

```
<?
$a= "Prénom :  <br>";
$b= "Nom :  <br>";
$c= "Ville :  <br>";
printf ("%s%s%s", $a, $b, $c);
?>
```

La différence entre **echo** et `print()` réside dans le fait qu'**echo** est une structure du langage, tandis que `print()` est une expression dont la valeur (1) peut être affectée à d'autres expressions, comme dans l'exemple suivant :

▼ Listing **3.65** : *Script 04ex063.php3*

```
<?
$str= "Cette chaîne de caractères doit être sortie";
$resultat= print($str);
echo "<br>";
print($resultat);
?>
```

Sortie :

```
Cette chaîne de caractères doit être sortie
1
```

La différence entre `printf()` et `sprintf()` est que dans le premier cas, on a une sortie standard, tandis que `srintf()` retourne à une variable de chaîne les données à éditer :

▼ Listing **3.66** : *Script 04ex064.php3*

```
<?
$a= "Prénom :  <br>";
$b= "Nom :  <br>";
$c= "Ville :  <br>";
$resultat=sprintf ("%s%s%s",$a, $b, $c);
print $resultat;
?>
```

Sortie :

- Nom :
- Prénom :
- Ville :

Les fonctions de manipulation d'URL et les autres fonctions spécifiques de chaînes de caractères

Les fonctions de ce groupe sont utilisées lorsque des données comportant des caractères spéciaux doivent être transmises via URL dans la chaîne de requête, à l'aide de la méthode HTTP GET.

Autre domaine d'application de ces fonctions : lorsque les caractères dotés d'une signification particulière en HTML, par exemple < et >, doivent être représentés sur une page HTML sans que le navigateur interprète des caractères comme des caractères spéciaux HTML.

▼ Tab. 3.26 : Fonctions PHP de traitement d'URL et autres fonctions de chaînes de caractères spécifiques au langage HTML

Fonction	Exemple	Description
get_meta_tags	$arr = get_meta_tags ("fichier.htm");	Extrait les balises <META> et les retourne dans un tableau.
htmlentities	$str1=htmlentities($str)	Comme htmlspecialchars, mais avec les caractères spéciaux et les caractères accentués.
htmlspecialchars	$str1= htmlspecialchars ($str)	Convertit les caractères HTML- & " < > &, afin d'éviter qu'ils ne soient interprétés.
nl2br	echo nl2br($str);	Convertit les sauts de ligne en balises .
parse_str	parse_str($str);	Décompose la chaîne de requête pour obtenir ses variables.
rawurldecode	rawurldecode($str);	Convertit en une chaîne de caractères normale les chaînes de caractères codées par rawurlencode().
rawurlencode	rawurlencode($str);	Convertit les caractères accentués et les caractères spéciaux d'une chaîne en caractères % et leur valeur ASCII hexadécimale à deux positions, en vue de les utiliser dans une URL (générer les caractères accentués et les caractères spéciaux).
strip_tags	echo strip_tags($str);	Retire les balises HTML et PHP.

Une fonction importante dans ce groupe : la fonction htmlspecialchars(). Une chaîne passée en paramètre à cette fonction est convertie de telle sorte que les caractères spéciaux HTML ne soient plus traités en tant que tels mais comme des caractères normaux.

L'exemple suivant en illustre le fonctionnement. Si vous voulez afficher dans le navigateur la chaîne $str du script suivant à l'aide de la commande echo(), vous ne voyez pour commencer aucun résultat. Cela vient de ce que le navigateur interprète les caractères < et > comme des caractères spéciaux HTML marquant des balises HTML. Résultat : le contenu de la chaîne est transformé en une structure HTML dépourvue de contenu, grâce à quoi rien n'apparaît dans la fenêtre du navigateur.

Si l'on veut cependant afficher la chaîne, celle-ci doit être préalablement convertie, de telle manière que les caractères spéciaux perdent leur signification spécifique au langage HTML. Cette tâche est réalisée par la fonction `htmlspecialchars()`.

▼ Listing **3.67** : *Script 04ex065.php3*

```
<?
$str= "<html><head><title></title><meta name='author' content='G.A.Leierer'><meta name='generator'
➡ content='HTML-EDITOR'></head><body text='#000000' bgcolor='#FFFFFF' link='#FF0000'
➡ alink='#FF0000' vlink='#FF0000'></body></html>";
echo $str;
?>
```

Comme il fallait s'y attendre, la commande `echo()` de l'exemple précédent ne produit aucune sortie. Si l'on utilise la fonction `htmlspecialchars()` pour convertir la chaîne `$str` avant son affichage par le navigateur, les caractères spéciaux < et > perdent leur signification spécifique au langage HTML, permettant d'afficher effectivement la chaîne de caractères.

▼ Listing **3.68** : *Script 04ex066.php3*

```
...
echo htmlspecialchars($str);
```

Sortie :

```
<html><head><title></title><meta name='author' content='G.A.Leierer'>
<meta name='generator' content='HTML-EDITOR'></head><body text='#000000' bgcolor='#FFFFFF'
➡ link='#FF0000' alink='#FF0000' vlink='#FF0000'></body></html>
```

La fonction `htmlentities()` peut être utilisée pour la même utilisation. La différence entre fonction `htmlspecialchars()` et `htmlentities()` réside dans le fait que cette dernière fonction convertit outre les caractères <, >, " et & les caractères accentués et les autres caractères spéciaux.

Autre fonction analogue : la fonction `rawurldecode()`. Cette fonction convertit les caractères accentués et les caractères spéciaux en signes de pourcentage suivis de la valeur ASCII correspondante, notée en hexadécimal à deux positions, permettant ainsi d'utiliser la chaîne dans une URL.

C'est ainsi que dans la chaîne `$str` du script suivant, le caractère spécial &, qui a une signification particulière dans une URL, est remplacé par le caractère %26 (HEX 26 correspond au caractère &), ce qui lui fait perdre sa signification spécifique. Les espaces, qui ne sont pas admis dans une URL, sont convertis de la même manière en %20.

La fonction `rawurlencode()` permet de réaliser l'opération de conversion inverse.

▼ Listing **3.69** : *Script 04ex067.php3*

```
<?
$str="Cette chaîne doit être utilisée dans une URL et être transmise par la méthode GET";
```

```
echo rawurlencode($str);
?>
```

Sortie :

```
Cette%20cha%EEne%20doit%20%EAtre%20utilis%E9e%20dans%20une%20URL%20et%20%EAtre%20transmise%20
➥ par%201a%20m%E9thode%20GET
```

La fonction **nl2br()** est également souvent utilisée. Elle remplace tous les sauts de ligne présents dans la chaîne de caractères par un saut de ligne HTML **
**.

Cette fonction est notamment utilisée lorsque des données issues de champs multilignes de bases de données doivent être préparées pour être conformes au langage HTML.

▼ Listing **3.70** : *Script 04ex068.php3*

```
<?
$str="Cette chaîne a été lue
à partir d'un champ multilignes";
echo nl2br($str);
?>
```

Sortie :

```
Cette chaîne a été lue
à partir d'un champ multilignes
```

Le code source HTML appartenant à cette sortie comporte après l'application de la fonction **nl2br()** une commande HTML correspondante pour le saut de ligne :

```
Cette chaîne a été lue
<br>
à partir d'un champ multilignes
```

Parmi les fonctions de chaînes de caractères spécifiques au langage HTML, qui sont utilisées en PHP, il nous reste à évoquer la fonction **get_meta_tags()**.

Cette fonction extrait les métabalises d'un fichier passé en paramètre au fichier. Les métabalises sont retournées sous forme de tableau, dont chaque élément comporte comme clé le nom de la métabalise et comme valeur le contenu correspondant. La fonction n'extrait d'ailleurs que les métabalises figurant sur des lignes distinctes. Lorsque les métabalises se suivent sur une ligne, seule la première balise est extraite. Voici une illustration de la procédure de cette fonction :

▼ Listing **3.71** : *page HTML 04ex070.html*

```
<html>
<head>
<title>Page de test HTML</title>
<meta name="description" content="Cette page décrit le fonctionnement de fonctions de manipulation
➥ de chaînes sous PHP">
<meta name="author" content="G.A.Leierer">
<meta name="keywords" content="Page de test, démonstration, fonctions de chaînes de caractères, PHP">
```

```
<meta name="generator" content="XYZ HTML EDITOR">
</head>
<body text="#000000" bgcolor="#FFFFFF" link="#FF0000" alink="#FF0000" vlink="#FF0000">
</body>
</html>
```

Voici le script PHP correspondant utilisé pour extraire les métabalises du fichier précédent :

▼ Listing 3.72 : *Script 04ex070.php3*

```
<?
$arr=get_meta_tags("04ex070.html");
foreach ($arr as $key=>$elem) {
  echo $key,"=> ",$elem,"<br>";
}
```

Ce script génère la sortie suivante :

```
description=> Cette page décrit le fonctionnement de fonctions de manipulation de chaînes sous PHP
author=> G.A.Leierer
keywords=> Page de test, démonstration, fonctions de chaînes de caractères, PHP
generator=> XYZ HTML EDITOR
```

Les expressions régulières

L'un des principaux atouts de PHP réside dans la prise en charge des expressions régulières. Les expressions régulières sont des motifs ou des modèles qui sont comparés avec des chaînes de caractères. En cas de concordance, les chaînes en question font l'objet d'opérations de substitution, de suppression, de modification ou de comptage. Dans le contexte du développement d'applications web, on se trouve souvent en présence d'importants volumes de données textuelles dynamiques à traiter. À cet égard, les expressions régulières offrent une réponse précieuse pour le développeur chargé d'écrire des applications complexes.

Que sont les expressions régulières ?

Une expression régulière est une suite ou un motif de caractères comparé à une chaîne de caractères à rechercher ou à remplacer : selon le cas, il peut y avoir concordance ou non.

Il est également possible de définir un motif concordant et de le remplacer par une autre chaîne de caractères.

Les expressions régulières du langage PHP sont réalisées par des automates finis, générés en interne la première fois qu'ils sont utilisés. Lorsque le même motif de recherche est réutilisé par la suite, l'automate qui a été généré et compilé en interne à cette occasion peut être réutilisé, ce qui se traduit par un gain de rapidité spectaculaire.

Néanmoins, pour qui découvre les expressions régulières, il y a de quoi être dérouté. Cela est principalement dû à la présence dans certains scripts PHP de séquences de caractères qui ont une apparence cryptique.

Cependant, si vous êtes quelque peu familier de la commande UNIX `grep`, vous retrouverez rapidement vos marques avec les expressions régulières de PHP.

Les expressions régulières constituent une solution efficace et souple pour effectuer des recherches et des remplacements de chaînes de caractères. Dans les procédures de recherche-remplacement classiques, représentées par les fonctions `Find` et `Replace`, il est nécessaire de spécifier précisément le texte à rechercher. Cette limitation rend la recherche de données dynamiques très difficile, voire impossible.

Si vous avez l'intention de mettre en œuvre une expression régulière, vous avez besoin pour commencer de données sur lesquelles effectuer vos recherches. Le plus simple est d'utiliser une chaîne de caractères stockée dans une variable de type chaîne, mais vous pouvez également utiliser des valeurs enregistrées dans un tableau. Bien entendu, la chaîne de caractères à rechercher peut également être représentée par différentes lignes dans un fichier.

Les fonctions régulières pour les caractères seuls

Si vous voulez rechercher différents caractères dans une chaîne de caractères, vous devez noter l'expression de recherche entre crochets droits. Ce n'est que dans le cas où vous recherchez un caractère isolé que les crochets droits peuvent être omis. Si vous notez plusieurs caractères sans utiliser de crochets droits, ils seront interprétés comme une chaîne de caractères.

Dans l'exemple suivant, le script examine les différents éléments du tableau `$Villes` pour y rechercher le caractère `"a"`. L'expression régulière correspondante, qui est affectée dans cet exemple à la variable `$Motif`, pour être ensuite passée à la fonction `resultat()`, est donc simplement `a`.

▼ Listing 3.73 : *Script 04ex071.php3*

```
<?
$Villes = array("Berlin", "Paris", "Marseille", "Londres", "Madrid", "Athènes","Rome","Lisbonne",
➥ "Strasbourg", "Stockholm", "Copenhague");
$Motif = "a";
foreach($Villes as $resultat)  {
   if(ereg($Motif,$resultat))
        echo "Le mot ", "\"",$resultat,"\"", " contient le motif de recherche \"$Motif\"<br>";
 }
?>
```

Sortie :

```
Le mot "Paris" contient le motif de recherche "a"
Le mot "Marseille" contient le motif de recherche "a"
Le mot "Madrid" contient le motif de recherche "a"
Le mot "Strasbourg" contient le motif de recherche "a"
Le mot "Copenhague" contient le motif de recherche "a"
```

Si vous souhaitez rechercher, dans la chaîne de caractères à examiner, un groupe défini de caractères, ceux-ci figurent entre des crochets droits.

Ainsi, vous pouvez utiliser l'expression régulière "[BPS]" en l'affectant à la variable $Motif du précédent exemple. Cela vous permet de retrouver toutes les chaînes de caractères figurant dans le tableau $Villes, à savoir toutes celles comportant le caractère B, P ou S.

▼ Listing 3.74 : *Script 04ex071.php3*

```
...
$Motif = "[BPS]";
...
```

Sortie :

```
Le mot "Berlin" contient le motif de recherche "[BPS]"
Le mot "Paris" contient le motif de recherche "[BPS]"
Le mot "Strasbourg" contient le motif de recherche "[BPS]"
Le mot "Stockholm" contient le motif de recherche "[BPS]"
```

Expression régulière

- "[A-Z]" retrouve les majuscules ;
- "[0-9]" retrouve les nombres ;
- "[a-zA-Z0-9]" retrouve les lettres, les nombres ou le caractère souligné.

Si vous recherchez une plage de caractères (par exemple les lettres de la première moitié de l'alphabet, ou des chiffres), vous devez marquer la plage à rechercher en indiquant le premier et le dernier caractère, séparés par un tiret.

Expression régulière

- "[0-9]\%" retrouve les chiffres ou les signes de pourcentage ;
- "[\[\]]" retrouve tout ce qui comporte des crochets droits.

Si vous recherchez l'un des caractères +-?.*^$()[]{}|\, vous devez faire précéder le caractère en question d'une barre oblique inverse \.

Expression régulière

- "[^àâéêèôûù]" retrouve tout ce qui ne comporte aucune des voyelles accentuées du français ;
- "[^a-zA-Z]" retrouve tout ce qui ne comporte aucune lettre.

Vous pouvez également lancer des recherches négatives. Pour ce faire, vous devez faire précéder le caractère ou la plage de caractères à rechercher du signe ^. Une recherche de ce type, illustrée par l'exemple suivant, retrouve uniquement les parties dans lesquelles les caractères indiqués sont absents :

▼ Listing **3.75** : *Script 04ex073.php3*

```
$Villes = array("12345", "Paris", "Marseille", "Londres", "Madrid", "Athènes","Rome","Lisbonne",
➥ "222-333-444","Stockholm","Copenhague");
$Motif = "[^a-zA-Z]" ;
foreach($Villes as $resultat)     {
  if(ereg($Motif,$resultat))
    echo "La chaîne de caractères ", "\"",$resultat,"\"", " contient le motif de recherche
➥ \"$Motif\"<br>";
  }
?>
La chaîne de caractères "12345" contient le motif de recherche "[^a-zA-Z]"<br>
La chaîne de caractères "222-333-444" contient le motif de recherche "[^a-zA-Z]"
```

Les expressions régulières pour les chaînes de caractères

Les expressions régulières peuvent également être utilisées pour rechercher des chaînes de caractères. On utilise pour cela des opérateurs de groupement (marque-place ou caractères génériques) pour effectuer des recherches de marque-place. Par ailleurs, il est possible de rechercher des chaînes de caractères situées au début ou à la fin d'un mot ou d'une ligne.

Expression régulière

■ "Paris"Retrouve "Paris" mais aussi "Paris s'éveille".

Si vous voulez rechercher une chaîne de caractères donnée à l'aide d'une expression régulière, vous devez noter la chaîne de caractères entre les deux guillemets de l'expression régulière.

Vous pouvez observer dans l'exemple ci-après que le motif de recherche est utilisé pour trouver toutes les chaînes de caractères contenant une sous-chaîne avec motif de recherche spécifié dans l'expression régulière.

▼ Listing **3.76** : *Script 04ex074.php3*

```
<?
$Villes = array("Paris", "Paris s'éveille", "Marseille", "Londres", "Madrid", "Athènes","Rome",
➥ "Lisbonne","222-333-444","Stockholm","Copenhague");
$Motif = "Paris";
foreach($Villes as $resultat)     {
  if(ereg($Motif,$resultat))
    echo "La chaîne de caractères ", "\"",$resultat,"\"", " contient le motif de recherche
➥ \"$Motif\"<br>";  }
?>
```

3

PHP - Le langage de script universel pour le Web

Sortie :

La chaîne de caractères "Paris" contient le motif de recherche "Paris"

La chaîne de caractères "Paris s'éveille" contient le motif de recherche "Paris"

Expression régulière

- "elg?"retrouve "Belfort" et "Helsinki" ;
- "Ann."retrouve "Anna", "Anni" et "Anno", c'est-à-dire des chaînes de caractères comportant un caractère quelconque à la suite de "Ann" ;
- "p.ire"retrouve "paire" et "poire" ;
- "a+"retrouve les chaînes de caractères contenant "a", "aa", "aaaaa" ou un nombre quelconque de "a" ;
- "Lis*"retrouve "Lisbonne" et "Lisboa" ;
- "Li.*on"retrouve "Lisabon" et "Lissaabon".

Le point d'interrogation ? utilisé dans une expression régulière indique que le caractère précédant le point d'interrogation peut faire partie de la chaîne retrouvée, mais qu'il est également possible de retrouver des chaînes de caractères dépourvues de ce caractère.

Le point . utilisé dans une expression régulière sert de marque-place pour un caractère quelconque. Le signe + signifie une ou plusieurs occurrences du caractère précédant le signe +.

Le signe * utilisé dans une expression régulière indique qu'aucune, une ou plusieurs occurrences du caractère précédant le signe * sont autorisées.

Si vous faites précéder le signe * d'un point, qui représente un caractère quelconque, vous générez un marque-place correspondant à un nombre quelconque de caractères, comme dans l'exemple ci-après.

Expressions régulières

- "a{10,20}"retrouve une séquence de 10 à 20 "a" ;
- "a{10,}"retrouve une séquence de 10 "a" ou plus ;
- "a.{3}y"retrouve uniquement "axxxy".

Lorsque l'on a un ou deux nombres entre guillemets {n} ou {n,m}, cela indique n occurrences du caractère précédant l'accolade à l'endroit correspondant.

Lorsque deux nombres sont indiqués, cela signifie entre n et m occurrences du caractère précédant l'accolade. Il est également possible d'utiliser le signe . (point) devant l'accolade. Cela signifie alors qu'il peut y avoir un nombre quelconque de caractères comme ceux qui figurent entre les accolades.

Vous pouvez rechercher des chaînes de caractères qui ne seront retrouvées que si elles apparaissent au début ou à la fin d'un mot. L'inverse est également possible. Vous pouvez rechercher des chaînes de caractères qui ne seront retrouvées que si elles ne figurent pas au début ou à la fin d'un mot.

Il est possible de rechercher des chaînes de caractères qui ne seront retrouvées que si elles apparaissent au début ou à la fin d'une ligne dans la zone de recherche. Cette fonction est particulièrement intéressante pour faire des recherches dans des fichiers texte.

Expressions régulières

■ "^Paris"retrouve "Paris" uniquement au début de la zone de recherche ;

■ "Paris$"retrouve "Paris" uniquement à la fin de la zone de recherche.

Le caractère ^ au début de l'expression de recherche permet de retrouver les chaînes de caractères qui figurent au début de la ligne. Quant au caractère $ à la fin de l'expression de recherche, il permet de retrouver les chaînes de caractères qui figurent à la fin de la ligne.

Les variables dans les expressions régulières

Il est également possible d'utiliser des variables dans des expressions régulières. De cette manière, des données dynamiques telles que des données issues de formulaires transmises à l'interface CGI peuvent être utilisées comme motif de recherche.

Le script suivant illustre l'utilisation de variables dans des expressions régulières :

▼ Listing **3.77** : *Script 04ex075.php3*

```
<?
$Villes = array("Berlin", "Anna", "Anni", "Londres", "Madrid", "Athènes","Lisbonne","Lisboa",
➥ "List","Copenhague");
for ($i=65;$i<71;$i++) {
 $Motif = chr($i);              // transforme une valeur ASCII en un caractère, ce dernier faisant
➥ office de motif de recherche.
    echo "Motif de recherche $Motif:<br>";
    foreach($Villes as $resultat)     {
    if(ereg($Motif,$resultat))
      echo "La chaîne de caractères ", "\"",$resultat,"\"", " contient le motif de recherche
➥ \"$Motif\"<br>";
    }
}
?>
```

Sortie :

```
Motif de recherche A:
La chaîne de caractères "Anna" contient le motif de recherche "A"
La chaîne de caractères "Anni" contient le motif de recherche "A"
La chaîne de caractères "Athènes" contient le motif de recherche "A"
Motif de recherche B:
La chaîne de caractères "Berlin" contient le motif de recherche "B"
Motif de recherche C:
```

PHP - Le langage de script universel pour le Web

3

- La chaîne de caractères "Copenhague" contient le motif de recherche "C"
- Motif de recherche D:
- Motif de recherche E:
- Motif de recherche F:

Les expressions régulières avec alternatives

> **Expressions régulières**
>
> ■ "a|b|c"Retrouve "a" ou "b" ou "c". Le motif "[abc]" donne le même résultat.

Vous pouvez spécifier des alternatives dans les expressions régulières. Elles sont marquées par le signe |.

Priorité et parenthésage dans les expressions régulières

Les caractères spéciaux figurant dans les expressions régulières sont évalués par l'interpréteur PHP selon l'ordre suivant :

▼ **Tab. 3.27 : Ordre d'évaluation des expressions régulières**

Priorité	Opérateurs	Description
1	( )	Parenthésage
2	+ * ? {#,#}	Opérateurs de groupement
3	abc ^ $ \b \B	Caractères/chaînes de caractères, début/fin de chaîne, début/fin de mot
4	|	Alternatives

Grâce à la définition de la priorité, chaque expression régulière peut être évaluée sans ambiguïté. Pour définir une autre priorité lors de l'évaluation d'une expression régulière, vous pouvez mettre une partie de l'expression entre parenthèses.

Les fonctions pour les expressions régulières

Dans les précédentes sections, nous avons eu l'occasion à plusieurs reprises d'utiliser la fonction ereg().

Cette fonction permet d'appliquer une expression régulière à une chaîne de caractères. La fonction retourne TRUE, dans le cas où l'expression régulière passée en paramètre a été trouvée dans la chaîne de caractères $str à examiner.

▼ **Tab. 3.28 : Fonctions pour les expressions régulières**

Fonction	Exemple	Description
ereg	$resultat= ereg($motif, $str);	Examine une chaîne de caractères à la recherche d'une expression régulière.

▼ Tab. 3.28 : Fonctions pour les expressions régulières

Fonction	Exemple	Description
ereg_replace	$resultat= ereg($motif,$rep $str);	Examine une chaîne de caractères à la recherche d'une expression régulière et la remplace par $rep.
eregi	$resultat= ereg($motif, $str);	Examine une chaîne de caractères à la recherche d'une expression régulière, sans tenir compte de la casse.
eregi_replace	$resultat=ereg($motif, $rep $str);	Examine une chaîne de caractères à la recherche d'une expression régulière et la remplace sans tenir compte de la casse.
split		Scinde une chaîne de caractères et retourne les parties ainsi obtenues dans un tableau
sql_regcase		Crée une expression régulière sans tenir compte de la casse.

La fonction **ereg_replace()** procède à une recherche à l'aide de la fonction **ereg()** et remplace la chaîne de caractères qui a été trouvée par une chaîne de remplacement **$rep**.

▼ Listing 3.78 : *Script 04ex076.php3*

```
<?
$str = "Cette chêne de caractères doit faire l'objet de quelques modifications";
$Motif ="chêne";
$rep="chaîne";
$resultat=ereg_replace($Motif,$rep, $str);
echo $resultat;
?>
```

Sortie :

```
Cette chaîne de caractères doit faire l'objet de quelques modifications
```

Les fonctions **eregi()** et **eregi_replace()** correspondent aux fonctions dont il vient d'être question, à ceci près qu'elles ne tiennent pas compte de la casse.

Les fonctions compatibles avec Perl pour les expressions régulières

Lorsque le module PCRE (Perl Compatible Regular Expressions) est activé, vous pouvez utiliser les fonctions de la bibliothèque **preg** compatible avec Perl, à la place des fonctions de la bibliothèque **ereg**.

Les fonctions de cette bibliothèque sont plus rapides et plus flexibles que celles des fonctions **ereg**, en raison d'une nouvelle implémentation plus efficace des expressions régulières sous PHP.

3

PHP - Le langage de script universel pour le Web

▼ Tab. 3.29 : Fonctions PHP pour les expressions régulières compatibles avec Perl		
Fonction	**Exemple**	**Description**
preg_match	$resultat= preg_match("/Test/", $str);	Parcourt une chaîne de caractères $str à la recherche d'une expression régulière.
preg_match_all	$resultat= preg_match("/Test/", $str);	Parcourt une chaîne de caractères globale à la recherche d'une expression régulière.
preg_replace	echo preg_replace("/\sl,/","-", $str);	Parcourt une chaîne de caractères à la recherche d'une expression régulière et effectue les remplacements.
preg_split	$arr= preg_split("/(?=[a-z,])/", $str);	Scinde une chaîne de caractères $str à l'aide d'une expression régulière et retourne les parties ainsi obtenues dans un tableau.
preg_quote	$str1= preg_quote($str);	Fait précéder les caractères spéciaux d'une barre oblique inverse.
preg_grep	$arr1= preg_grep("/^(\d+)?\.\d+$/", $arr);	Parcourt un tableau à la recherche d'une expression régulière et retourne le tableau (nouveau dans PHP 4).

La syntaxe des expressions régulières compatibles avec Perl est orientée sur la syntaxe de Perl 5.005. Les motifs doivent être notés entre les délimiteurs / /. À l'exception des caractères alphanumériques et de la barre oblique inverse (\), tous les caractères peuvent être utilisés comme délimiteurs. Lorsque le séparateur choisi doit lui-même être utilisé dans l'expression, il doit être précédé d'une barre oblique inverse.

Les métacaractères suivants sont définis pour construire des expressions régulières :

▼ Tab. 3.30 : Métacaractères	
Métacaractère	**Fonction**
\	Désactive la fonction correspondant au caractère non alphanumérique suivant.
^	Début de la ligne ou du texte.
.	Tout caractère à l'exception du séparateur de lignes.
$	Séparateur de lignes ou fin du texte.
		Alternative.
( )	Groupement.
[ ]	Plage de caractères.

Les expressions régulières utilisent les quantificateurs suivants :

Quantificateur	Description
▼ Tab. 3.31 : Quantificateurs	
*	0 fois ou plusieurs fois.
+	Au moins une fois, sinon un nombre quelconque de fois.
?	Optionnel, 0 fois ou une fois.
{n}	n fois exactement.
{n,}	Au moins n fois.
{n,m}	Entre n et m fois.

Vous trouverez ci-après quelques exemples d'expressions régulières compatibles avec Perl et de fonctions correspondantes de la bibliothèque preg.

La fonction preg_match() parcourt la chaîne de caractères à la recherche d'une expression régulière et retourne TRUE lorsque la recherche a abouti.

▼ Listing 3.79 : *Script 04ex077.php3*

```
<?
$str= "Voici une chaîne test";
if (preg_match("/test/", $str))
    echo "Le motif a été trouvé";
else
    echo "Le motif n'a pas été trouvé";
?>
```

Sortie :

```
Le motif a été trouvé
```

La fonction preg_replace()parcourt des chaînes de caractères à la recherche d'expressions régulières et remplace les chaînes trouvées par une chaîne de remplacement. Dans notre exemple, les espaces et les virgules sont remplacés par des tirets.

▼ Listing 3.80 : *Script 04ex078.php3*

```
<?
$str ="ADA, LISP, Pascal, Fortran, Cobol, Lotus123,";
echo preg_replace("/\s|,/","-", $str);
?>
```

Sortie :

```
ADA--LISP--Pascal--Fortran--Cobol--Lotus123-
```

La fonction preg_split() scinde une chaîne de caractères à l'aide d'une expression régulière et retourne les parties ainsi obtenues dans un tableau.

PHP - Le langage de script universel pour le Web

3

▼ Listing 3.81 : *Script 04ex079.php3*

```
<?
$str ="Identificateur=xde234&Valeur=123&Valeur1=456";
$arr= preg_split("/&/", $str);
foreach($arr as $resultat)  {
    echo "$resultat <br>";
}
?>
```

Sortie :

```
Identificateur=xde234
Valeur=123
Valeur1=456
```

Les symboles correspondant aux différentes classes de caractères

Lors de l'utilisation d'expressions régulières compatibles avec Perl, vous pouvez accéder à différents symboles mis pour différentes classes de caractères. Ces symboles sont récapitulés dans le tableau ci-après :

▼ Tab. 3.32 : Symboles correspondant aux classes de caractères

Caractère	Correspondance	Signification
\d	[0-9]	Chiffre
\D	[^0-9]	Contraire de \d
\w	[a-zA-Z_0-9]	Caractère alphanumérique
\W	[^a-zA-Z_0-9]	Contraire de \w
\s	[\t\n\f\r]	Espace
\S	[^ \t\n\f\r]	Contraire de \s

Dans l'exemple suivant, une chaîne de caractères est scindée à l'aide de la fonction `preg_split()` en plusieurs sous-chaînes séparées par des espaces.

Le symbole \s est utilisé pour la classe de caractères [\t\n\f\r], c'est-à-dire pour les espaces. La chaîne de caractères (?= est utilisée dans l'expression régulière pour définir une condition pour le caractère précédent ou le caractère suivant de la chaîne de caractères à examiner. Dans cet exemple, il s'agit de la condition selon laquelle il doit s'agir d'un caractère appartenant à la classe de caractères définis par \s.

▼ Listing 3.82 : *Script 04ex080.php3*

```
<?
$str ="ADA, LISP, Pascal, Fortran, Cobol, Lotus123";
$arr= preg_split("/(?=\s)/", $str);
foreach($arr as $resultat)  {
```

```
echo "$resultat |";
}
?>
```

Sortie :

```
ADA, | LISP, | Pascal, | Fortran, | Cobol, | Lotus123 |
```

Dans l'exemple ci-après, la même chaîne de caractères est scindée en différents caractères. On utilise pour cela le symbole \w pour la classe de caractères [a-zA-Z_0-9] ainsi que le symbole \s pour les espaces :

▼ Listing 3.83 : *Script 04ex081.php3*

```
<?
$str ="ADA, LISP, Pascal, Fortran, Cobol, Lotus123,";
$arr= preg_split("/(?=\w|,|\s)/", $str);
foreach($arr as $resultat)  {
    echo "$resultat |";
}
?>
```

Sortie :

```
|A |D |A |, | |L |I |S |P |, | |P |a |s |c |a |l |, | |F |o |r |t |r |a |n |, | |C |o |b |o |l |,
➥ | |L |o |t |u |s |1 |2 |3 | |
```

Les options du module PCRE

Un motif noté entre des séparateurs peut être suivi de différentes options chargées de modifier sa fonction.

Ces options sont récapitulées dans le tableau ci-après :

▼ Tab. 3.33 : Options du module PCRE

Option	Nom PCRE interne	Description
i	PCRE_CASELESS	Lorsque cette option est activée, ignore la casse.
m	PCRE_MULTILINE	Lorsque cette option est activée, chaque début et fin de ligne est considéré comme le début et la fin du motif de recherche. Cela n'a aucune conséquence sur les chaînes de caractères dépourvues de \n.
s	PCRE_DOTALL	Lorsque cette option est activée, le point remplace tous les caractères, le \n y compris.
x	PCRE_EXTENDED	Lorsque cette option est activée, les espaces, les tabulations et les sauts de ligne sont ignorés.
e	-	Lorsque cette option est activée, la chaîne de caractères de substitution est interprétée par preg_replace() comme du code PHP (cette option est nouvelle dans PHP 4).

PHP - Le langage de script universel pour le Web

3

▼ Tab. 3.33 : Options du module PCRE		
Option	**Nom PCRE interne**	**Description**
A	PCRE_ANCHORED	Lorsque cette option est activée, la recherche se borne au début de la chaîne de caractères.
E	PCRE_DOLLAR_ENDONLY	Lorsque cette option est activée, la recherche se borne à la fin de la chaîne de caractères (elle est ignorée, si l'option m est activée en même temps).
S	-	Améliore la vitesse d'exécution en cas de réutilisation d'un motif, l'expression traduite pouvant être mise en mémoire tampon.
U	PCRE_UNGREEDY	Inverse la tendance à la "gourmandise" de l'opérateur d'itération.
X	PCRE_EXTRA	Fonctions supplémentaires non compatibles avec Perl : une barre oblique inverse précédant un caractère dépourvu de signification particulière donne lieu à un message d'erreur.

3.5.   La structure des programmes PHP

Fondamentalement, chaque script PHP est formé d'une série d'instructions. Nous avons précisé plus haut en quoi consiste une instruction. Il s'agit en fait de toute expression PHP valide, suivie d'un point-virgule. Exemples d'instructions : les affectations ou les appels de fonctions.

La ligne de code suivante est un exemple d'instruction, chargée d'afficher le caractère A sur l'écran ou dans la fenêtre du navigateur.

```
echo chr(65);
```

En temps normal, il est très rare d'avoir des programmes constitués d'une succession d'instructions simples et non structurées. Au contraire, les instructions sont le plus souvent regroupées en blocs. De même, le traitement des instructions peut dépendre de conditions ou être contrôlé par des conditions ou par des constructions en boucles spécifiques. Pour résumer, vous pouvez ainsi voir s'ouvrir un vaste domaine correspondant à ce qu'il convient d'entendre par structure de programme.

Les possibilités de structuration offertes par PHP sont représentées dans les sections suivantes. Les constructions du langage disponibles ont beau s'inspirer largement du langage C, il n'en subsiste pas moins encore des particularités et des points divergents.

Les blocs et les structures

Comme vous pourrez le constater dans l'exemple ci-après, les instructions peuvent être regroupées à l'aide d'accolades pour constituer des blocs de structures. Chaque bloc de structures constitue à son tour une instruction.

▼ Listing **3.84** : *Script 04ex082.php3*

```
<?
for ($i=65;$i<91;$i++)
{
 $caractere = chr($i);  // convertit une valeur ASCII en un caractère
    echo $caractere,"|";  // édite le caractère
 }
?>
```

Sortie :

```
A|B|C|D|E|F|G|H|I|J|K|L|M|N|O|P|Q|R|S|T|U|V|W|X|Y|Z|
```

Les conditions

Les conditions font partie des structures de contrôle les plus fondamentales qui soient proposées par les langages de programmation. Les conditions sont utilisées pour traiter des alternatives logiques au cours de l'exécution du programme, afin d'orienter le déroulement du programme en fonction du résultat de l'alternative.

Les conditions sont simplement des expressions construites à l'aide d'opérateurs logiques et dont la valeur est soit VRAI (1) soit FAUX (0). Nous avons décrit plus haut les opérateurs logiques PHP à utiliser en relation avec les conditions.

Évaluation des conditions à l'aide de l'instruction if

La syntaxe de l'instruction if correspond à celle en vigueur en C. Une instruction est exécutée ou non en fonction de la valeur d'une expression passée en paramètre à l'instruction if.

L'instruction est exécutée si la valeur de l'expression, qui est interprétée comme une expression logique, est VRAIE.

```
if (Condition 1)
        Instruction 1
elseif (Condition 2)
        Instruction 2
else
        Instruction 3
```

Les branches elseif et else de l'instruction if sont optionnelles et peuvent être omises. Elles comportent des instructions qui sont exécutées lorsque la condition 1 n'est pas vérifiée, c'est-à-dire lorsque le résultat de l'évaluation est FAUX.

En dépit de l'apparente simplicité de cette construction présente dans pratiquement tous les langages, les débutants en PHP y trouveront leurs premiers pièges. L'expression passée en paramètre à l'instruction if est toujours interprétée par PHP comme une expression logique.

3

PHP - Le langage de script universel pour le Web

Dans l'exemple ci-après, une expression est passée en paramètre à l'instruction if. Cette expression n'est pas une expression logique, c'est-à-dire une expression formée d'opérateurs logiques, mais une affectation.

PHP n'émet aucun avertissement lors de la vérification syntaxique, mais évalue l'expression comme une expression logique. La valeur de l'expression dans notre exemple est 100 007. 100 007 est VRAI sans qu'une comparaison soit effectuée à l'aide d'opérateurs logiques. Autrement dit, la condition passée en paramètre à l'instruction if est VRAIE et l'instruction est exécutée. Cependant, de telles "conditions" sont toujours VRAIES, et partant, inutiles.

▼ **Listing 3.85** : *Script 04ex084.php3*

```
<?
if ($i=100007)
    echo "Cette condition est toujours vraie !";
?>
```

Sortie :

```
Cette Condition est toujours vraie !
```

La branche else de l'instruction if

La branche else d'une instruction if est utilisée lorsqu'une instruction ou une séquence d'instructions à part doit être définie, dans le cas où la condition passée à l'instruction if n'est pas vérifiée.

▼ **Listing 3.86** : *Script 04ex085.php3*

```
<?
$n=11; $a=9;
if ($n>10)
    if ($a >10)
            echo "1";
    else
            echo "2";
?>
```

Sortie :

```
2
```

L'exemple précédent montre d'une part de quelle manière une branche else peut être utilisée en rapport avec une instruction if, d'autre part que les constructions if peuvent être imbriquées à volonté.

Lorsque l'on a des instructions if ainsi imbriquées, se pose le problème de savoir à quel if correspond la branche else attachée. Certes, l'indentation de la clause else permet au programmeur de manifester qu'il a estimé que la clause else était rattachée au deuxième if. D'ailleurs, le résultat, à savoir 2, lui donne raison. Cependant, l'analyseur PHP ne se soucie pas de l'indentation du texte source, mais part généralement du principe qu'une clause else se rapporte toujours à la clause if qui la précède immédiatement, lorsqu'elle ne comporte par encore de clause else.

La branche elseif de l'instruction if

Il existe un autre moyen de modifier une instruction if : faire dépendre l'exécution de la branche else d'une autre condition.

Il s'agit alors de la branche elseif, qui peut être également notée else if. Le script suivant donne un exemple de condition imbriquée utilisant elseif :

▼ Listing 3.87 : *Script 04ex086.php3*

```
<?
$n=11; $a=9; $b=9; $c=11;
if ($n > 10)
    if ($a >10)
            echo "1";
    elseif ($b >10)
            echo "2";
    else if ($c >10)
            echo "3";
    else
            echo "a, b et c ne satisfont pas aux conditions";
else
    echo "aucune condition n'est vérifiée";
?>
```

Sortie :

3

La question de savoir à quel if chaque else correspond étant réglée, comme cela a été précisé plus haut, le script donné en exemple fonctionne parfaitement sans qu'il soit nécessaire d'utiliser des accolades pour former des blocs. Vous pouvez à titre d'essai définir une valeur inférieure à 10 pour la variable $n. Vous pouvez ainsi constater que PHP réalise correctement la correspondance.

L'exemple illustre la possibilité d'utiliser plusieurs branches elseif. Il reste cependant à préciser ce qui se produit lorsque les conditions de ces branches sont vérifiées dans plus d'un cas.

Pour tester cette question, fixez des valeurs supérieures à 10 pour les variables $a, $b et $c. Le résultat correspond à ce que vous escomptiez vraisemblablement : l'instruction, ou la séquence d'instructions, figurant à la suite de la première condition elseif à être vérifiée est exécutée.

Problèmes posés par le code HTML immergé

Le langage de script PHP présente une particularité : le code PHP immergé dans la page HTML est souvent entrecoupé de portions de code HTML.

PHP - Le langage de script universel pour le Web

3

Nous avons précédemment montré que le début et la fin de portions de code PHP dans le texte source HTML sont marqués par des balises spécifiques, telles que les balises **<?** et **?>**, employées dans cet exemple.

Lorsque le script comporte des constructions **if ... elseif ... else**, l'insertion d'une ligne de code HTML peut donner lieu à des problèmes. En effet, lorsqu'il atteint le début d'une section HTML, PHP termine automatiquement un bloc qui n'est pas marqué explicitement. Dans ce cas, une branche **else** ou **elseif** qui viendrait ensuite donnerait une erreur, au même titre qu'un **else** ou un **elseif** sans **if**. L'exemple ci-après illustre cette erreur :

▼ Listing **3.88** : *Script 04ex087.php3*

```
<?
$n=11; $a=11;
if ($n>10)
      if ($a >10)
             echo "1"; ?>
             <font size="-1"><p><b>Voici du HTML intercalé entre les clauses PHP</b></p></font>
<?   else
             echo "Comme le bloc est terminé par la séquence HTML, la branche else produit une
      ➡ erreur de syntaxe!";
?>
```

Sortie :

```
Parse error: parse error in f:\serveur\phpdev\www\exemples\chapitre_4\04ex087.php3 on line 7
```

Une syntaxe alternative pour les constructions if... elseif... else

Grâce à une syntaxe alternative, le langage PHP offre une solution élégante au problème évoqué dans l'exemple précédent.

Pour marquer l'appartenance des clauses **if... elseif... else** à la même construction, il convient de faire suivre les parties **elseif** et **else** du signe deux-points ainsi que d'un **endif** final.

Ainsi, une portion de code HTML qui vient s'intercaler à l'intérieur du bloc PHP ne donne plus lieu à une interruption. L'exemple ci-après peut ainsi être traité sans message d'erreur et donner lieu à la sortie attendue.

▼ Listing **3.89** : *Script 04ex088.php3*

```
<?
$n=11;
$a=11;
if ($n>10)
    if ($a >10) :          // Notez les deux-points
           echo "1"; ?>
           <font size="-1"><p><b>Voici du HTML intercalé entre les clauses PHP </b></p></font>
<? else :                  // Notez les deux-points
           echo "2";
```

```
    endif
?>
```

Sortie :

```
1
Voici du HTML intercalé entre les clauses PHP
```

Forme courte de l'instruction if

De manière analogue au langage C, le langage PHP utilise une notation courte pour les instructions if simples. La syntaxe correspondant à cette notation est la suivante :

Forme courte de l'instruction if

■ expression logique ? instruction 1 : instruction 2

Voici un exemple illustrant cette syntaxe :

▼ Listing **3.90** : *Script 04ex089.php3*

```
<?
$n=9;
$n > 10 ? $a= "1" : $a= "2";
echo $a;
?>
```

Sortie :

```
2
```

Les boucles

Les boucles sont utilisées lorsqu'une instruction ou une séquence d'instructions doit être traitée plusieurs fois en fonction de la réalisation d'une condition.

Les boucles while

La construction de boucle la plus simple parmi celles proposées par PHP est la boucle `while`. La syntaxe des boucles `while`, empruntée à la syntaxe C, est la suivante :

```
while (Expression) Instruction
```

L'instruction qui, comme vous le savez, peut également être un bloc d'instructions, est exécutée aussi longtemps que l'évaluation de l'expression passée en paramètre retourne VRAI.

La valeur de Expression est évaluée une nouvelle fois avant chaque passage de boucle, après quoi soit les instructions figurant sous Instruction sont traitées à nouveau soit, dans le cas où l'évaluation de Expression a retourné FAUX, l'exécution des instructions du programme figurant à la suite de Instruction se poursuit.

Dans l'exemple suivant, chargé d'éditer les caractères imprimables de la table ASCII, la condition est testée, afin de déterminer si la variable $i est inférieure à 127. Si cette condition est vérifiée, la valeur de $i est convertie en un caractère et est éditée à l'aide de la fonction echo(). À l'issue de cette opération, la valeur de la variable $i est incrémentée d'une unité.

▼ Listing 3.91 : *Script 04ex090.php3*

```
<?
$i=32;
while ($i<127) {
 $caractere = chr($i);   // convertit une valeur ASCII en un caractère
      echo $caractere,"|";    // édite le caractère
 $i++;
 }
?>
```

Sortie :

```
 | !|"|#|$|%|&|'|(|)|*|+|,|-|.|/|0|1|2|3|4|5|6|7|8|9|:|;|<|=|>|?|@|
A|B|C|D|E|F|G|H|I|J|K|L|M|N|O|P|Q|R|S|T|U|V|W|X|Y|Z| |^|_|'|a|b|c|d|e|f|g|h|i|j|k|l|m|n|o|p|q|r|s|
➡ t|u|v|w|x|y|z|
{|||}|~|
```

Une syntaxe alternative de la boucle while

La boucle while comporte également une syntaxe alternative, qui est la suivante :

```
while (Expression) : Instruction ... endwhile;
```

Le début d'un bloc while est marqué dans cette notation par le signe deux-points suivant Expression. La fin du bloc while est marquée par le mot-clé supplémentaire endwhile. Les accolades chargées de marquer le bloc peuvent être alors omises.

L'exemple illustre cette syntaxe alternative :

▼ Listing 3.92 : *Script 04ex091.php3*

```
<?
$i=65;
while ($i<67):
 $caractere = chr($i);               // convertit une valeur ASCII en un caractère
    echo $caractere,"|";              // édite le caractère
 ?>
    <font size="-1"><b>Voici du HTML intercalé entre les clauses PHP </b></font>
    <?
 $i++;
endwhile;
?>
```

Sortie :

A| Voici du HTML intercalé entre les clauses PHP B| Voici du HTML intercalé entre les clauses PHP C| Voici du HTML intercalé entre les clauses PHP D| Voici du HTML intercalé entre les clauses PHP E| Voici du HTML intercalé entre les clauses PHP

Les boucles do... while

La boucle `while` dont il vient d'être question a ceci de particulier que la condition d'arrêt est testée au début de la boucle, ce qui est généralement souhaité.

PHP connaît en plus de cela une autre construction de boucle, représentée par la boucle `do...while`, dans laquelle la condition d'arrêt n'est testée qu'après un passage en boucle. La syntaxe est la suivante :

```
do
     Instruction
while (Expression)
```

L'utilisation d'une boucle `do... while` est indiquée chaque fois que la séquence d'instructions figurant sous `Instruction` doit être exécutée au moins une fois, indépendamment de la condition réalisée par `Expression`.

Les boucles for

Les boucles `for` constituent la construction de boucle la plus complexe du langage PHP. Elles se différencient des boucles dont il a été précédemment question par le fait que les expressions à tester sont regroupées au début de la boucle et qu'elles utilisent des variables de compteur.

Les avantages en termes de lisibilité sont particulièrement intéressants lorsque plusieurs boucles sont imbriquées.

La syntaxe de la boucle `for` est la suivante :

```
for (Expression1 [, ... ] ; Expression2 [, ...] ; Expression3 [, ...] )  Instruction
```

`Expression1` est une expression quelconque, qui est évaluée indépendamment d'une condition au début de la boucle. Normalement, `Expression1` est une affectation dans laquelle une variable de compteur prend une valeur donnée.

`Expression2` est ensuite évaluée au début de chaque passage de boucle. `Expression2` est en règle générale une expression logique. Si le résultat de l'évaluation est `VRAI`, les instructions à l'intérieur de la boucle sont traitées.

Si le résultat de l'évaluation est `FAUX`, l'instruction suivant la boucle `for` est exécutée. `Expression3` est évalué à l'issue de chaque passage de boucle. `Expression3` est en règle générale une affectation dans laquelle la valeur de la variable de compteur est augmentée ou diminuée d'une unité.

Utilisation de plusieurs variables de compteurs et d'autres instructions

La boucle **for** est très flexible. Elle permet par exemple de manipuler plusieurs variables de compteurs. Les affectations initiales correspondantes, les conditions d'arrêt et les incrémentations (ou décrémentations) finales des variables de compteur doivent être séparées par des virgules.

Sortie du débogueur

```
070600 18:35:14  line=>5
i=>0 j=>10
070600 18:35:14  line=>5
i=>1 j=>9
070600 18:35:14  line=>5
i=>2 j=>8
070600 18:35:14  line=>5
i=>3 j=>7
070600 18:35:14  line=>5
i=>4 j=>6
070600 18:35:14  line=>5
i=>5 j=>5
070600 18:35:14  line=>5
i=>6 j=>4
070600 18:35:14  line=>5
i=>7 j=>3
070600 18:35:14  line=>5
i=>8 j=>2
070600 18:35:14  line=>5
i=>9 j=>1
```

▼ Listing 3.93 : *Script 04ex092.php3*

```php
<?
include ("debug.php3");
$deb = new debug;
for($i=0,$j=10; $i<10,$j>0; $i++,$j--) {
  $line= __LINE__;$deb->log (compact ("line","i","j",""));
    echo $i,"|";
    echo $j,",";
  }
?>
```

Sortie :

```
0|10,1|9,2|8,3|7,4|6,5|5,6|4,7|3,8|2,9|1,
```

Pour permettre de suivre plus facilement l'exécution du programme, le débogueur (reportez-vous à la section *Un débogueur simple*, page 181) a été lié au script. De même, une ligne de code a été ajoutée (à la ligne 5) pour surveiller les variables $i et $j.

Il est également possible de spécifier d'autres instructions telles que des commandes d'édition, à l'endroit de `Expression3` dans une boucle `for`. Ces instructions doivent également être séparées par des virgules :

▼ **Listing 3.94 :** *Script 04ex093.php3*

```
<?
for ( $i=0, $j=10; $i < 10, $j > 0; $i++,$j--, print $i, print$j )   {
   echo "|";
   }
?>
```

Sortie :

```
|19|28|37|46|55|64|73|82|91|100
```

Les boucles for sans fin

Chacune des expressions de contrôle de boucle `for` peut également être omise. Ainsi, si l'on fait disparaître toutes les expressions de contrôle, comme dans l'exemple ci-après, on obtient une boucle sans fin, de laquelle il n'est possible de sortir qu'à l'aide d'une instruction `break`.

Sortie du débogueur

```
070600  18:45:14   line=>15
n=>20
070600  18:45:14   line=>15
n=>21
070600  18:45:14   line=>15
n=>22
070600  18:45:14   line=>15
n=>23
070600  18:45:14   line=>15
n=>24
070600  18:45:14   line=>15
n=>25
. . .
```

3

PHP - Le langage de script universel pour le Web

▼ Listing 3.95 : *Script 04ex094.php3*

```
070600  18:45:14  line=>15
n=>45
070600  18:45:14  line=>15
n=>46
070600  18:45:14  line=>15
n=>47
070600  18:45:14  line=>15
n=>48
070600  18:45:14  line=>15
n=>49
070600  18:45:14  line=>15
n=>50
<?    include ("debug.php3");
$deb = new debug;
$n=20; $a= 10; $b=50;
 for(;;) {
     if ($n < $a) {
         echo "Sortie 1";
         break;
     }
     if ($n > $b) {
         echo "Sortie 2";
         break;
     }
 $line= __LINE__;$deb->log (compact ("line","n","",""));
     echo $n,"|";
 $n++;
 }
?>
```

Sortie :

```
20|21|22|23|24|25|26|27|28|29|30|31|32|33|34|35|36|37|38|39|40|41|42|43|44|45|46|47|48|49|50|Sortie 2
```

Une syntaxe alternative de la boucle for

PHP admet également une syntaxe alternative pour la boucle **for**. Le marquage d'un bloc **for** cohérent fait appel au signe deux-points, à la suite des expressions de contrôle de la boucle, notées entre parenthèses, d'une part, et au mot-clé supplémentaire **endfor**, d'autre part.

```
for (Expression1 [, ... ] ; Expression2 [, ...] ; Expression3 [, ...] ) :  Instruction; endfor;
```

Les accolades chargées de marquer le bloc peuvent être omises :

▼ Listing **3.96** : *Script 04ex095.php3*

```php
<?
for($i=0,$j=10; $i<10,$j>0; $i++,$j--):
    echo "<br>------>";
    echo $i,"|";
    echo $j,",";
endfor;
?>
```

Les boucles foreach

PHP4 prend en charge une construction de boucle supplémentaire, la boucle **foreach**, qui est conçue en vue de la manipulation de tableaux. Les boucles **foreach** ont déjà été décrites dans la section concernant les tableaux, où elles ont été utilisées pour éditer les éléments de tableaux. Il existe deux variantes de la boucle **foreach**, dont nous rappelons la syntaxe, pour plus de précisions.

```php
foreach($array as $element) Instruction
foreach($array as $key => $element) Instruction
```

Sortie prématurée des boucles break et continue

Il arrive parfois que l'on souhaite quitter une boucle avant que la condition d'arrêt ne soit intervenue. On utilise pour ce faire l'instruction **break**.

Une instruction **break** fait sortir de la boucle la plus immédiate. Dans l'exemple suivant, la boucle instruction **do... while** est une boucle sans fin, en raison de la condition d'arrêt. Cependant, l'instruction **break** permet de sortir de la boucle, lorsque l'une des conditions spécifiées dans les instructions **if** figurant dans la boucle est vérifiée.

▼ Listing **3.97** : *Script 04ex096.php3*

```php
<?
$n=20; $a= 10; $b=50;
do {
    if ($n < $a) {
        echo "Sortie 1";
        break;
    }
    if ($n > $b) {
        echo "Sortie 2";
        break;
    }
    echo $n,"|";
$n++;
} while(1);
?>
```

Sortie :

```
|20|21|22|23|24|25|26|27|28|29|30|31|32|33|34|35|36|37|38|39|40|41|42|43|44|45|46|47|48|49|50|Sortie 2
```

L'instruction `continue` a une fonction analogue à celle de l'instruction `break`. L'instruction `continue` permet de passer immédiatement à un nouveau passage de boucle.

Dans le cas des boucles `while`, cela signifie que la condition d'arrêt est évaluée immédiatement à la suite de `continue` ; dans le cas des boucles `for`, cela signifie que la prochaine itération est forcée.

▼ **Listing 3.98** : *Script 04ex097.php3*

```
<?
for($i=0,$j=10; $i<10,$j>0; $i++,$j--) {
    echo $i,"|";
    continue;
    echo $j,",";
  }
?>
```

Sortie :

```
0|1|2|3|4|5|6|7|8|9|
```

Dans l'exemple précédent, l'instruction `continue` force l'itération suivante de la boucle `for`, avant même que la variable `$j` ne soit affichée.

Les choix alternatifs avec switch

L'instruction `switch` est utilisée pour faire une sélection parmi plusieurs alternatives. Elle peut être utilisée à la place de plusieurs instructions `if`. L'instruction `switch` contrôle si une expression passée en paramètre à l'instruction comporte une valeur constante parmi plusieurs. Le cas échéant, l'instruction procède à un branchement.

Le script ci-après illustre les différentes possibilités de choix :

▼ **Listing 3.99** : *Script 04ex098.php3*

```
<?
$i = 3;
switch ($i) {
    case 0:
    case 1:
        echo "<br>Cas 1: s'applique dans le cas où ",'$i'," = 0 ou 1";
        break;
    case 2:
        echo "<br>Cas 2: s'applique dans le cas où ",'$i'," = 2";
        break;
    case 3:
```

```
        echo "<br>Cas 3: s'applique dans le cas où ",'$i'," = 3";
        break;
    default:
        echo "<br>Cas 4: s'applique dans le cas où ",'$i',"<0 ou >3";
        break;
    }
?>
```

Sortie :

Cas 3: s'applique dans le cas où $i = 3

La branche **default** permet de déclencher des actions en fonction de valeurs non prévues. Chaque bloc **case** doit se terminer par une instruction **break**, afin d'éviter que tous les autres blocs suivants ne soient également exécutés. L'exemple ci-après montre le résultat que l'on obtient si toutes les instructions **break** ont été omises.

▼ **Listing 3.100** : *Script 04ex099.php3*

```
<?
$i = 2;
switch ($i) {
    case 0:
    case 1:
        echo "<br>Cas 1: s'applique dans le cas où ",'$i'," = 0 ou 1";
    case 2:
        echo "<br>Cas 2: s'applique dans le cas où ",'$i'," = 2";
    case 3:
        echo "<br>Cas 3: s'applique dans le cas où ",'$i'," = 3";
    default:
        echo "<br>Cas 4: s'applique dans le cas où ",'$i',"<0 ou >3";
    }
?>
```

Sortie :

Cas 2: s'applique dans le cas où $i = 2
Cas 3: s'applique dans le cas où $i = 3
Cas 4: s'applique dans le cas où $i<0 ou >3

Les fonctions

Les fonctions sont utilisées pour décomposer un problème que le programme est chargé de résoudre en un certain nombre de petites unités fonctionnelles réutilisables et formant un tout.

Dans le langage PHP, les fonctions sont déclarées par le mot-clé **function**, figurant dans la tête de la fonction. Ce mot-clé est suivi du nom de la fonction et, entre parenthèses, de la liste des paramètres attendus. Lorsque la fonction ne doit pas comporter de paramètre, les parenthèses restent vides.

3

PHP - Le langage de script universel pour le Web

La tête de la fonction est suivie du corps de la fonction, qui est formé au minimum d'un bloc d'instructions entre accolades. Le corps de la fonction peut avoir plusieurs niveaux d'imbrication et comporter à son tour d'autres fonctions.

Les fonctions ont généralement une valeur de retour, désignée par le mot-clé **return**. Il est également possible que la fonction ne retourne aucune valeur. Dans ce cas, le mot-clé **return** est omis et la fonction se fait remarquer uniquement par ses effets de bord.

La fonction ci-après porte le nom moyenne(). Elle calcule, à partir de deux paramètres qui lui sont passés, une moyenne représentant également la valeur retournée.

```
function moyenne($a, $b)
  {
    return ($a + $b)/2;
  }
```

Les fonctions sont appelées par des instructions situées au niveau de programme supérieur ; elles en récupèrent le jeu de paramètres qui est défini dans la tête de la fonction ; elles exécutent les instructions codées au sein du bloc de la fonction et elles retournent à l'instruction appelante soit une valeur de retour soit aucune valeur.

Un appel de la fonction moyenne() du précédent exemple pourrait donc se présenter de la façon suivante :

```
$resultat= moyenne(25, 12);
```

Comme nous l'avons mentionné dans la section sur les expressions PHP, les fonctions ne sont rien d'autre que des expressions dont la valeur retournée tient lieu de valeur. La valeur d'une fonction peut de ce fait être affectée à une variable, dans le cas présent à la variable $resultat.

La variable $resultat comporte alors une nouvelle valeur, correspondant à la valeur retournée par la fonction. Il s'agit dans notre exemple de la moyenne des deux paramètres passés à la fonction.

Dans le précédent exemple, nous avons passé deux constantes à la fonction. Comme vous pouvez le voir dans l'exemple suivant, il peut tout aussi bien s'agir de variables.

▼ Listing 3.101 : *Script 04ex100.php3*

```
<?
function moyenne($a, $b)
  {
    return ($a + $b)/2;
  }
$Valeur1=25;
$Valeur2=12;
$resultat= moyenne(25,12);          // appel de la fonction
echo $resultat;
?>
```

Sortie :

```
18.5
```

La liaison tardive

Sous PHP 3, les fonctions devaient être définies avant un premier appel dans le script. Sous PHP 4, les noms de fonctions sont liés à l'instant même où elles sont exécutées. Grâce à cela, les fonctions peuvent être définies après leur premier appel, par exemple à la fin d'un script.

L'exemple ci-après montre une fonction comportant dans son corps une autre fonction `qu()`. Cette fonction est appelée à deux reprises dans le bloc supérieur de la fonction `moyenne()`. L'exemple montre que la possibilité offerte par PHP 4 de la liaison tardive permet de définir une fonction après son appel dans le script.

▼ **Listing 3.102** : *Script 04ex101.php3*

```
<?
//                  ***** Programme principal ******
$a=25;
$b=12;
$resultat= moyenne($a, $b);   // Appel de la fonction mw
echo $resultat;
//                  ***** Fonctions *******
function moyenne($a, $b)
{
   function qu($i) {
   return $i*$i;
   }
 $a= qu($a)/2;
 $b= qu($b)/2;
   return $a + $b;
 }
?>
```

Sortie :

```
384.5
```

L'appel par valeur

Pour passer les arguments ou les paramètres à une fonction, il est possible d'utiliser deux méthodes.

Lors du passage de valeur (appel par valeur), des copies des paramètres courants de l'application sont passées à la fonction. Résultat : la fonction ne peut pas modifier les paramètres courants de l'application.

Pour démontrer ce fait, nous avons légèrement modifié la fonction `moyenne()`. Comme vous pouvez le voir à la sortie du programme, la division par deux des variables $a et $h à l'intérieur du bloc de la fonction n'a aucune conséquence sur les variables $a et $b du niveau supérieur du programme. En effet, seules les valeurs ont pu être passées et le domaine de validité des variables $a et $b est uniquement local à l'intérieur du bloc de fonction.

▼ Listing 3.103 : *Script 04ex102.php3*

```php
<?
function moyenne($a, $b)    {
 $a= $a/2;
 $b= $b/2;
   return $a + $b;
 }
$a=25;
$b=12;
$resultat= moyenne($a, $b);
echo'$a='."$a"."<br>";
echo'$b='."$b"."<br>";
echo'$resultat='."$resultat"."<br>";
?>
```

Sortie :

```
$a= 25
$b= 12
$resultat= 18.5
```

L'appel par référence

Lors du passage de l'adresse (appel par référence), les adresses mémoire des paramètres courants de l'application sont passées à la fonction. De ce fait, la fonction peut modifier les valeurs des paramètres en répercutant ces modifications sur l'application. Si vous voulez passer des variables par référence, vous devez faire inscrire l'opérateur & devant les variables à passer en paramètres, comme cela est montré dans l'exemple ci-après.

▼ Listing 3.104 : *Script 04ex103.php3*

```php
<?
function moyenne($a, $b)    {
 $a= $a/2;
 $b= $b/2;
   return $a + $b;
 }
$a=25;
$b=12;
$resultat= moyenne(&$a, &$b);        // Passage des paramètres par référence
echo'$a='."$a"."<br>";
echo'$b='."$b"."<br>";
echo'$resultat='."$resultat"."<br>";
?>
```

Sortie :

```
$a= 12.5
$b= 6
$resultat= 18.5
La sortie du programme montre bien que les variables $a et $b du niveau de programme supérieur
➥ ont été effectivement modifiées.
```

L'appel récursif d'une fonction

Le langage PHP admet tout comme le langage C les appels de fonctions récursifs. La récursion consiste, pour une fonction, à s'appeler elle-même.

Cependant, le nombre d'appels d'une fonction par elle-même, c'est-à-dire la profondeur de récursion, doit être limité, afin d'éviter le risque de dépassement de mémoire.

Sortie du débogueur

```
080600 17:18:45  line=>9
resultat=>2
080600 17:18:45  line=>9
resultat=>6
080600 17:18:45  line=>9
resultat=>24
080600 17:18:45  line=>9
resultat=>120
080600 17:18:45  line=>9
resultat=>720
080600 17:18:45  line=>9
resultat=>5040
080600 17:18:45  line=>9
resultat=>40320
080600 17:18:45  line=>9
resultat=>362880
080600 17:18:45  line=>9
resultat=>3628800
080600 17:18:45  line=>9
resultat=>39916800
080600 17:18:45  line=>9
resultat=>479001600
080600 17:18:45  line=>9
resultat=>6227020800
080600 17:18:45  line=>9
resultat=>87178291200
```

```
080600 17:18:45  line=>9
resultat=>1307674368000
080600 17:18:45  line=>9
resultat=>20922789888000
080600 17:18:45  line=>9
resultat=>3.55687428096E+14
080600 17:18:45  line=>9
resultat=>6.402373705728E+15
```

Dans l'exemple ci-après, on calcule la factorielle d'un nombre récursivement. La factorielle est définie comme suit : N! = N*(N-1)*(N-2)* ... * 3*2*1.

Cette définition peut être également formulée sous forme de fonction récursive : N! = N* (N-)!.

Une fonction PHP récursive sera présentée comme suit :

▼ Listing 3.105 : *Script 04ex104.php3*

```
<?
include ("debug.php3");      //Liaison du débogueur
$deb = new debug;             // nouvel objet débogueur
function fac($n)  {
  global $deb;
  if ($n >1) {
 $resultat= fac($n-1)*$n;
 $line= __LINE__;$deb->log(compact("line","resultat","",""));
    return $resultat;       }
  else
    return 1;     }
  echo fac(18);
?>
```

Sortie :

```
6.402373705728E+15
```

Dans les récursions, il est important de définir une condition d'arrêt. Dans le cas présent, le calcul de la factorielle s'interrompt lorsque $n a atteint la valeur 1.

Pour permettre de suivre plus facilement le déroulement du calcul récursif, le débogueur (voir la section *Un débogueur simple*, page 181) a été lié. De même, une ligne de code correspondante a été ajoutée à la ligne 9 pour examiner la variable $resultat.

Liaison de fichiers par require et include

PHP connaît deux commandes différentes, à l'aide desquelles d'autres fichiers peuvent être liés à un script. La syntaxe de ces commandes est la suivante :

```
include (nomfichier);
require (nomfichier);
```

Les commandes `include()` et `require()` sont toutes deux utilisées pour insérer le fichier spécifié dans le script, à l'endroit où elles se trouvent.

Ces deux fonctions sont utilisées lorsque différents scripts présentent des portions de code identiques. Il peut s'agir de sections d'en-tête et de pages web, ou bien de bibliothèques comportant des fonctions régulièrement utilisées, qui sont alors enregistrées dans des fichiers à part, pour pouvoir être ensuite liées aux scripts qui ont besoin de les utiliser.

Les différences entre require() et include()

La principale différence entre `include()` et `require()` réside dans le fait que la commande ne peut être exécutée qu'une seule fois au début de l'analyse du script et que l'analyse du fichier à lier intervient avant celle du script principal.

Cette contrainte empêche d'utiliser `require()` à l'intérieur de boucles. Par ailleurs, le code PHP figurant dans des fichiers à lier avec `require()` doit être marqué en tant que tel à l'aide des balises PHP `<?` et `?>`.

Contrairement à `require()`, la commande `include()` peut également être utilisée dans des boucles. Le fichier à lier est alors chargé à plusieurs reprises.

Lorsque la commande `include()` est utilisée au sein d'une structure de commandes de niveau supérieur, par exemple une boucle, la commande doit être marquée par des accolades indiquant qu'il s'agit d'un bloc à part.

L'instruction return dans les fichiers liés

À l'intérieur d'un fichier lié par la commande `include()`, il est possible si nécessaire d'interrompre l'exécution du fichier lié et de revenir au script appelant, à l'aide de l'instruction `return`.

 Dans ce cas de figure, il n'est pas possible, sous PHP 3, de faire figurer l'instruction `return` au sein d'un bloc, hormis un bloc de fonction ; cette limitation est abolie sous PHP 4.

À la différence de PHP 3, sous PHP 4, `include()` est une fonction, qui peut donc retourner une valeur comme toute fonction. La valeur retournée doit être définie par `return()` dans le domaine de validité global du fichier lié. Elle est alors disponible dans le script appelant. Dans le cas où aucune valeur de retour n'a été définie, la valeur de retour par défaut est 1.

Il n'est plus possible sous PHP 4 d'utiliser l'instruction `return` au sein de fichiers liés à l'aide de la commande `require()`.

3.6.   Programmation orientée objet en PHP

Précisons-le dès à présent : le langage PHP n'est pas un langage orienté objet au sens strict. D'ailleurs, cela ne fait pas partie des projets des développeurs de ce langage. L'une des raisons est que PHP est un langage interprété qui ne se prêterait pas particulièrement bien à une implémentation objet. Malgré cela, PHP propose toute une série de constructions permettant d'apporter une touche d'objet aux scripts PHP.

La programmation orientée objet

La programmation orientée objet (POO) est apparue dans un contexte marqué d'une part par la volonté des concepteurs de langages de programmation d'améliorer les conditions du dialogue homme-machine, et d'autre part par la volonté de créer du code facile à maintenir et réutilisable.

Les premiers concepts orientés objet étaient déjà utilisés dans le langage de programmation SIMULA 67. Toute une série de langages de programmation ont suivi (parmi lesquels Modula-2, Oberon et Ada) pour concrétiser dans un processus quasi évolutionniste différents stades de l'orientation objet, Ce cheminement a abouti par la suite au langage Smalltalk-80, qui représentait pour la première fois une forme aboutie de la conception orientée objet.

Cependant, le développement des langages orientés objet ne s'est pas arrêté avec Smalltalk-80. De ce fait, il existe actuellement un certain nombre de langages de programmation orientés objet modernes et efficaces. Le langage C++ en est le représentant le plus connu, avec un statut de quasi-standard industriel.

Autre langage de programmation récent fortement orienté objet, le langage Java, qui est spécialement conçu pour les applications web. Cependant, contrairement au langage PHP, le langage Java est un vrai langage compilé, ce qui, comme nous l'avons indiqué plus haut, s'avère avantageux pour l'implémentation de langages orientés objet.

Les concepts de la programmation par objets

■ l'encapsulation ;
■ l'héritage ;
■ le polymorphisme.

Les concepts essentiels de la programmation orientée objet sont l'encapsulation, l'héritage et le polymorphisme. L'encapsulation désigne la combinaison des données et des méthodes (fonctions) à l'intérieur d'une structure de données unique et protégée des accès de l'extérieur.

Le concept d'héritage signifie que les classes sont rattachées de par leur définition à une hiérarchie de classes. Chaque classe enfant récupère l'ensemble du code et des données de la classe parent.

Le polymorphisme signifie qu'une fonction se voit attribuer le même nom, dans l'ensemble de la hiérarchie des objets, mais que la fonction elle-même fait l'objet de différentes implémentations dans chacune des classes au sein de la hiérarchie. Le type auquel appartient la valeur retournée ainsi que celui des paramètres de la méthode font partie intégrante du nom de la fonction, de sorte que la même fonction peut par exemple être appelée une fois avec des paramètres de type entier, et une autre fois avec des paramètres de type tableau.

Le langage PHP ne prend pas en charge le polymorphisme dans ce sens strict, dans la mesure où le type de la valeur retournée par une fonction et celui de ses paramètres ne sont pas déclarés.

Les classes et les objets

Les principaux concepts de la programmation par objets

- Classe : une classe constitue un modèle d'objet. Il comporte des variables chargées de décrire les propriétés de l'objet, ainsi que des méthodes chargées de définir son comportement. Les classes peuvent hériter des variables et des méthodes issues d'autres classes.
- Objet : il s'agit d'une instance d'une classe.
- Méthode : il s'agit d'un groupe d'instructions figurant dans une classe. Ces instructions sont chargées de définir le comportement des objets de cette classe.
- Variable de classe : il s'agit d'une variable décrivant un attribut correspondant à une classe complète plutôt qu'à une instance donnée d'une classe.
- Variable d'instance : il s'agit d'une variable décrivant un attribut correspondant à l'instance d'une classe.
- Sous-classe : il s'agit d'une classe située à un niveau inférieur de la hiérarchie des classes par rapport à une autre classe qui représente sa super-classe.
- Super-classe : il s'agit d'une classe située à un niveau supérieur de la hiérarchie des classes par rapport à une ou plusieurs autres classes. Une classe ne peut avoir qu'une super-classe au-dessus d'elle.

La programmation orientée objet (POO), qui s'inspire fortement des modalités de la résolution de problèmes dans le monde réel, se focalise sur les données et les opérations qu'il est possible de réaliser avec ces derniers.

La modélisation des objets censés représenter la réalité et leur abstraction donnent lieu à des classes constituant une description abstraite des objets.

La principale caractéristique de la programmation par objets est la possibilité pour une classe d'hériter des propriétés et des méthodes d'une autre classe.

Une classe représente la collection de toutes les propriétés et méthodes correspondant aux objets d'une classe. La classe désigne par là une représentation abstraite d'un objet réel. Les super-classes sont dégagées par abstraction à partir de comportements communs à plusieurs sous-classes.

À cette occasion, les données et les fonctions issues de la super-classe sont reprises dans la classe dérivée. Un objet de la sous-classe comporte un objet de la super-classe. Les autres données et fonctions peuvent être ajoutées à volonté.

Par ailleurs, les fonctions héritées de la super-classe peuvent être redéfinies. Elles écrasent alors la version plus générique.

3

PHP - Le langage de script universel pour le Web

Les structures objet en PHP

Les classes en PHP

Les classes sont définies en PHP par le mot-clé `class`. La définition de la classe est donc notée entre accolades. Il est possible de définir des variables de classe ou des propriétés à l'intérieur de la définition de la classe, en utilisant le mot-clé `var`.

La syntaxe des classes en PHP

```
class classname {
    var $x;    // Propriété1
    var $y;    // Propriété2
    ...
    function classname ( ) {
$this->x = valeur;
        ....
    }     // Fin constructeur

    function name ( ) {
$this->y = valeur1;
        ....
    }     // Fin méthode


}    // Fin classe
```

Les méthodes d'une classe, qui ne sont rien d'autre que des fonctions définies à l'intérieur d'une classe, sont définies à l'aide du mot-clé `function`.

Lorsqu'il est fait référence, au sein d'une méthode, à une variable de classe ou à une autre méthode appartenant à la même classe, cela passe par l'utilisation du mot-clé `this`.

Les constructeurs

Une méthode portant le nom de la classe est un constructeur. Cela signifie que cette méthode est automatiquement appelée lorsqu'une instance de la classe est créée. Les constructeurs sont normalement utilisés afin d'initialiser une instance d'une classe, c'est-à-dire afin de la doter des valeurs initiales appropriées.

Techniques de programmation orientée objet : introduction avec des objets graphiques

Nous vous proposons une introduction didactique aux techniques de la programmation orientée objet, à l'aide d'objets graphiques.

Pour créer des objets graphiques à l'aide de PHP, nous avons besoin de la bibliothèque graphique GD, dont il a déjà été question. Vous devez l'avoir intégrée sous forme d'extension PHP lors de l'installation de PHP. Comme il est question du comportement des classes et des objets dérivés, nous n'avons pas besoin pour l'instant de nous soucier des détails de la création d'images à l'aide de la bibliothèque GD. La bibliothèque GD fera l'objet d'un développement spécifique.

Dans l'exemple ci-après, nous définirons pour commencer une classe `field`. Cette classe a été conçue pour servir de classe de base pour l'affichage dans le navigateur d'objets graphiques simples, ce qui tiendra lieu en quelque sorte de terrain d'expérimentation pour différents essais sur les classes et les objets.

Tout d'abord, le mot-clé `var` définit différentes variables de classes : `$im` renvoie à la première image à générer, `$pointx` et `$pointy` sont des variables renvoyant à des coordonnées quelconques dans l'espace d'affichage. Les variables `$black`, `$white`, `$red` et `$orange` sont chargées de définir les couleurs.

La fonction `field()`, qui porte le même nom que la classe elle-même, est un constructeur. Elle est utilisée pour réaliser différentes initialisations.

Pour l'essentiel, ce script consiste à utiliser la fonction GD `ImageColorAllocate()` pour affecter à l'intérieur de cette fonction des valeurs colorimétriques aux variables de classe `$black`, `$white`, `$red` et `$mix`. Par ailleurs, l'espace d'affichage est rempli à l'aide de la couleur `$orange`.

▼ Listing **3.106** : *Extrait du script 04ex105.php3*

```
Header ("Content-type: image/png");
class field {
  var $im;
  var $pointx=0; var $pointy=0;
  var $black; var $white; var $red; var $orange;

  function field($img) {
$this->im = $img;
$this->black = imageColorAllocate($this->im, 0,0,0);
$this->white = imageColorAllocate($this->im, 255, 255, 255);
$this->red = imageColorAllocate($this->im, 255, 0, 0);
$this->orange = imageColorAllocate($this->im, 255, 200, 0);
    imagefill($this->im, 10,10,$this->orange);
  }
} // field...
```

Initialisation des instances de l'objet et appel des méthodes du nouvel objet

Pour pouvoir travailler avec la nouvelle classe, vous devez tout d'abord créer une nouvelle instance de la classe. Pour ce faire, il convient d'utiliser le mot-clé new.

Dans notre exemple, il s'agit de l'instance `$field1`, qui est dérivée de la classe `field`. La classe `field`, et par voie de conséquence l'instance qui en dérive, l'objet `$field`, ne comporte pas de méthode, abstraction faite du constructeur `field()`, qui est automatiquement appelé lors de l'instanciation et qui reçoit en paramètre un renvoi $image sur l'image à générer. De ce fait, l'objet $field1 ne peut faire l'objet d'aucune opération, à part être instancié.

```
$image = imageCreate(300, 300);
$field1 = new field($image);
```

Pour afficher le nouvel objet, la fonction GD ImagePNG() doit être appelée avec comme paramètre le renvoi vers l'image générée.

La fonction transmet alors l'image générée au navigateur. Après cela, la fonction GD imageDes-troy() vide à nouveau l'image du cache. Comme nous l'avons indiqué plus haut, il s'agit d'une fonction spécifique à la bibliothèque GD, qui n'a rien à voir avec le thème qui nous intéresse ici, à savoir les objets, et sur laquelle nous reviendrons plus en détail plus loin :

```
ImagePNG($image);
ImageDestroy($image);
?>
```

Vous pouvez à présent admirer dans la fenêtre de votre navigateur votre premier objet, généré par PHP pour l'affichage :

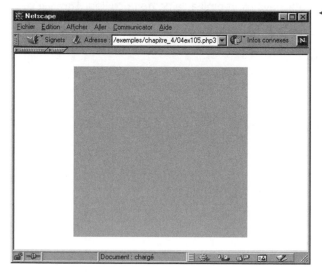

◀ Fig. 3.8 :
Affichage du premier objet PHP

L'héritage

Force est de reconnaître qu'il était possible de procéder plus simplement. Certes, si nous devions nous en arrêter là, avec ce rectangle de couleur, toute cette procédure serait en effet surdimen-sionnée.

Cependant, notre intention est de poursuivre notre projet et de réutiliser le code que nous avons créé jusqu'à présent. C'est là qu'intervient un concept essentiel de la programmation orientée objet : l'héritage.

Le principe de l'héritage

```
class nom1 {
var $valeur1;
...
}

class nom2 extends nom1 {
var $valeur2;
...
}
```

Il arrive souvent que l'on ait besoin d'une classe qui se comporte exactement comme une classe disponible, mais en l'assortissant de modifications adaptées à une nouvelle situation.

Le mot-clé **extends** permet de définir une classe identique à une autre classe existante et qu'il suffit de compléter des éléments requis. Les modifications qui sont apportées à cette occasion peuvent étendre une classe existante, c'est-à-dire ajouter de nouvelles variables et fonctions à une classe, ou remplacer des variables et des fonctions existant dans une classe.

Dans notre exemple, nous souhaitons ajouter un but à notre terrain de jeu. Ce but sera matérialisé par deux rectangles servant de poteaux. Pour ce faire, nous définissons une nouvelle classe baptisée **rect**. Cette nouvelle classe héritera de toutes les propriétés de la classe **field**, que nous avons précédemment créée.

```
...
class rect extends field { ...
```

La nouvelle classe doit comporter deux méthodes supplémentaires. La première de ces méthodes, la méthode **form()**, doit créer un rectangle noir symbolisant le poteau de la cage de but. Une méthode supplémentaire, la méthode **go()**, doit permettre le déplacement de ce poteau à une position quelconque du terrain de jeu.

▼ Listing **3.107** : *Extrait du script 04ex106.php3*

```
...
  function form() {
    imagefilledrectangle($this->im, $this->pointx, $this->pointy, $this->pointx+50, $this->pointy+50, $this->black);
    }
  function go($newx,$newy) {
$this->pointx=$newx;
$this->pointy=$newy;
$this->form();
    }
} // rect
...
```

Pour générer un objet appartenant à cette nouvelle classe, nous devons utiliser une nouvelle fois le mot-clé new, qui dérive une instance $rect1 à partir de la classe rect.

Puis la nouvelle méthode go() de l'objet $rect1 est appelée à deux reprises avec des coordonnées d'écran chaque fois différentes, afin de générer deux poteaux formant un but. Vous n'avez pas à vous soucier d'appeler la méthode form(), qui est chargée de générer les poteaux, puisque l'appel est réalisé par la méthode go().

Si vous examinez attentivement le code de la nouvelle classe rect, vous pouvez observer qu'elle ne comporte aucun constructeur. Ce n'est pas une obligation, car les classes dérivées appellent les constructeurs de la classe parent, dans le cas où les classes dérivées ne possèdent pas elles-mêmes de constructeurs.

Il s'agit là d'une nouvelle fonction de PHP 4. Si vous utilisez PHP 3, vous devez également coder un constructeur pour la classe rect. Ce constructeur sera chargé de l'initialisation à réaliser.

▼ Listing 3.108 : *Extrait du script 04ex106.php3*

```
...
$image = imageCreate(300, 300);
$rect1  = new rect($image);
$rect1->go(200,50);
$rect1->go(50,200);
ImagePNG($image);
ImageDestroy($image);

?>
```

Vous reconnaîtrez que le mécanisme d'héritage offert par la programmation objet vous a fait gagner une quantité de travail notable.

Voici donc le résultat de vos efforts, visualisé dans la fenêtre du navigateur :

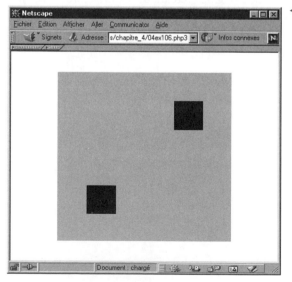

◀ Fig. 3.9 :
Une nouvelle classe chargée d'afficher les rectangles a été ajoutée à la hiérarchie des classes

Une question centrale en programmation objet : la redéfinition de méthodes

Là où il y a un but, le ballon ne devrait pas se trouver très loin. Il nous reste donc à étendre les classes existantes. Créons donc de la même manière que précédemment une nouvelle classe `ballon` et faisons-lui hériter de toutes les propriétés et méthodes de la classe `rect`.

La classe `ballon` doit comporter une méthode supplémentaire, qui représente une balle à l'aide d'un cercle plein. Comme nous avons l'intention de faire un tir au but, nous devrions disposer d'une méthode, permettant, de la même façon qu'avec les rectangles de la classe `rect`, de déplacer le ballon de la classe `ballon`.

Arrivés à ce point, nous devons introduire un autre concept central de la programmation orientée objet, la redéfinition de méthodes.

Comme nous disposons avec la méthode `go()` d'une méthode permettant de déplacer des objets graphiques, nous n'avons besoin que d'une nouvelle méthode `form()`, qui sera chargée de créer un cercle plein, à la place d'un rectangle.

Ce processus consistant à modifier la définition d'une méthode existant dans une classe parent est appelé redéfinition dans la terminologie de la programmation orientée objet. C'est d'ailleurs précisément ce qu'il nous faut ici. La nouvelle méthode `form()` est rapidement écrite à l'aide des fonctions GD `imagearc()` et `imagefilltoborder()` :

▼ Listing 3.109 : *Extrait du script 04ex107.php3*

```
...
class ballon extends rect {
    function form() {
    imagearc($this->im, $this->pointx, $this->pointy, 50, 50, 0, 360, $this->red);
    imagefilltoborder($this->im, $this->pointx, $this->pointy, $this->red, $this->red);
    }
} // ballon
...
```

Procédons comme nous l'avons déjà fait auparavant et dérivons une instance, par exemple `$ballon1`, à partir de la nouvelle classe `ballon`. L'appel de la méthode `go()` de cette classe, que la classe `ballon` a héritée de `rect`, devrait alors avoir une conséquence : l'appel par la méthode `go()` de la méthode `form()`, redéfinie dans la classe `ballon`, pour représenter des cercles à la place de rectangles.

La portion de code ci-après indique à nouveau comment un nouvel objet rectangulaire `$rect1` est créé et comment un but est créé par un double appel de sa méthode `go()`.

Puis l'instruction `$ballon1 = new ballon($image)` instancie un nouvel objet. Ensuite, les coordonnées d'écran `$x` et `$y` sont modifiées à l'intérieur d'une boucle `for`, depuis laquelle la méthode `go()` est appelée par la classe `ballon`, qui tire le but entre les poteaux.

Les appels des fonctions `ImagePNG()` et `ImageDestroy()` sont à nouveau spécifiques à la bibliothèque GD et servent à afficher l'image dans la fenêtre du navigateur ou à la supprimer du cache.

▼ Listing 3.110 : *Extrait du script 04ex107.php3*

```
...
$image = imageCreate(300, 300);
$rect1  = new rect($image);
$rect1->go(200,50);
$rect1->go(50,200);
$ballon1 = new ballon($image);
for($x=0,$y=0;$x<300,$y<300;$x+=50,$y+=50) {
  $ballon1->go($x,$y);
}
ImagePNG($image);
ImageDestroy($image);
...
```

Voilà, vous pouvez vérifier dans votre navigateur si le ballon se déplace effectivement et marque un but.

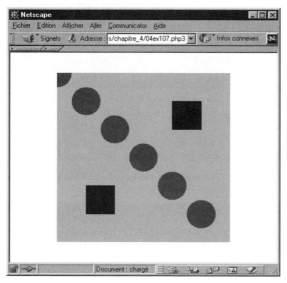

◀ Fig. 3.10 :
But !

Pour plus de clarté, nous reproduisons ci-après l'intégralité de ce script. Les techniques présentées ici à partir de la manipulation d'objets graphiques sont fondamentales pour le mode de programmation objet. La clarté qui les caractérise constitue une incitation à poursuivre le développement d'autres programmes.

Vous pouvez poursuivre, par exemple en modifiant l'angle de tir et en ajoutant un gardien de but.

▼ Listing 3.111 : *Script 04ex107.php3*

```
<?
Header ("Content-type: image/png");
```

```php
class field {
  var $im;
  var $pointx=0;
  var $pointy=0;
  var $black;
  var $white;
  var $red;
  var $orange;

  function field($img) {
$this->im = $img;
$this->black = imageColorAllocate($this->im, 0,0,0);
$this->white = imageColorAllocate($this->im, 255, 255, 255);
$this->red = imageColorAllocate($this->im, 255, 0, 0);
$this->green = imageColorAllocate($this->im, 0, 255, 0);
$this->orange = imageColorAllocate($this->im, 255, 200, 0);
    imagefill($this->im, 10,10,$this->orange);
    }
} // field

class rect extends field{

  function form() {
    imagefilledrectangle($this->im, $this->pointx, $this->pointy, $this->pointx+50, $this-
>pointy+50, $this->black);
    }

  function go($newx,$newy) {
$this->pointx=$newx;
$this->pointy=$newy;
$this->form();
    }
}  // rect

class ballon extends rect {
    function form() {
    imagearc($this->im, $this->pointx, $this->pointy, 50, 50, 0, 360, $this->red);
    imagefilltoborder($this->im, $this->pointx, $this->pointy, $this->red, $this->red);
    }
} // ballon


$image = imageCreate(300, 300);
$rect1  = new rect($image);
$rect1->go(200,50);
```

```
$rect1->go(50,200);
$ballon1 = new ballon($image);
for($x=0,$y=0;$x<300,$y<300;$x+=50,$y+=50) {
 $ballon1->go($x,$y);
}
ImagePNG($image);
ImageDestroy($image);


?>
```

Améliorations du concept de programmation objet dans le langage PHP4

> **Appel d'une fonction de classe en PHP 4**
>
> `instance::fonction_de_classe();`

Par rapport à PHP 3, PHP 4 améliore sensiblement la prise en charge de la programmation orientée objet. Par exemple, des fonctions de classe peuvent à présent être appelées par d'autres fonctions de classe ou encore à partir du domaine de validité global.

Dans le cas d'un constructeur d'une fonction de classe, une sous-classe peut également appeler le constructeur d'une super-classe.

L'exemple ci-après montre comment le constructeur de la classe parent `organisme_unicellulaire` est appelé dans la classe dérivée `organisme_pluricellulaire`. Lors de l'héritage de l'objet `organisme` à partir de la classe `organisme_pluricellulaire`, les constructeurs de la classe parent et de la classe enfant sont appelés, comme le texte en sortie le démontre.

▼ Listing 3.112 : *Script 04ex108.php3*

```
<?
class organisme_unicellulaire {
    function organisme_unicellulaire() {     //constructeur
        print "Voilà ce que je sais faire comme organisme unicellulaire<br>";
        }
};

 class organisme_pluricellulaire extends organisme_unicellulaire {

  function organisme_pluricellulaire() {     //constructeur
     organisme_unicellulaire::organisme_unicellulaire();
     print "Et voilà ce que j'ai appris en plus comme organisme pluricellulaire<br>";
  }
};
```

```
    $organisme = new organisme_pluricellulaire;
    ?>
```

Sortie :

```
Voilà ce que je sais faire comme organisme unicellulaire
Et voilà ce que j'ai appris en plus comme organisme pluricellulaire
```

L'exemple ci-après montre qu'une classe de fonction d'une classe peut également être appelée depuis le domaine de validité global.

Dans cet exemple, le constructeur de la classe `organisme_unicellulaire` est appelé la première fois lors de l'instanciation de la classe `organisme_pluricellulaire`, et une seconde fois, à l'extérieur d'une définition de classe, depuis le programme principal :

▼ Listing 3.113 : *Script 04ex109.php3*

```
<?
class organisme_unicellulaire {
   function organisme_unicellulaire() {    //constructeur
      print "Voilà ce que je sais faire comme organisme unicellulaire<br>";
      }
};
class organisme_pluricellulaire extends organisme_unicellulaire {
  function organisme_pluricellulaire() {    //constructeur
     organisme_unicellulaire::organisme_unicellulaire();
     print "Et voilà ce que j'ai appris en plus comme organisme pluricellulaire<br>";
  }
};
$organisme = new organisme_pluricellulaire;
organisme_unicellulaire::organisme_unicellulaire();
?>
```

Sortie :

```
Voilà ce que je sais faire comme organisme unicellulaire
Et voilà ce que j'ai appris en plus comme organisme pluricellulaire
Voilà ce que je sais faire comme organisme unicellulaire
```

Un autre exemple montre comment la redéfinition d'une fonction peut intervenir plus efficacement en utilisant les nouvelles possibilités.

Dans un premier temps, la fonction de la classe parent est appelée dans la fonction de la classe enfant, qui vient d'être définie, après quoi elle est complétée. De cette manière, le code de la classe parent susceptible d'être réutilisé peut être utilisé même lors de sa redéfinition dans la classe enfant, où il doit uniquement être complété.

3

PHP - Le langage de script universel pour le Web

▼ Listing 3.114 : *Script 04ex110.php3*

```php
<?
class  organisme_unicellulaire {
  function organisme_unicellulaire() {    //constructeur
      echo "Initialisation de organisme_unicellulaire<br>";
      }
  function multiplication($valeur) {
 $valeur++;
     return($valeur);
  }
}
class organisme_pluricellulaire extends  organisme_unicellulaire {
  function organisme_pluricellulaire() {    //constructeur
     organisme_unicellulaire::organisme_unicellulaire();
     echo "Initialisation de organisme_pluricellulaire<br>";
  }
  function multiplication($valeur) {
 $valeur =  organisme_unicellulaire::multiplication($valeur);
 $valeur=$valeur*$valeur;
     return($valeur);
   }
}
$organisme1 = new organisme_unicellulaire();
echo $organisme1->multiplication(10);
echo "<br><br>";
$organisme2 = new organisme_pluricellulaire();
echo $organisme2->multiplication(10);
echo "<br>";
echo "<br>classe : ";
echo get_class($organisme2);
echo "<br>classe parent : ";
echo get_parent_class($organisme2);

?>
```

Sortie :

```
Initialisation de organisme_unicellulaire
11

Initialisation de organisme_unicellulaire
Initialisation de organisme_pluricellulaire
121

classe : organisme_pluricellulaire
classe parent : organisme_unicellulaire
```

Les informations méta sur les classes et les objets

Les informations méta sur les classes et les objets

- `get_class()` Détermination de la classe d'un objet.
- `get_parent_class()` Détermination des super-classes d'un objet.
- `method_exists()` Détermination de la présence d'une méthode dans un objet.
- `class_exists()` Détermination de la présence d'une définition de classe.
- `is_subclass_of()` Vérifie si une classe donnée est une sous-classe d'une autre classe.
- `get_class_methods()` Retourne les méthodes d'une classe dans un tableau.
- `get_declared_classes()` Retourne les classes déclarées dans un tableau.
- `get_class_vars()` Retourne les variables de classe dans un tableau.
- `get_object_vars()` Retourne les variables d'objet dans un tableau.

Les informations que l'on peut obtenir lors de l'exécution d'un script, à propos d'une classe ou d'une instance de laquelle elle est dérivée, sont désignées sous le nom d'informations méta.

En font partie par exemple le nom des classes d'objet, le nom de toutes les super-classes et sous-classes ainsi que le nom des méthodes d'une classe.

La liste récapitule les fonctions PHP 4 chargées de déterminer les informations méta se rapportant aux classes et aux objets lors de l'exécution d'un script.

Prenons par exemple les définitions des classes de l'exemple précédent : les fonctions `get_class()`, `get_parent_class()` et `get_class_methods()` permettent d'établir les informations suivantes sur l'objet `$organisme2` ou sur la classe `organisme_pluricellulaire`.

▼ Listing 3.115 : *Script 04ex111.php3*

```
<?
class  organisme_unicellulaire {
...
}
class organisme_pluricellulaire extends  organisme_unicellulaire {
...
}
$organisme1 = new organisme_unicellulaire();
$organisme2 = new organisme_pluricellulaire();
echo "<br>classe : ";
echo get_class($organisme2);
echo "<br>classe parent : ";
echo get_parent_class($organisme2);
echo "<br>";
$class = "organisme_pluricellulaire";
echo "<br><u>Méthodes de la classe $class : </u>";
$arr=get_class_methods("organisme_pluricellulaire");
foreach ($arr as $elem) {
```

```
 echo "<br>$elem";
}?>
```

Sortie :

```
classe : organisme_pluricellulaire
classe parent : organisme_unicellulaire

Méthodes de la classe organisme_pluricellulaire :
organisme_unicellulaire
multiplication
organisme_pluricellulaire
```

La sortie affichée par cet exemple montre que les objets de la classe organisme_pluricellulaire disposent en tout de trois méthodes : les constructeurs organisme_unicellulaire() et organisme_pluricellulaire() ainsi que la méthode multiplication().

Le constructeur organisme_unicellulaire() est hérité de la classe parent constructeurs organisme_unicellulaire. La fonction get_declared_classes() peut être utilisée pour déterminer les classes déclarées dans un script.

▼ Listing 3.116 : *Script 04ex112.php3*

```
<?
class  organisme_unicellulaire {
  function organisme_unicellulaire() {    //constructeur
      echo "Initialisation de organisme_unicellulaire<br>";
      }
  function multiplication($valeur) {
 $valeur++;
    return($valeur);   }
}
class organisme_pluricellulaire extends  organisme_unicellulaire {
  function organisme_pluricellulaire() {    //constructeur
    organisme_unicellulaire::organisme_unicellulaire();
    echo "Initialisation de organisme_pluricellulaire<br>";
  }
  function multiplication($valeur) {
 $valeur =  organisme_unicellulaire::multiplication($valeur);
 $valeur=$valeur*$valeur;
    return($valeur);     }
}
echo "<p><u>Classes déclarées :</u>";
$arr=get_declared_classes();
foreach ($arr as $elem) {
 echo "$elem, ";
}
?>
```

Sortie :

```
Classes déclarées :stdClass, OverloadedTestClass, Directory, COM,
organisme_unicellulaire, organisme_pluricellulaire,
```

Vous pouvez observer que PHP a déclaré, en plus des classes organisme_unicellulaire et organisme_pluricellulaire, les classes stdClass, OverloadedTestClass, Directory et COM.

Les fonctions get_class_vars() et get_object_vars() permettent de retourner les variables de classe d'une classe ou les variables d'objet d'un objet. L'exemple suivant illustre l'utilisation de ces fonctions :

▼ Listing 3.117 : *Script 04ex113.php3*

```
<?
class  ClasseTest {
   var $pi="poo";
   var $pa="hoo";
   var $po="foo";
}
echo "Variables de classe : ";
$arr=get_class_vars("ClasseTest");
foreach ($arr as $elem) {
   echo "$elem, ";
}
echo "<br>";
$obj1= new ClasseTest;
$obj1->pi="1";
$obj1->pa="2";
$obj1->po="3";
echo "Variables d'objet : ";
$arr=get_object_vars($obj1);
foreach ($arr as $elem) {
 echo "$elem, ";
} ?>
```

Sortie :

```
Variables de classe : poo, hoo, foo,
Variables d'objet: 1, 2, 3,
```

Les objets PHP sont des tableaux associatifs

PHP traite les objets en interne comme des tableaux associatifs, autrement dit des tables de hachage. En cela, le langage PHP se démarque d'autres langages de programmation orientés objet, dans lesquels les objets sont réalisés sous forme de **records** (Pascal) ou de **structures** (C).

▼ Listing 3.118 : *Script 04ex114.php3*

```
<?
class ClasseTest {
  var $col ="#0000E0";
  var $txt ="Salut PHP";
  var $ft ="Arial";
  function ClasseTest() {
        echo "<FONT FACE=\"$this->ft\" COLOR=\"$this->col\">$this->txt</FONT><br>";
  }
};

$obj= new ClasseTest;
reset($obj);
foreach ($obj as $key=>$elem) {
    echo "$key=>$elem<br>";
}
?>
```

Sortie :

```
Salut PHP
col=>#0000E0
txt=>Salut PHP
ft=>Arial
```

Les noms des variables de la classe `ClasseTest` peuvent être conçus comme des mots-clés et les valeurs des variables de classe comme les éléments d'un tableau associatif correspondant portant le nom d'une instance de cette classe, en l'occurrence `$obj`. C'est en cette qualité qu'ils sont édités par l'entremise d'une boucle `foreach`.

3.7. Le débogage en PHP

Le débogage consiste à traquer les erreurs (les bogues) qui se sont glissées dans un programme. Le terme anglais *bug* date de l'époque où les calculateurs étaient équipés de relais, entre les contacts desquels une punaise pouvait se glisser, occasionnant des erreurs de calcul.

La recherche des erreurs subsistant dans un script étant une opération souvent plus fastidieuse que celle de la réalisation du script, des utilitaires de débogage puissants et efficaces s'avèrent indispensables dans le développement de scripts.

Pour qui est accoutumé à utiliser des débogueurs interactifs, avec des environnements de développements modernes conçus pour la plate-forme Windows, les possibilités offertes par le langage PHP ont de quoi décevoir. En effet, PHP n'est qu'un langage de script et pas encore un environnement de développement complet pour les applications web. Cependant, rien ne dit que la situation actuelle doive durer.

Le langage PHP propose néanmoins quelques outils de recherche et de gestion d'erreurs, comme nous le verrons ci-après.

Le concept d'erreur en PHP

Les types d'erreurs de PHP

- Erreur (1)E_ERROR
- Alerte (2)E_WARNING
- Erreur d'analyse (3)E_PARSE
- Notes (4) E_NOTICE

PHP distingue 4 types d'erreurs, auxquelles différentes valeurs de bit sont affectées. La somme de ces valeurs de bits donne un niveau d'erreur.

Lorsqu'un script comporte des erreurs, les messages correspondants sont édités dans la fenêtre du navigateur, lorsqu'un niveau d'erreur prédéfini a été atteint. Cette définition est effectuée dans le fichier de configuration *php.ini* à l'aide de l'option `error_reporting = valeur`. Par défaut, cette option est fixée à 7, de sorte que toutes les erreurs sont affichées, à l'exception des notes. Des constantes prédéfinies correspondent en interne à ces types d'erreurs, les valeurs étant représentées par les valeurs de bit correspondantes.

Les erreurs du noyau de PHP

- erreur du noyau du langage PHP (16) (E_CORE_ERROR) ;
- alerte du noyau du langage PHP (32) (E_CORE_WARNING).

Parallèlement à cela, PHP distingue des erreurs du noyau.

La valeur de `error_reporting` , qui est prédéfinie dans le fichier *php.ini*, peut être modifiée lors de l'exécution du script, à l'aide de la fonction de même nom `error_reporting(int level)`. De ce fait, les erreurs signalées par le noyau du langage PHP peuvent également être affichées.

Stratégies simples de recherche d'erreur

S'agissant des erreurs de syntaxe détectées par PHP et signalées en fonction des types d'erreurs dont il vient d'être question, accompagnées du numéro de ligne correspondant, vous pouvez généralement les corriger directement.

La situation est plus délicate pour les portions de code qui, bien qu'étant syntaxiquement correctes, donnent lieu à des erreurs logiques ou à des erreurs au moment de l'exécution.

L'examen des variables pendant l'exécution

Fonctions d'interrogation de l'état des variables

- empty()La variable est-elle "vide" ?
- gettype()Identifie le type de donnée

PHP - Le langage de script universel pour le Web

3

- is_array()La variable est-elle un tableau ?
- is_double()Type de donnée double ?
- is_float()Type de donnée float ?
- is_int()Type de donnée integer ?
- is_object()Type de donnée object ?
- is_real()Type de donnée real ?
- is_string()Type de donnée string ?
- isset()La variable est-elle définie ?

Le moyen le plus simple de détecter les erreurs logiques qui se sont glissées dans un script consiste à décommenter systématiquement les portions de code susceptibles de contenir des erreurs, en insérant un caractère de commentaire au début des lignes en question. Cette approche vous permet de circonscrire l'erreur de manière systématique.

Il est nécessaire pour cela d'examiner individuellement certaines variables figurant à différents endroits du script pendant l'exécution de ce dernier.

Pour ce faire, vous pouvez utiliser la commande echo(), en affichant dans la fenêtre du navigateur les contenus des variables suspectes. Il arrive souvent que soient intéressantes non seulement la valeur courante des variables, mais aussi d'autres informations sur les variables, pour l'interrogation desquelles le langage PHP propose toute une série de fonctions.

Afin de centraliser l'activation et la désactivation de l'affichage des informations de débogage, en fonction des besoins, il convient d'introduire une variable correspondante, en particulier dans les projets importants. Ce peut être la variable $debug, dont l'état est contrôlé avant chaque affichage de contrôle, comme dans l'exemple ci-après.

▼ Listing 3.119 : *Script 04ex115.php3*

```
<?   // Etat du débogage
 $debug = TRUE;              // Activation de l'affichage de contrôle
                              // en vue du débogage
     // $debug = FALSE;
for($i=0,$j=10; $i<10,$j>0; $i++,$j--) {
    if ($debug)    { echo "i : ", $i," ";     echo "j : ", $j," "; }
 $resultat= sqrt($i *$j);
    if ($debug)    { echo "Résultat : ", $resultat, "<br>"; }
 }
?>
```

Gestion des erreurs se produisant lors de l'exécution

Les erreurs qui se produisent lors de l'exécution du script (runtime) s'avèrent particulièrement critiques : elles doivent en effet être interceptées par des routines de gestion d'erreurs appropriées. Il s'agit en fait plus d'une question de qualité du style de programmation que de débogage.

> **Les commandes destinées à arrêter l'exécution d'un script**
>
> ■ exit
> ■ die()

Il existe un moyen simple de réagir à des erreurs se produisant lors de l'exécution, qui consiste à interrompre l'exécution du script de manière contrôlée.

Le langage PHP dispose pour cela des commandes `exit` et `die()`. Alors que la commande `exit` interrompt immédiatement l'exécution du script, la commande `die()` envoie un message au navigateur qui l'affiche, avant l'arrêt de l'exécution.

Dans le cas où, dans l'exemple suivant, le fichier référencé par `$file` n'est pas retrouvé, l'exécution du script est interrompue, après l'affichage d'un message correspondant.

▼ **Listing 3.120** : *Script 04ex116.php3*

```
<?
$file = "/usr/local/apache/htdocs/donnees.txt";
$fp = fopen ($file, "r") or die ("Fichier introuvable : $file");
$dat= fread ($fp, filesize($file));
fclose($fp);
?>
```

Un débogueur simple

L'un des inconvénients de l'utilisation des commandes `echo()` pour examiner les variables est que cela interfère sur la structure de la page dans le navigateur.

Nous montrerons ci-après comment réaliser un débogueur simple avec les moyens du bord fournis par PHP. Ce débogueur écrira dans un fichier les données en sortie et pourra ainsi être employé sans que l'utilisateur appelant la page s'en rende compte, même en production.

La classe debug

Le cœur de la classe **debug** est constitué de la méthode `log()`, chargée d'ouvrir un fichier journal et d'y inscrire différentes informations de débogage.

Pour ce faire, la méthode utilise les fonctions fournies PHP d'ouverture, d'écriture et de fermeture de fichiers (reportez-vous à ce sujet à la section *PHP et le système de fichiers*, page 184). L'information de débogage est passée en paramètre à la méthode, par l'intermédiaire du tableau associatif `$arr`.

▼ **Listing 3.121** : *Script debug.php3*

```
<?
class debug {
   var $log_file = "/usr/local/apache/htdocs/dlog.txt";
   function log($arr) {
```

3

PHP - Le langage de script universel pour le Web

```
$fp = fopen ($this->log_file, "a+");
    fputs($fp, date("dmy H:i:s "));
    foreach ($arr as $key=>$elem) {
        fputs($fp, $key."=>".$elem."\n");
        }
    fclose($fp);
    }
}
?>
```

Mise en œuvre du débogueur

Pour utiliser le débogueur, vous devez tout d'abord inclure dans le script à déboguer la classe de débogueur **debug.php3**, à l'aide de la méthode **include()**. Après cela, vous devez créer une nouvelle instance dérivée à l'aide du mot-clé **new** :

```
include ("debug.php3");
$deb = new debug;
```

Cela étant fait, ajoutez à votre script la ligne ci-après, à tous les endroits où vous souhaitez examiner des variables :

```
$line= __LINE__;$deb->log(compact("line","","",""));
```

L'élément essentiel de cette ligne est la fonction **compact()**, qui lit les variables passées en paramètres sous la forme de noms de variables (en omettant le **$**) dans un tableau associatif avec le nom des variables comme clé et les valeurs comme éléments du tableau.

Ce tableau est ensuite passé en paramètre à la méthode **log()** de l'instance **$deb** de la classe **debug**. De la même façon, l'information sur le numéro de la ligne à examiner est passée en paramètre par l'intermédiaire de la variable **$line**.

Si l'on veut examiner par exemple les variables **$valeur1** et **$valeur2**, il suffit de compléter les chaînes vides de la ligne insérée par les noms de variables correspondants, sans les faire précéder du signe **$**. Cela donne par exemple :

```
$line= __LINE__;$deb->log(compact("line","valeur1","valeur2",""));
```

Dans le cas où vous voudriez examiner d'autres variables à cet endroit, vous pouvez ajouter d'autres noms de variables à l'expression précédente.

L'exemple ci-après montre un cas d'application réaliste du débogueur :

▼ Listing **3.122** : *Script 04ex117.php3*

```
<?
include ("debug.php3");
$deb = new debug;
$valeur1=100;
$line= __LINE__;$deb->log(compact("line","valeur1","",""));
$valeur2=23;
```

```
$valeur3=66;
$line= __LINE__;$deb->log(compact("line","valeur1","valeur2","valeur3"));
$test="Salut PHP";
$line= __LINE__;$deb->log(compact("line","test","",""));
for ($i=1;$i<10;$i++) {
 $ii=$i*$i;
 $iii=$i*$i*$i;
 $line= __LINE__;$deb->log(compact("line","i","ii","iii"));
  }
?>
```

Le texte inscrit en sortie dans le fichier journal vous permet à présent d'examiner le déroulement du programme et les valeurs des variables que vous avez sélectionnées, aux points d'examen que vous avez définis. Avantage : l'affichage dans la fenêtre du navigateur reste intact.

Sortie du débogueur

```
090600 14:04:05   line=>5
w1=>100
090600 14:04:05   line=>8
w1=>100
w2=>23
w3=>66
090600 14:04:05   line=>10
test=>Salut PHP
090600 14:04:05   line=>14
i=>1
ii=>1
iii=>1
090600 14:04:05   line=>14
i=>2
ii=>4
iii=>8
090600 14:04:05   line=>14
i=>3
ii=>9
iii=>27
090600 14:04:05   line=>14
i=>4
ii=>16
iii=>64
```

PHP - Le langage de script universel pour le Web

3

```
090600 14:04:05    line=>14
i=>5
ii=>25
iii=>125
...
```

Bien entendu, ce petit débogueur, qui peut s'avérer utile pour détecter des erreurs, ne constitue qu'une première approche et devrait vous encourager à poursuivre vos propres développements.

Pour y parvenir, vous pourriez commencer par exemple par définir des options de sortie des variables globales ainsi que des variables GET/POST et cookie. Une autre possibilité d'extension du débogueur serait d'afficher le type des variables à examiner.

3.8.   PHP et le système de fichiers

L'un des avantages incontestables de PHP réside dans la prise en charge de l'accès au système de fichiers du système d'exploitation du serveur, cet accès se faisant par l'intermédiaire d'un grand nombre de fonctions.

À cet égard, selon le mode d'installation de PHP (comme module Apache ou comme programme CGI), les possibilités d'accès au système de fichiers du serveur sont uniquement réglementées par les différents droits d'accès accordés au propriétaire, à son groupe et aux autres utilisateurs ainsi que par les limitations d'accès du serveur web.

Pour l'administration d'un serveur, cela signifie tout d'abord qu'en raison des possibilités d'accès au système de fichiers l'utilisation de PHP peut signifier très rapidement un risque de sécurité non négligeable, pour peu que l'on ait fait l'impasse sur les précautions à prendre et sur la définition des droits d'accès correspondants.

Du côté du client en revanche, PHP se démarque du langage de script JavaScript. En effet, l'appel d'une page nécessitant PHP ne comporte aucun risque en matière de sécurité, PHP étant dépourvu de mécanismes d'accès au système de fichiers du client.

Les opérations élémentaires sur les fichiers en PHP

Les opérations élémentaires sur les fichiers pris en charge par PHP concernent l'ouverture, la création, la suppression, la copie, la lecture et l'écriture de fichiers. Ces opérations peuvent intervenir en mode binaire comme en mode ASCII. Elles concernent également différentes fonctions auxiliaires en rapport avec ces opérations, telles que le déplacement du pointeur de fichier ou le test de fin de fichier.

Le tableau ci-après récapitule les fonctions de fichiers prises en charge par PHP. Dans la colonne *Exemple* de ce tableau, $fp signifie toujours un identificateur de fichier, c'est-à-dire un renvoi vers un fichier existant, créé à l'aide de la fonction fopen().

▼ Tab. 3.34 : **Les fonctions PHP d'opérations élémentaires sur les fichiers**

Fonction	Exemple	Description
copy	copy($source, $destination)	Copie un fichier.
fclose	fclose($fp)	Ferme un fichier ouvert.
feof	feof($fp)	Vérifie si le pointeur de fichier se trouve à la fin d'un fichier.
fgetc	fgetc($fp)	Lit un caractère d'un fichier.
fgetcsv	$ arr = fgetcsv($fp, $len, ",")	Lit une ligne d'un fichier, la scinde à l'aide d'un séparateur et retourne le résultat à un tableau.
fgets	fgets($fp, $maxlenght)	Lit une ligne d'un fichier.
fgetss	fgetss($fp, $maxlenght)	Lit une ligne d'un fichier et supprime les balises HTML.
file	file("filename")	Lit entièrement un fichier contenu dans un tableau.
flock	flock($fp, $op)	Verrouille un fichier. $op admet les valeurs ci-après : 1 : distribué, en lecture seule, 2 : en écriture seule, 3 : déverrouille le fichier, 4 : accès autorisés pendant que le verrou est posé.
fopen	$fp=fopen("filename", $mode)	Ouvre un fichier et retourne un identificateur de fichier.
fpassthru	fpassthru($fp)	Retourne la totalité du contenu d'un fichier.
fputs	fputs($fp, $str)	Correspond à fwrite.
fread	fread($fp, $length)	Lit un nombre donné ($length) d'octets à partir d'un fichier.
fseek	fseek($fp, $offset)	Fait avancer ou reculer le pointeur de fichier de $offset.
ftell	ftell($fp)	Retourne la position courante du pointeur de fichiers.
fwrite	fwrite($fp, $str)	Écrit une chaîne de caractères $str dans un fichier.
readfile	readfile("filename")	Lit un fichier et retourne son contenu.
rename	rename("ancien", "nouveau")	Renomme un fichier.
rewind	rewind($fp)	Place le pointeur de fichier au début d'un fichier.
tempnam	$name = tempnam("/tmpdir", "prefix")	Retourne un nom de fichier univoque temporaire.
unlink	unlink("filename")	Efface un fichier.

L'accès à un fichier intervient toujours par l'intermédiaire d'un identificateur de fichier, c'est-à-dire un renvoi vers le fichier correspondant. Cet identificateur de fichier, qui est créé par exemple à l'aide de la fonction fopen(), est requis comme paramètre par la plupart des autres fonctions de fichiers PHP.

3

PHP - Le langage de script universel pour le Web

La principale fonction en relation avec le système de fichiers est la fonction `fopen()`, dont il vient d'être question.

Cette fonction ouvre un fichier en fonction du mode (lecture ou écriture ou bien lecture et écriture) et crée l'identificateur de fichier requis pour les opérations ultérieures.

Le fichier peut être enregistré sur votre propre serveur ou sur un autre serveur. Lorsqu'une URL valide est indiquée à la place du nom du fichier, la connexion HTTP ou FTP correspondante est établie.

Les différents modes, avec lesquels un fichier peut être ouvert, sont récapitulés ci-contre.

Les modes des opérations sur les fichiers

- "r" Ouvre un fichier en lecture seule.
- "r+" Ouvre un fichier en lecture et en écriture.
- "w" Ouvre un fichier en écriture seule.
- "w+" Ouvre le fichier en lecture et en écriture en supprimant son contenu. Dans le cas où le fichier n'existe pas, il est créé.
- "a" Ouvre le fichier en écriture seule et place le pointeur de fichier à la fin du fichier. Dans le cas où le fichier n'existe pas, il est créé.
- "a+" Ouvre le fichier en lecture et en écriture et place le pointeur de fichier à la fin du fichier. Dans le cas où le fichier n'existe pas, il est créé.
- Chacun des modes précédents doit être précédé d'un b, lorsque les fichiers à traiter sont des fichiers binaires, par exemple : br+, ba+, bw+, etc.

La fonction `fclose()` referme un fichier qui avait été ouvert par la fonction `fopen()`.

▼ Listing **3.123** : *Script 04ex118.php3*

```php
<?
$path="/usr/local/apache/htdocs/donnees.txt";
$mode="w";
if ( $fp=fopen( $path, $mode) )   {
    echo "Le fichier a été ouvert";
    /* Différentes opérations utilisant l'identificateur de
    fichier peuvent figurer ici. */
    }
else
    echo "Fichier impossible à ouvrir";
if ( fclose( $fp ) )
    echo " et a été refermé";
?>
```

Sortie :

```
Le fichier a été ouvert et a été refermé
```

Dans cet exemple, nous aurions également pu remplacer le chemin indiqué par une URL valide, telle que :

```
$fp=fopen( "http://www.monsite.fr", "r") )   {
```

La fonction `fgetc()` lit un caractère unique dans un fichier ouvert à l'aide de `fopen()`, `fsocko-pen()` ou `popen()`. Lorsque la fin du fichier est atteinte, `FALSE` est retourné.

Dans l'exemple suivant, cette fonction est utilisée pour lire tous les caractères d'un fichier. La fonction `fgetc()` est appelée à l'intérieur d'une boucle jusqu'à ce que la fin du fichier soit atteinte. Le contrôle de la fin de fichier est réalisé par la fonction `feof()`, qui retourne dans ce cas `TRUE`.

▼ Listing 3.124 : *Script 04ex119.php3*

```
<?
$path="/usr/local/apache/htdocs/donnees.txt";
$mode="r";
if ($fp=fopen($path,$mode)) {
    echo "Le fichier a été ouvert, ses données ont été lues<br><br>";
    while (!feof ($fp) )   {
 $chr=fgetc($fp);
        echo $chr;
    }
  }
else
    echo "Fichier impossible à ouvrir";
if (fclose($fp))
    echo "<br>et il a été refermé";
?>
```

Contrairement à la fonction `fgetc()`, la fonction `fgets()` lit une ligne entière dans un fichier ouvert à l'aide de `fopen()`,`fsockopen()` ou `popen()`.

Si une erreur se présente, la fonction retourne `FALSE`. Une ligne se termine soit par un saut de ligne soit à l'issue d'un nombre de caractères spécifié par le paramètre `$length`.

Dans l'exemple ci-après, cette fonction est utilisée à l'intérieur d'une boucle `while` pour lire ligne par ligne la totalité d'un fichier et pour l'afficher dans la fenêtre du navigateur.

▼ Listing 3.125 : *Script 04ex120.php3*

```
<?
$path="/usr/local/apache/htdocs/donnees.txt";
$mode="r";
if ($fp=fopen($path,$mode)) {
    echo "Le fichier a été ouvert, ses données ont été lues<br><br>";
    while ($str= fgets($fp, 100)) {
        echo $str,"<br>";
        }
    }
```

```
else
    echo "Fichier impossible à ouvrir";
if (fclose($fp))
    echo "<br>et il a été refermé";
?>
```

Sortie :

```
Le fichier a été ouvert, ses données ont été lues

101 Alpha Bravo
102 Charlie Delta
103 Echo Foxtrot

et il a été refermé
```

La fonction `fwrite()` écrit une chaîne de caractères dans un fichier ouvert à l'aide de `fopen()`, `fsockopen()` ou `popen()`.

Le processus d'écriture s'achève lorsque la chaîne de caractères a été complètement écrite, ou bien auparavant, lorsque la valeur optionnelle précisant le nombre maximal de caractères à écrire a été atteinte.

Dans l'exemple ci-après, cette fonction est utilisée pour écrire la chaîne de caractères `$str` dans un fichier, qui a été précédemment ouvert en écriture à l'aide de la fonction `fopen()`. Comme cet exemple fait appel au mode "w+", le fichier est créé, dans le cas où il n'existe pas. Pour ce faire, le répertoire où l'écriture dans le fichier doit intervenir doit être défini avec les droits d'accès correspondants.

▼ Listing 3.126 : *Script 04ex121.php3*

```
<?
$path="/usr/local/apache/htdocs/donnees.bin";
$mode="w+";
$str= "Lorem ipsum, Dolor sit amet, consectetuer adipiscing elit, sed diam nonummy nibh euismod
➥ tincidunt ut laoreet dolore magna aliquam erat volutpat. Ut wisi enim ad minim veniam, quis
➥ nostrud exerci tation ullamcorper suscipit lobortis nisl ut aliquip ex ea commodo consequat.
➥ Duis autem vel eum iriure dolor in hendrerit in vulputate velit esse molestie consequat,
➥ vel illum dolore eu feugiat nulla facilisis at vero eros et accumsan et iusto odio dignissim
➥ qui blandit praesent luptatum zzril delenit augue duis dolore te feugait nulla facilisi.";
if ($fp=fopen($path,$mode)) {
    fwrite($fp,$str);
    }
else
    echo "Fichier impossible à ouvrir";
fclose($fp);
?>
fwrite($fp, "Voilà le texte qui a été écrit dans le fichier");
fclose($fp);
```

À présent, le fichier créé dans l'exemple précédent doit à nouveau être lu et être affiché dans la fenêtre du navigateur, ce qui sera fait par la fonction `readfile()`.

Cette fonction lit un fichier et affiche son contenu directement dans la fenêtre du navigateur. En plus de cela, une instruction supplémentaire affiche la taille du fichier en octets. Dans le cas où une URL a été spécifiée, le lien correspondant est établi.

▼ Listing 3.127 : *Script 04ex122.php3*

```
<?
$path="/usr/local/apache/htdocs/donnees.bin";
if ($size= $size=readfile($path))
  echo "<br>Taille du fichier lu : ",$size," octets";
else
 echo "Fichier impossible à ouvrir";
?>
```

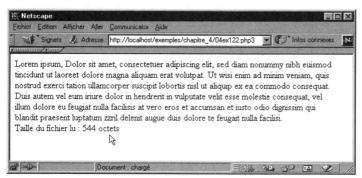

▲ Fig. 3.11 : *La fonction readfile() affiche le contenu d'un fichier lu dans la fenêtre du navigateur*

Informations sur les fichiers, les répertoires et les droits d'accès

Pour qu'il soit possible de travailler avec le système de fichiers, il est généralement nécessaire de disposer d'informations sur les fichiers et les répertoires qui en font partie.

Le droit d'accès à un répertoire ou à un fichier représente une information importante. D'autres informations peuvent concerner le propriétaire du fichier, l'appartenance à un groupe ou la taille d'un fichier. Le langage PHP propose pour cela toute une série de fonctions, qui sont récapitulées ci-après.

▼ Tab. 3.35 : **Informations sur les fichiers, les répertoires et les droits d'accès**

Fonction	Exemple	Description
basename	basename($path)	Retourne le nom de fichier d'un chemin $path.
clearstatcache	clearstatcache()	Vide le cache des statistiques sur les fichiers.
diskfreespace	diskfreespace($dir)	Retourne l'espace disque disponible dans un répertoire $dir.

▼ Tab. 3.35 : Informations sur les fichiers, les répertoires et les droits d'accès

Fonction	Exemple	Description
file_exists	file_exists("filename")	Vérifie l'existence d'un fichier.
fileatime	fileatime("filename")	Retourne l'heure et la date du dernier accès à un fichier.
filectime	filectime("filename")	Retourne l'heure et la date de la création d'un fichier.
filegroup	filegroup("filename")	Retourne le groupe auquel appartient le propriétaire du fichier.
fileinode	fileinode("filename")	Retourne le numéro d'inode d'un fichier.
filemtime	filemtime("filename")	Retourne la date et l'heure de la dernière modification du fichier.
fileowner	fileowner("filename")	Retourne le propriétaire du fichier.
fileperms	fileperms("filename")	Retourne les droits d'accès du fichier.
filesize	filesize("filename")	Retourne la taille du fichier.
filetype	filetype("filename")	Retourne le type du fichier.
is_dir	is_dir("filename")	Vérifie s'il s'agit d'un répertoire.
is_executable	is_executable("filename")	Vérifie si un fichier est exécutable.
is_file	is_file("filename")	Vérifie si "filename" renvoie à un fichier.
is_link	is_link("filename")	Vérifie si un chemin est un lien symbolique.
is_readable	is_readable("filename")	Vérifie si un fichier est accessible en lecture.
is_writeable	is_writeable("filename")	Vérifie si un fichier est accessible en écriture.
linkinfo	linkinfo($lnk)	Retourne des informations sur un lien $lnk.
lstat	lstat("filename")	Retourne des informations sur un lien ou un fichier.
readlink	readlink($lnk)	Retourne la destination d'un lien $lnk.
stat	stat()	Retourne des informations sur un fichier.

La fonction fileperms() permet de déterminer les droits d'accès aux fichiers ou aux répertoires. Dans le script suivant, la fonction s'applique au fichier *donnees.bin*. La fonction retourne le droit d'accès sous forme de valeur integer.

Pour pouvoir interpréter correctement la signification de cette valeur, celle-ci est convertie à l'aide de la fonction decoct() en un nombre octal avant d'être affichée dans la fenêtre du navigateur (reportez-vous à la section *Les fonctions mathématiques de PHP*, page 87).

L'exemple suivant détermine le nombre octal **100644**. Les trois derniers chiffres, à savoir **644**, indiquent les droits d'accès. La valeur **644** correspond aux droits **rw-/r--/r--** (propriétaire/groupe/autres). Les trois premiers chiffres (**100**) indiquent qu'il s'agit d'un fichier.

▼ Listing 3.128 : *Script 04ex123.php3*

```
<?
$path="/usr/local/apache/htdocs/donnees.bin";
if ( $resultat= fileperms ( $path) )
    echo "Droits d'accès du fichier.$path: ", decoct ( $resultat);
else
    echo "Impossible de déterminer les droits d'accès du fichier";
?>
```

Sortie :

```
Droits d'accès du fichier.donnees.bin: 100644
```

Pour déterminer à partir du nombre octal correspondant les droits d'accès en lecture, en écriture et en exécution pour les différents groupes d'utilisateurs et inversement, vous pouvez utiliser le schéma ci-après.

Vous pouvez observer, d'après ce schéma, que les droits d'accès maximaux (rwx/rwx/rwx) correspondent au nombre octal 777.

Propriétaire			Groupe			Autres		
r	w	x	r	w	x	r	w	x
400	200	100	40	20	10	4	2	1
700			70			7		
(rwx/rwx/rwx) =777								
r	w	x	r	w	x	r	w	x
400	-	100	40	-	10	-	-	-
500			50			0		
(r-x/r-x/---) = 550								

◀ Fig. 3.12 :
Schéma de détermination des droits d'accès

La fonction **stat()** retourne dans un tableau différentes informations sur des fichiers.

Sortie de la fonction stat()

- 0 => Volume
- 1 => Inode
- 2 => Mode de protection de l'inode
- 3 => Nombre de liens
- 4 => Propriétaire du fichier
- 5 => Groupe du propriétaire
- 6 => Type de périphérique (uniquement pour les périphériques "inode")
- 7 => Taille en octets
- 8 => Dernier accès
- 9 => Dernière modification
- 10 => Date de création
- 11 => Taille du bloc pour les entrées/sorties du système de fichiers
- 12 => Nombre de blocs alloués

L'exemple suivant donne une illustration de cette fonction.

▼ Listing 3.129 : *Script 04ex124.php3*

```
<?
$path="/usr/local/apache/htdocs/donnees.bin";
$arr= stat($path);
foreach ($arr as $key=>$elem)  {
  echo "$key=>$elem<br>";
}
?>
```

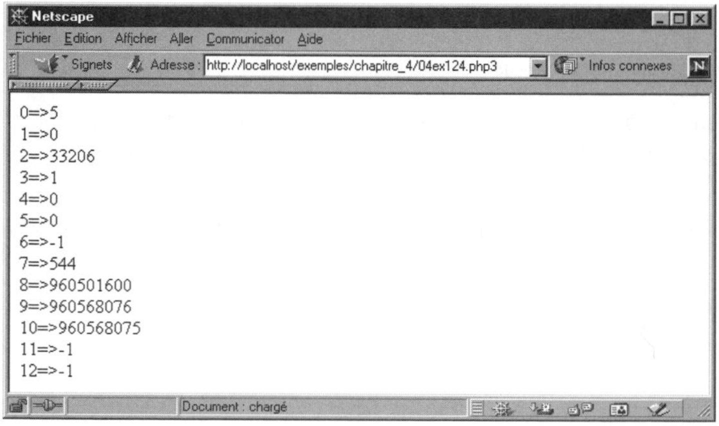

▲ Fig. 3.13 : *Sortie de la fonction stat()*

Les fonctions relatives au système des répertoires

Les fonctions du groupe suivant permettent de naviguer dans le système de répertoires, c'est-à-dire de changer de répertoire, de créer, d'ouvrir des répertoires et de lire le contenu de ces répertoires.

▼ Tab. 3.36 : **Fonctions du système des répertoires**

Fonction	Exemple	Description
chdir	chdir($dir)	Change de répertoire.
closedir	closedir($dir)	Ferme un répertoire ouvert.
dir	dir($dir)	Ouvre un répertoire $dir et crée une classe.
dirname	dirname($path)	Retourne le répertoire d'un chemin $path.
mkdir	mkdir("path", $mode)	Crée un répertoire avec les droits d'accès $mode.
opendir	opendir($dir)	Ouvre un répertoire $dir.
readdir	readdir($dir)	Lit une entrée du répertoire.
rewinddir	rewinddir($dir)	Retourne à la première entrée du répertoire.
rmdir	rmdir($dir)	Supprime un répertoire.

La fonction `dir()` ouvre un répertoire et crée une classe permettant de le gérer. Cette classe permet de créer un nouvel objet répertoire pour le chemin spécifié, à l'aide de l'appel

```
$obj = dir("path")
```

L'objet dérivé de la classe de répertoires utilise les méthodes suivantes :

Méthodes de la classe de répertoires dir

- `$obj->handle` : crée un identifiant pour renvoyer au répertoire.
- `$obj->path` : retourne le chemin du répertoire.
- `$obj->read` : lit l'entrée suivante dans le répertoire et le retourne sous forme de chaîne de caractères. Retourne FALSE, lorsqu'il n'y a plus d'entrée.
- `$obj->rewind` : place le pointeur du répertoire au début du répertoire.
- `$obj->close` : ferme le répertoire.

L'exemple ci-après utilise les méthodes de la classe `dir` pour afficher le contenu du répertoire de publication du serveur Apache */usr/local/apache/htdocs/*. En plus de cela, la fonction `diskfreespace()` affiche l'espace disque disponible dans ce répertoire.

▼ Listing 3.130 : *Script 04ex125.php3*

```
<?
$path="/usr/local/apache/htdocs/";
$folder = dir($path);
$free=diskfreespace($path);
echo "<u><b>Contenu du répertoire ",$path,"</b></u><br>";
echo $free," octets libres<br>";
while($fichier = $folder->read()) {
   echo "\n$fichier<br>";
}
$folder->close();
?>
```

◀ Fig. 3.14 :
Affichage du contenu du répertoire à l'aide des méthodes de la classe dir

Fonctions de modification des droits d'accès

Les fonctions PHP de modification des droits d'accès, des propriétaires et des groupes d'utilisateurs s'avèrent importantes dans le cadre de l'utilisation du système d'exploitation Linux.

▼ Tab. 3.37 : **Fonctions de modification des droits d'accès, des propriétaires et des groupes d'utilisateurs**

Fonction	Exemple	Description
chgrp	chgrp("filename", $group)	Modifie le groupe d'utilisateur d'un fichier.
chmod	chmod("filename", $mode)	Modifie les droits d'accès à un fichier.
chown	chown("filename", $user)	Modifie le propriétaire $user d'un fichier.
touch	touch("filename", $time)	Modifie la date d'un fichier.
umask	umask($mask)	Modifie le masque courant d'un fichier, défini comme valeur integer.

La fonction chgrp() permet de modifier le groupe auquel appartient un fichier. La condition pour qu'une commande soit exécutée est que le propriétaire du fichier appartienne au groupe d'utilisateurs à définir. La fonction retourne TRUE en cas de succès, sinon FALSE.

▼ Listing 3.131 : *Script 04ex126.php3*

```
<?
$path="/usr/local/apache/htdocs/donnees.bin";
$old= filegroup($path);
$new= chgrp($path,"php");
echo "<u><b>Groupe précédent du fichier ",$path,": " ,$old,"</b></u><br>";
echo "<u><b>Nouveau groupe du fichier ",$path,": " ,$new,"</b></u><br>";
?>
```

La fonction chmod() modifie les droits d'accès d'un fichier. La fonction chown() modifie le propriétaire d'un fichier. En cas de succès, ces deux fonctions retournent 1.

```
echo chown('/home/httpd/public_html/index.htm','pierre');
```

L'accès aux sockets et aux processus à l'aide des fonctions de fichiers de PHP

Le tableau ci-après présente d'autres fonctions PHP, requises pour l'utilisation des fonctions de fichiers.

Parmi les fonctions de ce groupe, la fonction fsockopen(), qui établit une connexion par socket avec un autre serveur, est particulièrement intéressante. Comme cela a été mentionné à la section *Les ports et les sockets* (voir page Socket \h), un socket est formé par la combinaison du numéro de port et de l'adresse IP, un processus de communication étant défini de manière unique par un socket formé de deux valeurs.

La fonction `fsockopen()`, qui ouvre un socket de connexion, aurait tout aussi bien pu être décrite comme une fonction réseau. Cependant, comme `fsockopen()` crée un identifiant utilisable par les fonctions de fichiers PHP telles que `fputs()` et `fgets()`, la fonction est décrite dans le cadre des fonctions de fichiers.

▼ Tab. 3.38 : Autres fonctions de fichiers

Fonction	Exemple	Description
fsockopen	$fp= fsockopen("hostname", $port)	Ouvre un socket de connexion et retourne un identificateur de fichier.
pclose	pclose($fp)	Ferme une connexion à un programme
popen	$fp=popen("programme",$mode)	Ouvre une connexion à un programme et retourne un identificateur de fichier.

Utilisation des sockets

À la section *Un débogueur simple* (page 181), nous avons écrit des informations de débogage dans un fichier journal. La fonction `fsockopen()` pourrait également être utilisée pour envoyer ces informations à un serveur distant, à travers une connexion TCP.

L'exemple suivant montre comment la classe de débogueur précédente peut être modifiée, en utilisant la fonction `fsockopen()`.

Pour ce faire, la fonction `fsockopen()`, établissant sur le port 7869 la connexion TCP vers le serveur distant, est appelée, à l'intérieur de la fonction `sockopen()` de la classe `debug`.

netcat

■ Exemple d'appel :

```
netcat -l -p 7869
```

Un écouteur TCP doit être installé du côté du serveur. Il est chargé de surveiller le port indiqué et d'afficher les informations de débogage sur l'écran ou de les rediriger vers un fichier.

Le programme `netcat`, par exemple, qui est fourni avec les distributions Linux courantes, peut être utilisé comme écouteur TCP.

▼ Listing 3.132 : *Script debugtcp.php3*

```
<?
/* debugtcp.php3  */
class debug {
var $fp;
function sockopen() {
  $this->fp = fsockopen("monsite", 7869);
}
```

```
function sockclose() {
  fclose($this->fp);
}
function log($arr) {
    fputs($this->fp, date("dmy H:i:s "));
    foreach ($arr as $key=>$elem) {
      fputs($this->fp, $key."=>".$elem."\n");
      }
  }   // func
} // class
?>
```

Pour qu'il vous soit possible d'utiliser le débogueur ainsi modifié, il convient d'instancier l'objet $deb et d'appeler sa méthode sockopen(), chargée d'établir la connexion TCP. À la fin de la session du débogueur, la connexion existante doit être refermée par l'appel de la méthode sockclose().

Le script ci-après indique la procédure :

▼ Listing 3.133 : *Script 04ex127.php3*

```
<?
include ("debugtcp.php3");
$deb = new debug;
$deb->sockopen();
$valeur1=100;
$line= __LINE__;$deb->log(compact("line","valeur1","",""));
$valeur2=23;
$valeur3=66;
$line= __LINE__;$deb->log(compact("line","valeur1","valeur2","valeur3"));
$test="Salut PHP";
$line= __LINE__;$deb->log(compact("line","test","",""));
for ($i=1;$i<10;$i++) {
  $ii=$i*$i;
  $iii=$i*$i*$i;
  $line= __LINE__;$deb->log(compact("line","i","ii","iii"));
  }
  $deb->sockclose();
  ?>
```

L'accès aux processus

La fonction popen() ouvre un processus et retourne un identificateur de fichier utilisable par d'autres fonctions. La fonction comporte un paramètre, qui détermine le mode d'exécution du processus.

Les modes d'accès aux processus

- "r" ouverture d'un fichier en lecture seule ;
- "w" ouverture d'un fichier en écriture seule.

Le script ci-après passe tout d'abord au répertoire */usr/local/apache/htdocs/* à l'aide de la fonction `chdir()`. Puis la fonction `fopen()` est appelée.

La fonction reçoit en paramètre la commande `/bin/ls - 1`. Cette fonction crée un identificateur de fichier utilisé en relation avec la fonction `fgets()` pour lire et afficher dans le navigateur les données du processus ouvert, en l'occurrence le contenu du répertoire courant.

▼ Listing 3.134 : *Script 04ex128.php3*

```
<?
$path="/usr/local/apache/htdocs/";
if ($resultat=chdir($path))  {
 $cmd="/bin/ls -l";
 $fp = popen($cmd, "r");
   echo "<u><b>Contenu du répertoire ",$path,"</b></u><br><br>";
   while ($str= fgets($fp, 100)) {
      echo $str,"<br>";
   }
 }
?>
```

Le script produit la sortie suivante :

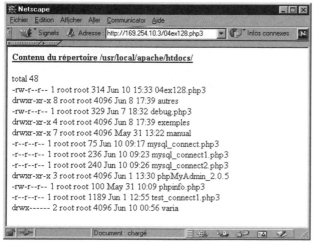

◀ Fig. 3.15 :
Affichage du contenu du répertoire courant par l'appel de la fonction ls, par l'intermédiaire de la fonction PHP popen()

3

PHP - Le langage de script universel pour le Web

3.9. Autres fonctions PHP

Nous décrirons dans la présente section d'autres fonctions PHP couramment utilisées. Il s'agit pour commencer de fonctions de gestion de l'heure et de la date.

À côté de cela, PHP propose différentes fonctions permettant d'afficher des informations sur les options de configuration, les états d'erreur, les variables d'environnement ainsi que d'autres informations sur les scripts et les fichiers.

Les autres fonctions présentées ici se rapportent au serveur web Apache.

Fonctions de date et d'heure

Le langage PHP propose toute une série de fonctions de date et d'heure. Les fonctions de date et d'heure de PHP sont basées sur l'évaluation du tampon horaire UNIX. Celui-ci indique le nombre de secondes qui se sont écoulées depuis le début de l'époque UNIX le 1er janvier 1970, à 0 h 00, heure de Greenwich (GMT).

▼ **Tab. 3.39 :** Fonctions de date et d'heure de PHP

Fonction	Exemple	Description
checkdate	checkdate ($mon, $day,$year)	Vérifie la validité d'une date. Retourne une valeur booléenne.
date	date("format", $tstamp)	Formate une date.
gmdate	gmdate ("format", $tstamp)	Analogue à la fonction date(), mais utilise l'heure GMT.
gmmktime	gmmktime ($h, $min, $sec, $mon, $day, $year, $dst)	Analogue à la fonction mktime(), mais utilise l'heure GMT.
getdate	getdate($timestamp)	Retourne un tableau avec les indications date/heure.
microtime	microtime()	Retourne le tampon horaire UNIX dans une chaîne au format microsecondes secondes.
mktime	mktime ($h, $min, $sec, $mon, $day, $year, $dst)	Retourne le tampon horaire UNIX d'une date.
strftime	strftime("format", $tstamp)	Formate une date selon les paramètres locaux.
time	time()	Retourne le tampon horaire UNIX courant.
gettimeofday	gettimeofday()	Retourne l'heure courante.
gmstrftime	gmstrftime ("format", $tstamp)	Analogue à la fonction strftime(), mais utilise l'heure GMT.

La fonction **date()** retourne l'heure ou la date locale formatée. La fonction reçoit en paramètre une chaîne de formatage, à choisir dans la liste suivante.

Paramètres de formatage de la fonction date()

- a : "am" ou "pm"
- A : "AM" ou "PM"
- d : jour du mois
- j : jour du mois sans zéro initial
- t : nombre de jours dans le mois
- z : jour depuis le début de l'année
- w : jour de la semaine numérique (de "0" à "6")
- D : nom du jour de la semaine abrégé
- l : nom du jour de la semaine long
- F : nom du mois long
- M : nom du mois abrégé
- m : indication du mois numérique
- n : mois numérique sans zéro initial
- h : heure au format sur 12 heures
- H : heure au format sur 24 heures
- g : heure (sur 12 heures) sans zéro initial
- G : heure (sur 24 heures) sans zéro initial
- i : minutes
- U : secondes depuis le 1.1.1970
- s : secondes
- S : suffixe ordinal, en anglais
- L : affichage de l'année bissextile ("0" ou "1")
- Y : année sur 4 chiffres
- y : année sur 2 chiffres
- Z : décalage horaire par rapport à l'heure GMT

La fonction peut optionnellement comporter un second paramètre représenté par le tampon horaire UNIX, pour lequel la sortie formatée intervient alors.

L'appel de fonction ci-après affiche l'heure locale formatée selon la chaîne de formatage :

▼ Listing 3.135 : *Script ex04129.php3*

```
<?
echo date ("D d M H : i : s a");
?>
```

Sortie :

```
Sat 10 Jun 15 : 26 : 18 pm
```

La fonction `gmdate()` donne le même résultat que la fonction `date()`, à ceci près que la zone horaire locale est remplacée par l'heure GMT.

La fonction `checkdate()` vérifie la validité d'une date. La fonction retourne TRUE si la date est valide, et FALSE dans le cas contraire.

PHP - Le langage de script universel pour le Web

3

L'appel de la fonction ci-après retourne FALSE, indiquant par là que la date passée en paramètre est invalide.

▼ Listing **3.136** : *Script ex04130.php3*

```
<? echo checkdate (6,31,2000); ?>
```

La fonction `getdate()` retourne dans un tableau associatif la date et l'heure correspondant à un tampon horaire passé en paramètre.

Désignation des éléments retournés par la fonction getdate()

- seconds : secondes
- minutes : minutes
- hours : heures
- mday : jour du mois
- wday : numéro du jour de la semaine
- mon : numéro du mois
- year : année
- yday : jour depuis le début de l'année
- weekday : libellé complet du jour de la semaine
- month : libellé complet du mois

Si aucun tampon horaire n'est spécifié, la fonction retourne les valeurs correspondant à la date courante.

▼ Listing **3.137** : *Script ex04131.php3*

```
<? $arr= getdate();
foreach ($arr as $k=>$elem)  {
  echo $k, "=>", $elem, "<br>"; }
?>
```

Sortie :

```
seconds=>13
minutes=>41
hours=>15
mday=>10
wday=>6
mon=>6
year=>2000
yday=>161
weekday=>Saturday
month=>June
0=>960644473
```

La fonction `mktime()` crée un tampon horaire UNIX pour la date indiquée à l'aide des paramètres `$h`, `$min`, `$sec`, `$mon`, `$day` et `$year`. Si aucun paramètre n'est spécifié, l'affichage du tampon horaire intervient avec l'heure courante.

La fonction peut recevoir en plus le paramètre optionnel `$dst`, avec une valeur de type `integer` (1, 0, ou -1). Ce paramètre indique si l'heure d'été s'applique (1) ou non (0) pour la date. La valeur par défaut est -1 (valeur inconnue).

L'appel de fonction ci-après donne **3600 s** comme résultat, ce qui correspond à une heure après le 1.1.1970, 0:00:00. Comme l'appel de la fonction a reçu pour le paramètre `$h` (correspondant à l'heure) la valeur 2, cela donne un décalage horaire d'une heure par rapport à l'heure GMT, selon laquelle le tampon horaire est établi. On peut donc en déduire que l'heure locale de la machine qui exécute le script est l'heure d'Europe centrale.

▼ Listing **3.138** : *Script ex04132.php3*

```
<? echo mktime(2, 0, 0, 1, 1, 1970); ?>
```

Sortie :

```
3600
```

La fonction `time()` crée le tampon horaire UNIX exclusivement pour l'heure courante.

▼ Listing **3.139** : *Script ex04133.php3*

```
<? echo time(); ?>
```

Sortie :

```
960645337
```

La fonction `strftime()` retourne la date et l'heure formatées. Le formatage est réalisé d'après une chaîne de formatage passée en paramètre, parmi celles figurant dans la liste ci-après.

Paramètres de formatage de la fonction strftime()

- %a : jour de la semaine court
- %A : jour de la semaine long
- %b : nom du mois court
- %B : nom du mois long
- %c : format par défaut de date avec l'heure
- %d : jour du mois sans zéro initial
- %H : heure au format sur 24 heures
- %I : heure au format sur 12 heures
- %j : jour depuis le début de l'année
- %m : numéro du mois
- %M : minute
- %p : affiche "am" ou "pm"
- %S : secondes
- %U : numéro de la semaine (en commençant le dimanche)

3

PHP - Le langage de script universel pour le Web

- %W : numéro de la semaine (en commençant le lundi)
- %w : numéro du jour de la semaine
- %x : format de date par défaut
- %X : format d'heure par défaut
- %y : année sur 2 chiffres
- %Y : année sur 4 chiffres
- %Z : zone horaire ou décalage horaire
- %% : pour cent (%)

La fonction peut recevoir un second paramètre représenté par le tampon horaire UNIX, qui est formaté selon le paramètre défini. Si aucun tampon horaire n'est spécifié, la fonction utilise la date courante.

La sortie de la fonction `strftime()` peut être localisée conformément aux conventions nationales à l'aide de la fonction `setlocale()`.

La fonction `setlocale("catégorie","code de pays")` modifie les paramètres locaux de la catégorie indiquée en fonction du code ISO correspondant au pays.

Le langage PHP dispose des catégories ci-après :

- `LC_ALL` : pour tous les paramètres ;
- `LC_CTYPE` : pour la conversion de chaînes de caractères, par exemple `strtoupper()` ;
- `LC_NUMERIC` : définit le séparateur de décimales ;
- `LC_TIME` : pour le formatage de la date et de l'heure dans la fonction `strftime()`.

La liste ci-après présente différents paramètres de la catégorie `LC_TIME`, définissant les formats régionaux correspondant à l'affichage de la date et de l'heure à l'aide de la fonction `strftime()`.

```
setlocale ("LC_TIME", "us");
setlocale ("LC_TIME", "fr");
setlocale ("LC_TIME", "ge");
```

Quelques fonctions de calcul de date

Nous montrerons dans cette section comment utiliser les fonctions `mktime()`, `date()` et `strftime()` pour créer vos propres fonctions de calcul de date.

Différents exemples illustreront ces fonctions, chargées respectivement de retourner le quantième du mois, le jour du mois, le nom du jour de la semaine, le numéro du jour de la semaine et la semaine du calendrier. Ces fonctions seront réutilisées par la suite dans le cadre de la réalisation d'un calendrier annuel.

La fonction suivante retourne le mois correspondant au énième jour de l'année :

▼ Listing 3.140 : *Script ex04134.php3*

```
<? function moisx ($x) {
  $aujourdhui= mktime (0,0,0, date ("m"), date("d"), date ("Y"));
  $jour_courant= (int) strftime ("%j", $aujourdhui);
```

```
$jour_x= mktime (0,0,0, date ("m"), date ("d") - $jour_courant + $x, date ("Y"));
$x_mois= (int) strftime("%m", $jour_x);
 return $x_mois;   } ?>
```

L'appel de fonction suivant affiche la valeur 2, correspondant au mois de février.

```
<? echo moisx (45); ?>
```

Sortie :

```
2
```

La fonction suivante retourne pour le énième jour de l'année le jour correspondant dans le mois. L'appel de la fonction

```
<? echo jourmoisx(45); ?>
```

affiche la valeur 14, correspondant au 14e jour du mois de février.

▼ Listing 3.141 : *Script ex04135.php3*

```
<?  function jourmoisx ($x) {
  $aujourdhui= mktime (0,0,0, date("m"),date("d"), date ("Y"));
  $jour_courant= (int)strftime("%j", $aujourdhui);
  $jour_x= mktime (0,0,0, date("m"),date("d")-$jour_courant+$x, date ("Y"));
  $x_jourmois= (int)strftime("%d", $jour_x);
   return $x_jourmois;   } ?>
```

La fonction suivante retourne pour le énième jour de l'année le jour de la semaine correspondant.

▼ Listing 3.142 : *Script ex04136.php3*

```
<? function nomjourx ($x) {
  $aujourdhui= mktime (0,0,0, date("m"), date("d"), date ("Y"));
  $jour_courant= (int)strftime("%j", $aujourdhui);
  $jour_x= mktime (0,0,0, date("m"),date("d")-$jour_courant+$x, date ("Y"));
  $x_joursemaine= strftime("%a", $jour_x);
   return $x_joursemaine;   } ?>
```

L'appel de la fonction

```
<?  echo nomjourx (45); ?>
```

retourne lun, ce qui signifie que le 45e jour de l'année est un lundi.

La nouvelle fonction permet d'afficher le numéro du jour de la semaine correspondant au énième jour de l'année.

▼ Listing 3.143 : *Script ex04137.php3*

```
<?  function numerojour($x) {
  $aujourdhui= mktime (0,0,0, date("m"),date("d"), date ("Y"));
  $jour_courant= (int)strftime("%j", $aujourdhui);
```

3

PHP - Le langage de script universel pour le Web

```
$jour_x= mktime (0,0,0, date("m"),date("d")-$jour_courant+$x, date ("Y"));
$x_numerojoursemaine= strftime("%w", $jour_x);
 return $x_numerojoursemaine;
 } ?>
```

La dernière fonction de cette série retourne la semaine calendaire du énième jour de l'année.

▼ Listing 3.144 : *Script ex04138.php3*

```
<?   function numerosemainex($x) {
$aujourdhui= mktime (0,0,0, date("m"),date("d"), date ("Y"));
$jour_courant= (int)strftime("%j", $aujourdhui);
$jour_x= mktime (0,0,0, date("m"),date("d")-$jour_courant+$x, date ("Y"));
$x_numerosemaine= strftime("%U", $jour_x);
 return $x_numerosemaine;      } ?>
```

Programmation d'un calendrier annuel

Avez-vous besoin de publier sur votre site un calendrier annuel pour l'année en cours ? Les fonctions de date de PHP vous permettent de réaliser ce projet.

Nous voulons que le calendrier annuel affiche, convenablement formatés, le numéro de la semaine, la forme courte du jour de la semaine, ainsi que la date. Comme nous prévoyons d'utiliser ce calendrier sur Internet, l'ensemble des données affichées dans la fenêtre du navigateur doivent être adaptées aux conventions nationales. Le script utilise les fonctions `moisx ($x)`, `jourmoisx`, `nomjourx`, `numerojour` et `numerosemainex`, qui ont été décrites à la section précédente. Ces fonctions figurent dans le fichier *f_calend.php3*, qui est lié dans le script suivant, par l'intermédiaire d'une instruction `include`.

L'ensemble des sorties du script passent par la fonction `strftime()`, de sorte que la sortie formatée des données du calendrier, contrôlées par la fonction `setlocale()`, peut intervenir dans les différentes langues, en fonction du code de pays.

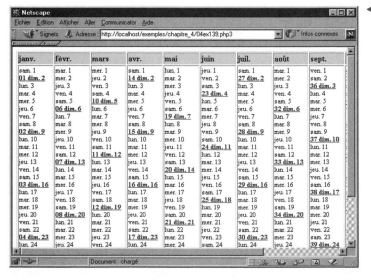

◀ Fig. 3.16 :
Un calendrier annuel

Les jours des mois sont générés par la fonction `mois_out()`. Cette fonction est utilisée à l'intérieur d'une boucle `while`, dans laquelle les informations concernant un jour calendaire sont affichées, tant que la condition d'appartenance du jour en question à un mois donné est vérifiée.

Une autre vérification est réalisée pour déterminer si le jour du calendrier est un dimanche. Le cas échéant, ce jour est mis en couleur, en gras et en souligné. Par ailleurs, le numéro de la semaine dans l'année est indiqué au niveau du début de la semaine correspondante (le dimanche).

Dans la partie principale du script, la fonction `mois_out()` est appelée à 12 reprises à l'intérieur d'une boucle `for`, afin d'afficher les 12 mois de l'année. Le script peut être aménagé à cet endroit, afin de ne représenter qu'un semestre ou un trimestre, en fonction des besoins.

Ce projet de calendrier sera développé à la section *Un calendrier interactif pour le Web* (page 252). Nous ferons appel à cette occasion à des images *.gif* générées dynamiquement, afin de mettre en place une application dynamique.

▼ Listing 3.145 : *Script ex04139.php3*

```php
<?               // Calendrier avec sortie texte
include("f_calend.php3");
setlocale ("LC_TIME", "fr");
echo "<table width=100% border =1>";
echo "<tr bgcolor='#EDDEC9'><td width=8%><b>",strftime('%b', mktime (0,0,0, 1,1, 2000)),"</b></td>";
echo "<td width=8%><b>",strftime('%b', mktime (0,0,0, 2,1, 2000)),"</b></td>";
echo "<td width=8%><b>",strftime('%b', mktime (0,0,0, 3,1, 2000)),"</b></td>";
echo "<td width=8%><b>",strftime('%b', mktime (0,0,0, 4,1, 2000)),"</b></td>";
echo "<td width=8%><b>",strftime('%b', mktime (0,0,0, 5,1, 2000)),"</b></td>";
echo "<td width=8%><b>",strftime('%b', mktime (0,0,0, 6,1, 2000)),"</b></td>";
echo "<td width=8%><b>",strftime('%b', mktime (0,0,0, 7,1, 2000)),"</b></td>";
echo "<td width=8%><b>",strftime('%b', mktime (0,0,0, 8,1, 2000)),"</b></td>";
echo "<td width=8%><b>",strftime('%b', mktime (0,0,0, 9,1, 2000)),"</b></td>";
echo "<td width=8%><b>",strftime('%b', mktime (0,0,0, 10,1, 2000)),"</b></td>";
echo "<td width=8%><b>",strftime('%b', mktime (0,0,0, 11,1, 2000)),"</b></td>";
echo "<td width=8%><b>",strftime('%b', mktime (0,0,0, 12,1, 2000)),"</b></td></tr>";
$jour=1;
echo "<tr><td valign=top>";
for ($mois=1;$mois<13;$mois++) {
 $jour=mois_out($mois,$jour);
    echo "</td><td valign=top>";
}
echo "</td></tr><tr>";
 for ($i=1;$i<13;$i++)    {
        echo "<td>_____ </td>";
 }
 echo "</tr></table>";

function mois_out($mois,$z)  {
  while (moisx($z)==$mois) {
```

```
if (numerojour($z)==0) {
  echo "<u><b><font size='-1' color='#FF0000'>";
  echo numerosemainex($z)," ", nomjourx($z)," ",jourmoisx($z);
  echo "</font></b></u>";}
else {
 echo "<font size='-1'>";
 echo nomjourx($z)," ",jourmoisx($z); }
echo "</font><br>";
$z+=1;
 }
 return $z;
}
?>
```

Définition des formats en fonction des paramètres locaux

La modification du code de pays dans la fonction `setlocale()` permet, comme vous pouvez le voir dans l'exemple suivant, de changer simplement de langue. Ainsi, modifiez de la façon suivante la ligne 2 du script *ex04139.php3*

```
setlocale ("LC_TIME", "us");
```

Vous obtenez alors le résultat suivant sur l'écran de votre navigateur :

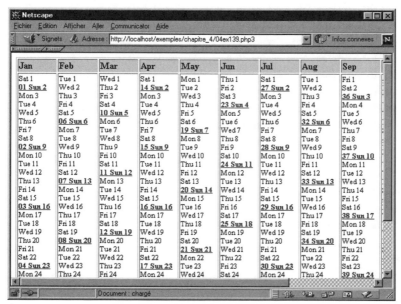

▲ Fig. 3.17 : *Affichage du calendrier en anglais*

Les fonctions d'information en PHP

Le langage PHP propose toute une série de fonctions permettant d'afficher des informations sur les options de configuration, l'état des erreurs, les variables d'environnement ainsi que d'autres informations sur les scripts. Ces fonctions sont récapitulées dans le tableau suivant.

▼ Tab. 3.40 : Les fonctions d'information de PHP

Fonction	Exemple	Description
error_log	error_log ($message, $type, [$dest] , [$headers]);	Sort un message d'erreur $message vers le fichier journal du serveur web, sur le port TCP ou un fichier. Les valeurs admises de $type sont : 0 : système journal interne du système d'exploitation. 1 : par courrier électronique à l'adresse $dest. 2 : sortie vers le débogueur PHP. 3 : ajout de $message au fichier spécifié par $dest.
error_reporting	error_reporting ($level);	Définit les classes d'erreurs affichées par PHP. Le paramètre $level admet les valeurs suivantes : 1 : E_ERROR 2 : E_WARNING 4 : E_PARSE 8 : E_NOTICE 16 : E_CORE_ERROR 32 : E_CORE_WARNING
extension_loaded	$succ=extension_loaded ($name);	Retourne TRUE si une bibliothèque $name a été chargée.
getenv	$val=getenv ($varname);	Retourne la valeur $val d'une variable d'environnement $varname.
get_cfg_var	$val=get_cfg_var ($varname);	Retourne la valeur $val d'une option $varname de la configuration de PHP.
get_current_user	$user=get_current_user ();	Retourne le propriétaire $user du script PHP courant.
get_magic_quotes_gpc	$val=get_magic_quotes_gpc ( );	Retourne la configuration actuelle de l'option magic quotes gpc. $val=0 : désactivée, $val=1 : activée
get_magic_quotes _runtime	$val=get_magic_quotes _runtime();	Retourne la configuration courante de l'option magic quotes_runtime. $val=0 : désactivée, $val=1 : activée
getlastmod	$date=getlastmod();	Retourne la date de la dernière modification d'une page comme tampon horaire UNIX.
getmyinode	$val=getmyinode();	Retourne l'inode du script courant.
getmypid	$val=getmypid();	Retourne l'ID du processus PHP.
getmyuid	$val=getmyuid();	Retourne l'UID du propriétaire d'un script PHP.

3

PHP - Le langage de script universel pour le Web

▼ Tab. 3.40 : Les fonctions d'information de PHP		
Fonction	**Exemple**	**Description**
phpinfo	phpinfo();	Affiche dans la fenêtre du navigateur des informations sur PHP et sur le serveur web Apache.
phpversion	$val=phpversion();	Retourne la version courante de PHP.

Accès aux variables d'environnement CGI

La fonction getenv() retourne la valeur d'une variable d'environnement $varname, qui est passée en paramètre. Si une erreur se produit, la fonction retourne FALSE. Dans le script suivant, quelques variables d'environnement CGI importantes sont appelées par la fonction getenv() à l'intérieur d'une boucle foreach.

▼ Listing 3.146 : *Script ex04140.php3*

```
<?
echo "<form action='$PHP_SELF' method='post'>";
echo "<input type='hidden' name='feld1' value='1'>";
echo "<input type='Submit' name='send' value='Envoyer'>";
echo "</form>";
$arr= array("SERVER_SOFTWARE"=>"SERVER_SOFTWARE",
"SERVER_NAME"=>"SERVER_NAME",
"GATEWAY_INTERFACE"=>"GATEWAY_INTERFACE",
"SERVER_PROTOCOL"=>"SERVER_PROTOCOL",
"SERVER_PORT"=>"SERVER_PORT",
"REQUEST_METHOD"=>"REQUEST_METHOD",
"SCRIPT_NAME"=>"SCRIPT_NAME",
"QUERY_STRING"=>"QUERY_STRING",
"REMOTE_HOST"=>"REMOTE_HOST",
"REMOTE_ADDR"=>"REMOTE_ADDR",
"CONTENT_TYPE"=>"CONTENT_TYPE",
"CONTENT_LENGTH"=>"CONTENT_LENGTH",
"HTTP_ACCEPT"=>"HTTP_ACCEPT",
"HTTP_USER_AGENT"=>"HTTP_USER_AGENT");
foreach ($arr as $k=>$elem)  {
   echo $k,":   ",getenv($elem),"<br>";
} ?>
```

Sortie :

```
SERVER_SOFTWARE: Apache/1.3.12 (Unix) PHP/4.0.0
SERVER_NAME: 169.254.10.3
GATEWAY_INTERFACE: CGI/1.1
SERVER_PROTOCOL: HTTP/1.0
```

- SERVER_PORT: 80
- REQUEST_METHOD: GET
- SCRIPT_NAME: /exemples/chapitre_4/04ex140.php3
- QUERY_STRING:
- REMOTE_HOST: 169.254.10.3
- REMOTE_ADDR: 169.254.157.208
- CONTENT_TYPE:
- CONTENT_LENGTH:
- HTTP_ACCEPT: image/gif, image/x-xbitmap, image/jpeg, image/pjpeg, image/png, */*
- HTTP_USER_AGENT: Mozilla/4.7 [fr] (Win98; I)

Le tableau suivant récapitule les principales variables d'environnement CGI et leur fonction.

▼ Tab. 3.41 : Récapitulatif de quelques variables d'environnement importantes

Nom	Description
SERVER_SOFTWARE	Nom et version du logiciel serveur répondant à la demande. Format : nom/version.
SERVER_NAME	Nom d'hôte du serveur, alias DNS ou adresse IP.
GATEWAY_INTERFACE	Révision de la spécification CGI, correspondant au serveur. Format : CGI/révision.
SERVER_PROTOCOL	Nom et révision du protocole utilisé pour la demande. Format : Protocole/révision.
SERVER_PORT	Numéro du port auquel la demande a été envoyée.
REQUEST_METHOD	Méthode HTTP de la demande.
PATH_INFO	Information supplémentaire sur le chemin du client.
SCRIPT_NAME	Nom relatif du script exécuté.
QUERY_STRING	Partie de l'URL suivant le point d'interrogation (?) et contenant l'information transmise par la méthode HTTP GET.
REMOTE_HOST	Nom de l'hôte auquel la demande est adressée.
REMOTE_ADDR	Adresse IP de l'hôte demandeur.
AUTH_TYPE	Méthode d'authentification, dans le cas où le serveur prend en charge l'authentification de l'utilisateur.
REMOTE_USER	Nom de l'utilisateur distant, dans le cas où le serveur prend en charge l'authentification de l'utilisateur.
CONTENT_TYPE	Type correspondant aux données transférées par la méthode POST ou PUT.
CONTENT_LENGTH	Taille du contenu transmis par la méthode POST ou PUT.
HTTP_ACCEPT	Types MIME des documents acceptés par le client. Format : type/sous-type, type/sous-type.
HTTP_USER_AGENT	Navigateur utilisé par le client. Format : logiciel/version bibliothèque/version.

3

PHP - Le langage de script universel pour le Web

Quelle est la date de modification d'un document ?

La fonction `getlastmod()` affiche la date à laquelle la page courante a été modifiée la dernière fois. La fonction retourne un tampon horaire qui peut être passé en paramètre de la fonction `strftime()`, pour afficher la date et l'heure de la dernière modification.

▼ Listing **3.147** : *Script ex04141.php3*

```
<?
echo "Dernière modification du document : ",strftime("%a %c", getlastmod() );
?>
```

Sortie :

```
Dernière modification du document : sam. 10/06/2000 17:54:12
```

Les fonctions spécifiques au serveur web Apache

Le langage PHP propose également un certain nombre de fonctions concernant le serveur web Apache et qui peuvent être employées lorsque PHP est utilisé comme module sur un serveur web Apache. Le tableau ci-après récapitule les fonctions disponibles.

▼ Tab. 3.42 : Fonctions spécifiques destinées au serveur web Apache		
Fonction	**Exemple**	**Description**
`apache_lookup_uri`	`$obj=apache_lookup_uri ($ name);`	Exécute une demande pour un URI $name et retourne les informations correspondantes comme objet.
`apache_note`	`$val=apache_note($note_name, [$note_value]);`	Définit et lit des valeurs à partir du tableau de notes Apache.
`getallheaders`	`$arr=getallheaders();`	Retourne dans un tableau l'en-tête HTTP de la demande courante.

Les informations relatives à un URI

La fonction `apache_lookup_uri()` exécute une demande par l'intermédiaire d'un URI donné. Pour que la demande soit opérationnelle, Apache doit fonctionner comme module.

Syntaxe

```
class apache_lookup_uri (string filename);
```

La demande fournit quelques informations importantes sur la source indiquée. Le résultat est constitué par un objet comportant comme propriétés les éléments référencés dans le tableau ci-après :

▼ Tab. 3.43 : Propriétés de la classe apache_lookup_uri

status	the_request	status_line	method	content_type
handler	uri	filename	path_info	args
boundary	no_cache	no_local_copy	allowed	send_bodyct
bytes_sent	byterange	clength	unparsed_uri	mtime
request_time				

L'exemple suivant comporte un formulaire HTML conçu à des fins de test, et faisant appel à la méthode HTTP POST.

Un nouvel objet $cl est ensuite dérivé à partir de la classe apache_lookup_uri.

Le renvoi vers le script courant est passé en paramètre au constructeur de la classe, à l'aide de $PHP_SELF. Comme les objets PHP se laissent manipuler comme des tableaux associatifs, les propriétés de l'objet $cl peuvent être extraites à l'aide d'une boucle foreach et affichées dans la fenêtre du navigateur :

▼ Listing 3.148 : *Script ex04142.php3*

```
<?
echo "<form action='$PHP_SELF' method='post'>";
echo "<textarea name='edit' cols='40' rows='5'></textarea>";
echo "<input type='Submit' name='send' value='Envoyer'>";
echo "</form>";
$cl= apache_lookup_uri($PHP_SELF);
foreach ($cl as $k=>$elem) {
   echo "$k => $elem<br>";
} ?>
```

Sortie :

```
status => 200
the_request => GET /exemples/chapitre_4/04ex142.php3 HTTP/1.0
method => GET
content_type => httpd/unix-directory
uri => /exemples/chapitre_4/
filename => /usr/local/apache/htdocs/exemples/chapitre_4
path_info => /
no_cache => 0
no_local_copy => 1
allowed => 0
sent_bodyct => 0
bytes_sent => 0
byterange => 0
clength => 0
unparsed_uri => /exemples/chapitre_4/
request_time => 960672137
```

3

PHP - Le langage de script universel pour le Web

Les informations relatives aux en-têtes

La fonction `getallheaders()` retourne un tableau associatif comportant toutes les informations sur les en-têtes HTTP de la demande courante.

Dans l'exemple suivant, cette fonction est appelée après que quelques données ont été envoyées à des fins de test à l'aide de la méthode HTTP `POST`. Les informations relatives aux en-têtes sont extraites du tableau obtenu à l'aide d'une boucle `foreach`.

▼ Listing 3.149 : *Script ex04143.php3*

```php
<?
echo "<form action='$PHP_SELF' method='post'>";
echo "<textarea name='edit' cols='40' rows='5'></textarea>";
echo "<input type='Submit' name='send' value='Envoyer'>";
echo "</form>";
$arr= getallheaders();
foreach ($arr as $k=>$elem) {
   echo "$k => $elem<br>";
} ?>
```

Sortie :

```
Accept => image/gif, image/x-xbitmap, image/jpeg, image/pjpeg, image/png, */*
Accept-Charset => iso-8859-1,*,utf-8
Accept-Encoding => gzip
Accept-Language => fr
Connection => Keep-Alive
Host => 169.254.10.3
User-Agent => Mozilla/4.7 [fr] (Win98; I)
```

Chapitre 4

Des pages web interactives avec PHP

4. Des pages web interactives avec PHP

Dans leur grande majorité, les premiers sites étaient statiques. Leur principale finalité était de proposer des informations sur des produits et des services. À l'opposé de cette pratique, les pages web actuelles offrent de plus en plus la possibilité d'entrer en interaction avec les utilisateurs, en permettant d'échanger dans les deux sens des messages entre le client et le serveur.

4.1. Création de sites web interactifs à base de formulaires

Le point de départ de la programmation de pages web interactives est constitué par les formulaires HTML. Outre la possibilité de transférer des données par l'intermédiaire d'une URL ou à l'aide de cookies, sur lesquels nous aurons l'occasion de revenir, les formulaires HTML constituent une solution intéressante pour transférer des données d'un client HTTP à un serveur HTTP.

L'une des principales raisons du succès du langage PHP est que les scripts PHP permettent de manipuler très facilement les données de formulaires. Cela est tout d'abord lié au fait que chaque nom indiqué dans un formulaire pour identifier une zone de saisie HTML est automatiquement transformé en une variable par PHP.

Création de formulaires en HTML

Le langage HTML utilise les éléments ci-après dans les formulaires en ligne :

Les éléments des formulaires HTML

■ `<FORM> ... </FORM>`
Attributs :
■ `ACTION`
■ `METHOD`
■ `INPUT`
■ `NAME`
■ `TYPE`
— `text`
— `password`
— `checkbox`
— `radio`
— `hidden`
— `reset`
— `submit`
■ `VALUE`
■ `CHECKED`

```
■ MAXLENGTH
■ SIZE
■ <TEXTAREA>... </TEXTAREA>
Attributs :
■ NAME
■ ROWS
■ COLS
■ <SELECT> ... </ SELECT>
Attributs :
■ NAME
■ OPTION
■ SIZE
■ MULTIPLE
```

Le formulaire est défini par un élément FORM. Il figure entre la balise ouvrante <FORM> et la balise fermante </FORM>.

L'élément FORM possède les attributs suivants :

ACTION : spécifie l'adresse à laquelle le contenu du formulaire doit être envoyé, dès que l'utilisateur appuie sur le bouton correspondant.

METHOD : décrit quelle méthode HTTP (GET ou POST) est utilisée pour le transfert des données du formulaire.

INPUT : il s'agit de l'élément de saisie le plus important. Il est constitué d'une seule balise accompagnée de plusieurs attributs.

NAME : définit le nom de l'élément de saisie. Les valeurs admises sont récapitulées dans le tableau ci-après.

TYPE : décrit le type correspondant à l'élément de saisie. Les valeurs admises sont récapitulées dans le tableau ci-après.

▼ Tab. 4.1 : Les valeurs possibles de l'attribut TYPE

Valeur	Description
text	Crée une zone dans laquelle l'utilisateur peut saisir une ligne de texte.
password	Masque les caractères saisis au clavier en les remplaçant par des astérisques.
checkbox	Crée une case à cocher. L'attribut VALUE est transmis au serveur, lorsque la case est activée. L'attribut CHECKED permet d'avoir une case activée par défaut. Les éléments de cases à cocher appartenant au même groupe autorisent également une sélection multiple.
radio	Crée un groupe de cases d'options. Contrairement au groupe de cases à cocher, une seule option est activable. Les cases d'option portant le même nom sont rattachées à un groupe commun.
hidden	Définit un élément de saisie masqué, utilisé pour transmettre des informations d'état sans les afficher.
reset	Bouton destiné à réinitialiser les données du formulaire.

▼ Tab. 4.1 : Les valeurs possibles de l'attribut TYPE	
Valeur	**Description**
submit	Lorsque l'utilisateur clique sur ce bouton, il transmet le contenu du formulaire au script spécifié par l'attribut action à l'intérieur de la balise <FORM>.

VALUE : cet attribut spécifie la valeur par défaut de zones texte, de cases à cocher et de boutons d'option.

CHECKED : indique que la case à cocher ou le bouton d'option est sélectionné par défaut.

MAXLENGTH : spécifie le nombre maximal de caractères que peut contenir une zone texte. L'attribut **SIZE** définit la longueur de zones de texte.

TEXTAREA : cet attribut crée des zones de saisie sur plusieurs lignes. À la différence de l'attribut **INPUT**, **TEXTAREA** comporte une balise ouvrante et une balise fermante. L'attribut **NAME** définit le nom de la zone de texte, les attributs **ROWS** et **COLS** en définissent les dimensions visibles.

SELECT : permet d'effectuer une sélection parmi plusieurs éléments d'une liste déroulante. L'attribut **SELECT** comporte une balise ouvrante et une balise fermante. L'attribut **NAME** définit le nom de l'élément. Les différents éléments de la liste sont définis par l'attribut **OPTION**.

L'attribut **SIZE** spécifie le nombre d'éléments visibles simultanément. L'attribut **MULTIPLE** permet à l'utilisateur de sélectionner plusieurs options.

Syntaxe des éléments de formulaire

```
<form action="" method="" target="">
  <input type="Text" name="" value="" size="" maxlength="">
  <input type="Password" name="" value="" size="" maxlength="">
  <input type="Radio" name="" value="v">
  <input type="Checkbox" name="" value="v">
  <input type="Submit" name="" value="">
  <input type="reset">
  <input type="hidden">
  <textarea name="" cols="" rows=""> .... </textarea>
  <select name="" size="">
    <option value="">
  </select>
</form>
```

Transmission des données à l'aide des méthodes HTTP GET et POST

Le transfert des données au processus chargé de les traiter est assumé par les méthodes HTTP GET et POST.

4

Des pages web interactives avec PHP

Lorsqu'un formulaire HTML utilise la méthode GET, le flux de données du formulaire (séparé par un point d'interrogation de l'URL du script PHP chargé de le traiter) vient s'ajouter à l'URL sous la forme d'une chaîne de requête. Lorsque le formulaire a été envoyé, les données correspondant au flux de données du formulaire sont visibles dans la ligne de l'URL.

Pour utiliser la méthode GET dans un formulaire HTML, l'indication method=get doit être spécifiée dans la balise ouvrante <form>. Cela donne par exemple :

```
<form method=get action=test.php3>
```

De manière analogue, lorsque la méthode POST est utilisée, l'indication method=post doit être spécifiée dans la balise ouvrante <form>.

L'appel de la méthode HTTP POST transfère immédiatement les données du formulaire au script spécifié sous action.

Accès aux données de formulaires avec PHP

Comme nous venons de le voir, les données d'un formulaire sont transférées au processus chargé de les traiter, par l'intermédiaire des méthodes HTTP GET ou POST. Lors du lancement d'un script PHP, les paramètres fixés dans la définition HTML d'un formulaire à l'aide de l'attribut name associé aux différents éléments du formulaire sont automatiquement importés et sont disponibles dans le script PHP sous des variables portant le même nom.

L'évaluation de formulaires dans la pratique

Dans l'exemple suivant, nous créerons un simple formulaire comportant 5 zones de saisie de type text ainsi que deux boutons chargés de l'envoi et de la réinitialisation du contenu du formulaire.

Dans la balise <form> ouvrante du formulaire, la variable $PHP_SELF est passée en paramètre à l'attribut action, définissant le script chargé de traiter le formulaire. Cette variable comporte un lien vers le script courant, ce qui signifie que c'est ce même script qui traitera les données du formulaire qui seront envoyées. Nous pourrions spécifier à cet endroit tout autre script chargé de traiter les données émises.

Le script utilise la méthode HTTP POST pour l'envoi des données.

▼ Listing **4.1** : *Extrait du script 05ex001.php3*

```
<form action="<? echo $PHP_SELF ?>" method="POST">
Nom :<br>
<input type=text name="nom" size=35><br>
Prénom :<br>
<input type=text name="prenom" size=35><br>
Code postal / Ville :<br>
<input type=text name="codepostal" size=5>
<input type=text name="ville" size=27><br>
Rue :<br>
<input type=text name="rue" size=35><p><br></p>
<input type=submit name="submit" value="Envoyer">
```

```
<input type=reset name="clear" value="Effacer">
</form>
...
```

L'évaluation des données envoyées par le formulaire est assurée par le code PHP ci-après. Comme nous avons utilisé la variable $PHP_SELF, afin de renvoyer au même script, ce code peut figurer dans le même fichier que la définition du formulaire HTML.

L'accès aux données envoyées par le formulaire est très simple. En effet, pour chaque élément du formulaire auquel un nom a été affecté (à l'aide de l'attribut **name**) dans la partie HTML, une variable est créée sous le même nom dans la partie PHP, cette variable étant chargée de recueillir les données la concernant qui ont été transmises par le formulaire.

▼ Listing 4.2 : *Extrait du script 05ex001.php3*

```
...
<?
echo "<br>Nom : ", $nom;
echo "<br>Prénom : ", $prenom;
echo "<br>Code postal : ", $codepostal;
echo "<br>Ville : ", $ville;
echo "<br>Rue : ", $rue;
echo "<br>";
?>
```

Les données envoyées, qui sont désormais stockées dans les variables $nom, $prenom, $codepostal, $ville et $rue, sont ensuite sorties à l'aide de la commande echo.

Nom :	Nom :
Nirvana	
Prénom :	Prénom :
Félicité	
Code postal / Ville :	Code postal / Ville :
92000 Colombes	
Rue :	Rue :
2, rue des Anges	
Envoyer Effacer	Envoyer Effacer
Nom :	Nom : Nirvana
Prénom :	Prénom : Félicité
Code postal :	Code postal : 92000
Ville :	Ville : Colombes
Rue :	Rue : 2, rue des Anges

▲ Fig. 4.1 : *Le formulaire avant l'envoi (à gauche) et après (à droite)*

Des formulaires interactifs utilisant des listes de cases à cocher

Il est possible d'utiliser des listes de contrôle dans des pages web, afin de créer simplement des éléments interactifs. Exemple pratique : le service d'assistance technique d'un distributeur de matériel informatique peut utiliser des listes de contrôle accessibles depuis la page Assistance de son site et les utiliser comme une présélection afin de prendre des décisions concernant la suite des opérations d'assistance.

De la même façon, on peut envisager l'utilisation de ces listes de contrôle pour aiguiller les demandes formulées par les clients. Dans l'exemple ci-après, volontairement simplifié, un organisme de prêt pourrait soumettre un porteur de projet souhaitant créer son entreprise à un questionnaire rapide, dont le résultat déterminera la suite à donner à la demande.

Le code HTML utilisé pour créer une liste de contrôle est très simple. La première chose à faire est de définir un formulaire entre les balises `<form>` et `</form>`. Dans cet exemple également, les données du formulaire devront être traitées dans le même script, comportant également la définition du formulaire. Pour ce faire, le renvoi vers le script courant est affecté à l'attribut `action`, ce renvoi étant contenu dans la variable `$PHP_SELF`. Le script utilise la méthode HTTP POST pour l'envoi des données.

Ces paramètres sont suivis de la définition des différents éléments des cases à cocher, organisés sur le modèle suivant :

```
<input type="checkbox" name="check" value="1">
```

Le principe de la liste de contrôle est d'additionner les valeurs transmises par les différents éléments des cases à cocher et de parvenir à une évaluation en fonction de la somme ainsi obtenue.

La valeur que les éléments des cases à cocher sont chargés de transmettre est fixée à 1, pour tous les éléments (`value="1"`).

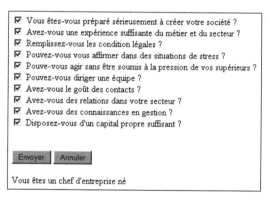

◀ **Fig. 4.2 :**
Le formulaire traité

Les données transmises doivent ensuite être mises à la disposition du script PHP chargé de les traiter à l'intérieur de la variable `$check`. Il y a cependant une difficulté supplémentaire. Tous les éléments des cases à cocher comportent le même nom. De ce fait, la variable `$check` comporte au départ uniquement la valeur des éléments des cases à cocher qui étaient dernièrement activés. Autrement dit, l'évaluation que nous avions l'intention de faire ne fonctionne pas du tout.

Une petite astuce nous permettra de nous sortir de cette difficulté. En remplaçant par `name="check[]"` le nom des éléments des cases à cocher, PHP interprète la variable `$check` comme un tableau et enregistre la valeur de tous les éléments des cases à cocher qui ont été activés, permettant ainsi de réaliser l'évaluation.

La partie HTML du script est donc construite de la manière suivante :

▼ Listing **4.3** : *Extrait du script 05ex002.php3*

```
<form action=<? echo $PHP_SELF ?> method="POST" >
<input type="checkbox" name="check[]" value="1">
 Vous êtes-vous préparé sérieusement à créer votre société ?<br>
<input type="checkbox" name="check[]" value="1">
 Avez-vous une expérience suffisante du métier et du secteur ?<br>
<input type="checkbox" name="check[]" value="1">
 Remplissez-vous les conditions légales ?<br>
<input type="checkbox" name="check[]" value="1">
 Pouvez-vous vous affirmer dans des situations de stress ?<br>
<input type="checkbox" name="check[]" value="1">
 Pouvez-vous agir sans être soumis à la pression de vos supérieurs ?<br>
<input type="checkbox" name="check[]" value="1">
 Pouvez-vous diriger une équipe ?<br>
<input type="checkbox" name="check[]" value="1">
 Avez-vous le goût des contacts ?<br>
<input type="checkbox" name="check[]" value="1">
 Avez-vous des relations dans votre secteur ?<br>
<input type="checkbox" name="check[]" value="1">
 Avez-vous des connaissances en gestion ?<br>
<input type="checkbox" name="check[]" value="1">
 Disposez-vous d'un capital propre suffisant ?<p><br></p>
<input type="Submit" name="submit" value=Envoyer>
<input type="reset" name="reset" value=Annuler>
</form>
...
```

C'est à présent au tour de la partie PHP d'intervenir. Le code ci-après prend place à la suite des lignes de code HTML chargées de créer la liste de contrôle. Ce code PHP est signalé en tant que tel par l'emploi des balises par **<?** et **?>**.

Grâce au marquage par les crochets droits (**[ ]**) du nom des éléments des cases à cocher, dans la partie HTML du script, nous sommes parvenus à ce que PHP interprète la variable **$check** comme un tableau. À présent, il est nécessaire de lire ce tableau, pour en extraire les différentes valeurs et les additionner, ce qui est fait simplement, au sein d'une boucle **foreach**.

Selon la somme obtenue, une évaluation différente vient alors s'afficher dans la fenêtre du navigateur.

▼ Listing **4.4** : *Extrait du script 05ex002.php3*

```
...
<?
foreach ((array)$check as $elem) {
 $res+=$elem;
 }
 if ($res == 10)
```

4

Des pages web interactives avec PHP

```
    echo "Vous êtes un chef d'entreprise né";
  elseif ($res > 5)
    echo "Vous pourrez réaliser votre projet moyennant de nombreux efforts";
  else
    echo "Vous n'avez pas les qualités requises pour être un chef d'entreprise";
  ?>
```

Contrôle de l'importation de variables GET, POST et de cookies

L'importation automatique de variables, réalisée par PHP, n'est pas sans poser de problèmes de programmation et de sécurité. Sur le premier aspect, il peut y avoir des conflits de noms entre les variables générées automatiquement. Sur le second aspect, on peut vouloir éviter, pour des raisons de sécurité, de transmettre des données sensibles par l'intermédiaire d'URL, comme cela se fait lors de l'utilisation de la méthode GET.

Il est possible de définir si et dans quel ordre les variables GET, POST et COOKIE sont automatiquement importées dans un script PHP. C'est l'objet de l'option de configuration gpc_order dans le fichier de configuration php.ini (reportez-vous sur ce point à la section *Paramétrage de la gestion des données*).

L'option par défaut de cette option est gpc_order=gpc. Elle permet d'importer tout d'abord toutes les variables GET, au lancement d'un script, puis les variables POST, et enfin toutes les variables COOKIE.

Cet ordre d'importation prédéfini peut être modifié en permutant les lettres gpc. De même, vous pouvez désactiver l'importation des variables issues de l'une des sources de données ou de toutes, en effaçant la lettre correspondante.

Même si l'importation automatique de variables a été désactivée pour des raisons de sécurité ou pour d'autres raisons, l'accès aux données générées par les éléments de formulaires demeure cependant possible dans tous les cas par l'intermédiaire des tableaux associatifs $HTTP_GET_VARS, $HTTP_POST_VARS et $HTTP_COOKIE_VARS, comme nous le verrons ci-après.

Accès aux données de formulaires par l'intermédiaire de variables de serveur globales

Lorsque dans le fichier de configuration *php.ini*, l'option track_vars est activée, les variables GET, POST et COOKIE sont enregistrées dans les tableaux associatifs $HTTP_GET_VARS, $HTTP_POST_VARS et $HTTP_COOKIE_VARS, même si l'importation automatique des variables a été complètement désactivée à l'aide de l'option gpc_order.

Contrairement à l'utilisation des variables d'importation générées automatiquement, l'extraction de données de formulaires à l'aide de variables de serveur globales offre l'avantage de mieux contrôler quelles variables doivent contrôler le déroulement du programme et quand elles doivent intervenir.

Nous illustrerons ce point à l'aide d'un exemple de définition de formulaire, utilisant la méthode HTTP POST pour le transfert de données :

▼ Listing **4.5** : *Extrait du script 05ex003.php3*

```
<form action="<? echo $PHP_SELF ?>" method="POST">
Nom :<br>
<input type=text name="nom" size=35><br>
Prénom :<br>
<input type=text name="prenom" size=35><br>
Code postal / Ville :<br>
<input type=text name="codepostal" size=5>
<input type=text name="ville" size=27><br>
Rue :<br>
<input type=text name="rue" size=35><p><br></p>
<input type=submit name="submit" value="Envoyer">
<input type=reset name="clear" value="Effacer">
</form>
...
```

Les données du précédent formulaire sont extraites de la variable de serveur globale `$HTTP_POST_VARS` du script chargé de l'évaluation.

Pour ce faire, la fonction `isset()` examine tout d'abord s'il existe des variables `POST`. Le cas échéant, la fonction `reset()` positionne le pointeur interne du tableau sur le premier élément, après quoi les variables sont extraites du tableau associatif `$HTTP_POST_VARS` au sein d'une boucle `foreach` pour être ensuite affichées dans le navigateur.

▼ Listing **4.6** : *Extrait du script 05ex003.php3*

```
...
<?
if ( isset($HTTP_POST_VARS))
  {
    reset($HTTP_POST_VARS);
    foreach ($HTTP_POST_VARS as $k=>$elem)  {
        echo "$k: $elem<br>";
    }
  }
?>
...
```

L'extrait de script ci-après montre une variante permettant de transmettre à des variables générées automatiquement les données du formulaire extraites à partir des variables d'environnement.

Avantage de cette approche : bien que toutes les données du formulaire aient pu être automatiquement extraites, le préfixe choisi librement permet de contrôler l'attribution des noms de variables, ce qui est souhaitable pour éviter des conflits de noms.

4

Des pages web interactives avec PHP

▼ Listing **4.7** : *Extrait du script 05ex004.php3*

```
...
<?
if ( isset($HTTP_POST_VARS))
  {
    reset($HTTP_POST_VARS);
    foreach ($HTTP_POST_VARS as $k=>$elem)  {
 ${"e_$k"}= $elem;
      }
    }

echo "<br>Nom : ", $e_nom;
echo "<br>Prénom : ", $e_prenom;
echo "<br>Code postal : ", $e_codepostal;
echo "<br>Ville : ", $e_ville;
echo "<br>Rue : ", $e_rue;
echo "<br>";
?>
```

Génération dynamique d'éléments de formulaires en PHP

Jusqu'à un certain point, les pages web interactives sont toujours simultanément des pages web dynamiques, dans la mesure où le contenu des pages doit être modifié en fonction des interactions avec l'utilisateur.

La génération des contenus dynamiques est réalisée en règle générale par l'utilisation conjointe d'une base de données dont les contenus peuvent être mis à jour simplement.

Nous verrons ci-après comment réaliser des pages web interactives et dynamiques, même sans utiliser de base de données. Pour remplacer la base de données, nous utiliserons à cet effet le système de fichiers et de répertoires du serveur web. Nous disposerons ainsi d'un accès convivial à ce dernier, conformément aux droits d'accès définis par le système d'exploitation (pour un rappel sur le système de fichiers et de répertoires, reportez-vous à la section *PHP et le système de fichiers*).

Un système de menu dynamique

Dans l'application suivante, le système de fichiers du serveur web sera utilisé comme mémoire de données pour des applications web dynamiques.

Pour ce faire, créez des sous-répertoires dans un répertoire du serveur web, dans lequel vous disposez des droits d'accès requis. Vous nommerez ces sous-répertoires en fonction des options du menu que vous souhaiterez créer.

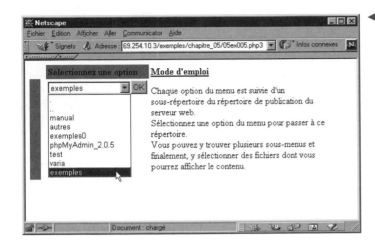

◀ Fig. 4.3 :
*Un menu généré
dynamiquement*

Nous avons montré à la section *Les fonctions relatives au système des répertoires* comment utiliser la classe `dir` pour accéder au système de fichiers.

Dans le script suivant, la fonction `dir()` ouvre le répertoire de base `$base` de la page web et crée en même temps l'objet répertoire `$fd`.

Les éléments de ce répertoire sont ensuite lus dans le tableau `$arr` à l'intérieur d'une boucle `while`. Pour ce faire, la méthode `read()` de l'objet répertoire `$fd` est appelée. Lorsque tous les éléments du répertoire ont été lus et enregistrés, le répertoire est à nouveau refermé par l'appel de la méthode `close()`.

▼ Listing 4.8 : *Extrait du script 05ex006.php3*

```
<?
$base= "/usr/local/apache/htdocs/site/";
$fd = dir($base);
while($v = $fd->read() ) {
  $arr[]=$v;
}
$fd->close();
...
```

Dans la partie suivante du script, plusieurs commandes `echo()` envoient différentes lignes de code HTML au navigateur. Elles sont chargées de définir un formulaire comportant une liste déroulante et de fournir à cette dernière des éléments de liste générés dynamiquement.

▼ Listing 4.9 : *Extrait du script 05ex006.php3*

```
...
echo "<form action='05ex007.php3' method='post'>";
echo "<select name='popup1'>";
foreach ($arr as $elem)  {
    echo "<option value='$elem'>$elem\n";
}
```

4

Des pages web interactives avec PHP

```
echo "</select></font>";
echo "<input type=submit value='OK'>";
echo "</form>";
```

Dans la balise ouvrante **<form>** de cette définition de formulaire, l'attribut **action** reçoit comme valeur le nom du script *05ex007.php3*, qui est chargé de traiter les données du formulaire qui ont été créées. Par ailleurs, la méthode HTTP **POST** est définie. Le formulaire comporte une liste de sélection définie à l'aide des balises **<SELECT> ... </SELECT>** ainsi qu'un bouton chargé de l'envoi des données.

L'algorithme situé au cœur de cette portion de code est constitué d'une boucle **foreach**. Pour chaque élément du répertoire référencé dans le tableau **$arr**, un attribut **<option ...>** est sorti sur le navigateur, chacun définissant un élément de la liste déroulante.

Lorsque l'utilisateur clique sur le bouton OK, la méthode HTTP **POST** envoie l'élément de la liste sélectionné au script *05ex007.php3*, chargé de traiter ces données. L'élément de liste sélectionné est alors adressé à ce script dans la variable **$popup1**.

Insertion d'un sous-menu dynamique

Le sous-menu du système de menus est construit sur le même principe que le menu principal, à ceci près qu'avant de lire les nouvelles informations concernant le répertoire il est nécessaire de passer au répertoire précédemment sélectionné. Pour ce faire, il convient d'appeler la fonction **chdir()**.

Selon la procédure que nous connaissons, le script crée une nouvelle liste déroulante, comportant cette fois des informations sur le sous-répertoire sélectionné du répertoire de base.

▼ **Listing 4.10** : *Extrait du script 05ex007.php3*

```
<?
$base= "/usr/local/apache/htdocs/site/";
$new= $popup1."/";
$path_new =$base.$new;
chdir($path_new);
$fd = dir($path_new);
while($v = $fd->read()) {
 $arr[]=$v;
}
$fd->close();
echo "<form action='05ex008.php3' method='post'>";
echo "<select name='popup1'>";
foreach ($arr as $elem)  {
       echo "<option value='$elem'>$elem\n";
}
echo "</select></font>";
echo "<input type='hidden' name='new' value='$new'>";
echo "<input type=submit value='OK'>";
echo "</form>";
?>
```

Lorsque l'utilisateur sélectionne un élément de liste et clique sur le bouton OK, le script *05ex008.php3* est appelé et il se fait transmettre les nouvelles données du formulaire.

Outre les données qui viennent d'être sélectionnées dans le formulaire et qui sont disponibles dans la variable **$popup1**, le script *05ex008.php3* a également besoin des informations concernant la sélection effectuée dans le menu principal. C'est à cette fin que ces informations sont également transmises par l'intermédiaire d'un champ masqué `<input type='hidden' ...>`.

Génération dynamique de liens hypertextes

La dernière partie du système de menus fait appel à une technique souvent utilisée dans les pages web dynamiques : la génération dynamique de liens hypertextes. Certes, il est possible de créer une subdivision supplémentaire vers un autre sous-menu. Au lieu de cela, le contenu du répertoire qui vient d'être sélectionné est affiché à l'aide de liens hypertextes générés dynamiquement qui renvoient finalement vers un document *.html* lorsqu'ils ont été sélectionnés.

Ces liens sont générés à l'intérieur d'une boucle **foreach** à partir du contenu du tableau **$arr**, comportant le nom des fichiers du dernier sous-répertoire qui viennent d'être lus. Après cela, ces liens sont envoyés au navigateur à l'aide des commandes `<a href= ...>` correspondantes.

▼ **Listing 4.11** : *Extrait du script 05ex008.php3*

```
<?
$base= "/usr/local/apache/htdocs/site/";
$path=$base.$new.$popup1;
$fd = dir($path);
while($v = $fd->read()) {
  $arr[]=$v;
}
$fd->close();

foreach ($arr as $elem)  {
 $link="site/".$new.$popup1."/".$elem;
 $lnkname=str_replace(".html","",$elem);
 $lnkname=str_replace(".htm","",$elem);
 $lnkname=str_replace("_"," ",$lnkname);
        echo "<a href='$link'>$lnkname</a><br>";
}
?>
```

Dans ce script, les lignes de code

```
$lnkname=str_replace(".html","",$elem);
$lnkname=str_replace(".htm","",$elem);
$lnkname=str_replace("_"," ",$lnkname);
```

sont chargées de nettoyer le nom de lien généré automatiquement, en supprimant l'extension de fichier *.htm* et en remplaçant les caractères soulignés éventuellement présents par des espaces.

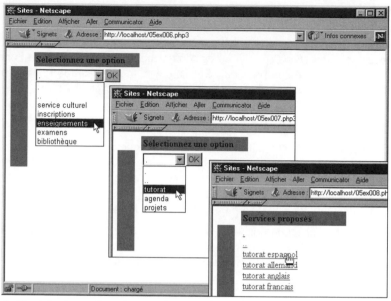

▲ Fig. 4.4 : *Le système de menu dynamique basé sur la structure des répertoires du serveur web*

Génération dynamique de boutons

Les liens hypertextes de l'exemple précédent peuvent être modifiés très simplement, de manière à afficher à la place des noms de liens des images qui feront alors office de boutons.

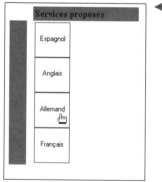

◀ Fig. 4.5 :
Les liens hypertextes peuvent être remplacés par des boutons

Pour ce faire, la boucle **foreach**, qui est chargée de générer les liens hypertextes, doit être modifiée comme ceci :

▼ Listing 4.12 : *Extrait du script 05ex009.php3*

```
...
$ext="JPG";
foreach ($arr as $elem) {
    if ($elem != "." and $elem != "..") {
  $link="site/".$new.$popup1."/".$elem;
```

```
$lnkname=str_replace(".html","",$elem);
$lnkname=str_replace(".htm","",$elem);
$lnkname=str_replace("_"," ",$lnkname);
        echo "<a href='$link'><img border='1' src='$lnkname.$ext' width='60' height='60'></a><br>";
        } // if
    } // foreach
?>
```

Pour actualiser ce système de menus ou en étendre les fonctionnalités, nul besoin de modifier de ligne de code HTML ou PHP. Il suffit pour cela de créer de nouveaux répertoires dans la structure des répertoires de votre serveur web et d'y mettre les fichiers de votre choix.

4.2.   Transfert de données entre scripts PHP

Les exemples précédents nous ont permis de constater avec quelle facilité le transfert de données à d'autres scripts était facile, lorsque l'on utilisait dans des formulaires la méthode HTTP POST. De la même façon, il est également possible de recourir à la méthode GET pour les mêmes opérations.

Transfert de données à l'aide de la méthode HTTP GET

Le protocole HTTP propose pour le transfert de données la méthode GET, en plus de la méthode POST. Contrairement à cette dernière méthode, les données transmises par la méthode GET transitent par l'URI du document référencé.

Utilisation de la méthode GET dans des formulaires

Le script ci-après montre le fonctionnement du système de menu dynamique avec la méthode HTTP GET. Pour utiliser GET, l'attribut method de la balise ouvrante <form> chargée de définir le formulaire est assorti de l'attribut "get".

Le formulaire défini dans le script comporte deux paramètres, qui doivent être transférés à l'aide de GET. Il s'agit tout d'abord du paramètre popup1, qui référence l'option sélectionnée dans la liste déroulante. Ce paramètre est accompagné du paramètre base, qui est transféré par l'intermédiaire d'une zone de saisie masquée.

Lorsque l'utilisateur a cliqué sur le bouton OK déclenchant le transfert des données, le script chargé de traiter ces dernières est appelé. Il dispose alors des données transmises de la même manière qu'avec la méthode POST. Dans le cas présent, ces données sont représentées par les variables $popup1 et $base.

▼ Listing 4.13 : *Script 05ex010.php3*

```
<?
$base= "/usr/local/apache/htdocs/site/";
$fd = dir($base);
while($v = $fd->read()) {
 $arr[]=$v;
}
```

```
$fd->close();

echo "<form action='05ex010.php3' method='get'>"; // Définition de la méthode GET
echo "<select name='popup1'>";
foreach ($arr as $elem)  {
   echo "<option value='$elem'>$elem\n";
}
echo "</select></font>";
echo "<input type='hidden' name='base' value='$base'>";
echo "<input type=submit value='OK'>";
echo "</form>";
?>
```

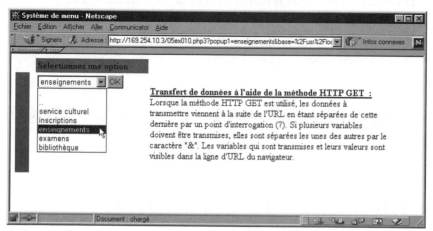

▲ Fig. 4.6 : *Transfert de données à l'aide de la méthode GET*

À la différence de la méthode HTTP POST, les données transmises dans le cadre de l'utilisation de la méthode GET sont visibles dans la ligne d'URL du navigateur, ce qui peut poser problème sur le plan de la sécurité des données.

Par ailleurs, les données de la ligne d'URL sont facilement modifiables et les données modifiées peuvent être utilisées pour demander une nouvelle fois le document, ce qui est la porte ouverte aux manipulations et représente pour le serveur web une faille de sécurité importante.

Par ailleurs, ce mode de transfert de données n'est possible que pour de faibles volumes de données, la quantité maximale acceptée dans l'URL des navigateurs courants ne dépassant pas 2000 caractères.

Utilisation de la méthode GET dans les liens hypertextes

Au lieu d'appeler explicitement la méthode GET dans les formulaires, à l'aide de l'attribut method, GET peut également être utilisée à l'extérieur de formulaires en utilisant des liens hypertextes préparés en conséquence.

Dans le cas de notre précédent exemple de menu, le sous-menu pourrait être appelé directement par le lien suivant, transmis au navigateur.

▼ Listing **4.14** : *Script 05ex013.php3*

```
<?
echo "<a href='05ex011.php3?popup1=enseignements&base=/usr/local/apache/htdocs/site/'>Appel
➥ du sous-menu</a>";
?>
```

Lorsque la méthode GET est utilisée à l'intérieur de formulaires, un URI correspondant comportant les données à transférer est automatiquement généré. Vous devez alors vous assurer par vous-même, lors de l'utilisation de liens hypertextes, que ces données apparaissent bien à la suite de l'URL, séparées de cette dernière par un point d'interrogation.

Le script chargé de traiter les données ne fait pas de différence entre la modification de l'appel et les données. De la même façon que lorsque les méthodes GET et POST sont utilisées dans des formulaires, les données sont stockées dans des variables dont le nom correspond aux paramètres indiqués dans l'URI.

Le script ci-après montre comment cette technique peut être utilisée pour procéder à des commandes simples. C'est ainsi qu'au moyen d'une commande echo la définition HTML d'un lien hypertexte est transmise au navigateur.

Le script ainsi que les données à transférer sont spécifiés au navigateur, afin de lui permettre de traiter ensuite les données transmises (pour plus de simplicité, il s'agit dans notre exemple du même script que celui utilisé pour générer les données).

Les données à transmettre sont le code client ainsi que la référence de l'article choisi.

▼ Listing **4.15** : *Script 05ex014.php3*

```
<?
$ext="png";
$RefArt=2499;
?>
<table border="0" width="90%"><tr><td width="50%">
<?
echo "<b><u>Pour commander, cliquez sur le livre</b></u><br>";
echo "<a href='$PHP_SELF?CodeClient=101000456&RefArt=$RefArt'><img border='0' src='$RefArt.$ext'>
➥ </a><br>";
?>
</td><td valign="top" width="50%">
<? echo "Auteur : .........<br>";
echo "Titre : ...........<br>";
echo "Prix : ...........<br>";
?>
</td></tr></table>
<? echo "Code client : ",$CodeClient," ","Référence article : ",$RefArt ?>
```

À la place du nom du lien hypertexte, le script utilise une photographie de l'article. Lorsque l'utilisateur clique sur cette dernière, les données sont envoyées au script chargé de les traiter. Les données transmises sont alors stockées dans les variables $CodeClient et $RefArt.

4

Des pages web interactives avec PHP

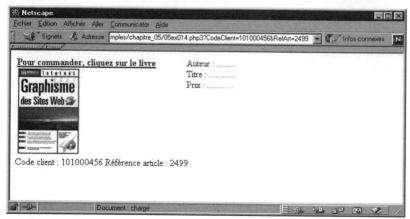

▲ Fig. 4.7 : *Transfert de données utilisant un lien hypertexte*

Comme le transfert des données utilise la méthode GET, les données sont visibles dans la ligne d'URL du navigateur.

La variable globale $QUERY_STRING

Comme nous l'avons précédemment indiqué, les impératifs de sécurité peuvent imposer de désactiver l'importation automatique de variables GET dans un script PHP. Il est nécessaire, pour ce faire, de définir les options de configuration correspondantes dans le fichier de configuration *php.ini* (à l'aide des paramètres variables_order et gpc_order).

Malgré cela, la variable globale $QUERY_STRING constitue un moyen d'accéder aux données envoyées. Cette variable comporte la totalité de l'URI figurant à la suite du point d'interrogation.

Pour générer les variables requises en vue des traitements ultérieurs à partir de cette chaîne de caractères, cette dernière peut être analysée (en jargon, "parsée") à l'aide de la fonction parse_str(), qui la décompose en ses différents constituants. La procédure mise en œuvre pour ce faire fait l'objet du script ci-après :

▼ Listing 4.16 : *Script 05ex015.php3*

```
<?
echo "<a href='$PHP_SELF?CodeClient=101000456&RefArt=2499'>Votre commande</a><br><br>";
echo "<b>Voici le contenu de la chaîne de requête :</b><br>";
echo $QUERY_STRING,"<br><br>";
echo "<b>Ces variables ont été générées à l'aide de la fonction parse_str()</b><br>";
parse_str($QUERY_STRING);
echo "CodeClient= ",$CodeClient,"<br>";
echo "RefArt= ",$RefArt;
?>
```

Après l'appel de la fonction parse_str(), qui est passée en paramètre à la variable globale $QUERY_STRING, cette dernière génère les variables correspondantes à partir des paramètres de la chaîne de requête. Ces variables sont alors disponibles dans l'optique de traitements ultérieurs, tels que la sortie à l'écran à l'aide de la commande echo.

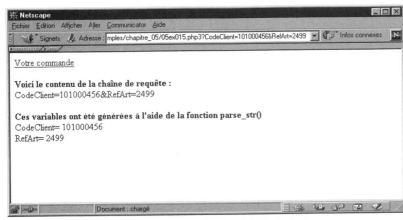

▲ Fig. 4.8 : *Évaluation de la variable globale $QUERY_STRING*

4.3. Définition de cookies à l'aide de PHP

PHP permet de définir et de lire des cookies HTTP. Les cookies constituent un mécanisme simple utilisable par un serveur web pour enregistrer des informations côté client et pour les rappeler.

Qu'est-ce qu'un cookie ?

■ Les cookies représentent une information textuelle d'une longueur maximale de 4000 octets.

■ Jusqu'à 20 cookies peuvent être stockés par domaine.

■ Les cookies ne peuvent être retournés par le navigateur qu'au serveur défini à cet effet et dans le répertoire spécifié.

■ Un navigateur peut stocker un maximum de 300 cookies.

■ Les cookies disponibles sont importés par PHP sous forme de variables identifiées sous le nom du cookie. Par ailleurs, la variable de serveur globale $HTTP_COOKIE_VARS enregistre tous les cookies qui ont été définis.

■ La spécification publiée par Netscape en matière de cookies est consultable à l'adresse suivante : http://www.netscape.com/newsref/std/cookie_spec.html.

Les cookies ont été conçus par la société Netscape afin d'étendre les fonctionnalités du protocole HTTP. L'objectif visé était de conférer plus de transparence aux interactions avec les utilisateurs de services web.

Les cookies sont disponibles depuis la version 1.1 de Netscape Navigator. L'introduction des cookies par Netscape est intervenue tout d'abord sans information des utilisateurs d'applications clientes, ouvrant ainsi la voie à toutes sortes de spéculations sur l'objectif visé par cette innovation. C'est vraisemblablement de là que vient la connotation plutôt négative liée jusqu'à ce jour aux cookies.

Les cookies constituent des collections de variables stockées sur la machine du client sous la forme de fichiers texte pouvant atteindre une taille maximale de 4 Ko. Ces variables sont destinées à enregistrer temporairement diverses informations. Ce peuvent être par exemple des informations sur la connexion à un serveur, ou la connexion suivante au même serveur.

La date d'expiration des cookies est définie de manière explicite par le serveur web chargé de les mettre en place. De ce fait, leur durée de vie est très variable. Certains restent actifs tant que le navigateur est en service, tandis que d'autres ont une durée de vie de plusieurs jours ou semaines.

Lorsque la date d'expiration d'un cookie a été atteinte, ce dernier est automatiquement supprimé par le navigateur. Un cookie ne peut être lu à nouveau que par le serveur qui l'a initialement défini. Un serveur web a certes la possibilité de créer des cookies pour le compte d'un autre serveur, mais ceux-ci ne peuvent être lus que par ce même serveur.

Domaines d'application des cookies

Les cookies sont généralement utilisés pour personnaliser les services et informations offerts sur le web et pour personnaliser la navigation des pages web en fonction des souhaits du client. Pour ce faire, les informations qui ne sont pas immédiatement perdues au moment où l'utilisateur quitte la page web sont stockées sur la machine du client. Les domaines d'application des cookies s'avèrent extrêmement divers.

Mémorisation des paniers dans les applications d'e-commerce

L'un des domaines d'application majeurs pour la mise en œuvre des cookies est représenté par les solutions d'e-commerce. Les informations contenues dans le panier rempli par le client sont mémorisées jusqu'à ce qu'il revienne visiter le même site, lorsqu'il n'a pas conclu la visite courante par l'envoi de sa commande.

Des pages web individualisées

Autre application des cookies : la création de pages web personnalisées en fonction des habitudes et des desiderata du client. Ainsi, le serveur web d'une librairie en ligne peut observer qu'un client chemine laborieusement à travers un système de menus complexe, pour accéder enfin au rayon spécifique qui l'intéresse en particulier. Eh bien, cette information peut être enregistrée dans un cookie qui sera utilisé la prochaine fois qu'il visitera la librairie, afin de lui présenter dès le début la page convoitée ou bien encore pour signaler les nouveautés relatives à son domaine et susceptibles de l'intéresser.

Identification des utilisateurs

Dans leur majorité, les utilisateurs ne disposent pas d'un accès permanent à Internet. Par ailleurs, l'accès à Internet utilise une adresse IP attribuée dynamiquement par les fournisseurs d'accès à Internet. De ce fait, il n'est pas possible d'identifier l'utilisateur à partir de cette adresse IP temporaire.

C'est dans ce contexte qu'interviennent les cookies : persistants et dotés d'une durée de vie longue, ils identifient le client à l'aide d'un identifiant unique qu'ils mémorisent. Ainsi, le client peut être reconnu lors d'une seconde visite du site et, s'il s'est identifié au moment de passer commande, son nom est également connu avec précision.

Spécification des cookies

Les attributs de l'en-tête Set-Cookie

- NAME=VALUE
- expires
- path
- domain
- secure

Les spécifications relatives aux cookies ont été définies par Netscape (elles sont consultables sur le Web à l'adresse `http://www.netscape.com/newsref/std/cookie_spec.html`). D'après ces spécifications, un cookie est créé par le serveur en réponse à un accès à une URL. Ce cookie est généralement l'œuvre d'un script CGI, chargé d'envoyer au client un en-tête `Set-Cookie` faisant partie d'une réponse HTTP. Le format utilisé est le suivant :

```
Set-Cookie: NAME=VALUE; expires=DATE; path=PATH; domain=DOMAIN_NAME; secure
```

Excepté l'attribut `NAME`, toutes les indications figurant dans cet en-tête sont optionnelles. L'attribut `NAME` est une chaîne de caractères identifiant le cookie. Tous les caractères sont admis, à l'exception du point-virgule, de la virgule et de l'espace. Les données relatives au cookie sont ensuite accessibles à l'application cliente sous ce nom.

L'attribut `expires` spécifie la date d'expiration du cookie, selon le format ci-après :

```
Jour de la semaine, DD-Mon-YYYY HH:MM:SS GMT
```

ce qui donne par exemple `Monday 12-Jun-00 11:00:00 GMT`. La seule zone horaire admise est la zone GMT. Si l'attribut `expires` n'est pas spécifié, le cookie expire à l'issue de la session.

L'attribut `path` définit la destination (incluant les sous-répertoires) à laquelle le navigateur doit envoyer le cookie. Si cet attribut n'est pas spécifié, le chemin est réputé être celui à partir duquel la demande initiale a été émise.

L'attribut `domain` spécifie le domaine pour le compte duquel un cookie peut être envoyé, garantissant ainsi que les informations contenues dans un cookie seront exclusivement envoyées au serveur web qui en aura reçu l'autorisation lors de la création du cookie, grâce à la spécification du domaine Internet et du chemin de l'URL.

L'attribut `secure` permet de définir si le cookie n'est autorisé à être transmis qu'à travers une connexion SSL (reportez-vous sur ce point au chapitre *Sécurité des transactions web avec SSL*).

Les cookies et la protection de la vie privée

Les cookies souffrent d'une image négative. À côté de l'introduction "en catimini" des cookies, qui a été caractérisée par un défaut d'information en direction des utilisateurs, la responsabilité de cet état de fait est à imputer à des articles parus dans la presse, aux fondements discutables, stigmatisant les cookies comme des "taupes" chargées d'espionner l'internaute, en recueillant des informations depuis son disque dur pour les communiquer à de mystérieux destinataires.

Cette vague d'hystérie au sujet des cookies s'est finalement calmée dans le public, qui a fini par se rendre compte que les cookies ne sont en aucun cas des vecteurs de virus supposés contaminer les postes sur lesquels ils ont été déposés et qu'aucun fichier n'est transporté du disque dur local vers le serveur en plus des cookies. Parallèlement, des voix s'élèvent pour critiquer (non sans raison) l'usage qui est fait des cookies.

Ainsi, des cookies persistants, c'est-à-dire dotés d'une durée de vie longue et d'une identification unique et souvent personnalisée de l'utilisateur, sont utilisés à l'insu de ce dernier pour établir des profils très précis exploitables par les sociétés de mercatique. Tout cela apparaît comme une dérive par rapport à l'intention qui a motivé à l'origine l'introduction des cookies, à savoir apporter une assistance destinée à améliorer la convivialité dans la consultation de sites web.

Gestion des cookies avec PHP

Dans le langage PHP, les cookies peuvent être définis à l'aide de la fonction `setcookie()`. Ils font partie intégrante d'un en-tête HTTP. De ce fait, il est indispensable (c'était déjà le cas pour la fonction `setcookie()`) d'appeler cette fonction avant qu'une autre donnée n'ait été envoyée au navigateur.

Syntaxe de la fonction setcookie()

■ `setcookie(name, value, expires, path, domain, secure);`

Dans l'exemple ci-après, la fonction `setcookie()` est utilisée pour définir un cookie :

▼ Listing 4.17 : *Script 05ex016.php3*

```
<?
setcookie("cook_4","Salut",time()+60000);
if (!$cook_4) {
   echo "Le cookie n'a pas été défini";
   } else {
echo $cook_4,"<br>";
}
?>
```

La fonction crée un cookie baptisé `cook_4` et contenant la valeur `"Salut"`. Le paramètre `expires`, qui indique la durée de vie du cookie en secondes à compter du 1/1/1970, est créé par la fonction `times()` et un décalage de 600 secondes. La fonction `times()` retourne le tampon horaire UNIX courant, fixant ainsi la durée de vie du cookie à 10 minutes. Lorsque aucune durée n'est spécifiée, le cookie persiste jusqu'à la fermeture du navigateur.

Dans notre exemple, les paramètres `path` et `domain`, chargés de définir pour quel répertoire et dans quel domaine le cookie est valable, ne sont pas spécifiés.

Le paramètre `secure` détermine si le cookie ne peut être transmis qu'à travers une connexion SSL. Lorsque la valeur définie est `secure=1`, le cookie est transmis uniquement à un serveur SSL (en utilisant le protocole `HTTPS`). Dans notre exemple, nous avons défini ce paramètre à `secure=0`, de sorte que le cookie peut être transmis par une connexion non sécurisée.

Lorsque la page *05ex016.php3* comportant ce script est appelée, un message apparaît récapitulant les données concernant le cookie.

◀ **Fig. 4.9 :**
Le navigateur signale qu'un cookie va être défini

Après cela, rien ne se passe tout d'abord. Par la suite, lorsque la même page est appelée une nouvelle fois, les informations stockées dans le cookie peuvent alors être utilisées. Elles sont utilisables par le script chargé de les exploiter depuis une variable correspondant à l'attribut NAME du cookie. Dans notre exemple, il s'agit de la variable $cook_4. Le contenu de cette variable est ensuite affiché par la commande echo.

Création à partir de plusieurs variables d'informations destinées aux cookies

Dans la pratique, la chaîne cookie stocke en règle générale le contenu de plusieurs variables. Pour ce faire, il est nécessaire de mettre en œuvre des techniques, parmi lesquelles les fonctions de tableau de PHP, dont il a déjà été question, peuvent être utilisées avec profit.

Pour que le contenu de plusieurs variables puisse être passé en paramètre à un cookie, vous pouvez procéder de la façon suivante. Pour commencer, les variables sont transformées en un tableau à l'aide de la fonction compact().

Puis ce tableau est converti en une chaîne de caractères à l'aide de la fonction implode(). Cette chaîne de caractères est ensuite affectée à l'attribut NAME du cookie, qui la reçoit en valeur.

Le script suivant présente les différentes étapes de la procédure :

▼ Listing 4.18 : *Script 05ex017.php3*

```
<?
$col="#FF0000";
$size=24;
$font="Arial";
$text="Salut";
$arr=compact("col","size","font","text");
$val=implode("&",$arr);
setcookie("cook_1",$val, time()+600, "","",0);
echo "Un cookie a été défini<br><br>";

if (!$cook_1) {
   echo "Le cookie n'a pas été défini<br>";
   } else {
echo "<b>Voici le contenu de la chaîne cookie :</b><br><br>";
```

4

Des pages web interactives avec PHP

```
echo $cook_1,"<br><br>";
}
$arr=explode("&",$cook_1);
echo "<b>Ces variables ont été établies à partir  de la chaîne cookie :</b><br><br>";
foreach ($arr as $k=>$elem)  {
      echo "$k=>$elem<br>";
 ${"c_$k"} = $elem;
}
echo "<br><b>A présent, l'information du cookie est utilisée :</b><br><br>";
Sortie($c_1,$c_0,$c_2,$c_3);

function Sortie($sz,$col,$ft,$txt) {
echo "<FONT FACE=\"$ft\" COLOR=\"$col\" SIZE=\"$sz\">$txt</FONT>";
}
?>
```

Pour que l'information contenue dans la chaîne cookie puisse être réutilisée, cette chaîne doit être traitée en conséquence. Autrement dit, elle doit à nouveau être décomposée de façon à reconstituer les différentes variables. Pour ce faire, on utilise la fonction explode(), chargée de retourner à un tableau les différentes parties de la chaîne délimitées par un caractère séparateur.

Les valeurs stockées dans ce tableau peuvent alors être lues dans le tableau. À partir de là, elles sont soit utilisées directement par le script chargé de les traiter, soit converties en différentes variables individuelles, pour être ensuite réutilisées.

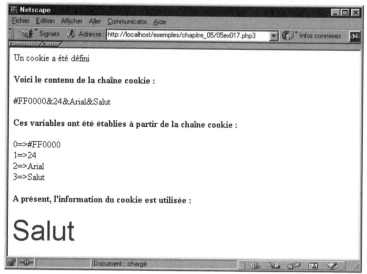

▲ Fig. 4.10 : *Des cookies comportant plusieurs variables*

4.4. Gestion des sessions à l'aide de PHP 4.0

Alors qu'il était nécessaire jusqu'à présent de recourir à des bibliothèques externes pour la gestion de sessions, PHP 4.0 intègre désormais un nouveau module chargé de la gestion de sessions.

Cette nouvelle fonctionnalité de PHP 4.0 justifie à elle seule le passage à la nouvelle version de PHP.

Les sessions

La gestion de sessions réalisée par PHP 4.0 est un mécanisme permettant de mettre en relation les différentes requêtes du même client sur une période de temps donnée.

Le protocole HTTP étant un protocole sans connexion, le serveur et le client mettent fin au processus à l'issue de chaque commande. À la suite du processus de communication, un nouveau processus est relancé pour toute nouvelle commande. Ce faisant, il n'existe aucun rapport entre les différentes requêtes émises par le même client.

Dans le cadre de processus d'e-commerce, ce mode opératoire du protocole HTTP s'avère très gênant, comme cela apparaît dans le cas d'une boutique web : le client appelle la page d'accueil d'une boutique en ligne et se fait attribuer en règle générale un code client, utilisé pour l'identifier tout au long du processus de la commande en ligne.

Il accède ensuite au catalogue et remplit son panier d'achats. S'il souhaite commander les articles sélectionnés, il doit passer à la page correspondante, où il donne son nom, son adresse et ses coordonnées bancaires.

Durant ce processus, le client peut ainsi demander 3-4 pages différentes au serveur web. Faute de mesures particulières, le serveur, utilisant un protocole HTTP sans connexion, perd alors les informations pertinentes pour la procédure de commande qui se rapportent aux pages précédemment visitées.

Avec l'introduction de la gestion de sessions, les fonctions de base requises pour traiter ce genre de transactions par l'intermédiaire de différentes requêtes HTTP font désormais partie intégrante du langage PHP.

La fonction de gestion de sessions de PHP 4 crée alors automatiquement l'identificateur de session requis pour le traitement des sessions et se charge de la sérialisation et de l'enregistrement des données associées à la session.

Fonctionnement des sessions

- différentes requêtes HTTP d'un client peuvent être traitées comme une session ;
- les données se rapportant à la session sont enregistrées sur le serveur soit dans des fichiers texte soit dans des bases de données soit dans la mémoire des processus du serveur web ;
- chaque utilisateur se fait attribuer un identificateur de session crypté et généré aléatoirement ;
- côté client, la première formule consiste à enregistrer l'identificateur de session sous forme de cookie ;

Des pages web interactives avec PHP

4

- dans le cas où l'internaute refuse l'utilisation de cookies, l'autre solution consiste à transmettre l'identificateur de session à l'aide de variables GET/POST ou encore d'un script à l'autre ;
- pour autant que PHP ait été compilé après avoir été configuré avec l'option --enable-trans-id, l'identificateur de session est transmis automatiquement, dans le cas où les cookies ne sont pas autorisés.

Par défaut, PHP utilise le système de fichiers du serveur web pour enregistrer les données de session.

Lors de l'enregistrement, les variables de session sont automatiquement sérialisées, c'est-à-dire transformées en une chaîne de caractères.

Lors de l'ouverture de la session, PHP vérifie tout d'abord s'il existe un identificateur de session valide. Dans le cas contraire, il le crée.

S'il existe déjà un identificateur de session, les variables mises en place pour cette session restent disponibles dans l'espace de nom global du script.

L'appel de la fonction session_register() crée durant la session des variables de session dont l'enregistrement est pris en charge par PHP et qui peuvent être référencées tout au long de la session.

La fonction session_unregister() est utilisée pour supprimer des variables de session. Dans une application de boutique web, cette fonction est utilisée lorsqu'un client supprime un article de son panier.

Configuration du module de session de PHP

Le module de session de PHP 4.0 est configurable par l'intermédiaire de différentes options de configuration figurant dans le fichier *php.ini*. Les principales options et leurs valeurs par défaut sont récapitulées dans le tableau ci-après.

▼ Tab. 4.2 : Les principales options de configuration du module de session de PHP 4.0

Option	Description
session.save_handler=files	Identificateur faisant référence au module mémoire enregistré. Lorsque l'option par défaut est définie (files), le système de fichiers du serveur est utilisé. Les autres valeurs sont mm (utilise la mémoire des processus) et user (personnalisé).
session.save_path= /tmp	Lorsque l'enregistrement des données de session fait appel à des fichiers, le chemin de ces derniers peut être spécifié.
session.use_cookies = 1	Par défaut l'enregistrement de l'identificateur de session utilise les cookies.
session.name=PHPSESSID	Nom de la session, également utilisé comme nom du cookie.
session.auto_start=0	Lance automatiquement le module de session à chaque requête.
session.cookie_lifetime = 0	Durée de vie des cookies en secondes (0 signifie jusqu'au prochain lancement du navigateur).
session.cookie_path = /	Chemin pour lequel le cookie est valide.

▼ Tab. 4.2 : **Les principales options de configuration du module de session de PHP 4.0**

Option	Description
`session.cookie_domain =`	Domaine pour lequel le cookie est valide.
`session.serialize_handler = php`	Lien vers le sérialiseur (actuellement, `php` est la seule option).
`session.gc_probability = 1`	Probabilité (0..1) pour que la routine de vidage de la mémoire soit lancée au début de chaque session.
`session.gc_maxlifetime =1440`	Durée en secondes à l'issue de laquelle toutes les données de session sont supprimées.

Gestion des sessions sous PHP

Les fonctions PHP de gestion de session

- `session_start()` : démarre une session.
- `session_destroy()` : met fin à une session et détruit toutes les données de session.
- `session_name()` : retourne le nom de la session en cours ou démarre une nouvelle session sous le nom passé en paramètre.
- `session_id()` : retourne l'identificateur de la session en cours ou ouvre la session sous le nom passé en paramètre.
- `session_is_registed()` : vérifie si une variable est enregistrée dans la session courante.
- `session_register()` : enregistre une variable pour la session courante.
- `session_unregister()` : supprime une variable de la session courante.
- `session_encode()` : retourne les données sérialisées de la session courante.
- `session_decode()` : décode les données sérialisées de la session courante et initialise les variables correspondantes.

Une session sous PHP 4.0 est démarrée soit explicitement par l'appel de la fonction `session_start()` soit implicitement par l'enregistrement d'une variable à l'aide de la fonction `session_register()`.

Dans le script ci-après, une session est démarrée, par exemple dans le contexte d'une application de boutique web.

Le nom de la session, retourné par la fonction `session_name()`, apparaît à l'écran pour les besoins du test.

Puis la variable `$RefClient`, qui vient d'être créée, est enregistrée comme variable de session à l'aide de la fonction `session_register()`.

Pour les variables qui sont enregistrées pour la session en suivant cette procédure, il doit déjà s'agir d'une variable globale existante.

Des pages web interactives avec PHP

4

La fonction `session_register()` retourne une valeur booléenne (`TRUE`, `FALSE`) permettant de vérifier si l'enregistrement de la variable a réussi. Assurez-vous donc que c'est bien le nom de la variable à enregistrer qui est passé en paramètre de la fonction et non pas la variable elle-même.

▼ Listing 4.19 : *Script 05ex018.php3*

```
<?
session_start();
$nom= session_name();
echo $nom,"<br>";
$RefClient= 101;
session_register("RefClient");
echo "<br>SID : ", SID;
?>
```

Dans la suite de la session, mais dans une autre phase de l'application et dans un tout autre script, différentes informations intervenues entre-temps, importantes pour la suite de la transaction, sont enregistrées à l'aide de la fonction `session_register()` sous forme de variables de session. La session courante est alors initialisée implicitement par l'appel de la fonction `session_register()`.

▼ Listing 4.20 : *Script 05ex019.php3*

```
<?
// Initialisation implicite de la session
$RefArt=100101;
$RefCmde="999-876";
$NumCmde="2000-101";
session_register("RefArt");
session_register("RefCmde");
session_register("NumCmde");
?>
```

L'extrait du script reproduit ci-après montre ce dont PHP 4.0 est réellement capable en matière de gestion de session :

Dans une phase ultérieure de l'application, les variables précédemment enregistrées comme variables de session sont à présent disponibles, cette fois sur une tout autre page, ou dans un autre script. Ces variables peuvent ainsi être utilisées, sans qu'il soit nécessaire de programmer de fonctions destinées à les transférer sur la page correspondante, et qu'il aurait fallu programmer sans ces variables de session.

▼ Listing 4.21 : *Script 05ex020.php3*

```
<?
session_start();
$nom= session_name();
echo "<b><u>Nom de la session :</b></u> ", $nom,"<br>";
echo "Référence article : ", $RefArt,"<br>";
```

```
echo "Référence commande : ", $RefCmde,"<br>";
echo "Référence client : ", $RefClient,"<br>";
echo "Numéro commande : ", $NumCmde,"<br>";
session_destroy();
?>
```

Sortie :

```
Nom de la session : PHPSESSID
Référence article : 100101
Référence commande : 999-876
Référence client : 101
Numéro commande : 2000-101
```

Lorsque toutes les variables de session ont été traitées et que toutes les transactions ouvertes ont été refermées, toutes les données de session peuvent être supprimées par l'appel de la fonction **session_destroy()**, libérant ainsi l'espace mémoire utilisé.

L'exemple ci-après montre que le mécanisme décrit fonctionne également avec des tableaux.

Pour commencer, le tableau **$Villes** est enregistré pour la session courante.

▼ Listing 4.22 : *Script 05ex021.php3*

```
<?
session_start();
$Villes = array("Berlin", "Amsterdam", "Londres", "Madrid", "Athènes","Lisbonne","Copenhague",
➥  "Munich");
session_register("Villes");
?>
```

Puis le tableau s'affiche à nouveau par l'intermédiaire d'une boucle **foreach**, lorsque l'utilisateur passe à une autre page :

▼ Listing 4.23 : *Script 05ex022.php3*

```
<?
session_start();
$nom= session_name();
echo "<b><u>Nom de la session :</b></u> ", $nom,"<br>";
foreach ($Villes as $elem) {
    echo $elem, "<br>";
 }
session_destroy();
?>
```

Sortie :

```
Nom de la session : PHPSESSID
Berlin
```

(bandeau latéral) **4** — **Des pages web interactives avec PHP**

- Amsterdam
- Londres
- ...

Transmission de l'identificateur de session par l'intermédiaire de cookies

Modalités de la transmission de l'identificateur de session par PHP

- utilisation de cookies (méthode par défaut) ;
- par l'intermédiaire des variables GET/POST ;
- par une URL (soit manuellement, soit automatiquement, si PHP a été compilé après avoir été configuré avec l'option --enable-trans-id).

Le module de session de PHP 4.0 essaie tout d'abord de déposer dans un cookie l'identificateur de session généré automatiquement et d'utiliser par la suite ce cookie sur la page suivante, afin de transmettre l'identificateur de session.

Cependant, cela n'est possible que si le client accepte la création de cookies. La transmission de l'identificateur de session à l'aide de cookies est la méthode prévue par défaut par PHP pour libérer l'utilisateur du souci de transmettre l'identifiant à la page suivante.

Dans l'exemple précédent, il est possible de suivre cette procédure à l'aide des messages du navigateur qui s'affichent lors de la création du cookie (à condition que le navigateur ait été configuré à cet effet).

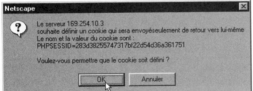

◀ Fig. 4.11 :
Le module de session essaie d'enregistrer l'identificateur de session dans un cookie

Transmission de l'identifiant de session par la méthode GET/POST

Dans le cas où le client n'accepte pas les cookies, l'identificateur de la session courante est disponible à travers la constante de session SID. Utilisée avec la méthode HTTP GET ou POST, ou avec des liens ou des commandes header() correspondants, cette constante doit être transférée à la page suivante.

L'exemple ci-dessous montre ce à quoi pourrait ressembler un lien correspondant chargé de rediriger l'identificateur de session :

▼ Listing 4.24 : *Script 05ex023.php3*

```
<? // Transmission manuelle de l'identificateur de session
session_start();
$nom= session_name();
```

```
echo $nom,"<br>";
$RefClient= 101;
$RefArt=100101;
$RefCmde="999-876";
$NumCmde="2000-101";
session_register("RefArt");
session_register("RefCmde");
session_register("NumCmde");
session_register("RefClient");
printf('<a href="05ex020.php3?%s">05ex020.php3</a>', SID);
echo "<br>L'identificateur de session ", SID, "<br>";
echo "a été transmis par l'URL";
?>
```

L'identificateur de session est alors transmis de cette manière dans la chaîne de requête de l'URL et apparaît dans la ligne d'URL du navigateur.

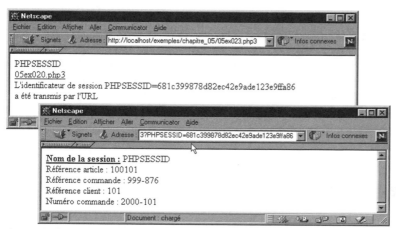

▲ Fig. 4.12 : *Transmission manuelle de l'identificateur de session*

Utilisation de la fonction Header() en vue de sa transmission

Une autre possibilité de transmettre l'identificateur de session consiste à utiliser la fonction `Header()`. Cette fonction est chargée d'envoyer un en-tête HTTP au navigateur.

L'exemple suivant utilise l'en-tête `Location-Response`. Cet en-tête, qui peut être utilisé pour effectuer une redirection vers une autre URL, comporte l'adresse exacte de la ressource, y compris la chaîne de requête, qui contient en l'occurrence l'identificateur de session.

La fonction `Header()` doit être appelée avant qu'aucune autre balise HTML ne soit envoyée.

▼ Listing 4.25 : *Script 05ex024.php3*

```
<?   // Transmission manuelle de l'identificateur de session
session_start();
$sn=session_name();
$sid=session_id();
```

Des pages web interactives avec PHP

4

```
Header("Location: 05ex020.php3?$sn=$sid");
$RefClient= 101;
session_register("RefClient");
?>
```

Redirection automatique de l'identifiant de session par URL

Nous avons montré dans la section précédente de quelle manière l'identificateur de session pouvait être transmis manuellement, dans le cas où le client n'accepte pas la création de cookies.

PHP 4.0 permet, dans le cas également où les cookies ne sont pas acceptés, de rediriger automatiquement l'identificateur de session par URL. Pour activer cette fonctionnalité, PHP doit avoir été compilé après avoir été configuré avec l'option **--enable-trans-id**.

L'identificateur de session est alors ajouté automatiquement à chaque lien d'une page analysée par PHP. Dans la configuration par défaut, cette option n'est pas activée, en raison d'une diminution de performances peu compatible avec des applications où la rapidité de réponse est un impératif.

4.5.   Génération dynamique d'images en PHP

Le préprocesseur hypertexte PHP ne se contente pas de manipuler des fichiers texte et *.html*, mais il gère également des fichiers correspondant à d'autres types MIME. PHP dispose en particulier d'une bibliothèque graphique complète riche de nombreuses fonctions permettant de gérer les fichiers graphiques.

Il s'agit en l'occurrence de la bibliothèque graphique **GD**, utilisable sous licence GPL et disponible gratuitement sur Internet.

La bibliothèque graphique GD

La bibliothèque GD

La version actuelle gd 1.8.3 est accessible à l'adresse http://www.boutell.com/gd.

La bibliothèque **GD** est un produit freeware de la société Boutell. Com, Inc, basée à Seattle (USA). La dernière version en date est la **gd 1.8.3**. À la différence des précédentes versions, celle-ci ne prend plus en charge la génération d'images au format *.gif*. La raison en est que l'utilisation de l'algorithme de compression (LZW), utilisé dans les images *.gif*, est sous licence. De ce fait, le format *.gif* ne peut plus être utilisé dans une application freeware telle que **GD**.

La nouvelle version de la bibliothèque **GD** utilise une alternative équivalente, représentée par le format *.png*. Cependant, ce dernier format graphique n'est pas encore pris en charge par tous les navigateurs.

Pour utiliser la bibliothèque **GD**, PHP doit avoir été compilé après avoir été configuré avec l'option **--with-GD**. Une autre solution consiste à charger dynamiquement la bibliothèque à l'aide de la fonction **dl()**.

Les images et le protocole HTTP

Pour pouvoir manipuler des fichiers graphiques avec PHP, il convient de préciser brièvement comment le protocole HTTP gère les différents types de fichiers. Le type correspondant au fichier transmis par le protocole HTTP est défini par son type MIME.

Les types MIME

MIME est l'abréviation de *Multipurpose Internet Mail Extensions*. Les types MIME désignent le type correspondant aux fichiers transférés par Internet.

Lorsqu'un serveur HTTP envoie un fichier à un client, il désigne le type de fichier auquel il correspond par son type MIME. Il utilise pour cela un champ d'en-tête prévu à cet effet. Le client a besoin de connaître le type MIME, afin d'interpréter correctement le fichier transmis.

Un type MIME est constitué d'un type principal et, séparé par une barre oblique, d'un sous-type. Le type MIME de toutes les pages HTTP standard est le type `text/html`. Les fichiers graphiques appartiennent au type principal `image`. Leur sous-type est fonction des différents formats de fichiers.

> **Différents types MIME**
>
> ■ `text/plain` : fichier texte ;
> ■ `text/html` : fichier *.html* ;
> ■ `image/gif` : image *.gif* ;
> ■ `image/ief` : Image Exchange Format ;
> ■ `image/png` : image *.png* ;
> ■ `image/jpeg` : image *.jpeg* ;
> ■ `image/tiff` : image *.tiff* ;
> ■ `image/x-xbitmap` : X-Bitmap ;
> ■ `image/x-xpixmap` : X-Pixmap.

Gestion des fichiers graphiques avec PHP

À défaut d'autres spécifications, PHP insère automatiquement le type MIME `text/html` au début du document. Cet en-tête n'apparaît pas lorsque le document est affiché par le navigateur.

Pour vérifier simplement l'existence de l'en-tête, vous pouvez appeler la commande suivante à partir de la ligne de commande de votre système ou, sous Windows, dans une fenêtre DOS :

```
> php scripttest.php3
```

PHP affiche alors dans la console du système la ligne suivante, suivie d'une ligne vide, puis de la sortie générée par le script.

```
Content-Type: text/html
```

Lorsque des fichiers graphiques doivent être transmis au client HTTP, le type MIME désignant ces fichiers doit être transmis en même temps dans un en-tête placé au début du document. Vous pouvez générer cet en-tête à l'aide de la fonction **header()**.

Pour les fichiers graphiques que vous créez et manipulez à l'aide de la bibliothèque GD, le type MIME est **image/gif** ou **image/png**, en fonction du format graphique utilisé.

Pour envoyer un fichier graphique au navigateur, il convient donc d'envoyer tout d'abord un en-tête dans le script graphique, en utilisant la fonction **header()**. Le code correspondant se présente comme ceci, pour le format *.png* :

```
<?
header("Content-type:  image/png");
?>
```

Fonctions GD de retouche d'images

Vous trouverez ci-après un récapitulatif des fonctions de génération et de retouche d'images de la bibliothèque GD. Comme nous l'avons précisé plus haut, la version courante est désormais dépourvue de commandes permettant de générer des images au format *.gif*. Cette fonctionnalité reste cependant possible avec d'anciennes versions de GD.

Dans les exemples présentés dans ce bref aperçu, **$img** fait référence à un identificateur de fichier graphique créé à l'aide de la fonction **imagecreate()**. De même, les variables **$x** et **$y** définissent la position d'un point par ses coordonnées à l'écran. Les variables **$x1** et **$y1** (pour l'angle supérieur gauche) et **$x2** et **$y2** (pour l'angle inférieur droit) définissent quant à elles les coordonnées d'un rectangle à l'écran.

La variable **$col** désigne l'identificateur d'une couleur, correspondant à la valeur de cette couleur dans une palette de couleurs. La variable **$succ** correspond à la valeur retournée par la fonction concernée, signalant le succès (**TRUE**, **1**) ou l'échec (**FALSE**, **0**) d'une opération qui a été exécutée.

▼ Tab. 4.3 : Fonctions GD de retouche d'images

Fonction	Exemple	Description
getimagesize	$arr=getimagesize ($filename, [$info]);	Retourne les propriétés d'une image *.gif*, *.jpeg* ou *.png* dans un tableau $arr. $arr[0] : largeur de l'image $arr[1] : hauteur de l'image $arr[2] : type de l'image (1 = GIF, 2 = JPG, 3 = PNG $arr[3] : chaîne "height=xxx width=xxx" destinée à être utilisée dans une balise < IMG..>-Tag. Le tableau $info retourne des informations supplémentaires optionnelles.
Imagearc	imagearc($img, $cx, $cy, $w, $h, $s, $e, $col);	Dessine une ellipse de centre $xc,$cy, de largeur $w, de hauteur $h, d'angle initial $s et d'angle final $e.
imagechar	imagechar($img, $font, $x, $y, $char, $col);	Dessine un caractère $char.

▼ Tab. 4.3 : Fonctions GD de retouche d'images

Fonction	Exemple	Description
imagecharup	imagecharup($img, $font, $x, $y, $char, $col);	Dessine un caractère pivoté à 90° $char.
imagecolorallocate	$col=imagecolorallocate($img, $red, $green, $blue);	Retourne un identificateur $col pour une couleur.
imagecolorat	$col=imagecolorat($img, $x, $y);	Retourne l'index $col de la valeur colorimétrique d'un pixel.
imagecolorclosest	$col=imagecolorclosest($img, $red, $green, $blue);	Retourne l'index $col de la couleur la plus proche d'une valeur RVB.
imagecolorexact	$col=imagecolorexact($img, $red, $green, $blue);	Retourne l'index $col d'une couleur définie.
imagecolorresolve	$col=imagecolorresolve($img, $red, $green, $blue);	Retourne l'index $col ou la couleur la plus proche d'une valeur RVB.
imagecolorset	$succ=imagecolorset($img, $col, $red, $green, $blue);	Modifie une couleur $col dans la palette de couleurs.
imagecolorsforindex	$arr=imagecolorsforindex ($img, $col);	Retourne les valeurs RVB d'une couleur définie, à l'aide de l'index $col dans un tableau $arr.
imagecolorstotal	$nbre=imagecolorstotal($img);	Retourne le nombre $nbre de couleurs.
imagecolortransparent	$col_n=imagecolortransparent ($img, [$col]);	Définit une couleur comme transparente et retourne un nouvel identificateur $col_n. Si aucune couleur $col n'est indiquée, la couleur courante est utilisée.
imagecopyresized	imagecopyresized ($dst_im, $src_im, $dstX, $dstY, $srcX, $srcY, $dstW, $dstH, $srcW, $srcH);	Copie une portion d'image de $src_im (source) vers $dst_im (destination).
imagecreate	$img=imagecreate($x_size, $y_size);	Crée une image de dimensions $x_size, $y_size et retourne un identificateur $img.
imagecreatefromgif	$img=imagecreatefromgif ($name);	Crée une image à partir d'un fichier .gif $name et retourne un identificateur $img.
imagedashedline	imagedashedline($img, $x1, $y1, $x2, $y2, $col);	Dessine une ligne en tirets.
imagedestroy	imagedestroy($img);	Libère l'espace mémoire utilisé par une image.
imagefill	imagefill($img, $x, $y, $col);	Remplit une surface avec la couleur $col.
imagefilledpolygon	imagefilledpolygon ($img, $points, $num, $col);	Dessine un polygone rempli à l'aide de la couleur $col et de $num points. Les coordonnées des points sont notées dans le tableau $points. points[0]=x0; points[1]=y0 points[2]=x1; points[3]=y1, etc.
imagefilledrectangle	imagefilledrectangle($img, $x1, $y1, $x2, $y2, $col);	Dessine un rectangle plein.
imagefilltoborder	imagefilltoborder($img, $x, $y, $border, $col);	Remplit une surface, comportant une bordure de couleur $col.

4

Des pages web interactives avec PHP

▼ Tab. 4.3 : Fonctions GD de retouche d'images

Fonction	Exemple	Description
imagefontheight	$h=imagefontheight($font);	Retourne la hauteur d'une police.
imagefontwidth	$b=imagefontwidth($font);	Retourne la largeur d'une police.
imagegif	imagegif($img, [$name]);	Sort une image *.gif* dans la fenêtre du navigateur ou dans un fichier $name.
imageinterlace	$succ=imageinterlace ($img, [$interlace]);	Active ou désactive le mode entrelacé (0 = activé, 1 = désactivé).
imageline	imageline($img, $x1, $y1, $x2, $y2, $col);	Dessine une ligne.
ImageLoadFont	imageloadfont($name);	Charge une nouvelle police à partir du fichier $name.
imagepng	imagepng($img, [$name]);	Crée une image *.png*.
imagepolygon	imagepolygon($img, $points, $num, $col);	Dessine un polygone de $num points et de couleur $col. Les coordonnées des points sont définies dans le tableau $points. points[0]=x0; points[1]=y0 points[2]=x1; points[3]=y1, etc.
ImagePSBBox	$arr=imagepsbbox ($text, $font, $size, $space, $width, $angle);	Retourne un tableau comportant les dimensions d'une zone d'entrée de texte (police PostScript de type 1). $arr[0] : x1 (angle inférieur gauche) $arr[1] : y1 (angle inférieur gauche) $arr[2] : x2 (angle supérieur droit) $arr[3] : y2 (angle supérieur droit)
ImagePSEncodeFont	imagepsencodefont ($encodingfile);	Modifie le vecteur décrivant une police PostScript de type 1.
ImagePSFreeFont	imagepsfreefont($fontindex);	Libère l'espace mémoire utilisé par une police PostScript de type 1.
ImagePSLoadFont	imagepsloadfont($filename);	Charge une police PostScript de type 1 à partir d'un fichier.
ImagePSText	$arr=imagepstext ($image, $text, $font, $size, $foreground, $background, $x, $y, [$space], [$tightness], [$angle], [$antialias_steps]);	Dessine une chaîne de caractères $text au-dessus d'une image, en utilisant une police PostScript de type 1 et retourne le tableau $arr avec les dimensions du texte.
imagerectangle	imagerectangle ($img, $x1, $y1, $x2, $y2, $col);	Dessine un rectangle.
imagesetpixel	imagesetpixel ($img, $x, $y, $col);	Dessine un pixel.
imagestring	imagestring($img, $font, $x, $y, $text, $col);	Écrit un texte $text.
imagestringup	imagestringup($img, $font, $x, $y, $text, $col);	Écrit un texte $text aligné verticalement.
imagesx	$b=imagesx($img);	Retourne la largeur d'une image.
imagesy	$h=imagesy($img);	Retourne la hauteur d'une image.

▼ Tab. 4.3 : Fonctions GD de retouche d'images

Fonction	Exemple	Description
ImageTTFBBox	$arr=ImageTTFBBox ($size, $angle, $fontfile, $text);	Retourne un tableau aux dimensions d'une zone d'entrée de texte et utilisant les polices True Type.
ImageTTFText	$arr=ImageTTFText ($img, $size, $angle, $x, $y, $col, $fontfile, $text);	Dessine un texte $text utilisant les polices True Type et retourne le tableau $arr avec les dimensions.

Génération d'images à l'aide de la bibliothèque GD : cas pratique

Nous avons déjà eu l'occasion de voir des exemples pratiques de génération d'images à l'aide des fonctions de la bibliothèque GD à la section *Techniques de programmation orientée objet : introduction avec des objets graphiques*. La procédure générique à suivre pour la création d'images est la suivante :

Tout d'abord, la fonction `imagecreate()` crée un identificateur de fichier sur un nouveau fichier graphique. Cette fonction reçoit en paramètre les dimensions (longueur, largeur) de l'image à créer.

Les contenus graphiques sont ensuite dessinés dans l'image à l'aide des fonctions conçues à cet effet. Toutes ces fonctions doivent recevoir en paramètre l'identificateur créé à l'aide de la fonction `imagecreate()`.

Lorsque vous avez créé l'image, elle peut être sortie, soit directement dans la fenêtre du navigateur soit dans un fichier. La fonction utilisée est `imagegif()` pour les images au format *.gif*, et `imagepng()` pour les images au format *.png*.

Pour terminer, la place réservée à l'image dans la mémoire vive est à nouveau libérée à l'aide de la fonction `imagedestroy()`.

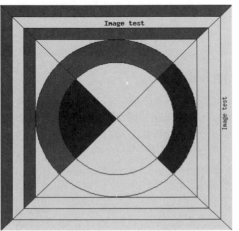

◀ Fig. 4.13 :
Illustration des possibilités de la bibliothèque GD

Le script ci-après montre cette procédure à partir d'un simple exemple :

▼ Listing **4.26** : *Script 05ex025.php3*

```
<?
header("Content-type:  image/png");
$str="Image test";
$im=imagecreate(400,400);
$black=imageColorAllocate($im,0,0,0);
$gelb=imageColorAllocate($im,255,255,0);
$green=imageColorAllocate($im,0,255,0);
$red=imageColorAllocate($im,255,0,0);
imagefill($im,0,0,$gelb);
imagestring($im, 3, 180,25, $str, $black);
imagestringup($im,2,380,220,$str, $black);
imagerectangle($im,20,20,380,380, $black);
imagerectangle($im,40,40,360,360, $black);
imagerectangle($im,60,60,340,340, $black);
imageline($im, 0,0,400,400,$black);
imageline($im, 400,0,0,400,$black);
imagearc($im,200,200,200,200,0,360, $black);
imagearc($im,200,200,280,280,0,360, $black);
imagefilltoborder($im, 20,10, $black, $red);
imagefilltoborder($im, 10,20, $black, $red);
imagefilltoborder($im, 200,55, $black, $red);
imagefilltoborder($im, 55,200, $black, $red);
imagefilltoborder($im, 200,70, $black, $red);
imagefilltoborder($im, 70,200, $black, $red);
imagefilltoborder($im, 150,200, $black, $black);
imagefilltoborder($im, 320,200, $black, $black);
imagePNG($im);
imagedestroy($im);
?>
```

Un calendrier interactif pour le Web

Nous présenterons dans cette section une application plus complexe, faisant appel à différentes fonctions et techniques que nous avons eu l'occasion de décrire aux chapitres précédents. Vous pourrez ainsi vous rendre compte que les fonctionnalités graphiques de PHP se prêtent particulièrement bien à la création d'applications web interactives et dynamiques.

L'idée de l'application repose sur la création d'un calendrier annuel, analogue à celui qui a été décrit à la section *Programmation d'un calendrier annuel*.

Alors que le contenu du calendrier s'affichait précédemment en mode texte, nous allons à présent utiliser des éléments graphiques générés à l'aide de la bibliothèque graphique **GD**. Pour ce faire, nous créerons une image *.gif* pour chaque jour du calendrier. Les éléments *.gif* servent de boutons permettant de déclencher différentes actions lorsqu'ils sont actionnés. Ces actions sont par exemple la modification de la couleur d'arrière-plan d'un jour du calendrier, afin de le sélectionner, ou encore l'affichage d'un mémo associé à ce jour du calendrier.

Ce calendrier interactif peut être utilisé dans différentes circonstances. Il peut s'agir par exemple d'une application de planning de congés, dans laquelle tous les employés peuvent entrer leurs congés annuels à partir de leur navigateur. Autre application : la gestion des rendez-vous accessible depuis leur navigateur par un groupe d'utilisateurs donné d'un réseau au sein d'une entreprise.

▲ Fig. 4.14 : *Gestion du calendrier interactif depuis le navigateur web*

Création des éléments du calendrier

Pour créer le calendrier, une boucle `for` utilise la fonction `imagecreate()` pour générer des images .*gif* correspondant à tous les jours de l'année, et appose un texte sur ces images par l'intermédiaire d'autres commandes graphiques `GD`.

La détermination des noms des jours de la semaine fait appel à des fonctions de date (qui ont été présentées à la section *Quelques fonctions de calcul de date* contenues dans le fichier *cal_func-.php3*, lié par l'intermédiaire de la fonction `include()`.

La couleur des éléments du calendrier est déterminée en fonction du jour, selon qu'il s'agit du dimanche (représenté en rouge) ou d'un autre jour de la semaine. Les images .*png* générées ne sont pas sorties directement dans la fenêtre du navigateur, mais vers autant de fichiers correspondants sous le nom **$png_name**, à l'aide de la commande

```
imagepng($im,$png_name);
```

Il n'est donc pas nécessaire d'envoyer d'en-tête pour les fichiers graphiques. La variable $png_name comporte donc, sous le contrôle de la boucle for, le numéro correspondant au jour comportant dans l'année l'indication du répertoire dans lequel les images doivent être enregistrées.

▼ Listing 4.27 : *Script cal_createpng.php3*

```
<?  // Création d'images PNG

include("cal_func.php3");
setlocale ("LC_TIME", "fr");
$ext= ".png";
$path= "/usr/local/apache/htdocs/images/";
for ($i=1;$i < 367;$i++) {
 $str1= journomx($i);
 $str2= " ";
 $str3= journoisx($i);
 $str= $str1.$str2.$str3;;
 $im=imagecreate(55,15);
 $black=imageColorAllocate($im,0,0,0);
 $yellow=imageColorAllocate($im,255,255,0);
 $red=imageColorAllocate($im,255,0,0);
    if (journomx($i)== "Sun") {
        imagefill($im,0,0,$red);
        }
        else {
        imagefill($im,0,0,$yellow);
        }
    ImageString($im,2,0,0,$str, $black);
    ImageLine($im,0,14,90,14, $black);
 $png_name= $path.$i.$ext;
    imagepng($im,$png_name);
    imagedestroy($im1);
}
?>
```

Le programme principal du calendrier

Le programme principal de l'application de calendrier débute également par une instruction include chargée de lier le fichier comportant les fonctions de date.

Puis la commande echo intervient pour éditer une série de commandes HTML chargées de créer un tableau.

L'édition de l'en-tête du tableau est assurée par la fonction cal_header(), tandis que le contenu du tableau est généré par la fonction cal_body().

▼ Listing 4.28 : *Extrait du script cal1.php3*

```
<? // calendrier avec des éléments PNG
include("cal_func.php3");
echo "<table bgcolor='#FFC000' border =0>";
cal_header();
cal_body();
echo "</table>";
...
```

Édition de l'en-tête du calendrier

La fonction `cal_header()`, qui édite l'en-tête du calendrier, utilise massivement la fonction `strftime()`. Ainsi, les données éditées sont automatiquement adaptées en fonction des paramètres nationaux, en utilisant la fonction `setlocale()`.

L'en-tête du calendrier doit comporter le nom des différents mois de l'année. Pour que cet en-tête puisse être généré automatiquement à l'aide de la fonction `strftime()`, deux paramètres sont requis : la chaîne de formatage %b (pour la forme abrégée du mois) et un tampon horaire UNIX valant pour le mois correspondant.

▼ Listing 4.29 : *Extrait du script 05ex027.php3*

```
...
function cal_header() {
echo "<tr><td width=10%>",strftime('%b', mktime (0,0,0, 1,1, 2000)),"</td>";
echo "<td width=10%>",strftime('%b', mktime (0,0,0, 2,1, 2000)),"</td>";
echo "<td width=10%>",strftime('%b', mktime (0,0,0, 3,1, 2000)),"</td>";
echo "<td width=10%>",strftime('%b', mktime (0,0,0, 4,1, 2000)),"</td>";
echo "<td width=10%>",strftime('%b', mktime (0,0,0, 5,1, 2000)),"</td>";
echo "<td width=10%>",strftime('%b', mktime (0,0,0, 6,1, 2000)),"</td>";
echo "<td width=10%>",strftime('%b', mktime (0,0,0, 7,1, 2000)),"</td>";
echo "<td width=10%>",strftime('%b', mktime (0,0,0, 8,1, 2000)),"</td>";
echo "<td width=10%>",strftime('%b', mktime (0,0,0, 9,1, 2000)),"</td>";
echo "<td width=10%>",strftime('%b', mktime (0,0,0, 10,1, 2000)),"</td>";
echo "<td >",strftime('%b', mktime (0,0,0, 11,1, 2000)),"</td>";
echo "<td >",strftime('%b', mktime (0,0,0, 12,1, 2000)),"</td></tr>";
}
...
```

Édition du contenu du calendrier

L'édition du contenu du calendrier à proprement parler est assurée par la fonction `cal_body()`. Celle-ci appelle, depuis une boucle `for` s'exécutant pour chacun des 12 mois de l'année, la fonction `mois_out()`, qui affiche les différents jours du calendrier dans le mois.

▼ Listing 4.30 : *Extrait du script 05ex027.php3*

```
...
function cal_body() {
$jour=1;
echo "<tr><td valign=top>";
for ($mois=1;$mois<13;$mois++) {
 $jour=mois_out($mois,$jour);
    echo "</td><td valign=top>";
}
echo "</td></tr>";
}
...
```

Le cœur de l'algorithme de l'application de calendrier est situé dans la fonction `mois_out()`.

La fonction fait appel à la commande

```
echo "<a href=cal_jour.php3?jour=",$z,"><img border='0' src=$png></a><br>";
```

Celle-ci est exécutée depuis une boucle `while`, pour générer un lien hypertexte pour chaque jour du calendrier. La destination de ces liens hypertextes est constituée par le script `cal_jour.php3`.

La chaîne de requête de l'URI reçoit encore le paramètre `jour`, correspondant au quantième du jour dans l'année. À la place du nom d'un lien, c'est l'image *.png* correspondant au jour du calendrier qui est affichée.

▼ Listing 4.31 : *Extrait du script 05ex027.php3*

```
...
function mois_out($mois,$z)  {
 $ext= ".png";
 $ext1=".php3";
 $path= "/images/";
 while (moisx($z)==$mois) {
 $png=$path.$z.$ext;
 $lnk=$z.$ext1;
    echo "<a href=cal_jour.php3?jour=",$z,"><img border='0' src=$png></a><br>";
 $z+=1;
    }
    return $z;
}
?>
```

Fonctions de calcul de date

Les différentes fonctions de calcul de date sont définies dans le script `cal_func.php3`. Le script est lié par l'intermédiaire de l'instruction `include` aux différents scripts de l'application de calendrier.

Une partie de ces fonctions a déjà été présentée à la section *Quelques fonctions de calcul de date*. Nous les rappelons ici dans le cadre de leur nouvelle application.

▼ **Listing 4.32** : *Script cal_func.php3*

```
<? //cal_func.php3 Fonctions de calcul de date
function moisx($x) {
$aujourdhui= mktime (0,0,0, date("m"),date("d"), date ("Y"));
$jour_courant= (int)strftime("%j", $aujourdhui);
$jour_x= mktime (0,0,0, date("m"),date("d")-$jour_courant+$x, date ("Y"));
$x_mois= (int)strftime("%m", $jour_x);
 return $x_mois;
 }

function jourmoisx($x) {
$aujourdhui= mktime (0,0,0, date("m"),date("d"), date ("Y"));
$jour_courant= (int)strftime("%j", $aujourdhui);
$jour_x= mktime (0,0,0, date("m"),date("d")-$jour_courant+$x, date ("Y"));
$x_jourmois= (int)strftime("%d", $jour_x);
 return $x_jourmois;
 }

 function journomx($x) {
$aujourdhui= mktime (0,0,0, date("m"),date("d"), date ("Y"));
$jour_courant= (int)strftime("%j", $aujourdhui);
$jour_x= mktime (0,0,0, date("m"),date("d")-$jour_courant+$x, date ("Y"));
$x_joursemnom= strftime("%a", $jour_x);
 return $x_joursemnom;
 }

 function journum($x) {
$aujourdhui= mktime (0,0,0, date("m"),date("d"), date ("Y"));
$jour_courant= (int)strftime("%j", $aujourdhui);
$jour_x= mktime (0,0,0, date("m"),date("d")-$jour_courant+$x, date ("Y"));
$x_numjoursem= strftime("%w", $jour_x);
 return $x_numjoursem;
 }

 function semcaljourx($x) {
$aujourdhui= mktime (0,0,0, date("m"),date("d"), date ("Y"));
$jour_courant= (int)strftime("%j", $aujourdhui);
$jour_x= mktime (0,0,0, date("m"),date("d")-$jour_courant+$x, date ("Y"));
$x_semcal= strftime("%U", $jour_x);
 return $x_semcal;
 }
```

```
function datx($x) {
$aujourdhui= mktime (0,0,0, date("m"),date("d"), date ("Y"));
$jour_courant= (int)strftime("%j", $aujourdhui);
$jour_x= mktime (0,0,0, date("m"),date("d")-$jour_courant+$x, date ("Y"));
$dat= strftime("%d %b %Y", $jour_x);
 return $dat;
 }

?>
```

Extension du calendrier

L'application de calendrier doit à présent être étendue en vue de permettre de créer des entrées abrégées pour différents jours de l'année. Ces entrées figureront dans le calendrier annuel, dans une couleur distinctive choisie librement.

Par ailleurs, il doit être possible de créer pour chaque jour calendaire des notes détaillées, permettant par exemple de fixer des rendez-vous.

Un formulaire pour modifier les contenus du calendrier

Le script principal de l'application de calendrier cal1.php3 utilise la ligne de code

```
echo "<a href=cal_jour.php3?jour=",$z,"><img border='0' src=$png></a><br>";
```

pour créer des liens hypertextes pour chaque jour calendaire. Ce script assure le contrôle de toutes les entrées du calendrier, que les utilisateurs saisissent dans le calendrier à partir de leur navigateur web.

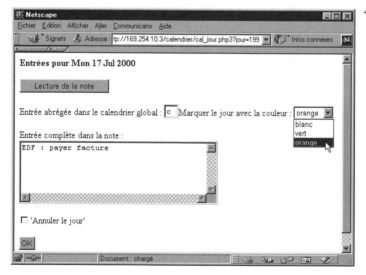

◀ Fig. 4.15 :
Contrôle de l'accès aux éléments du calendrier

Le travail du script consiste à utiliser deux formulaires HTML différents.

Le premier formulaire comporte uniquement un bouton **Lecture de la note**, permettant d'appeler le script *cal_memo.php3*. Ce script affiche la note correspondant à un jour du calendrier ainsi qu'une zone de saisie masquée, par l'intermédiaire de laquelle le numéro correspondant au jour calendaire est transmis. La méthode utilisée pour le transfert des données est la méthode HTTP POST.

Plus complexe, le second formulaire comporte une zone de saisie permettant de taper un code de deux caractères au maximum à faire apparaître dans le calendrier global. À cette zone vient s'ajouter une zone de saisie de texte sur plusieurs lignes, permettant de rédiger des notes plus complètes.

Le formulaire comporte également une liste déroulante offrant un choix de couleurs pour marquer le jour du calendrier, ainsi qu'une case à cocher qui peut être activée en vue d'effacer les entrées se rapportant à un jour du calendrier.

Le bouton OK est utilisé pour envoyer les données et pour appeler le script *cal_jour_edit.php3*, chargé de traiter les données. La méthode utilisée pour le transfert des données est également la méthode HTTP POST.

▼ Listing **4.33** : *Script cal_jour.php3*

```php
<?    // cal_jour.php3
include("cal_func.php3");
echo "<b>Entrées pour  ", journomx($jour)," ", datx($jour),"</b>";

echo "<form action='cal_memo.php3' method=POST>";
echo "<input type='hidden' name='sent' value='1'>";
echo "<input type='hidden' name='jour' value=$jour>";
echo "<input type='Submit' name='mread' value='Lecture de la note'>";
echo "</form>";

echo "<form action='cal_jour_edit.php3' method=POST>",
echo "Entrée abrégée dans le calendrier global : <input type='Text' name='short' value='' size='2'
➥   maxlength='2'>";
echo "Marquer le jour avec la couleur :  <select name='d_color'>";
echo "<option value='1'>blanc";
echo "<option value='2'>vert";
echo "<option value='3'>orange";
echo "</select><br><br>";
echo "Entrée complète dans la note :<br>";
echo "<textarea name='long' cols='40' rows='5'></textarea><br><br>";
echo "<input type='Checkbox' name='clear' value='1'>'Annuler le jour'<br>";
echo "<input type='hidden' name='jour' value=$jour>";
echo "<br><input type='Submit' name='envoi' value='OK'>";
echo "</form>";
?>
```

Personnalisation des éléments du calendrier

Le script *cal_jour_edit.php3* est chargé de personnaliser les images *.png* des différents jours du calendrier en fonction des données entrées par l'utilisateur. Pour ce faire, le script fait à nouveau appel aux fonctions de la bibliothèque graphique GD.

Les informations requises à cet effet, à savoir le numéro du jour (variable $jour), la couleur (variable $d_color) sélectionnée par l'utilisateur pour le jour du calendrier, la valeur de la case à cocher (variable $clear), indiquant si le jour du calendrier doit être annulé ou non, ainsi que la chaîne comportant l'entrée abrégée (variable $short), sont adressées au script à l'aide de la méthode POST par le script *cal_jour.php3*.

Ensuite, la fonction GD imagefill() est utilisée pour déterminer la couleur de l'image correspondant à ce jour du calendrier, à partir de ces informations. Le contrôle du choix de la couleur est assuré par une construction switch/case. Si nécessaire, la fonction GD imagestring() est utilisée pour compléter l'entrée dans l'image du jour dans le calendrier.

L'image *.png* actualisée correspondant au jour du calendrier à modifier est ensuite enregistrée dans un fichier à l'aide de la fonction GD imagepng(). Elle est utilisable par le script principal de l'application de calendrier (*cal1.php3*) pour un nouvel affichage.

Parallèlement, l'appel de la fonction memo_write() enregistre dans un fichier les données de la note complète relative au jour du calendrier et saisie dans la zone de texte sur plusieurs lignes. Pour ce faire, le script utilise la fonction PHP fopen() pour créer un identificateur de fichier, ainsi que la fonction fputs() pour enregistrer une chaîne de caractères dans le fichier.

Pour terminer, la commande

```
Header("Location: cal1.php3");
```

redirige le navigateur vers le script principal de l'application de calendrier *cal1.php3*.

▼ Listing 4.34 : *Script cal_jour_edit.php3*

```
<?      // cal_jour_edit.php3
include("cal_func.php3");
$ext= ".png";
$ext1= ".txt";
$path= "/usr/local/apache/htdocs/images/";
$str1= journomx($jour);
$str2= " ";
$str3= jourmoisx($jour);


$im=imagecreate(55,15);
$black=imageColorAllocate($im,0,0,0);
$white=imageColorAllocate($im,255,255,255);
$orange=imageColorAllocate($im,255,200,0);
$green=imageColorAllocate($im,0,255,0);
$yellow=imageColorAllocate($im,255,255,0);
$red=imageColorAllocate($im,255,0,0);
if ($clear==1) {  // Annuler le jour
```

```
   $str= $str1.$str2.$str3;
    imagefill($im,0,0,$yellow);
   }
 else
 {
  $str= $str1.$str2.$str3.$str2.$short;
   switch ($d_color) {
     case 1:    imagefill($im,0,0,$white); break;
     case 2:    imagefill($im,0,0,$green); break;
     case 3:    imagefill($im,0,0,$orange); break;
   }
 }
 ImageString($im,2,0,0,$str, $black);
 ImageLine($im,0,14,90,14, $black);
 $png_name= $path.$jour.$ext;
 $memo_name= $path.$jour.$ext1;
 imagepng($im,$png_name);
 imagedestroy($im);
 $resultat=memo_write($memo_name, $long);
 Header("Location: cal1.php3");

 function memo_write($file, $str) {
  $fp=fopen($file, "a");
  $succ=fputs($fp, $str."<br>\n");
  return $succ;
 }

 ?>
```

Affichage de la note

Le dernier script de l'application de calendrier *cal_memo.php3* est chargé d'afficher les notes enregistrées pour un jour donné du calendrier.

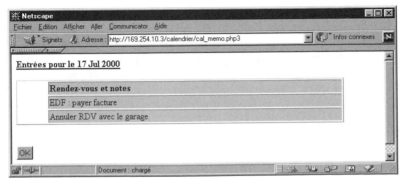

▲ Fig. 4.16 : *Affichage du mémo*

Le contenu du fichier texte enregistré pour un jour donné du calendrier est lu dans ce script à l'aide de la fonction `memo-read()`, qui parcourt le tableau `$arr` ligne par ligne.

La fonction `memo-read()` appelle à son tour la fonction de fichier PHP `file()`. Le contenu du tableau `$arr` est ensuite édité sous forme tabulaire dans la fenêtre du navigateur, par l'intermédiaire d'une procédure s'exécutant à l'intérieur d'une boucle `foreach`.

▼ Listing 4.35 : *Script cal_memo.php3*

```php
<?
include("cal_func.php3");
$ext= ".txt";
$path= "/usr/local/apache/htdocs/images/";
$datnam=$path.$jour.$ext;
echo "<b><u>Entrées pour  le ", datx($jour),"</u></b><br><br>";
echo "<table bgcolor=#FFE000 width=90% border=1>";
echo "<tr><td width =10%></td><td width=90%><b>Rendez-vous et notes</b></td></tr>";

if ($sent) {
 $arr=memo_read($datnam);
   foreach ($arr as $elem) {
      echo "<tr><td></td><td>$elem</td></tr>";
   }
}
echo "</table>";
echo "<form action='cal1.php3'>";
echo "<br><input type='Submit' name='ok' value='OK'>";
echo "</form>";


function memo_read ($file) {
 $file_arr=file($file);
    return $file_arr;
}

?>
```

4.6. Mise en page à l'aide de modèles

Le langage PHP est un langage de script immergé dans le code HTML. De ce fait, un script PHP comporte généralement des commandes HTML et des sections constituées de code PHP pur. Dans la pratique, il est même possible de combiner des commandes HTML et du code PHP dans la même instruction.

Cette possibilité de mélanger code HTML et code PHP fait partie du principe qui a présidé à la création du langage PHP.

Cependant, plus le code PHP et les commandes HTML sont étroitement imbriqués, plus les problèmes sont importants, lorsqu'il s'agit de modifier la mise en page d'une page ainsi programmée. Plus le code PHP et les commandes HTML se confondent, plus il est généralement difficile de modifier la mise en page : cette opération est peu accessible à un concepteur de pages web dépourvu de connaissances en programmation.

Ce problème peut être résolu de deux manières. La première approche consiste à structurer et à modulariser de manière conséquente l'application, en utilisant les possibilités de structuration prévues par PHP, telles que les commandes `require()` et `include()`. La seconde approche consiste à organiser le code à l'intérieur de différentes fonctions, ce qui permet, jusqu'à un certain point, de séparer automatiquement le code (PHP) et la conception (HTML).

Une autre solution pour résoudre ce problème consiste à utiliser des modèles, ce qui est permis par la prise en charge de différentes extensions PHP, dont la plus diffusée est la classe `FastTemplate`.

Que sont les modèles ?

■ Un modèle est un fichier texte comportant des variables. Lorsque le modèle a été analysé, les variables qu'il comporte sont substituées par du texte.

Fast Template

La classe `FastTemplate` 1.1.0 est une extension PHP permettant l'utilisation de modèles.

FastTemplate

■ http://www.thewebmasters.net/php/FastTemplate.phtml
■ cdi@thewebmasters.net

Initialement développée sous forme de module Perle par Jason Moore, la classe `FastTemplate` a été portée de CDI vers PHP.

`FastTemplate` est une application libre tournant tant sous PHP 3 que sous PHP 4.0. Lorsque `FastTemplate` est utilisée avec PHP 4.0, il est nécessaire d'apporter quelques modifications au code source, ce qui peut être fait par les utilisateurs eux-mêmes.

Le concept de `FastTemplate` est basé sur la séparation radicale du code et de la mise en page. La mise en page d'une application est définie dans différents modèles. Le code comporte le contrôle du déroulement de l'application et la logique du programme. Les données requises par l'application sont généralement disponibles depuis des fichiers et des bases de données externes.

`FastTemplate` est constitué d'une classe implémentant différentes méthodes, à l'aide desquelles la séparation du code et de la mise en page peut être réalisée de manière efficace.

Installation de FastTemplate et configuration pour PHP4

Pour utiliser `FastTemplate`, il suffit de télécharger l'archive à partir de l'adresse indiquée précédemment et de la désarchiver dans le répertoire de votre choix.

`FastTemplate` fait partie d'un fichier portant le nom *class.FastTemplate.php3*, que vous devez lier à votre application à l'aide d'une instruction `include()`. Les 40 premières lignes de ce fichier comportent différents paramètres prédéfinis destinés à adapter `FastTemplate` au système d'exploitation utilisé. Sous Windows, la variable `$WIN32` doit avoir la valeur `TRUE`.

Pour pouvoir utiliser `FastTemplate` avec PHP4, le code du fichier *class.FastTemplate.php3* doit être modifié à deux endroits.

Les modifications requises à cet effet sont décrites à l'adresse http://www.thewebmasters.net/php/FastTemplate.phtml.

Utilisation de FastTemplate

Définition de variables

La première opération à effectuer pour utiliser `FastTemplate` consiste à créer les modèles demandés et à définir les variables utilisées dans ces modèles.

Définition d'une variable de modèle

- `{([A-Z0-9_ ]+)}`

Les variables peuvent utiliser des majuscules, des chiffres et des caractères soulignés. Elles doivent figurer entre accolades. Exemple :

 `{ITEM_1}`

Les méthodes de base de la classe FastTemplate

Pour pouvoir utiliser les méthodes de la classe `FastTemplate`, il est tout d'abord nécessaire de créer un nouvel objet dérivé à partir de cette classe.

 `$tpl = new FastTemplate("/path/to/templates");`

Lorsqu'il est appelé, le constructeur `FastTemplate` peut recevoir en paramètre un chemin, renvoyant au répertoire dans lequel les modèles se trouvent.

Par la suite, les méthodes de `FastTemplate` doivent alors être appelées dans l'ordre exact. Les méthodes les plus importantes sont récapitulées ci-après.

Les méthodes de base de la classe FastTemplate

- define()
- assign()
- parse()
- FastPrint()

La méthode define()

La méthode `define()` affecte aux noms de fichier du modèle des noms plus courts que les identificateurs de fichier.

Syntaxe

- define(array([key=>value], ...))

Cette méthode reçoit en paramètre les identificateurs de fichier et les noms de fichier correspondant aux modèles, sous la forme d'une paire clé/valeur d'un tableau associatif. Exemple :

```
$tpl->define( array( mpage => "mpage.tpl", mtable => "mtable.tpl" ));
```

Pour des raisons de performances, il est avantageux de définir tous les modèles d'une application dans un seul appel de `define()`.

La méthode assign()

La méthode `assign()` permet d'affecter des valeurs aux variables utilisées dans les modèles. Ces affectations interviennent lorsque de nouvelles valeurs sont générées durant l'exécution du programme.

Syntaxe

- assign (key,value)

ou

- (array([key=> value], ...))

Les noms de variables et leurs valeurs sont passées en paramètre sous la forme d'une paire clé/valeur d'un tableau associatif. Comme ces paires clé/valeur sont enregistrées dans un tableau associatif, les valeurs de clés identiques s'effacent mutuellement.

Exemple :

```
$tpl->assign(ELEM, "Excel");
```

La méthode parse()

La méthode `parse()` représente la fonction principale de `FastTemplate`.

Cette méthode reçoit en paramètre des paires clé/valeur avec les modèles source et cible. Le modèle source est analysé et le résultat est affecté à une variable de modèle.

Les modèles source sont indiqués par l'identificateur de fichier spécifié à l'aide de la méthode `define()`. La méthode `parse()` peut être appelée en utilisant trois possibilités (voir l'encadré). La forme composée de l'appel de la méthode peut être utilisée lorsque les modèles doivent être imbriqués l'un dans l'autre.

Syntaxe

■ Forme normale

– `parse(DESTINATION, Handle)`

■ Forme composée

– `parse(DESTINATION, array ("handle1", "handle2"));`

■ Forme Append

– `parse(MAIN, ". row");`

La forme `Append`, caractérisée par la présence d'un point précédant l'identificateur de fichier correspondant, est utilisée lorsqu'il s'agit d'ajouter des contenus analysés à une variable préexistante, par exemple pour ajouter à un modèle les contenus analysés d'un nombre variable de lignes de tableau.

La méthode FastPrint()

La méthode `FastPrint()` sort le contenu d'une variable passée en paramètre.

Lorsque aucune variable n'est passée en paramètre, la variable analysée lors du dernier appel de la méthode `parse()` est sortie.

Syntaxe

■ `FastPrint(HANDLE)`

Une application utilisant FastTemplate

Vous vous souvenez du système de menus dynamique, qui a été décrit à la section "Génération dynamique d'éléments de formulaires en PHP" (page). Nous vous proposons de revenir sur cet exemple pour illustrer le fonctionnement de la classe `FastTemplate`.

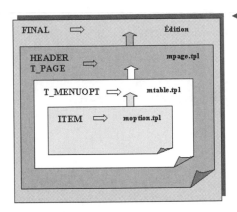

◀ Fig. 4.17 :
Un système de menus faisant appel à des modèles

Création du modèle

Pour réaliser cette application à l'aide de modèles, qui sont chargés de définir la mise en page de l'application, nous devons commencer par définir les variables requises à cet effet.

Le principe de `FastTemplate` consiste à identifier différentes unités formant un tout et susceptibles d'être structurées hiérarchiquement, puis à les transformer en modèles.

Dans ce contexte, la possibilité d'être structuré hiérarchiquement signifie que chaque unité doit représenter un élément constitutif de l'unité située au niveau immédiatement supérieur. Ainsi, les éléments de liste constituent une partie de la liste déroulante. À son tour, celle-ci fait partie d'un tableau et ce dernier fait partie de la page.

Dans l'exemple de système de menus, qui nous intéresse ici, les éléments de la liste déroulante peuvent être décrits comme un modèle `"moption"`, en utilisant les variables de modèle `{ITEM}`.

Ce modèle intervient à nouveau sous forme de variable dans une table modèle `"table"` de niveau supérieur. De la même façon, cette table modèle est à son tour utilisée comme une variable dans le modèle de niveau supérieur `"page"`.

Le modèle *moption.tpl*, qui définit le contenu de la liste déroulante HTML, comporte la variable `{ITEM}`. À l'issue de l'analyse de ce modèle, son contenu est passé en paramètre à la variable `{T_MENUOPT}`, qui fait partie à son tour du modèle *mtable.tpl*, situé au niveau supérieur.

```
<!--moption.tpl-->
  <option value={ITEM}>{ITEM}
```

Le modèle *mtable.tpl*, qui définit la mise en page du tableau, comporte la variable `{T_MENUOPT}`. À l'issue de l'analyse de ce modèle, son contenu est passé en paramètre à la variable `{T_PAGE}`, qui fait partie du modèle de niveau supérieur *mpage.tpl*.

▼ Listing 4.36 : *Modèle mtable.pl*

```
<!--mtable.tpl-->
<table bgcolor=#00E0FF border="0" cellpadding="3" cellspacing="0" width="95%">
<tr>
 <td bgcolor="#00A0FF" valign="top" width="5%"></td>
 <td bgcolor="#00A0FF" valign="top" width="2%"></td>
```

```
<td bgcolor="#00A0FF" valign="top" width="30%"><b>Sélectionnez une option</b></td>
<td bgcolor="#00A0FF" valign="top" width="60%"><b><u></b></u></td>
</tr>
<tr>
<td bgcolor="#00A0FF">
<p> </p><p> </p><p> </p><p> </p><p> </p></td> <td></td>
<td valign="top">
<form action='05ex007.php3' method='post'>
<select name='popup1'>
  {T_MENUOPT}
</select>
<input type=submit value='OK'>
</form>
</td>
<td>
</td>
</tr>
</table>
```

Le modèle *mpage.tpl*, chargé de définir la mise en page, comporte les variables {HEADER} et {T_PAGE}. L'analyse de ce modèle donne lieu à la variable {FINAL}, qui est sortie dans la fenêtre du navigateur.

▼ Listing 4.37 : *Modèle mpage.pl*

```
<!--mpage.tpl-->
<html>
<head>
<title>Menu</title>
</head>
<body text="#000000" bgcolor=#FFFFFF link="#FF0000" alink="#FF0000" vlink="#FF0000">
<h2>{HEADER}</h2>
{T_PAGE}
</body>
</html>
```

La maquette de l'application est à présent entièrement décrite par les modèles que nous venons de créer. Dès lors, un webdesigner pourra facilement modifier cette maquette, en utilisant les commandes HTML.

Le code PHP n'apparaît pas dans les modèles. Il nous reste à présent à mettre au point un programme chargé de contrôler l'analyse des modèles qui viennent d'être définis. Ce code est décrit ci-après.

Le code PHP destiné à piloter le système de menus

Tout d'abord, le fichier *class.FastTemplate.php3* est lié à l'aide d'une instruction `include`. Ce fichier comporte la classe `FastTemplate`. La fonction `InitializeTemplate()` est ensuite appelée.

Cette fonction réalise deux opérations. La première fait appel à l'instruction *new* pour dériver un nouvel objet $tpl rattaché à la classe `FastTemplate`. La seconde opération affecte les modèles créés à leurs identificateurs de fichiers respectifs, en appelant la méthode `define()`.

Plus loin, les fonctions `show_header()` et `show_menu()` sont appelées. À l'intérieur de la fonction `show_header()`, la méthode `assign()` affecte la chaîne $header, qui contient le titre, à la variable de modèle {HEADER}.

La fonction `show_menu()`est la fonction centrale de l'application, au sein de laquelle les entrées de répertoires correspondant au menu dynamique sont lues, tandis que les variables de modèle {ITEM} sont assignées au sein d'une boucle `foreach`.

L'analyse du modèle correspondant `moption` intervient en mode `Append`. Autrement dit, le modèle `moption` est analysé et le résultat est ensuite ajouté à la variable de modèle {T_MENUOPT, à chaque passage de la boucle `foreach`.

Lorsque toutes les entrées de répertoire ont été traitées, le modèle `mtable` est analysé et le résultat est assigné à la variable de modèle {T_PAGE}.

Pour terminer, la fonction `PrintPage()` est appelée, à l'intérieur de laquelle le modèle `mpage`, chargé de définir la maquette de la page, est analysé et le résultat est passé en paramètre à la variable {FINAL}.

Enfin, l'appel de la méthode `FastPrint` (appartenant à la classe `FastTemplate`), qui reçoit en paramètre la variable {FINAL}, sort finalement le résultat global dans la fenêtre du navigateur.

▼ Listing 4.38 : *Script Menu_ftpl.php3*

```
<? // Menu_ftpl.php3 Système de menus utilisant des modèles
include("class.FastTemplate.php3");
// main
InitializeTemplates();
show_header("Nos formations");
show_menu();
PrintPage();
// functions
function InitializeTemplates()  {
global $tpl;
$tpl = new FastTemplate(".");
$tpl->define(array(
            mpage => "mpage.tpl",
            mheader => "mheader.tpl",
            mtable => "mtable.tpl",
            moption => "moption.tpl"));
}
function PrintPage() {
 global $tpl;
$tpl->parse(FINAL, "mpage");
$tpl->FastPrint(FINAL);
 }
```

4

Des pages web interactives avec PHP

```
function show_header($header){
 global $tpl;
 $tpl->assign(HEADER, $header);
 }
function show_menu() {
 global $tpl;
 $base= "/usr/local/apache/htdocs/site/";
 $fd = dir($base);
    while($v = $fd->read()) {
 $arr[]=$v;
    }
 $fd->close();
 foreach ($arr as $elem)  {
   if ($elem != "." and $elem != "..") {
 $tpl->assign(ITEM, $elem);
 $tpl->parse(T_MENUOPT, ".moption");
      }
    }
 $tpl->parse(T_P AGE, "mtable");
 }
?>
```

Chapitre 5

Le cœur des applications web dynamiques : la base de données

5. Le cœur des applications web dynamiques : la base de données

Les bases de données constituent le cœur des applications web dynamiques. C'est en effet de ces bases de données que le serveur web obtient les informations actualisées destinées aux pages web créées à la volée.

Nous supposerons que la majorité des lecteurs du présent ouvrage sont familiers des bases de données grand public appartenant aux suites de bureautique pour PC. Il s'agit de systèmes de gestion de bases de données permettant d'obtenir simplement et de manière intuitive des résultats concrets, tout au moins pour des applications de bases de données simples.

L'un des traits de ces systèmes de gestion de bases de données est que la convivialité de l'interface est obtenue au détriment de la flexibilité et de la puissance et que de nombreuses techniques de bases de données essentielles restent ainsi masquées et inutilisées.

En général, il n'est pas nécessaire de connaître un langage de requête (par exemple, dans le cas des bases de données relationnelles, le langage de requête SQL) pour utiliser les systèmes de gestion de bases de données pour PC.

Les systèmes de gestion de bases de données dotées de fonctionnalités SQL, comme cela est requis pour une utilisation pour le Web, sont généralement relativement spartiates en matière de convivialité. Pour les utilisateurs habitués à des systèmes plus conviviaux, la confrontation avec un tel système ne manque pas de surprendre : ce qui était jusqu'alors si simple est tout d'un coup devenu apparemment plus complexe.

Pour vous permettre de vous en sortir au plus vite, il vous faut commencer par oublier l'approche intuitive à laquelle les utilisateurs de systèmes de gestion de bases de données PC sont accoutumés. À la place, vous devez privilégier une approche systématique, en commençant par conceptualiser votre projet de base de données inspiré du monde réel. Vous passerez ensuite à la mise en pratique de cette conceptualisation en mettant au point un modèle de données relationnel. Vous serez ainsi amené à utiliser le langage de manipulation de données SQL conçu à cette fin.

Pour que votre projet aboutisse rapidement, vous ne pouvez faire l'économie d'un certain nombre de concepts relatifs à la technologie des bases de données. Vous trouverez donc ci-après une brève présentation de ces questions. En raison de leur complexité, nous ne prétendons cependant pas en faire un tour exhaustif.

5.1. Qu'est-ce qu'une base de données ?

Une base de données est une collection de données dont la structure reflète l'organisation observée dans le monde réel. Le contenu de ces données constitue une base commune d'informations actuelles accessibles à tous les utilisateurs d'un domaine d'application.

Les systèmes de gestion de bases de données

L'accès à une base de données par des utilisateurs ou des applications passe indirectement par un système connu sous le nom de système de gestion de bases de données (SGBD). Ce

SGBD permet de définir des bases de données, d'enregistrer et de manipuler des données et d'adresser des requêtes à la base.

Le SGBD est donc le logiciel permettant d'accéder aux données de la base de données. Cet accès fait appel à des demandes d'accès formulées par les utilisateurs. Le SGBD forme avec la base de données le système de base de données.

Les niveaux de données des systèmes de gestion de bases de données

L'un des aspects essentiels de l'organisation d'un système de gestion de bases de données réside dans la possibilité de "voir" les données d'un domaine de différentes façons. À cet égard, on distingue généralement trois niveaux de données différents :

Les niveaux de données d'un SGBD

■ la vue externe (schéma externe) ;
■ la vue logique globale (schéma conceptuel) ;
■ la vue interne (schéma interne).

La vue externe

La vue externe permet à différents groupes d'utilisateurs d'avoir des visions distinctes, en fonction de l'aspect de l'application qui les intéresse.

La vue logique globale

Contrairement à la vue externe de données de la base de données, la vue logique globale regroupe toutes les données relatives à un domaine d'application.

Au niveau logique, les différentes unités d'information et les relations qu'elles entretiennent sont décrites, indépendamment de leur représentation informatique.

La vue interne

La vue interne des données, qui n'est généralement pas accessible aux utilisateurs, concerne l'organisation matérielle des données sur les supports de stockage du système de bases de données.

Descriptions et schémas des données

À chacun des niveaux de données évoqués, les données du domaine d'application sont susceptibles de faire l'objet d'une modélisation sur le niveau d'abstraction correspondant, à l'aide de langages de description de données. Les descriptions de données correspondantes sont également désignées sous le nom de schéma.

C'est ainsi que l'on distingue, selon le niveau de données correspondant, entre le schéma externe, le schéma conceptuel et le schéma interne. À cet égard, le schéma conceptuel revêt une importance particulière : il comprend la vue logique globale des objets du monde réel devant être saisis dans la base de données et est élaboré à partir du projet de base de données.

5.2. Le modèle entité-relation (ER)

Conçu par P.P. Chen, le modèle entité-relation (ER) constitue un modèle de données largement diffusé et d'une très grande utilité pratique pour le niveau conceptuel.

Les éléments de base du modèle entité-relation

Le modèle entité-relation analyse les relations existant entre les différents types d'objets du monde réel. Il représente ces données en en donnant une description "riche sémantiquement" proche du langage naturel.

Les objets de base du modèle ER

- entité ;
- type d'entité ;
- type de relation ;
- attribut.

Entité

Une entité est un objet du monde réel, pertinent pour la portion du monde considérée. Exemple d'entité de ce type : le fourrage sec faisant partie du stock du gérant d'une boutique web. Un évènement tel que la commande d'un tel article constitue également une entité.

Type d'entité

Un type d'entité représente l'ensemble de toutes les entités possédant les mêmes caractéristiques. Les types d'entités d'une boutique en ligne sont donc les articles, le client ou le panier d'achats.

Relations et types de relations

Les différentes entités peuvent entretenir des relations. Ainsi, l'entité `Article n° 101 (nourriture pour chien)` peut se trouver dans la relation `deposer_article_dans_panier` avec l'entité `VISITEUR n° 543`. Si, au lieu de considérer les relations entre les entités, l'on examine les relations entre les types d'unités, cela donne lieu à des types de relations. C'est ainsi que l'on a pour les types d'entités `VISITEUR` et `PANIER`, le type de relation `deposer_article_dans_panier`.

Attributs

Dans le modèle ER, chaque type d'entité possède des attributs. Un attribut est une propriété associée à chaque entité relevant du même type. De la même manière, des attributs peuvent être affectés aux types de relations.

Le cœur des applications web dynamiques : la base de données

5

Les attributs du type d'entité ARTICLE sont par exemple Num_article, Description et Prix. Chaque attribut admet à cette occasion des valeurs situées dans un domaine de valeurs défini précisément. Ainsi, dans le cas de l'attribut Prix, il s'agit de l'ensemble des nombres rationnels positifs.

Clé d'index et clé d'index primaire

Lorsqu'un attribut ou une combinaison minimale d'attributs identifie de manière unique une entité appartenant à un type d'entité, on parle de clé d'index. Dans le cas du type d'entité CLIENT, le numéro de client constitue un exemple de clé d'index. S'il existe plusieurs clés pour un type d'entité, l'une d'entre elles est marquée comme étant la clé d'index primaire.

Types d'entités faibles et types de relations faibles

Une entité qui ne peut être identifiée à partir de ses propres attributs, mais uniquement à l'aide d'une autre relation, est désignée par le terme d'entité faible.

De manière analogue, des types d'entités qui ne peuvent être identifiés qu'à partir d'autres types d'entités, sont désignés par le terme de type d'entité faible.

Les types de relations dans lesquels un type d'entité faible intervient sont désignés par le terme type de relation faible.

La complexité des types de relations

Le modèle ER définit des relations de même ordre entre des entités et des types de relations. L'une des caractéristiques essentielles de ces types de relations est leur complexité. On distingue ainsi les relations 1:1, les relations 1:n et les relations n:m.

La relation 1:1

La relation 1:1 représente le mode de relation le plus simple entre deux types de relations. À chaque entité du premier type d'entité correspond exactement une entité du second type d'entité et inversement.

La relation 1:n

La relation 1:n se retrouve plus fréquemment dans le monde réel. Chaque entité du premier type d'entité est en relation avec un nombre quelconque d'entités du second type d'entité. Inversement, chaque entité du second type d'entité est en relation avec 0 ou 1 entité du premier type d'entité.

La relation n:m

Dans une relation n:m, à une entité du premier type d'entité correspond un nombre quelconque d'entités du second type d'entité et inversement.

Représentation graphique du modèle entité-relation

Pour la représentation graphique de la description des données créées à l'aide du modèle entité-relation, on utilise généralement des symboles convenus.

Les types d'entités sont représentés par des rectangles. Les types d'entités faibles sont représentés sous la forme de rectangles comportant une double bordure.

Outre les noms du type d'entité, ses attributs sont également spécifiés. Lorsque la place requise pour cela est insuffisante, les attributs peuvent également être représentés à l'extérieur. Dans ce cas, les attributs sont notés dans des cercles reliés aux types d'entités correspondants, représentés par des rectangles.

Les types de relations sont représentés par des losanges reliés aux types d'entités correspondants. Le degré de complexité des relations est indiqué au-dessus des lignes reliant la relation représentée par un losange et les types d'entités associés.

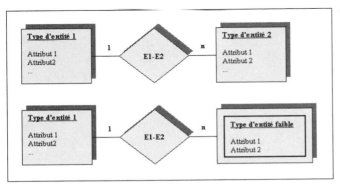

◄ Fig. 5.1 :
*Représentation
graphique du modèle
entité-relation*

Développement du modèle entité-relation : exemple d'un site de e-commerce

Développement d'un diagramme entité-relation

■ identification des types d'entités ;
■ assignation d'attributs aux types d'entités ;
■ identification de la cardinalité des relations entre les types d'entités ;
■ élaboration d'un diagramme ER représentant les types d'entités et les types de relations, en tenant compte des cardinalités.

Le point de départ pour le développement d'un modèle ER pour une portion du monde réel à représenter dans une base de données est l'identification de tous les types d'entités apparaissant dans cette portion du monde réel. Autrement dit, il convient de conceptualiser tous les objets et processus de cette portion du monde réel.

Dans un second temps, des attributs sont affectés à ces types d'entités.

Enfin, les cardinalités des relations entre les types d'entités sont conceptualisées et le diagramme ER est dessiné.

5

Le cœur des applications web dynamiques : la base de données

Identification des entités

Prenons l'exemple d'une boutique web, afin de mieux illustrer cette procédure.

Tout d'abord, tous les types d'entités de la portion de la réalité en question sont identifiés, ce qui donne une liste de tous les objets et processus relatifs à la boutique web. Les principales entités décrivant une boutique web sont récapitulées dans la liste suivante :

Types d'entités dans la boutique web

- VISITEUR
- CLIENT
- ARTICLE
- GROUPE_ARTICLES
- SOUS_GROUPE_ARTICLES
- ARTICLES_DANS_PANIER
- ARTICLES_COMMANDES
- COMMANDE

Quelle est la différence entre le visiteur d'une boutique web et un client ? Elle réside dans la différence entre les attributs à l'aide desquels les deux types d'entités peuvent être décrits.

Si l'on fait abstraction de l'adresse IP, laissée par un visiteur de la boutique comme une trace invisible à ses yeux, rien n'est connu de lui, dans un premier temps, à part l'instant où il accède à la boutique. Il se peut que le visiteur ne passe pas de commande ou qu'il quitte la boutique pendant qu'il procède à sa commande, sans laisser son identité. Dans ces conditions, ce visiteur ne laisse aucune information le concernant.

En revanche, lorsque le visiteur de la boutique web passe une commande et l'envoie effectivement au gérant de la boutique, ce même visiteur devient alors un client. Dans une boutique réelle, un magasin de meubles par exemple, tout se passe à l'identique. Le visiteur de ce magasin devient un client à partir du moment où il s'est fait connaître (le plus souvent par l'un de ses achats) et où il peut figurer dans le fichier clients.

Le panier représente une autre unité identifiable dans une boutique web. S'agissant dans ce contexte non pas tant du panier lui-même que des marchandises qu'il contient, nous préférerons appeler ce type d'entité ARTICLES_DANS_PANIER.

Ce type d'entité se voit assigner des attributs, décrivant à leur tour des entités du type ARTICLES. En plus de cela, il convient d'ajouter d'autres attributs rendant compte du fait que l'article a été choisi par le client et a été déposé dans le panier.

Il en est de même du type d'entité ARTICLES_COMMANDES. Alors que les articles figurant dans le panier ont été sélectionnés par le client, sans avoir été pour autant commandés (les marchandises sélectionnées peuvent en effet être retirées à tout moment du panier ; de même, le client peut abandonner son panier), les entités de ce type possèdent un attribut supplémentaire essentiel : avoir fait effectivement l'objet d'une commande.

Lorsque la boutique web comporte, comme c'est généralement le cas, un catalogue organisé en catégories de produits, il convient d'ajouter deux autres types d'entités : GROUPE_ARTICLES et SOUS_GROUPE_ARTICLES par exemple.

Assignation des attributs

L'étape suivante consiste à saisir les attributs permettant de décrire les différents types d'entités.

Dans le cas de l'entité CLIENT, il s'agit par exemple du numéro de client, du nom, de l'adresse, du téléphone et des données relatives à la carte de crédit.

Attributs du type d'entité CLIENT

- NumClient
- Nom
- Adresse
- Telephone
- CarteCredit

Dans le cas du type d'entité VISITEUR, il s'agit de l'identifiant du visiteur et par exemple de la date et de l'heure de la visite.

Dans le cas du type d'entité GROUPE_ARTICLES, il s'agit du numéro et du nom du groupe d'articles. Pour le type d'entité SOUS_GROUPE_ARTICLES, il s'agit du numéro et du nom du sous-groupe d'articles.

Attributs du type d'entité ARTICLEQ

- NumArticle
- NumCommande
- NomArticle
- DescriptionArticle
- PrixArticle
- NumGroupeArticle
- NumSousGroupeArticle

Les attributs du type d'entités ARTICLE sont le numéro de l'article, le numéro de la commande, le nom de l'article, la description de l'article, le prix, les groupes et les sous-groupes de l'article.

Les attributs du type d'entités COMMANDE sont par exemple le numéro de commande, la date de commande, le numéro de client et le montant de la commande.

Les attributs du type d'entités ARTICLES_DANS_PANIER sont plus difficiles à modéliser. L'un des principaux attributs de ce type d'entité est l'identifiant du visiteur ayant choisi les marchandises.

La date à laquelle les articles ont été choisis est un autre attribut caractérisant ce type d'entités.

D'autres attributs importants sont le numéro de l'article et le nombre d'articles choisis. Il est en outre possible d'attribuer un numéro unique à chaque article mis dans le panier et de l'utiliser comme clé d'index.

Attributs du type d'entité ARTICLES_DANS_PANIER

- NumPanier
- Date
- NumVisiteur
- NumArticle
- QteArticle

Analyse des relations entre types d'entités

Lorsque tous les types d'entités et leurs attributs ont été identifiés, les relations entre les différents types d'entités et les cardinalités de ces relations sont analysées.

Il s'agit par exemple, dans la relation entre le type d'entité CLIENT et le type d'entité COMMANDE, d'une relation 1:n. Autrement dit, un client peut passer plusieurs commandes. À l'inverse, une commande donnée ne peut être attribuée qu'à un client.

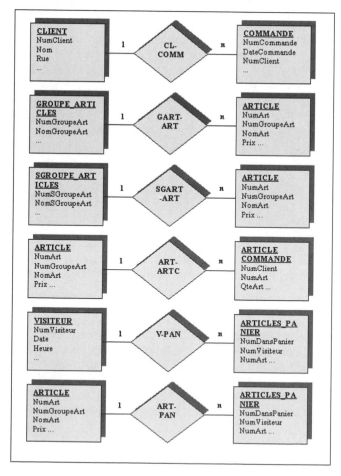

◀ Fig. 5.2 :
Représentation graphique des relations entre les différents types d'entités d'une boutique web

Il en est de même de la relation entre le type d'entité GROUPE_ARTICLE et le type d'entité ARTICLE : un groupe d'articles comporte plusieurs articles, mais un article donné ne peut être rattaché qu'à un seul groupe d'articles. Il s'agit donc d'une relation 1:n.

La seule relation 1:1 qui apparaît dans le modèle conceptuel de la boutique en ligne est la relation entre les types d'entités ARTICLES_DANS_PANIER et ARTICLES_COMMANDES. Si le visiteur de la boutique web se décide à devenir client et à passer commande, chaque article figurant dans le panier devient un article commandé. À une entité de type ARTICLES_DANS_PANIER correspond exactement une entité de type ARTICLES_COMMANDES et inversement.

Les différents types d'entités identifiés dans une boutique web et leurs relations peuvent être représentés dans des diagrammes entité-relation. Le schéma ci-après donne une illustration claire de certains de ces types et relations.

Représentation graphique du modèle conceptuel complet

Après avoir analysé les différentes relations individuelles et les avoir représentées graphiquement sous la forme de diagrammes ER, nous pouvons les assembler pour former un diagramme ER décrivant le modèle conceptuel complet.

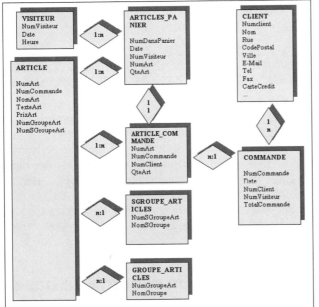

◀ Fig. 5.3 :
Représentation ER du modèle conceptuel d'une boutique web

5.3. Du diagramme ER au modèle relationnel de données

Le modèle conceptuel représentant une portion du monde réel est désormais élaboré sous la forme d'une description "riche sémantiquement". À présent, ce résultat doit servir de base pour l'élaboration d'un modèle conceptuel "pauvre sémantiquement" en vue du système de base de données.

Le cœur des applications web dynamiques : la base de données

5

Ce modèle sémantique plus pauvre correspond au modèle relationnel de données. Ce modèle est actuellement le plus important parmi les différents modèles de données pris en charge par les systèmes de gestion de bases de données.

Le modèle relationnel de données

Le modèle relationnel de données développé dans ses grands traits par E. F. Codd est caractérisé par la simplicité des structures sous-jacentes. L'utilisation conséquente du schéma relationnel en fait une base formelle cohérente.

Le modèle relationnel de données permet de représenter les données du monde réel sous la forme de relations. L'ensemble des informations identifiées dans le modèle ER riche sémantiquement (correspondant aussi bien aux types d'entités qu'aux types de relations) est enregistré dans le modèle relationnel de données sous forme de relations.

Le modèle relationnel de données est d'une clarté exemplaire ; il résulte avant tout de la possibilité de représenter chaque relation par une table. À chaque enregistrement de la relation correspond une ligne de la table. Les colonnes de la table sont nommées d'après le nom des attributs.

De la même façon que toutes les données d'une base de données relationnelle peuvent être représentées sous forme de relations, le résultat d'une requête basée sur cette base de données est une relation, la relation réponse.

L'un des avantages essentiels du modèle de bases de données relationnelles apparaît ici : il s'appuie sur un concept général et représente un système de modélisation de données complet et consistant.

Pour pouvoir travailler avec un système de bases de données relationnelles, il est nécessaire de pouvoir créer à partir des relations existantes des relations réponse résultant de requêtes particulières. À cet effet, un certain nombre d'opérations sont requises, pour sélectionner des enregistrements à partir d'une relation en définissant certaines propriétés, générer des relations de degré inférieur en réduisant les relations, ou générer des relations de degré supérieur en combinant des relations existantes. Les commandes requises sont fournies par le langage d'interrogation de bases de données SQL (Structured Query Language). Ce langage a vu le jour parallèlement au modèle relationnel de données et a acquis le statut de langage de requête standard pour les bases de données.

Transformation du modèle ER en un schéma de base de données relationnelle

Pour transposer un modèle ER en un schéma de base de données relationnelle, les différents types d'entités et de relations sont transformés en tableaux.

Selon la nature du type d'entité et de relation, différentes opérations sont nécessaires.

Transformation de types d'entités forts

Chaque type d'entité d'un modèle ER est transposé en une table correspondante du modèle relationnel de données. Les colonnes de cette table sont représentées par les attributs du type d'entité correspondant, tandis que les noms des attributs définissent les noms des colonnes. Le nom du tableau est généralement choisi en fonction du nom du type d'entité correspondant.

Le type d'entité fort `ARTICLE`, qui a été identifié dans le modèle ER d'une boutique web présenté plus haut, donne lieu, dans le modèle relationnel de données, à une table `articles`. Les noms des colonnes de cette table sont définis à partir des noms des attributs du type d'entité, ou à partir de formes abrégées de ces noms.

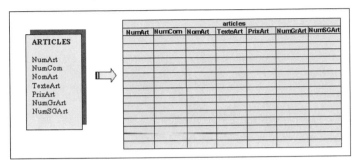

◀ Fig. 5.4 :
Transformation d'un type d'entité en tableau

Transformation des types de relations n:m

Pour représenter dans le modèle relationnel de données des types de relations n:m entre deux types d'entités, il est nécessaire d'utiliser une table (relation) supplémentaire. Les clés d'index primaires des deux types d'entités transposées en tables servent de clé étrangère dans cette nouvelle table, la combinaison constituant l'index primaire de la nouvelle table.

À l'issue de cette transformation, la table correspondant aux entités concernées et la nouvelle table de liaison ne sont plus reliées que par une relation 1:n.

Transformation des types de relations 1:n

Contrairement à la représentation de types de relations m:n, le modèle relationnel de données ne demande pas l'ajout de table (relation) supplémentaire pour représenter des types de relations 1:n. Pour représenter ce type de relation, la seule contrainte est que la clé primaire de la table (relation) figure comme clé étrangère dans la relation du côté n.

Transformation des types de relations 1:1

La transformation de types de relations 1:1 correspond dans une large mesure à celle des types de relations 1:n. Dans cette transformation, la clé étrangère peut figurer soit dans la table (relation) de gauche dans la table (relation) de droite soit inversement.

Transformation des types d'entités faibles

Les types d'entités faibles sont également représentés dans des tables (relations). Celles-ci contiennent tout d'abord tous les attributs des types d'entités correspondants. La clé primaire du type de propriétaire identifiant le type d'entité faible doit être en outre insérée comme clé étrangère dans la table issue d'un type d'entité faible. Cette clé d'index supplémentaire ainsi que la clé partielle du type d'entité faible forment la clé d'index primaire du tableau ainsi créé.

Le cœur des applications web dynamiques : la base de données

5

Normalisation et formes normales de bases de données

Pour assurer un enregistrement des informations qui soit non redondant et non contradictoire, les schémas de bases de données relationnelles ont proposé différentes formes normales, dont le respect permet d'éviter des anomalies et des inconsistances dans les bases de données.

Anomalies dans les bases de données

Anomalies de bases de données

- anomalie d'insertion ;
- anomalie de suppression ;
- anomalie de modification.

Pour savoir quelles sont les anomalies susceptibles d'apparaître dans une base de données, le mieux est de prendre les attributs de tous les types d'entités qui ont été identifiés et de les regrouper dans le modèle ER destiné à l'exemple de boutique à l'intérieur d'un seul tableau, le numéro de client servant de clé primaire. Dans la théorie des formes normales, une telle table serait désignée sous le nom de "relation universelle". Il est facile de voir qu'il n'est plus possible d'ajouter de nouveaux groupes d'articles et d'articles, sans qu'il y ait des acheteurs (clients) pour cela. Cette situation anormale pour une base de données est connue sous le nom d'anomalie d'insertion.

L'anomalie de suppression est une autre anomalie. Elle apparaît dans cet exemple lorsque le gérant de la boutique supprime par exemple l'article **"os à macher"** de son catalogue et donc de sa base de données. La suppression de cet article supprime également de la base de données l'information sur le client **"Martin"**, ce que ne souhaitait pas le gérant de la boutique.

La troisième anomalie possible, l'anomalie de modification, intervient lorsque le gérant de la boutique décide d'augmenter le prix de l'article **"fourrage sec"**. Comme le prix de cet article apparaît à plusieurs reprises dans la base de données, cela peut donner lieu à des inconsistances involontaires lorsque le prix n'est plus modifié dans chaque champ dans lequel il figure.

◀ Fig. 5.5 :
Les différentes anomalies dans les bases de données

NumClien	Nom	Ville	Rue	Article	GroupeArt	Qte	Prix
1	Legay	Rennes	5 avenue	Fourrage	Aliments	10	7.95
2	Lheur	Toulo	32 place	Panse, 250g	Aliments	2	4.95
4	Martin	Colo	18 rue de	Os à macher	Jouets	1	5.95
3	Dugot	Paris	12 rue des	Fourrage sec	Aliments	3	7.95
?				Balle, 25cm,	Jouets		12.9
?					Livres		
?					Accessoires		

Anomalie de suppression

Anomalie d'insertion

Anomalie de modification

Pour éviter les anomalies précitées, la théorie des bases de données connaît en tout six formes normales. Cependant, les trois premières présentent le plus grand intérêt pratique.

La première forme normale

Une relation est en première forme normale si aucun de ses attributs ne représente une relation dépendante et si tous les attributs ne comportent que des valeurs atomiques.

La deuxième forme normale

Une relation est en deuxième forme normale si d'une part elle est en première forme normale et si d'autre part toutes les dépendances sont élémentaires. Si la clé d'une relation en première forme normale ne comporte qu'un attribut, la relation est aussi automatiquement en deuxième forme normale.

Autrement dit, la deuxième forme normale requiert qu'une relation soit en première forme normale et que toutes les colonnes d'une table qui n'appartiennent pas à la clé primaire soient en dépendance fonctionnelle de la clé primaire.

Dépendance fonctionnelle

- Il existe une dépendance fonctionnelle entre un attribut B et un ensemble d'attributs $A_1 \ldots A_n$ si aucune ligne de la table ne peut comporter différentes valeurs pour B mais la même combinaison $A_1 \ldots A_n$ de valeurs d'attributs.

- Il existe une dépendance fonctionnelle entre un attribut B et un ensemble d'attributs $A_1 \ldots A_n$ s'il est en dépendance fonctionnelle et si l'ensemble d'attributs $A_1 \ldots A_n$ est minimal, c'est-à-dire s'il n'est pas possible de supprimer un attribut A_1 sans supprimer la dépendance.

La troisième forme normale

Une relation est en troisième forme normale si elle est en deuxième forme normale et si aucun attribut non indexé ne dépend transitivement (indirectement) d'un champ indexable. Autrement dit, il ne doit y avoir aucune autre dépendance fonctionnelle entre les champs non indexés. Tous les champs non indexés sont uniquement dépendants de la clé d'index.

Autres formes normales

L'objectif visé par la conception de bases de données est en général au moins la troisième forme normale. Seules les bases de données en troisième forme normale peuvent être maintenues sans erreur par le système de base de données. Certes, il existe aussi en troisième forme normale des configurations autorisant certaines anomalies de modifications et pouvant être réparées par des formes normales supplémentaires. Cependant, la pratique a montré que la réalisation d'un modèle de données entièrement normalisé est très exigeante et que la sélection des données des différentes tables prend énormément de temps. C'est pourquoi il est très rare d'appliquer une normalisation dépassant la troisième forme normale.

Chapitre 6

Les bases de données en pratique à l'aide de MySQL

6. Les bases de données en pratique à l'aide de MySQL

Après le chapitre précédent, dans lequel nous avons fait un rapide tour d'horizon de la théorie sous-jacente aux bases de données, nous allons nous attacher à présent à la mise en pratique de ces connaissances à l'aide du système de gestion de bases de données relationnelles MySQL.

6.1. Vue d'ensemble de MySQL

MySQL est basé sur une bibliothèque de gestion de données éprouvée depuis de nombreuses années et faisant appel à des index d'arbres binaires. Grâce à cela, le cœur du système peut afficher une performance remarquable, tout particulièrement dans les accès indexés.

MySQL utilise une architecture multiutilisateur, multitraitement. Cela permet d'établir des connexions rapides et d'utiliser la même mémoire cache pour plusieurs requêtes.

Le tableau suivant récapitule les principales fonctionnalités de MySQL.

▼ **Tab. 6.1 : Fonctionnalités de MySQL**

Architecture multiutilisateur et multitraitement.

Application Program Interface (API) pour C, C++, Eiffel, Java, Perl, PHP, Python et TCL.

Prise en charge de plus de 20 plates-formes de systèmes d'exploitation, telles que Linux, UNIX, FreeBSD, Solaris, SunOS, Windows 9x et NT.

Code source en C et C++. Possibilité de traduction à l'aide de plusieurs compilateurs.

Types de données pris en charge : types de données INTEGER à 1, 2, 3, 4 et 8 octets, types FLOAT, DOUBLE, CHAR, VARCHAR, TEXT, BLOB, DATE, TIME, DATETIME, TIMESTAMP, YEAR, SET et ENUM.

Implémentation très rapide de jointures (JOIN).

Fonctions SQL fortement optimisées.

Prise en charge des opérateurs et des fonctions dans la section SELECT et WHERE des requêtes.

Prise en charge complète des clauses GROUP BY et ORDER BY et prise en charge de fonctions d'agrégation.

Prise en charge de la jointure externe gauche (LEFT OUTER JOIN) selon la syntaxe SQL ANSI et ODBC.

Les tables de différentes bases de données peuvent être utilisées dans une requête.

Système de privilèges et de mots de passe flexible et sûr avec une vérification basée sur l'hôte.

Prise en charge ODBC pour Windows 9x selon le standard ODBC 2.5.

Tables d'arbres binaires très rapides avec compression d'index.

Possibilité de créer 16 index par table d'une longueur maximale de 256 octets.

Prise en charge d'enregistrements de longueur fixe et variable.

Prise en charge des valeurs standard dans les colonnes de tables.

Utilisation en mémoire temporaire des tables de hachage comme tables temporaires.

▼ Tab. 6.1 : Fonctionnalités de MySQL

Prise en charge de bases de données de très grande taille. Les bases de données MySQL peuvent comporter plus de 50 millions d'enregistrements.
Prise en charge complète du jeu de caractères ISO 8859-1 Latin1.
Prise en charge des noms d'alias pour les tables et les colonnes, selon le standard SQL92.
Les commandes SQL DELETE, INSERT, REPLACE et UPDATE retournent le nombre d'enregistrements modifiés.
La connexion entre le serveur de bases de données MySQL et les clients passe par des connexions TCP/IP ou des sockets UNIX ou, sous Windows NT, par l'intermédiaire de tubes nommés.
La commande SHOW, spécifique à MySQL, peut être utilisée afin d'obtenir des informations détaillées sur les bases de données, les tables et les index. L'utilisation de la commande EXPLAIN permet d'optimiser les requêtes.

6.2. MySQL et SQL standard

MySQL s'appuie dans une large mesure sur le standard ANSI SQL92 (Entry Level). Par rapport à ce standard, il manque à MySQL les instructions SELECT imbriquées, les clés étrangères, les vues, les transactions, les procédures enregistrées et les déclencheurs.

Par rapport à ANSI SQL92, MySQL dispose d'un certain nombre de fonctions additionnelles (comparaison de chaînes, expressions régulières, arithmétique sur les dates) utilisables en relation avec la clause HAVING. L'utilisation intensive de ces fonctions additionnelles n'est cependant pas recommandée, d'autant que le portage des applications créées vers d'autres systèmes de bases de données doit pouvoir se faire sans problème.

6.3. Les fondements du langage de MySQL

Pour utiliser MySQL, il est nécessaire de connaître quelques éléments de base du langage, en particulier la syntaxe, les conventions s'appliquant aux noms, les types de données et les opérateurs. Nous présenterons tout d'abord ces éléments du langage de manière synthétique, avant de passer ensuite à la description des commandes SQL de MySQL.

Syntaxe et conventions

Les chaînes de caractères

Les chaînes de caractères utilisées sous MySQL sont notées entre guillemets simples ou bien, dans le cas où la base utilise le mode ANSI, entre guillemets doubles :

```
'une chaîne de caractères MySQL'
"une autre chaîne de caractères MySQL"
```

Les séquences d'échappement

Les chaînes de caractères peuvent comporter différents caractères spéciaux, dotés d'une signification particulière et précédés d'une barre oblique inverse. Ces caractères, connus sous le nom de séquences d'échappement, sont indiqués dans le tableau ci-après.

▼ Tab. 6.2 : Les séquences d'échappement de MySQL

Caractère	Description
\0	ASCII 0 (NUL).
\n	Saut de ligne. Correspond au caractère ASCII CHR(13).
\t	Tabulation. Correspond au caractère ASCII CHR(9).
\r	Retour chariot. Correspond au caractère ASCII CHR(10).
\b	Retour caractère.
\'	Guillemet simple.
\"	Guillemet double.
\\	Barre oblique inverse.
\%	Pourcentage.
_	Caractère souligné.

Les nombres

Les nombres entiers sont représentés comme des séquences de nombres isolés. Les nombres à virgule flottante utilisent le point (.) comme séparateur décimal. Les valeurs négatives sont précédées du signe moins. Les nombres entiers utilisés en relation avec les nombres à virgule flottante sont interprétés comme des nombres à virgule flottante.

Exemple :

```
- 2002
-123.78
```

Les nombres hexadécimaux

MySQL prend en charge les nombres hexadécimaux. Ces derniers sont interprétés dans le contexte de nombres comme des nombres entiers d'une précision de 64 octets. Dans le contexte de chaînes de caractères deux nombres hexadécimaux sont interprétés comme un caractère.

Les valeurs nulles

NULL signifie "aucune donnée" et ne doit pas être confondu avec le nombre 0 ou la chaîne de caractères vide "" dans les types de données chaîne.

Les noms

Le tableau ci-après récapitule les conventions de nom pour les bases de données, les tables, les colonnes et les noms d'alias :

▼ Tab. 6.3 : Conventions de noms pour les objets de bases de données MySQL

Objet	Longueur maximale	Caractères autorisés
Base de données	64	Tous les caractères à l'exception de / `ASCII(0)` ou de `ASCII(255)`.
Table	64	Tous les caractères à l'exception de / `ASCII(0)` ou de `ASCII(255)`.
Colonne	64	Tous les caractères à l'exception de `ASCII(0)` ou de `ASCII(255)`.
Alias	255	Tous les caractères à l'exception de `ASCII(0)` ou de `ASCII(255)`.

Le référencement des colonnes

Le référencement des colonnes intervient sous MySQL selon la syntaxe suivante :

▼ Tab. 6.4 : Les formes syntaxiques pour le référencement des colonnes de tables

Référence de colonne	Signification
`numeroarticle`	Référence à la colonne `numeroarticle` d'une table.
`article.numeroarticle`	Référence à la colonne `numeroarticle` de la table `article` de la base de données actuellement ouverte.
`boutiquedb.article.numeroarticle`	Référence à la colonne `numeroarticle` de la table `article` de la base de données `boutiquedb`.

Les variables

MySQL prend en charge les variables selon la syntaxe ci-dessous. Les variables peuvent contenir des nombres entiers, des nombres réels ou des chaînes de caractères. Les variables peuvent être mises en œuvre partout où les expressions sont également admises. Le nom des variables peut comporter des caractères alphanumériques ainsi que les caractères spéciaux . et _. Il n'est pas nécessaire d'initialiser les variables, qui possèdent par défaut la valeur `NULL`.

Syntaxe de la définition de variables

■ `SET @variable= {integer | real | string}[,@variable= ...]`
ou
■ `@variable:= expression`

Les types de données de MySQL

MySQL connaît les types de données numériques, de date et d'heure ainsi que chaînes.

Les types de données numériques

Le tableau ci-après récapitule les types de données numériques de MySQL en précisant l'espace disque requis. Les codes figurant dans la colonne *Type de champ* ont la signification suivante : M correspond au nombre maximal de chiffres affichés. U signifie Unsigned ; autrement dit, lorsque ce code est spécifié, le caractère de signe est omis. Z signifie Zerofill : lorsqu'il est spécifié, il signifie que les valeurs manquantes sont remplies par Null. Le code D est indiqué pour les nombres à virgule flottante et fixe le nombre de décimales affichées.

▼ Tab. 6.5 : Les types de données numériques de MySQL

Type de champ	Espace requis	Description
TINYINT [(M)] [U] [Z]	1 octet	Très petit nombre entier. Domaine de valeurs entre - 128 et 127 ou entre 0 et 255.
SMALLINT [(M)] [U] [Z]	2 octets	Petit nombre entier. Domaine de valeurs entre - 32 768 et 32 767 ou entre 0 et 65 535.
MEDIUMINT [(M)] [U] [Z]	3 octets	Nombre entier moyen. Domaine de valeurs entre - 8 388 608 et 8 388 607 ou entre 0 et 16 777 215.
INT [(M)] [U] [Z]	4 octets	Nombre entier normal. Domaine de valeurs entre - 2 147 483 648 et 2 147 483 647 ou entre 0 et 4 294 967 295.
INTEGER		Synonyme de INT.
BIGINT [(M)] [U] [Z]	8 octets	Grand nombre entier. Domaine de valeurs entre - 9 223 372 036 854 775 808 et 9 223 372 036 854 775 807 ou entre 0 et 18 446 744 073 709 551 615.
FLOAT(X) [Z]	4 octets (X <=24) 8 octets (25 <=X <= 53)	Nombre à virgule flottante signé. Précision <=24 pour une précision simple, entre 25 et 53 pour une précision double.
FLOAT [(M,D)] [Z]	4 octets	Petit nombre à virgule flottante signé. Domaine de valeurs entre - 3 402823466E+38 et - 1 175494351E-38, 0 et 1 175494351E-38 et 3 402823466E+38.
DOUBLE [(M,D)] [Z]	8 octets	Petit nombre à virgule flottante normal, à double précision, signé. Domaine de valeur - 1 7976931348623157E+308 à - 2 2250738585072014E-308, 0 et 2 2250738585072014E-308 à 1 7976931348623157E+308.
DOUBLE PRECISION		Synonyme de DOUBLE.
REAL		Synonyme de DOUBLE.
DECIMAL [(M,D)] [Z]	M octets (D+2, dans le cas où M < D)	Nombre à virgule flottante signé. Les nombres sont enregistrés sous forme de chaînes de caractères.

▼ Tab. 6.5 : Les types de données numériques de MySQL		
Type de champ	Espace requis	Description
NUMERIC		Synonyme de DECIMAL.

Les types de données de date et d'heure

MySQL connaît différents types de données chargés de représenter la date et l'heure. Le tableau ci-après les récapitule.

▼ Tab. 6.6 : Les types de données date et heure de MySQL		
Type de champ	Espace requis	Description
DATE	3 octets	Date. Domaine de valeurs du '1000-01-01' au '9999-12-31'. Format : 'YYYY-MM-DD'
DATETIME	8 octets	Date et heure. Domaine de valeurs du '1000-01-01 00:00:00' au '9999-12-31 23:59:59'. Format : 'YYYY-MM-DD HH:MM:SS'
TIMESTAMP [(M)]	4 octets	Tampon horaire UNIX. Domaine de valeurs entre '1970-01-01 00:00:00' et 31.12.2036. Format : M=14 : YYYYMMDDHHMMSS, M=12 : YYMMDDHHMMSS, M=8 : YYYYMMDD ou M=6 : YYMMDD
TIME	3 octets	Heure. Domaine de valeurs entre '-838 :59 :59' et '838 :59 :59'. Format : 'HH :MM :SS'
YEAR	1 octet	Année. 2 ou 4 chiffres (par défaut). Domaine de valeurs entre 1901 et 2155. Format : YYYY

Les types de données chaînes de MySQL

Le tableau ci-après comporte les types de données chaînes de MySQL avec l'espace disque requis.

▼ Tab. 6.7 : Les types de données chaînes de MySQL		
Type de champ	Espace requis	Description
CHAR (M) [BINARY]	M octets, 1 <= M <= 255	Chaîne de caractères de longueur fixe M. Valeurs de M entre 1 et 255 caractères. Les espaces à la fin sont supprimés lors de la sortie.
VARCHAR(M) [BINARY]	L+1 octets, L <= M et 1 <= M <= 255	Chaîne de caractères de longueur variable. Longueur maximale M. Valeurs de M entre 1 et 255 caractères. Les espaces à la fin sont supprimés lors de la sortie. La casse n'est prise en compte lors des opérations de tri et de sélection que si BINARY est spécifié.
TINYBLOB, TINYTEXT	L+1 octets, L < 2^8	BLOB ou TEXT de 255 caractères au maximum.

▼ Tab. 6.7 : Les types de données chaînes de MySQL

Type de champ	Espace requis	Description
BLOB, TEXT	L+2 octets, L < 2^16	BLOB ou TEXT de 65 535 caractères au maximum.
MEDIUMBLOB, MEDIUMTEXT	L+3 octets, L < 2^24	BLOB ou TEXT de 16 777 215 caractères au maximum.
LONGBLOB, LONGTEXT	L+4 octets, L < 2^32	BLOB ou TEXT de 4 294 967 295 caractères au maximum.
ENUM('value1','value2',...)	1 ou 2 octets	Énumération. Maximum de 65 535 valeurs dans une liste.
SET('value1','value2',...)	1, 2, 3, 4 ou 8 octets, selon la taille de l'enregistrement	SET. Comme ENUM, mais avec un groupe de valeurs (64 au maximum).

Les opérateurs de MySQL

Les opérateurs arithmétiques

MySQL utilise les opérateurs arithmétiques récapitulés ci-après :

▼ Tab. 6.8 : Les opérateurs arithmétiques de MySQL

Opérateur	Description	Exemple
+	Addition	mysql> SELECT 13+15; =>28
-	Soustraction	mysql> SELECT 13-15; =>-2
*	Multiplication	mysql> SELECT 5*5; =>25
/	Division	mysql> SELECT 25/5; =>5 La division par 0 donne NULL.

La commande SQL suivante illustre l'utilisation d'opérateurs arithmétiques dans une requête de base de données :

```
SELECT NomArt, PrixArt AS Prix, PrixArt * 0.196 AS'TVA' FROM article as A,groupearticle
➥ as G WHERE A.NumGrArt=G.NumGrArt AND G.NumGrArt=1
```

Dans cet exemple, l'exécution de la requête donne une table réponse indiquant pour chaque article son prix ainsi que la TVA correspondante. La TVA, qui figure dans une colonne supplémentaire de la table réponse, est calculée en utilisant l'opérateur de multiplication.

6

Les bases de données en pratique à l'aide de MySQL

requête SQL

requête SQL:
SELECT NomArt, PrixArt AS Prix, PrixArt * 0.196 AS 'TVA' FROM article as A,groupearticle as G
WHERE A.NumGrArt=G.NumGrArt AND G.NumGrArt=1 LIMIT 0, 30

NomArt	Prix	TVA
Aliments secs boeuf et poulet - 5kg	7.95	1.558
Aliments secs végétariens aux céréales et soja - 5kg	12.95	2.538
Aliments secs végétariens aux céréales et soja - 15kg	25.95	5.086
Aliments en boîte au boeuf - 250g	2.95	0.578
Aliments en boîte au boeuf - 500g	4.95	0.970
Aliments en boîte au gibier - 500g	5.95	1.166
Cuissot de lièvre frais	4.25	0.833
Nerf de boeuf	2.95	0.578
Compléments alimentaires vitamines et minéraux	8.95	1.754

◄ Fig. 6.1 :
Utilisation d'un opérateur arithmétique dans le résultat d'une requête

Les opérateurs au niveau des bits

MySQL dispose de toute une série d'opérations pour les manipulations au niveau des bits de types de données `INTEGER`. MySQL utilise pour cela une arithmétique `BIGINT` avec un domaine maximal de 64 bits.

▼ **Tab. 6.9 : Les opérateurs au niveau des bits de MySQL**

Opérateur	Description	Exemple
|	OU au niveau des bits	`mysql> SELECT 25 | 3; =>27`
&	ET au niveau des bits	`mysql> SELECT 25 & 3; =>1`
<<	Décalage de n bits à gauche	`mysql> SELECT 4 << 2; =>16`
>>	Décalage de n bits à droite	`mysql> SELECT 16 >> 1; =>8`
BIT_COUNT(n)	Nombre de bits dans l'argument n	`mysql> SELECT BIT_COUNT(254); =>7`

Les opérateurs logiques

Le résultat d'expressions utilisant des opérateurs logiques est soit 0 (`FALSE`) soit 1 (`TRUE`).

▼ **Tab. 6.10 : Les opérateurs logiques de MySQL**

Opérateur	Description	Exemple
NOT !	Non logique (négation). Retourne 1 lorsque l'argument est 0, sinon 0. Attention ! NOT NULL retourne NULL.	`mysql> select NOT 1; => 0`
OR ||	OU logique. Retourne 1, si l'un des arguments est différent de 0 et n'est pas NULL.	`mysql> select 5 || 0; => 1`
AND &&	ET logique. Retourne 0 si l'un des arguments est 0 ou NULL, sinon 1.	`mysql> select 5 && 0; => 0`

Les opérateurs de comparaison

Le résultat d'expressions utilisant des opérateurs de comparaison est soit 0 (FALSE) soit 1 (TRUE).

▼ Tab. 6.11 : Les opérateurs de comparaison de MySQL		
Opérateur	**Description**	**Exemple**
=	Égal	`mysql> select 8 = 5; => 0`
<> !=	Inégal	`mysql> select 3 <> 3; => 0`
<=	Inférieur ou égal	`mysql> select 0.5 <= 0.5; => 1`
<	Inférieur	`mysql> select 2 < 12; => 1`
>=	Supérieur ou égal	`mysql> select 2 >= 12; =>0`
>	Supérieur	`mysql> select 2 > 12; => 0`

6.4. Définition et manipulation des données sous MySQL

Il existe trois différents domaines de fonctions pour la mise en œuvre de SQL : le premier est pris en charge par la partie de SQL connue sous le nom de DDL, le langage de définition de données. Le deuxième domaine est le DML, le langage de manipulation de données. Enfin, le troisième domaine est le DCL (le langage de contrôle de données).

> **Les domaines de fonctions du langage SQL**
>
> ■ DDL : Data Definition Language (définition de tables et de domaines de valeurs) ;
> ■ DML : Data Manipulation Language (modification et sélection d'enregistrements dans des tables) ;
> ■ DCL : Data Control Language (contrôle des accès aux objets et aux opérations, contrôle des transactions).

La version actuelle de MySQL (3.22.32) ne prend pas en charge le contrôle des transactions. De ce fait, les commandes DCL font encore défaut à MySQL, de sorte que les explications suivantes s'intéressent à la description des commandes MySQL chargées de la définition des données (DDL) et de leur manipulation (DML).

Création et suppression de bases de données

CREATE DATABASE

Syntaxe de CREATE DATABASE

■ CREATE DATABASE db_name

La commande **CREATE DATABASE** permet de créer une nouvelle base de données. La commande comporte en paramètre le nom de la nouvelle base de données. Dans le cas où il existe déjà une base de données avec le même nom, un message d'erreur s'affiche. Les bases de données sont réalisées par MySQL sous forme de répertoires contenant les fichiers affectés aux différentes tables. La commande SQL utilisée pour la création d'une base de données peut être saisie directement à l'invite du client **mysql**. Une autre solution plus conviviale consiste cependant à utiliser l'utilitaire de base de données **phpMyAdmin** et le navigateur web. La procédure d'installation et les modalités d'utilisation de **phpMyAdmin** ont été décrites à la section *Administration du serveur de bases de données MySQL à partir du navigateur web*.

DROP DATABASE

Syntaxe de DROP DATABASE

■ DROP DATABASE [IF EXISTS] db_name

La commande **DROP DATABASE** supprime toutes les tables d'une base de données ainsi que le répertoire correspondant. **DROP DATABASE** retourne le nombre de fichiers supprimés. Comme MySQL a besoin de trois fichiers pour chaque table, la valeur retournée est donc 3 fois plus élevée que le nombre de tables supprimées. Le mot-clé **IF EXISTS** peut être utilisé pour éviter que la tentative de supprimer une base de données inexistante ne donne lieu à une erreur.

USE

Syntaxe de USE

■ USE db_name

La commande **USE** permet d'établir que la base de données spécifiée est la base de données par défaut. Toutes les requêtes suivantes se rapportent donc à cette base de données.

Définition et modification de la structure d'une table

CREATE TABLE

Les fichiers d'une table MySQL

- *tbl_name.frm* - définition de la table ;
- *tbl_name.ISD* - fichier de données ;
- *tbl_name.ISM* - fichier index.

La commande `CREATE TABLE` permet de créer une nouvelle table dans la base de données courante. MySQL utilise pour chaque table trois fichiers se trouvant dans le répertoire de la base de données. Le fichier *tbl_name.frm* contient l'ensemble des indications sur la structure de la table. Le fichier *tbl_name.ISD* contient les données et le fichier *tbl_name.ISM* contient les index de la table.

Syntaxe de CREATE TABLE

```
CREATE [TEMPORARY] TABLE [IF NOT EXISTS] tbl_name [(create_definition,...)]
➥ [table_options] [select_statement]
```

create_definition :

```
col_name type [NOT NULL | NULL] [DEFAULT default_value] [AUTO_INCREMENT]
➥ [PRIMARY KEY] [reference_definition]
ou   PRIMARY KEY (index_col_name,...)
ou   KEY [index_name] (index_col_name,...)
ou   INDEX [index_name] (index_col_name,...)
ou   UNIQUE [INDEX] [index_name] (index_col_name,...)
ou   [CONSTRAINT symbol] FOREIGN KEY index_name (index_col_name,...)
ou   [reference_definition]
ou   CHECK (expr)
```

reference_definition :

```
REFERENCES tbl_name [(index_col_name,...)]
     [MATCH FULL | MATCH PARTIAL]
     [ON DELETE reference_option]
     [ON UPDATE reference_option]
```

reference_option :

```
RESTRICT | CASCADE | SET NULL | NO ACTION | SET DEFAULT
```

Les bases de données en pratique à l'aide de MySQL

6

```
table_options :

        TYPE = {ISAM | MYISAM | HEAP}
   ou   AUTO_INCREMENT = #
   ou   AVG_ROW_LENGTH = #
   ou   CHECKSUM = {0 | 1}
   ou   COMMENT = "string"
   ou   MAX_ROWS = #
   ou   MIN_ROWS = #
   ou   PACK_KEYS = {0 | 1}
   ou   PASSWORD = "string"
   ou   DELAY_KEY_WRITE = {0 | 1}
   ou   ROW_FORMAT= { default | dynamic | static | compressed }

select_statement :

   [IGNORE | REPLACE] SELECT ...  (une clause SELECT valide)
```

L'attribut `AUTO_INCREMENT` signifie que le contenu d'un champ de type `INTEGER` est incrémenté automatiquement d'une unité après l'insertion d'un nouvel enregistrement. Contrairement à différents autres SGBD, la valeur correspondante du champ est de nouveau disponible lorsque l'enregistrement a été supprimé.

L'attribut `AUTO_INCREMENT` ne peut être affecté qu'une seule fois à une table donnée.

L'attribut `PRIMARY_KEY` définit une clé d'index primaire unique. Chaque table peut comporter au maximum une clé d'index primaire. Une clé d'index primaire peut être formée à partir d'une combinaison d'un maximum de 32 colonnes. Les colonnes d'une clé d'index primaire doivent être définies avec le paramètre `NOT NULL`.

L'attribut `UNIQUE_KEY` définit une clé d'index. Une clé d'index ne peut comporter que des valeurs uniques. Pour autant qu'aucune clé d'index primaire n'a été définie, la première clé d'index définie à l'aide de l'attribut `UNIQUE_KEY` est définie comme clé d'index primaire.

L'attribut `INDEX` définit un index. Si aucun nom n'est spécifié lors de la définition d'un index, le nom utilisé est celui du nom du premier champ comportant un suffixe. Les champs `TEXT` et `BLOB` ne peuvent pas être indexés.

À l'heure actuelle, les clés étrangères ne sont pas encore prises en charge par MySQL. Les clauses `FOREIGN KEY`, `CHECK` et `REFERENCE`, qui ne sont là que pour des raisons de compatibilité, n'ont donc aucun effet sur la définition des tables.

Création de tables

Dans l'exemple suivant, nous allons créer deux nouvelles tables intitulées `article` et `groupear-ticle`, qui seront également utilisées par la suite pour exécuter différentes requêtes. La table `article` comporte la colonne `NumArt`, de type `BIGINT`, définie comme clé primaire, ainsi que 6 autres colonnes chargées de décrire les articles. Le contenu du champ `NumArt` doit être automa-tiquement incrémenté d'une unité lors de l'insertion d'un nouvel enregistrement. Pour ce faire, nous devons spécifier l'attribut `AUTO_INCREMENT`. De la même manière, la table `groupearticle` comporte une colonne `NumGrArt`, définie comme clé primaire, ainsi qu'une autre colonne destinée au nom des groupes d'articles.

▼ Listing 6.1 : *Création de la table article*

```
CREATE TABLE article (
NumArt BIGINT NOT NULL AUTO_INCREMENT PRIMARY KEY,
NumCde VARCHAR(25) NOT NULL,
NomArt VARCHAR(100) NOT NULL,
TexteArt MEDIUMTEXT NOT NULL,
PrixArt DECIMAL(8,2) NOT NULL,
NumGrArt BIGINT NOT NULL,
NumSGrArt BIGINT NOT NULL
);
```

Dans le cadre d'une utilisation concrète de MySQL, le client `mysql` associé au serveur de bases de données s'avère particulièrement lourd à utiliser. Vous en ferez vous-même l'expérience, si ce n'est pas encore le cas, lorsque vous voudrez saisir les commandes SQL requises à partir de l'invite `mysql`. Si vous décidez d'utiliser à la place l'utilitaire de bases de données `phpMyAdmin`, vous avez la possibilité d'éditer un fichier texte à partir de n'importe quel éditeur ASCII et d'y créer les commandes requises, avant de les transférer ensuite sur le serveur de bases de données.

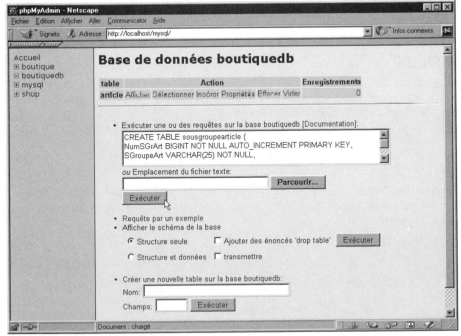

▲ Fig. 6.2 : *Création d'une table à l'aide de phpMyAdmin*

Les bases de données en pratique à l'aide de MySQL

6

Pour transférer les commandes SQL à l'aide de `phpMyAdmin`, vous pouvez copier les commandes SQL requises et les coller dans le champ *Exécuter une ou des requêtes sur la base boutiquedb*, ou bien indiquer dans le champ situé au-dessous l'emplacement du fichier texte comportant les commandes SQL.

Après que vous avez cliqué sur le bouton **Exécuter**, les commandes SQL sont transférées sur le serveur de bases de données, où elles sont exécutées si leur syntaxe est correcte.

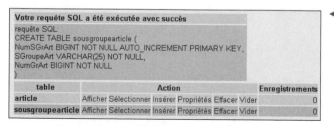

◀ Fig. 6.3 :
*Confirmation de la
création de la table*

OPTIMIZE TABLE

Syntaxe de OPTIMIZE TABLE

```
OPTIMIZE TABLE tbl_name
```

La commande `OPTIMIZE TABLE` peut être utilisée pour optimiser la table, lorsque de nombreuses actions de suppression sont intervenues dans une table.

DROP TABLE

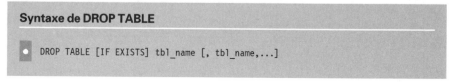

Syntaxe de DROP TABLE

```
DROP TABLE [IF EXISTS] tbl_name [, tbl_name,...]
```

La commande `DROP TABLE` peut être utilisée pour supprimer une ou plusieurs tables d'une base de données. Le mot-clé `IF EXISTS` évite une erreur d'exécution lors d'une tentative de suppression d'une table inexistante.

ALTER TABLE

Syntaxe de ALTER TABLE

```
ALTER [IGNORE] TABLE tbl_name alter_spec [, alter_spec ...]
alter_specification:
        ADD [COLUMN] create_definition [FIRST | AFTER column_name ]
   ou   ADD INDEX [index_name] (index_col_name,...)
   ou   ADD PRIMARY KEY (index_col_name,...)
   ou   ADD UNIQUE [index_name] (index_col_name,...)
   ou   ALTER [COLUMN] col_name {SET DEFAULT literal | DROP DEFAULT}
   ou   CHANGE [COLUMN] old_col_name create_definition
   ou   MODIFY [COLUMN] create_definition
   ou   DROP [COLUMN] col_name
   ou   DROP PRIMARY KEY
   ou   DROP INDEX index_name
   ou   RENAME [AS] new_tbl_name
   ou   table_options
```

La commande **ALTER TABLE** permet de modifier la structure d'une table existante.

La commande suivante ajoute à la définition de la table **article** la colonne **RemarqueArt**, qui est placée après la colonne **TexteArt**, qui figurait déjà dans la table :

```
ALTER TABLE article ADD RemarqueArt VARCHAR(50) AFTER TexteArt;
```

De même, la commande

```
ALTER TABLE article RENAME AS article_nouveau;
```

renomme la table existante **article** en **article_nouveau**.

CREATE INDEX

Syntaxe de CREATE INDEX

```
CREATE [UNIQUE] INDEX index_name ON tbl_name (col_name[(length)],... )
```

La commande **CREATE INDEX** permet d'ajouter un index à une table existante après la création de cette dernière. En effet, les index sont normalement définis lors de la création d'une table, à l'aide de la commande **CREATE TABLE**.

Pour définir après coup un index pour une colonne existante, il est nécessaire que la colonne correspondante soit définie avec l'attribut **NOT NULL**. Si cela n'a pas été fait, la table peut être modifiée à l'aide de la commande `ALTER TABLE`. La commande suivante `CREATE UNIQUE INDEX` permet de créer un index unique pour cette colonne.

```
ALTER TABLE article MODIFY NomArt VARCHAR(100) NOT NULL;
CREATE UNIQUE INDEX ind_nomart ON article (NomArt);
```

Vous auriez pu créer l'index plus simplement à l'aide de `phpMyAdmin`, en cliquant dans la table `article`, sur le champ *Action* de la colonne *Propriétés*, puis en cliquant sur le lien *Unique* du champ correspondant de la base de données. La condition est ici aussi que le champ correspondant ait été défini avec la propriété `NOT NULL`. Pour arriver à ce résultat avec `phpMyAdmin`, il suffit également de cliquer sur le lien *Modifier* sous la colonne *Propriétés*.

Champ	Type	Attributes	Null	Defaut	Extra	Action
NumArt	bigint(20)		Non	0	auto_increment	Modifier Effacer Primaire Index Unique
NumCde	varchar(25)		Non			Modifier Effacer Primaire Index Unique
NomArt	varchar(100)		Non			Modifier Effacer Primaire Index Unique
TexteArt	mediumtext		Non			Modifier Effacer Primaire Index Unique
RemarqueArt	varchar(50)		Oui			Modifier Effacer Primaire Index Unique
PrixArt	decimal(8,2)		Non	0.00		Modifier Effacer Primaire Index Unique
NumGrArt	bigint(20)		Non	0		Modifier Effacer Primaire Index Unique
NumSGrArt	bigint(20)		Non	0		Modifier Effacer Primaire Index Unique

Nom de la clé	Unique	Champ	Action
PRIMARY	Oui	NumArt	Effacer
ind_nomart	Oui	NomArt	Effacer

▲ Fig. 6.4 : *La définition de la table article avec le nouvel index*

DROP INDEX

Syntaxe de DROP INDEX

```
DROP INDEX index_name ON tbl_name
```

La commande `DROP INDEX` permet de supprimer de la définition de la table un index existant. Ici aussi, l'opération est plus simple à réaliser à l'aide de `phpMyAdmin`. Pour ce faire, il suffit de cliquer sur le lien *Effacer*.

Saisie, modification et suppression d'enregistrements

INSERT

La commande `INSERT` permet d'insérer de nouveaux enregistrements à une table `tbl_name`. MySQL connaît trois formes syntaxiques différentes de la commande `INSERT`. La forme syntaxique `INSERT ... VALUES` insère de nouveaux enregistrements en utilisant les valeurs spécifiées par `VALUES`. La forme syntaxique `INSERT ... SELECT` réalise l'édition d'enregistrements à l'aide d'une sous-requête utilisant la commande `SELECT` pour sélectionner les enregistrements d'une autre table.

Le paramètre `col_name` ou la clause `SET` peuvent être utilisés pour préciser la colonne à laquelle l'insertion se rapporte. Tous les champs auxquels aucune valeur n'est assignée retrouvent leur valeur par défaut.

Syntaxe de INSERT

```
INSERT [LOW_PRIORITY | DELAYED] [IGNORE]
        [INTO] tbl_name [(col_name,...)]
        VALUES (expression,...),(...),...
```

ou

```
INSERT [LOW_PRIORITY | DELAYED] [IGNORE]
        [INTO] tbl_name [(col_name,...)]
        SELECT ...
```

ou

```
INSERT [LOW_PRIORITY | DELAYED] [IGNORE]
        [INTO] tbl_name
        SET col_name=expression, col_name=expression, ...
```

Le mot-clé `LOW_PRIORITY` permet de retarder l'exécution de la commande `INSERT` jusqu'à ce qu'il n'y ait plus aucune requête.

Ajout de nouveaux enregistrements dans une table

Les commandes suivantes insèrent 2 nouveaux enregistrements dans la table `article`.

```
INSERT INTO article (NumCde, NomArt, TexteArt, PrixArt, NumGrArt, NumSGrArt) VALUES (

'1-001-001-001',
'Aliments secs bœuf et poulet - 5kg',
'Aliments secs bœuf et poulet - 5kg',
   7.95,   1,   1);
INSERT INTO article (NumCde, NomArt, TexteArt, PrixArt, NumGrArt, NumSGrArt) VALUES (
'1-001-002-001',
'Aliments secs céréales et soja - 5kg',
'Aliments secs céréales et soja - 5kg',
   12.95,   1,   1);
```

Vous pouvez constater le succès de la procédure d'insertion à l'aide de `phpMyAdmin`, dans la fenêtre de votre navigateur.

NumArt	NumCde	NomArt	TexteArt	RemarqueArt	PrixArt	NumGrArt	NumSGrArt		
1	1-001-001-001	Aliments secs boeuf et poulet - 5kg	Aliments secs boeuf et poulet - 5kg		7.95	1	1	Modifier	Effacer
2	1-001-002-001	Aliments secs céréales et soja - 5kg	Aliments secs céréales et soja - 5kg		12.95	1	1	Modifier	Effacer

Affichage des enregistrements 0 - 30 (2 total)
requête SQL:
SELECT * FROM article LIMIT 0, 30

▲ Fig. 6.5 : *Insertion d'enregistrements dans une table*

REPLACE

La commande REPLACE procède de la même manière que la commande INSERT, à ceci près qu'un ancien enregistrement dans la table, qui a la même valeur qu'un nouvel enregistrement dans une clé, est supprimé de la table avant d'insérer un nouvel enregistrement.

Faisons un test, et essayons d'insérer l'enregistrement suivant dans la table **article**, en utilisant la commande INSERT :

```
INSERT INTO article (NumCde, NomArt, TexteArt, PrixArt, NumGrArt, NumSGrArt) VALUES (
'1-999-999-999',
'Aliments secs bœuf et poulet - 5kg',
'Aliments secs bœuf et poulet - 5kg Extra',
  12.95,  1,  1);
```

Cette commande donne lieu à un message d'erreur de MySQL : en effet, vous avez essayé d'insérer un doublon dans le champ **NomArt**, qui utilise une clé d'index unique.

Base de données boutiquedb

Erreur

MySQL a répondu:Duplicate entry 'Aliments secs boeuf et poulet - 5kg' for key 2

◀ Fig. 6.6 :
Message d'erreur suite à la tentative de créer un doublon dans un champ indexé

En revanche, si vous utilisez au lieu de cela la commande REPLACE, l'ancien enregistrement identique est supprimé de la table avant l'insertion de la nouvelle valeur.

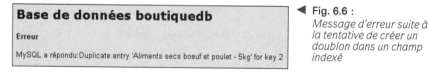

Votre requête SQL a été exécutée avec succès
requête SQL:
REPLACE INTO article (NumCde, NomArt, TexteArt, PrixArt, NumGrArt, NumSGrArt) VALUES (
'1-999-999-999',
'Aliments secs boeuf et poulet - 5kg ',
'Aliments secs boeuf et poulet - 5kg Extra',
12.95, 1, 1)

◀ Fig. 6.7 :
Insertion d'un enregistrement à l'aide de REPLACE

Si vous exécutez ensuite une requête de sélection à l'aide de la commande SELECT (les requêtes de sélection sont présentées à la section suivante), afin d'afficher les enregistrements de la table **article**, vous pourrez constater que l'enregistrement qui existait précédemment avec une valeur identique dans la colonne **NomArt** a été supprimé.

Affichage des enregistrements 0 - 30 (2 total)									
requête SQL: SELECT * FROM article LIMIT 0, 30									
NumArt	**NumCde**	**NomArt**	**TexteArt**	**RemarqueArt**	**PrixArt**	**NumGrArt**	**NumSGrArt**		
3	1-999-999-999	Aliments secs boeuf et poulet - 5kg	Aliments secs boeuf et poulet - 5kg Extra		12.95	1	1	Modifier	Effacer
2	1-001-002-001	Aliments secs céréales et soja - 5kg	Aliments secs céréales et soja - 5kg		12.95	1	1	Modifier	Effacer

▲ Fig. 6.8 : *Le résultat de l'opération d'insertion utilisant REPLACE*

Syntaxe de REPLACE

```
REPLACE [LOW_PRIORITY | DELAYED]
    [INTO] tbl_name [(col_name,...)]
    VALUES (expression,...)
```

ou

```
REPLACE [LOW_PRIORITY | DELAYED]
    [INTO] tbl_name [(col_name,...)]
    SELECT ...
```

ou

```
REPLACE [LOW_PRIORITY | DELAYED]
    [INTO] tbl_name
    SET col_name=expression, col_name=expression,...
```

LOAD DATA INFILE

La commande LOAD DATA INFILE lit des lignes à partir d'un fichier, et les ajoute à la table MySQL.

Syntaxe de LOAD DATA INFILE

```
LOAD DATA [LOW_PRIORITY] [LOCAL] INFILE'file_name.txt' [REPLACE | IGNORE]
    INTO TABLE tbl_name
    [FIELDS
        [TERMINATED BY'\t']
        [OPTIONALLY] ENCLOSED BY'']
        [ESCAPED BY'\\' ]]
    [LINES TERMINATED BY'\n']
    [IGNORE number LINES]
    [(col_name,...)]
```

Les bases de données en pratique à l'aide de MySQL

La commande SQL ci-après lit les données figurant dans le fichier *donnees.txt* et les écrit dans la table `article` :

```
LOAD DATA LOCAL INFILE'c:/apache/www3_docs/donnees.txt' INTO TABLE article FIELDS TERMINATED BY',
➥ '(NumCde, NomArt, TexteArt, PrixArt, NumGrArt, NumSGrArt);
```

Les données figurent dans le fichier *donnees.txt* et sont séparées par des virgules avec un \n comme caractère de fin de ligne. Le mot-clé `LOCAL` indique que le fichier de données se trouve sur l'hôte client dans le répertoire spécifié.

Le contenu du fichier *donnees.txt* est le suivant :

▼ Listing 6.2 : *Fichier donnees.txt*

```
8-999-999-999,Aliments secs 15kg,Aliments secs bœuf et poulet - 5kg Extra,22.95,1,1
9-999-999-999,Aliments secs 25kg,Aliments secs bœuf et poulet - 5kg Extra,32.95,1,1
```

UPDATE

La commande `UPDATE` permet de modifier des valeurs dans des champs de la table. La clause `SET` spécifie les colonnes à modifier.

Syntaxe de UPDATE

```
UPDATE [LOW_PRIORITY] tbl_name SET col_name1=expr1,col_name2=expr2,
➥ [WHERE where_definition] [LIMIT #]
```

La clause `WHERE` permet de spécifier les enregistrements à modifier. À défaut, tous les enregistrements sont modifiés.

DELETE

La commande `DELETE` est chargée de supprimer dans un tableau intitulé `tbl_name` tous les enregistrements indiqués dans une clause `WHERE`. Si cette clause `WHERE` n'est pas appliquée, tous les enregistrements de la table sont supprimés.

Syntaxe de DELETE

```
DELETE [LOW_PRIORITY] FROM tbl_name [WHERE where_definition] [LIMIT rows]
```

Sélection d'enregistrements

SELECT

La commande SELECT est la commande centrale dans l'utilisation de bases de données. Cette commande est utilisée pour formuler des requêtes de sélection. La commande SELECT permet de former une table réponse à partir d'une ou de plusieurs tables de départ.

La clause FROM est chargée de spécifier les tables à partir desquelles les enregistrements doivent être sélectionnés. Dans le cas où plusieurs tables sont spécifiées, une clause JOIN est exécutée.

La clause WHERE est chargée de spécifier la condition de recherche, à travers laquelle les enregistrements peuvent être sélectionnés dans les tables FROM pour former la table réponse.

Les clauses ORDER BY et GROUP BY sont destinées au tri et au groupement des données de la table réponse. La clause ORDER BY permet de réaliser un tri croissant (ASC) ou décroissant (DESC) des données de la table réponse, ce tri intervenant sur une colonne à spécifier.

GROUP BY regroupe les lignes de la table réponse dans lesquelles la valeur de la colonne indiquée est identique.

Syntaxe de SELECT

```
SELECT [STRAIGHT_JOIN] [SQL_SMALL_RESULT] [SQL_BIG_RESULT] [HIGH_PRIORITY]
    [DISTINCT | DISTINCTROW | ALL]
    select_expression,...
    [INTO {OUTFILE | DUMPFILE}'file_name' export_options]
    [FROM table_references
        [WHERE where_definition]
        [GROUP BY col_name,...]
        [HAVING where_definition]
        [ORDER BY {unsigned_integer | col_name | formula} [ASC | DESC] ,...]
        [LIMIT [offset,] rows]
        [PROCEDURE procedure_name] ]
```

Les différentes clauses doivent suivre l'ordre dans lequel elles apparaissent dans le schéma syntaxique de la commande SELECT. La clause HAVING doit suivre la clause GROUP BY et doit précéder la clause ORDER BY.

La clause HAVING est comparable à une clause WHERE, bien qu'elle se rapporte aux groupes générés par la clause GROUP BY.

L'indication de STRAIGHT_JOIN a pour effet de relier les tables en suivant exactement l'ordre spécifié dans la clause FROM.

La commande SELECT ... INTO OUTFILE 'file_name' a pour effet de sortir la table réponse dans le fichier spécifié par 'file_name'. Les fichiers spécifiés sont créés. Les fichiers existants ne peuvent être remplacés.

Utilisation de la commande SELECT

La requête suivante recherche dans la table `article` tous les enregistrements dont le champ `PrixArt` comporte une valeur supérieure à 50 :

```
SELECT * FROM article WHERE PrixArt > 50
```

Le résultat de la requête est reproduit ci-après :

requête SQL								
requête SQL: SELECT * FROM article WHERE PrixArt > 50 LIMIT 0, 30								
NumArt	**NumCde**	**NomArt**	**TexteArt**	**PrixArt**	**NumGrArt**	**NumSGrArt**		
18	3-000-000-000	Muselière, Cuir	Muselière en cuir pour grands chiens	62.75	3	11	Modifier	Effacer
19	3-000-000-000	Couverture, laine vierge	Couverture en laine vierge, 40 x 30 cm	52.95	3	12	Modifier	Effacer
20	3-000-000-000	Panier, synthétique	Panier, synthétique, 60 x 60 cm	125.00	3	13	Modifier	Effacer
22	4-005-001-001	Pierre Leduc : Le terre-neuve	ISBN 1-188-4467-040-D	185.00	4	15	Modifier	Effacer

▲ **Fig. 6.9 :** *Une requête SELECT simple*

Dans une autre requête se rapportant à la même table, les enregistrements sont regroupés à l'aide de la clause `GROUP BY` sur la base des groupes d'articles ; par ailleurs, la fonction d'agrégation `AVG()` est utilisée sur les groupes ainsi formés, afin de calculer la moyenne des valeurs des colonnes :

```
SELECT NumGrArt, AVG(PrixArt) FROM article GROUP BY NumGrArt
```

Le résultat de cette requête est reproduit ci-après :

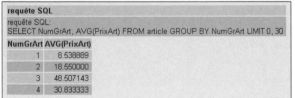

◀ **Fig. 6.10 :**
Une requête utilisant la clause GROUP BY

L'important est ici que, à l'exception des références de colonnes spécifiées dans la fonction d'agrégation, les références de colonnes spécifiées dans `select_expression` (voir le schéma de la syntaxe) doivent concorder avec celles des colonnes spécifiées dans la clause `GROUP BY`.

Dans l'exemple suivant, le résultat du regroupement est restreint par une autre clause, la clause `HAVING`. Pour des raisons compréhensibles, les références des colonnes spécifiées dans la colonne `HAVING` ne peuvent se rapporter qu'aux colonnes qui ont déjà été spécifiées dans la clause `GROUP BY`.

```
SELECT NumGrArt, AVG(PrixArt) FROM article GROUP BY NumGrArt HAVING NumGrArt=2
```

La requête donne le résultat escompté ci-après :

```
requête SQL
requête SQL:
SELECT NumGrArt, AVG(PrixArt) FROM article GROUP BY NumGrArt HAVING NumGrArt=2 LIMIT 0, 30
NumGrArt AVG(PrixArt)
       2    18.550000
```

▲ Fig. 6.11 : *Une requête utilisant les clauses GROUP BY et HAVING*

JOIN

La clause JOIN peut être utilisée à la place d'une virgule (**,**), en relation avec la commande SELECT, afin de faire la jointure entre plusieurs tables indiquées dans la clause FROM de la commande SELECT.

La jointure permet de combiner les enregistrements appartenant à deux relations comparables sur la base d'un champ. La clause NATURAL JOIN permet de combiner les enregistrements correspondant à deux relations, de manière à faire concorder les valeurs des attributs de même nom des deux relations. Ces attributs n'apparaissent qu'une fois dans la table réponse.

La clause INNER JOIN (jointure exclusive) combine les enregistrements de la première table avec les enregistrements correspondants de la seconde table. La clause OUTER JOIN retourne plus d'enregistrements que la clause INNER JOIN, puisqu'elle ajoute également à la réponse les enregistrements pour lesquels il n'existe pas d'enregistrement correspondant dans la seconde table (jointure inclusive).

Dans une clause LEFT OUTER JOIN, toutes les lignes de la table de gauche (la première table) figurent parmi les résultats, indépendamment de l'existence d'enregistrements correspondants dans la table de droite. Les colonnes de la table de gauche, pour lesquelles il n'existe pas d'enregistrement correspondant dans la table de droite, sont remplies de valeurs NULL.

Dans une clause RIGHT OUTER JOIN, en revanche, toutes les lignes de la table de droite (la seconde table) sont conservées dans la table réponse. Certes, MySQL est dépourvu d'une commande spécifique pour la jointure droite externe, cependant la permutation de l'ordre des tables référencées dans la clause FROM permet de réaliser à tout moment une jointure droite externe.

Syntaxe de JOIN

```
table_reference, table_reference
table_reference [CROSS] JOIN table_reference
table_reference INNER JOIN table_reference
table_reference STRAIGHT_JOIN table_reference
table_reference LEFT [OUTER] JOIN table_reference ON conditional_expr
table_reference LEFT [OUTER] JOIN table_reference USING (column_list)
table_reference NATURAL LEFT [OUTER] JOIN table_reference
{table_reference LEFT OUTER JOIN table_reference ON conditional_expr }
```

La requête ci-après crée une jointure simple entre les tables **article** et **groupearticle**.

```
SELECT NumArt,NumCde,NomArt,PrixArt,A.NumGrArt,GroupeArt FROM article AS A,groupearticle
➥ AS B WHERE A.NumGrArt=B.NumGrArt AND B.NumGrArt=3
```

Le résultat de la requête, dont la table réponse représente la jointure entre les tables **article** et **groupearticle**, est reproduit ci-après :

requête SQL						
requête SQL: SELECT NumArt,NumCde,NomArt,PrixArt,A.NumGrArt,GroupeArt FROM article AS A,groupearticle AS B WHERE A.NumGrArt=B.NumGrArt AND B.NumGrArt=3 LIMIT 0, 30						
NumArt	**NumCde**	**NomArt**	**PrixArt**	**NumGrArt**	**GroupeArt**	
15	1-003-000-000	Collier, Cuir, 25 cm	12.95	3	Accessoires pour chiens	Modifier Effacer
16	3-002-001-001	Accessoires pour chien, Cuir	37.95	3	Accessoires pour chiens	Modifier Effacer
17	3-002-001-002	Accessoires pour chien, Plastique	47.95	3	Accessoires pour chiens	Modifier Effacer
18	3-000-000-000	Muselière, Cuir	62.75	3	Accessoires pour chiens	Modifier Effacer
19	3-000-000-000	Couverture, laine vierge	52.95	3	Accessoires pour chiens	Modifier Effacer
20	3-000-000-000	Panier, synthétique	125.00	3	Accessoires pour chiens	Modifier Effacer
21	3-000-000-000	Boîte à lancer, plastique	0.00	3	Accessoires pour chiens	Modifier Effacer

▲ Fig. 6.12 : *Requête de sélection utilisant une jointure simple entre deux tables*

Nous souhaitons à présent créer une table réponse affichant tous les enregistrements de la table **article** et montrant dans la colonne **GroupeArt** si un article appartient au groupe d'articles **3**, correspondant aux "**Accessoires pour chiens**", et, dans le cas contraire, laissant le champ vide. Pour ce faire, nous utiliserons une clause **LEFT OUTER JOIN**, conformément au schéma syntaxique indiqué plus haut :

```
SELECT NomArt, PrixArt, GroupeArt FROM article AS A LEFT OUTER JOIN groupearticle AS B ON A.
➥ NumGrArt=B.NumGrArt AND B.NumGrArt=3
```

Le résultat de la requête est reproduit ci-après :

requête SQL		
requête SQL: SELECT NomArt, PrixArt, GroupeArt FROM article AS A LEFT OUTER JOIN groupearticle AS B ON A. NumGrArt=B.NumGrArt AND B.NumGrArt=2 LIMIT 0, 30		
NomArt	**PrixArt**	**GroupeArt**
Aliments secs boeuf et poulet - 5kg	7.95	
Aliments secs végétariens aux céréales et soja - 5kg	12.95	
Aliments secs végétariens aux céréales et soja - 15kg	25.95	
Aliments en boîte au boeuf - 250g	2.95	
Aliments en boîte au boeuf - 500g	4.95	
Aliments en boîte au gibier - 500g	5.95	
Cuissot de lièvre frais	4.25	
Nerf de boeuf	2.95	
Compléments alimentaires vitamines et minéraux	8.95	
Balle caoutchouc, 15 cm - Couleur : bleu	17.95	Jouets pour chiens
Balle à macher, plastique - Couleur : rouge / bleu	17.95	Jouets pour chiens
Frisbee nylon - Diamètre : 15 cm	15.95	Jouets pour chiens
Frisbee nylon - Diamètre : 25 cm	27.95	Jouets pour chiens
Saucisse à macher, Sisal	12.95	Jouets pour chiens
Collier, Cuir, 25 cm	12.95	
Accessoires pour chien, Cuir	37.95	
Accessoires pour chien, Plastique	47.95	
Muselière, Cuir	62.75	
Couverture, laine vierge	52.95	
Panier, synthétique	125.00	

▲ Fig. 6.13 : *Requête de sélection utilisant la clause LEFT OUTER JOIN*

Fonctions système et fonctions d'information

SHOW

La commande SHOW permet d'afficher des informations sur les bases de données, les tables, les colonnes ou le serveur.

Syntaxe de SHOW

```
•  SHOW DATABASES [LIKE wild]
•  ou   SHOW TABLES [FROM db_name] [LIKE wild]
•  ou   SHOW COLUMNS FROM tbl_name [FROM db_name] [LIKE wild]
•  ou   SHOW INDEX FROM tbl_name [FROM db_name]
•  ou   SHOW STATUS
•  ou   SHOW VARIABLES [LIKE wild]
•  ou   SHOW [FULL] PROCESSLIST
•  ou   SHOW TABLE STATUS [FROM db_name] [LIKE wild]
•  ou   SHOW GRANTS FOR user
```

L'illustration ci-après montre le résultat de la commande SHOW, chargée d'afficher des informations sur la table **article** utilisée dans les requêtes précédentes :

requête SQL

requête SQL:
SHOW COLUMNS FROM article LIMIT 0, 30

Field	Type	Null	Key	Default	Extra
NumArt	bigint(20)		PRI	0	auto_increment
NumCde	varchar(25)				
NomArt	varchar(100)				
TexteArt	mediumtext				
PrixArt	decimal(8,2)			0.00	
NumGrArt	bigint(20)			0	
NumSGrArt	bigint(20)			0	

◀ Fig. 6.14 :
*Utilisation de SHOW
pour afficher des
informations sur la table*

DESCRIBE

De la même manière qu'avec la commande SHOW, la commande DESCRIBE permet d'afficher des informations sur les colonnes d'une table. Le paramètre col_name, spécifiant le nom des colonnes, peut comporter des caractères génériques.

Syntaxe de DESCRIBE

```
•  {DESCRIBE | DESC} tbl_name {col_name | wild}
```

EXPLAIN

La commande `EXPLAIN` sert à afficher des informations sur une requête faisant appel à la commande `SELECT` : par exemple quelles tables sont extraites et dans quel ordre. Elle est utilisée pour optimiser les résultats des requêtes.

Syntaxe de EXPLAIN

● `EXPLAIN tbl_name`

ou

● `EXPLAIN SELECT select_options`

La première des formes syntaxiques indiquées dans le schéma syntaxique est un synonyme des commandes `DESCRIBE tbl_name` ou `SHOW COLUMNS FROM tbl_name`. Si l'on suit en revanche la deuxième forme syntaxique en faisant précéder la commande `SELECT` de la commande `EXPLAIN`, cette commande fournit différentes informations permettant d'optimiser la requête `SELECT`.

Le tableau ci-après récapitule les informations retournées par la commande `EXPLAIN`. L'efficacité d'une requête apparaît principalement au niveau des indications figurant dans le champ `rows`. Celui-ci contient le nombre d'enregistrements qui doivent être lus afin de traiter la requête. Lors de l'optimisation d'une requête, on essaie, autant que faire se peut, de réduire ces valeurs, en ajoutant des index.

▼ **Tab. 6.12 : Récapitulatif des informations retournées par EXPLAIN**

Valeur	Fonction
`table`	La table à laquelle font référence les indications.
`type`	Type de lien. Les types possibles sont, dans un ordre d'efficacité décroissant : `system`, `const`, `eq_ref`, `ref`, `range`, `index` , `ALL`.
`possible_keys`	Indique les index utilisables dans la requête. Si cette colonne est vide, il convient de vérifier si des colonnes indexables sont référencées dans la clause `WHERE` de la requête.
`key`	Indique quelle est la clé d'index en cours d'utilisation par MySQL. `NULL` indique qu'aucun index n'est utilisé.
`key_len`	Retourne la longueur de la clé courante.
`ref`	Indique quelles sont les colonnes utilisées avec la clé, pour sélectionner des enregistrements dans la table.
`rows`	Indique le nombre de colonnes devant être vérifiées par MySQL, pour exécuter la requête.
`Extra`	La ligne `Only index` signifie que le traitement de la requête lit uniquement des index, ce qui est nettement plus rapide que de parcourir toute la table. La ligne `where used` signifie qu'une clause `WHERE` est utilisée pour déterminer le résultat de la requête.

L'exemple ci-après montre le résultat d'une requête exécutée avec la commande `EXPLAIN` :

requête SQL
requête SQL: EXPLAIN SELECT NumArt,NumCde,NomArt,PrixArt,A.NumGrArt,GroupeArt, SGroupeArt FROM article AS A,groupearticle AS B, sousgroupearticle AS C WHERE A.NumGrArt=B.NumGrArt AND A.NumSGrArt=C.NumSGrArt AND B.NumGrArt=1 AND C.NumSGrArt>1 LIMIT 0, 30

table	type	possible_keys	key	key_len	ref	rows	Extra
B	const	PRIMARY	PRIMARY	8	???	1	
A	ALL					27	where used
C	eq_ref	PRIMARY	PRIMARY	8	A.NumSGrArt	1	where used

▲ Fig. 6.15 : *Affichage des informations obtenues par l'utilisation d'EXPLAIN pour optimiser une requête*

SET OPTION

Syntaxe de SET OPTION

```
SET [OPTION] SQL_VALUE_OPTION= value, ...
```

La commande **SET OPTION** définit différentes options qui se rapportent aussi bien au client qu'au serveur. Les différentes options possibles sont récapitulées dans le tableau ci-après :

▼ **Tab. 6.13 : Les options de la commande SET OPTION**

Option	Description
CHARACTER SET character_set_name | DEFAULT	Indication du jeu de caractères. La seule option paramétrable à part DEFAULT est à l'heure actuelle cp1251_koi8.
PASSWORD = PASSWORD('password')	Définit le mot de passe pour l'utilisateur actuel.
SQL_BIG_TABLES = 0 | 1	Lorsque cette option est activée, les tables sont prioritairement enregistrées sur le disque dur.
SQL_BIG_SELECTS = 0 | 1	Lorsque cette option est activée, les requêtes de sélection accusant des temps d'exécution longs sont exécutées avant terme. La valeur par défaut est 0.
SQL_LOW_PRIORITY_UPDATES = 0 | 1	Lorsque cette option est activée, les requêtes de sélection SELECT ont un degré de priorité supérieur aux commandes INSERT, UPDATE et DELETE, avant lesquelles elles sont exécutées.
SQL_SELECT_LIMIT = value | DEFAULT	Nombre maximal d'enregistrements pour une requête de sélection. DEFAULT signifie aucune limitation.
SQL_LOG_OFF = 0 | 1	Lorsque cette option est activée, aucune entrée n'est consignée dans le fichier journal par défaut.
SQL_LOG_UPDATE = 0 | 1	Lorsque cette option est activée, les entrées sont écrites dans le fichier journal Update.
TIMESTAMP = timestamp_value | DEFAULT	Définit le tampon horaire UNIX pour le client.
LAST_INSERT_ID = #	Définit la valeur retournée par la fonction LAST_INSERT_ID().

6

Les bases de données en pratique à l'aide de MySQL

FLUSH

La commande FLUSH vide le cache interne MySQL. L'exécution de la commande FLUSH requiert le privilège RELOAD.

Syntaxe de FLUSH

```
FLUSH flush_option [,flush_option]
```

KILL

La commande KILL est utilisée pour terminer des processus en cours d'exécution.

Syntaxe de KILL

```
KILL thread_id
```

Contrôle d'accès aux objets de la base de données

GRANT et REVOKE

Les commandes GRANT et REVOKE permettent de contrôler les droits d'accès aux bases de données du serveur de bases de données. GRANT accorde les droits tandis que REVOKE retire les droits qui ont été accordés.

Syntaxe de GRANT et REVOKE

```
GRANT priv_type [(column_list)] [, priv_type [(column_list)] ...]
    ON {tbl_name | * | *.* | db_name.*}
    TO user_name [IDENTIFIED BY'password']
        [, user_name [IDENTIFIED BY'password'] ...]
    [WITH GRANT OPTION]

REVOKE priv_type [(column_list)] [, priv_type [(column_list)] ...]
    ON {tbl_name | * | *.* | db_name.*}
    FROM user_name [, user_name ...]
```

LOCK/UNLOCK de tableaux

La commande LOCK TABLES est utilisée pour verrouiller une table pour le processus qui accède à la table. La commande UNLOCK TABLES libère la table pour d'autres processus. Toutes les tables qui sont verrouillées sont de nouveau libérées lorsque le processus qui y accède verrouille une autre table ou se déconnecte du serveur. Les clauses READ et WRITE ont la signification suivante : un verrou WRITE interdit l'accès en écriture et en lecture à d'autres processus, tandis qu'un verrou READ autorise encore l'accès en lecture à d'autres processus.

Syntaxe de LOCK et UNLOCK TABLES

```
LOCK TABLES tbl_name [AS alias] {READ | [LOW_PRIORITY] WRITE}
[, tbl_name {READ | [LOW_PRIORITY] WRITE}.]


UNLOCK TABLES
```

Fonctions utilisateurs

CREATE FUNCTION/DROP FUNCTION

La commande CREATE FUNCTION est utilisée pour lier des fonctions définies par l'utilisateur réalisées en C++. La commande DROP FUNCTION permet de supprimer des fonctions utilisateurs. Pour que ces commandes puissent s'appliquer, il est nécessaire de disposer des privilèges INSERT et DELETE. De même, MySQL ne doit pas avoir été compilé avec l'option static.

Syntaxe de CREATE FUNCTION/DROP FUNCTION

```
CREATE [AGGREGATE] FUNCTION function_name RETURNS {STRING|REAL|INTEGER}
       SONAME shared_library_name


DROP FUNCTION function_name
```

6.5.   Fonctions MySQL spécifiques

MySQL dispose d'un vaste éventail de fonctions, qui peuvent être directement appliquées au résultat d'une requête. Les principales fonctions sont les fonctions mathématiques, les fonctions de chaînes de caractères et les fonctions de date et d'heure. Par ailleurs, il existe différentes fonctions d'agrégation permettant de manipuler des colonnes à l'aide de la clause GROUP BY.

6

Les bases de données en pratique à l'aide de MySQL

Fonctions mathématiques

MySQL prend en charge un large choix de fonctions mathématiques qui n'ont rien à envier aux fonctions PHP pour ce qui est de la précision. Les fonctions mathématiques de MySQL peuvent être appliquées aux champs de bases de données de type numérique dans le résultat d'une requête. Il s'avère souvent plus efficace, dans l'exécution de requêtes de bases de données, d'utiliser, à la place des fonctions PHP, directement la fonction MySQL correspondante, pour l'appliquer aux données sélectionnées. Ainsi la fonction `ROUND(X,D)` est-elle souvent utilisée dans des requêtes, notamment pour des arrondis monétaires.

Le tableau ci-après récapitule les fonctions mathématiques de MySQL :

▼ Tab. 6.14 : Fonctions mathématiques de MySQL

Fonction	Description
-	Signe moins. Change le signe de l'argument.
ABS(X)	Retourne la valeur absolue de l'argument.
SIGN(X)	Retourne le signe (-1, 0, 1) de l'argument.
MOD(N,M) %	Modulo. Retourne le reste de la division euclidienne de N par M.
FLOOR(X)	Retourne le plus grand entier inférieur ou égal à l'argument.
CEILING(X)	Retourne le plus petit entier supérieur ou égal à l'argument.
ROUND(X)	Arrondit l'argument à un nombre entier.
ROUND(X,D)	Arrondit l'argument à un nombre décimal avec D décimales.
EXP(X)	Retourne la valeur de e (base) à la puissance X.
LOG(X)	Retourne le logarithme naturel de l'argument.
LOG10(X)	Retourne le logarithme de l'argument en base 10.
POW(X,Y) POWER(X,Y)	Retourne la valeur de X à la puissance Y.
SQRT(X)	Retourne la racine carrée de l'argument.
PI()	Retourne la valeur de PI.
COS(X)	Retourne le cosinus de l'argument en radians.
SIN(X)	Retourne le sinus de l'argument en radians.
TAN(X)	Retourne la tangente de l'argument en radians.
ACOS(X)	Retourne l'arcosinus de l'argument.
ASIN(X)	Retourne l'arcsinus de l'argument.
ATAN(X)	Retourne l'arctangente de l'argument.
ATAN2(X,Y)	Retourne l'arctangente du quotient (Y/X) de deux arguments.
COT(X)	Retourne la cotangente de l'argument.
RAND() RAND(N)	Retourne une valeur aléatoire. La valeur initiale N peut être spécifiée pour le générateur de nombres aléatoires.
LEAST(X,Y,...)	Retourne la plus faible valeur d'une liste d'arguments.
GREATEST(X,Y,...)	Retourne la plus forte valeur d'une liste d'arguments.

▼ **Tab. 6.14 : Fonctions mathématiques de MySQL**

Fonction	Description
DEGREES(X)	Convertit en degrés l'argument spécifié en radians.
RADIANS(X)	Convertit en radians l'argument spécifié en degrés.
TRUNCATE(X,D)	Tronque un nombre décimal à D décimales.

Voici le résultat d'un test réalisé à l'aide du script décrit ci-après et faisant appel aux fonctions mathématiques de MySQL. Ce script peut être utilisé pour le paramétrage des fonctions :

Fonction	Résultat
ABS(-123)	123
SIGN(-56)	-1
MOD(10,3)	1
FLOOR(12.7)	12
CEILING(12.7)	13
ROUND(23.7896)	24
ROUND(23.6789,2)	23.68
TRUNCATE(12.345,2)	12.34
LEAST(2,3,5,67,23)	2
GREATEST(2,3,5,67,23)	67
EXP(3)	20.085537
LOG(7)	1.945910
LOG10(100)	2.000000
POW(2,3)	8.000000
SQRT(25)	5.000000
RAND()	0.8772
DEGREES(0.5)	28.647890
RADIANS(45)	0.785398
PI()	3.141593
COS(0.5)	0.877583
SIN(0.5)	0.479426
TAN(0.5)	0.546302
ACOS(0.5)	1.047198
ASIN(0.5)	0.523599
ATAN(45)	1.548578
ATAN2(30,45)	0.588003
COT(0.5)	1.83048772

▲ Fig. 6.16 : *Test des fonctions mathématiques de MySQL*

Le script chargé de tester les fonctions mathématiques MySQL

Les fonctions mathématiques de MySQL ont été testées à l'aide du script reproduit ci-après. Les commandes SQL chargées d'appeler les fonctions ont été enregistrées dans le tableau $sqlarr et ont été envoyées au serveur de bases de données MySQL depuis une boucle foreach, à l'aide de la fonction send_sql(). La réponse correspondante a été ensuite éditée par l'entremise de la fonction math_out(). Le script montre d'une part de quelle manière les fonctions SQL sont appelées, et d'autre part comment les commandes SQL peuvent être utilisées dans le cadre de

PHP. Pour plus de précisions sur ces questions, reportez-vous à la section *Programmation de bases de données sous PHP et MySQL*.

▼ **Listing 6.3** : *Script 07ex001.php3*

```php
<?
$debut=time();
include("mysql_connect.php3");
include("mysql_func.php3");
$db="math";

$sqlarr=array(
"SELECT ABS(-123)",
"SELECT SIGN(-56)",
"SELECT MOD(10,3)",
"SELECT FLOOR(12.7)",
"SELECT CEILING(12.7)",
"SELECT ROUND(23.7896)",
"SELECT ROUND(23.6789,2)",
"SELECT TRUNCATE(12.345,2)",
"SELECT LEAST(2,3,5,67,23)",
"SELECT GREATEST(2,3,5,67,23)",
"SELECT EXP(3)",
"SELECT LOG(7)",
"SELECT LOG10(100)",
"SELECT POW(2,3)",
"SELECT SQRT(25)",
"SELECT RAND()",
"SELECT DEGREES(0.5)",
"SELECT RADIANS(45)",
"SELECT PI()",
"SELECT COS(0.5)",
"SELECT SIN(0.5)",
"SELECT TAN(0.5)",
"SELECT ACOS(0.5)",
"SELECT ASIN(0.5)",
"SELECT ATAN(45)",
"SELECT ATAN2(30,45)",
"SELECT COT(0.5)"
);

echo "<table width=80% border=0 cellpadding='2' cellspacing='2'>";
echo "<tr>";
echo "<th width = 60% bgcolor='#E8E8E8'>Fonction</th>";
echo "<th width = 40% bgcolor='#E8E8E8'>Résultat</th>";
```

```
echo "</tr>";
foreach ($sqlarr as $sql) {
 $res=send_sql($db, $sql);
   math_out($res);
}
echo "</table>";
$fin=time();
$exec_time=$fin-$debut;
echo "Début : ",$debut,"<br>";
echo "Fin : ",$fin,"<br>";
echo "Temps d'exécution : ",$exec_time;

function math_out($result) {
 $nombre=mysql_num_fields($result);
   echo "<tr>";
   while ($row = mysql_fetch_array($result,MYSQL_ASSOC)) {
   foreach ($row as $elem) {
      echo "<td td bgcolor='#E8E8E8'>";
      echo mysql_field_name($result,0);
      echo "</td>";
      echo "<td bgcolor='#E8E8E8'>$elem</td>";
   }
   echo "</tr>";
}
} // func
?>
```

Fonctions de chaînes de caractères

Les fonctions de chaînes de caractères de MySQL peuvent être appliquées aux champs de bases de données appartenant aux types de données CHAR et VARCHAR dans le résultat d'une requête. Le tableau ci-après récapitule les fonctions de chaînes de caractères de MySQL :

▼ Tab. 6.15 : Fonctions de chaînes de caractères de MySQL

Fonction	Description
ASCII(str)	Retourne le code ASCII du premier caractère de l'argument str.
CONV (N,from_base,to_base)	Convertit les nombres entre différents systèmes de numération.
BIN(N)	Retourne le nombre N comme nombre binaire.
OCT(N)	Retourne le nombre N comme nombre octal.
HEX(N)	Retourne le nombre N comme nombre hexadécimal.
CHAR(N,...) CHAR()	Convertit les nombres entiers passés en argument vers les caractères correspondants du code ASCII.

▼ **Tab. 6.15 : Fonctions de chaînes de caractères de MySQL**

Fonction	Description
CONCAT(str1,str2,...)	Concatène les chaînes passées en arguments pour former une chaîne unique.
LENGTH(str)	Retourne la longueur de la chaîne de caractères str.
CHAR_LENGTH(str)	Retourne la longueur de la chaîne de caractères str.
CHARACTER_LENGTH (str)	Retourne la longueur de la chaîne de caractères str.
LOCATE (substr,str) POSITION (substr IN str)	Retourne la position de la première occurrence de la sous-chaîne substr dans la chaîne str zurück.
INSTR(str,substr)	Retourne la position de la première occurrence de la sous-chaîne substr dans la chaîne str.
LPAD(str,len,padstr)	Ajoute la chaîne padstr à gauche de la chaîne str. Retourne len caractères.
RPAD(str,len,padstr)	Ajoute la chaîne padstr à droite de la chaîne str. Retourne len caractères.
LEFT(str,len)	Retourne les len caractères situés à gauche de la chaîne str.
RIGHT(str,len)	Retourne les len caractères situés à droite de la chaîne str.
SUBSTRING (str,pos,len) SUBSTRING (str FROM pos FOR len) MID (str,pos,len)	Retourne len caractères de la chaîne str à partir de la position pos.
SUBSTRING (str,pos) SUBSTRING (str FROM pos)	Retourne une sous-chaîne de str à partir de la position pos.
SUBSTRING_INDEX (str,delim,count)	Retourne la partie gauche (dans le cas où count est positif) ou la partie droite (dans le cas où cont est négatif) de str, après count occurrences de delim.
LTRIM(str)	Supprime les espaces à gauche.
RTRIM(str)	Supprime les espaces à droite de la chaîne.
TRIM ([[BOTH | LEADING | TRAILING] [remstr] FROM] str)	Supprime le préfixe/suffixe remstr soit au début (LEADING), soit à la fin (TRAILING), soit des deux côtés (BOTH) de la chaîne de caractères str.
SOUNDEX(str)	Retourne une représentation phonétique de la chaîne.
SPACE(N)	Retourne une chaîne comptant N espaces.
REPLACE (str,from_str,to_str)	Remplace dans la chaîne str toutes les occurrences de from_str à to_str.
REPEAT(str,count)	Répète count fois la chaîne str.
REVERSE(str)	Inverse l'ordre des caractères de la chaîne.
INSERT (str,pos,len,newstr)	Remplace dans la chaîne str, à partir de la position pos, len caractères de la chaîne newst.
ELT(N,str1,str2,str3,...)	Retourne le Nième caractère de la liste de paramètres.
FIELD (str,str1,str2,str3,...)	Retourne la position (l'index) de la chaîne str dans la liste des arguments.
FIND_IN_SET (str,strlist)	Retourne la position (l'index) de la chaîne str dans la liste.

▼ Tab. 6.15 : Fonctions de chaînes de caractères de MySQL

Fonction	Description
LCASE(str) LOWER(str)	Convertit en minuscules.
UCASE(str) UPPER(str)	Convertit en majuscules.
LOAD_FILE (file_name)	Lit le contenu d'un fichier et le retourne comme chaîne.

Voici le résultat d'un test utilisant les fonctions de chaînes de MySQL et permettant d'illustrer l'utilisation de ces fonctions :

Fonction	Résultat
ASCII('A')	65
BIN(8)	1000
OCT(16)	20
HEX(255)	FF
CHAR(72,97,108,108,111,32,77,121,83,81,76)	Hallo MySQL
CONCAT('Hallo','MysQL','et','PHP')	HalloMysQLetPHP
LENGTH('Quelle est la longueur de cette chaîne ?')	40
CHAR_LENGTH('Quelle est la longueur de cette chaîne ?')	40
LPAD('Important',11,'||')	||Important
RPAD('Important',11,'||')	Important||
LEFT('Les 10 premiers caractères à gauche de la chaîne',10)	Les 10 pre
RIGHT('Les 10 premiers caractères à droite de la chaîne',10)	la chaîne
LTRIM(' Supprime les caractères du début')	Supprime les caractères du début
RTRIM('Supprime les caractères de la fin ')	Supprime les caractères de la fin
SOUNDEX('Retourne la réprésentation phonétique')	R365461625351532
REPLACE ('jamais deux sans trois','j','J')	Jamais deux sans trois
REPEAT('Ha',5)	HaHaHaHaHa
REVERSE('Anna')	annA
INSERT ('Appelez ce numéro pour --commander',24,2,'dé')	Appelez ce numéro pour décommander
ELT(3,'un','deux','trois','quatre')	trois
LCASE('SALUT')	salut
UCASE('salut')	SALUT

▲ Fig. 6.17 : *Quelques fonctions de chaînes de MySQL*

Application de fonctions au résultat d'une requête

Nous montrerons dans l'exemple ci-après comment différentes fonctions de chaînes peuvent s'appliquer au résultat d'une requête de base de données. La source des données est constituée des enregistrements de la table **article** de la base de données d'une boutique web. Les fonctions de chaînes de MySQL sont utilisées pour créer un bref descriptif des articles, formé d'un maximum de trois mots en majuscules. La requête correspondante est ainsi formulée :

```
SELECT REPLACE (SUBSTRING_INDEX(UPPER(NomArt) ," ",3),"AVEC","") FROM article as A,groupearticle
➡ as G WHERE A.NumGrArt=G.NumGrArt AND G.NumGrArt =1
```

Les bases de données en pratique à l'aide de MySQL

6

Dans cette requête, trois fonctions de chaînes différentes sont appliquées aux désignations d'articles sélectionnées à partir de la table `article` de la base de données. La première fonction met en majuscules les caractères des désignations d'articles à l'aide de la fonction

○ `UPPER(NomArt)`

Le résultat de cette conversion est ensuite appliqué à la fonction

○ `SUBSTRING_INDEX(UPPER(NomArt) ," ",3)`

Cette fonction retourne la partie de la chaîne de caractères située à gauche du caractère séparateur " " (l'espace), après trois occurrences du caractère séparateur. Autrement dit, la fonction retourne les trois premiers mots de la désignation de l'article.

Dans le cas où un mot apparaîtrait de manière récurrente dans le résultat, nous devrions le retirer de la table réponse. Cette fonction présente un intérêt pour les mots grammaticaux moins pertinents ici, tels "avec", "de", "à", "aux", etc. Pour les supprimer, nous devons utiliser la fonction `REPLACE()`, qui sera utilisée sur le résultat obtenu à l'issue des opérations précédentes :

○ `REPLACE (SUBSTRING_INDEX(UPPER(NomArt) ," ",3),"AVEC","")`

Ainsi, chaque occurrence de "AVEC" sera remplacée par une chaîne vide. Le résultat de cette requête est reproduit ci-après :

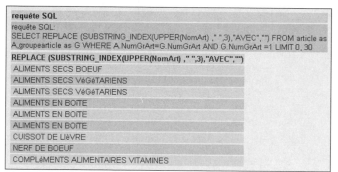

◀ Fig. 6.18 :
Application de différentes fonctions de chaînes au résultat d'une requête

Fonctions de date et d'heure

Les fonctions de date et d'heure de MySQL peuvent être utilisées dans une requête de base de données dans les champs de type `DATE`, `YEAR`, `TIME` et `DATETIME`. Les fonctions disponibles sont résumées ci-après :

▼ Tab. 6.16 : Fonctions de date et d'heure de MySQL

Fonction	Description
`DAYOFWEEK(date)`	Jour de la semaine (dimanche = 1).
`WEEKDAY(date)`	Jour de la semaine (lundi = 1).
`DAYOFMONTH(date)`	Retourne le jour du mois.
`DAYOFYEAR(date)`	Retourne le jour de l'année.

▼ Tab. 6.16 : Fonctions de date et d'heure de MySQL

Fonction	Description
MONTH(date)	Retourne le mois.
DAYNAME(date)	Retourne le jour de la semaine.
MONTHNAME(date)	Retourne le nom du mois.
QUARTER(date)	Retourne le trimestre.
WEEK(date)	Retourne la semaine.
WEEK(date,first)	Retourne la semaine (dimanche = 0).
YEAR(date)	Retourne l'année.
HOUR(time)	Retourne l'heure.
MINUTE(time)	Retourne la minute.
SECOND(time)	Retourne la seconde.
PERIOD_ADD(P,N)	Additionne N mois à la période P. La période est indiquée au format YYYYMM.
PERIOD_DIFF(P1,P2)	Retourne la différence entre deux périodes.
DATE_ADD(date,INTERVAL expr type)	Calcule une date (addition).
DATE_SUB(date,INTERVAL expr type)	Calcule une date (soustraction).
ADDDATE(date,INTERVAL expr type)	Calcule une date (addition).
SUBDATE(date,INTERVAL expr type)	Calcule une date (soustraction).
TO_DAYS(date)	Retourne le nombre d'années depuis l'année 0.
FROM_DAYS(N)	Détermine une date à partir du nombre N de jours.
DATE_FORMAT(date,format)	Retourne une date formatée.
TIME_FORMAT(time,format)	Retourne une heure formatée.
CURDATE()	Retourne la date courante.
CURRENT_DATE	Retourne la date courante.
CURTIME()	Retourne l'heure courante.
CURRENT_TIME	Retourne l'heure courante.
NOW()	Retourne la date et l'heure courantes.
SYSDATE()	Retourne la date et l'heure courantes.
CURRENT_TIMESTAMP	Retourne la date et l'heure courantes.
UNIX_TIMESTAMP()	Retourne le tampon horaire UNIX courant.
UNIX_TIMESTAMP(date)	Retourne le tampon horaire UNIX courant pour une date.
FROM_UNIXTIME(unix_timestamp)	Retourne la date correspondant au tampon horaire UNIX.
FROM_UNIXTIME(unix_timestamp,format)	Retourne la date correspondant au tampon horaire UNIX, dans une sortie formatée.
SEC_TO_TIME(seconds)	Retourne les secondes au format hh:mm:ss.

6

Les bases de données en pratique à l'aide de MySQL

Tab. 6.16 : Fonctions de date et d'heure de MySQL

Fonction	Description
TIME_TO_SEC(time)	Retourne une heure en secondes.

Calculs de date avec les fonctions DATE_ADD et DATE_SUB

Les fonctions `DATE_ADD()` et `DATE_SUB()` permettent de réaliser des calculs de date.

Syntaxe des fonctions de calcul de la date

```
DATE_ADD (date, INTERVAL expr type)
DATE_SUB (date, INTERVAL expr type)
```

Les paramètres admis pour **type** et **expr** ainsi que leur fonction sont récapitulés dans le tableau ci-après :

Tab. 6.17 : Paramètres des fonctions de date et d'heure de MySQL

Code de format	Fonction	
SECOND	Secondes	ss
MINUTE	Minutes	mm
HOUR	Heures	hh
DAY	Jours	DD
MONTH	Mois	MM
YEAR	Années	YY
MINUTE_SECOND	Minutes et secondes	"mm:ss"
HOUR_MINUTE	Heures et minutes	"hh:mm"
DAY_HOUR	Jours et heures	"DD hh"
YEAR_MONTH	Années et mois	"YY-MM"
HOUR_SECOND	Heures, minutes, secondes	"hh:mm:ss"
DAY_MINUTE	Jours, heures, minutes	"DD hh:mm"
DAY_SECOND	Jours, heures, minutes, secondes	"DD hh:mm:ss"

Code de format de date et d'heure

Un certain nombre de fonctions de date et d'heure acceptent l'utilisation de codes de format afin de définir le format de sortie. Les codes de format disponibles sont récapitulés dans le tableau ci-après :

▼ Tab. 6.18 : Codes de format des fonctions de date et d'heure de MySQL

Type (type)	Signification	Format (expr)
%M	Nom du mois (Januay..December)	
%W	Nom du jour de la semaine (Sunday..Saturday)	
%D	Jour du mois avec suffixe (1st, 2nd, 3rd, etc.)	
%Y	Année, format numérique sur 4 chiffres	
%y	Année, format numérique sur 2 chiffres	
%a	Nom du jour de la semaine court (Sun..Sat)	
%d	Jour du mois, format numérique (00..31)	
%e	Jour du mois, format numérique (0..31)	
%m	Mois, format numérique (01..12)	
%c	Mois, format numérique (1..12)	
%b	Nom du mois court (Jan..Dec)	
%j	Jour de l'année (001..366)	
%H	Heure (00..23)	
%k	Heure (0..23)	
%h	Heure (01..12)	
%l	Heure (1..12)	
%i	Minutes, format numérique (00..59)	
%r	Heure, format 12 heures (hh:mm:ss [AP]M)	
%T	Heure, format 24 heures (hh:mm:ss)	
%S	Secondes (00..59)	
%s	Secondes (0..59)	
%p	AM ou PM	
%w	Jour de la semaine (0 = dimanche 6 = samedi)	
%U	Semaine dans l'année (0..53) ; le premier jour est un dimanche	
%u	Semaine dans l'année (0..53) ; le premier jour est un lundi	
%%	Signe pour cent	

Vous trouverez ci-après le résultat d'un test destiné à illustrer l'utilisation des fonctions de date et d'heure de MySQL :

Fonction	Résultat
DAYOFWEEK('2000-06-20')	3
WEEKDAY('2000-06-20')	1
DAYOFMONTH('2000-06-20')	20
DAYOFYEAR('2000-06-20')	172
MONTH('2000-06-20')	6
DAYNAME('2000-06-20')	Tuesday
MONTHNAME('2000-06-20')	June
QUARTER('2000-06-20')	2
WEEK('2000-06-20')	25
WEEK('2000-06-20',0)	25
YEAR('2000-06-20')	2000
HOUR('12:15:54')	12
MINUTE('12:15:54')	15
SECOND('12:15:54')	54
PERIOD_ADD(200001,3)	200004
PERIOD_DIFF(200007,200001)	6
DATE_ADD('2000-06-20',INTERVAL 1 DAY)	2000-06-21
DATE_SUB('2000-06-20',INTERVAL 1 DAY)	2000-06-19
ADDDATE('2000-06-20',INTERVAL 2 DAY)	2000-06-22
SUBDATE('2000-06-20',INTERVAL 2 DAY)	2000-06-18
TO_DAYS('2000-06-20')	730656
FROM_DAYS(730656)	2000-06-20
DATE_FORMAT('2000-06-20','%D %y %a %d %m %b %j')	20th 00 Tue 20 06 Jun 172
TIME_FORMAT('12:15:54','%H:%i:%s')	12:1554
CURDATE()	2000-06-20
CURRENT_DATE	2000-06-20
CURTIME()	13:19:42
CURRENT_TIME	13:19:42
NOW()	2000-06-20 13:19:42
SYSDATE()	2000-06-20 13:19:42
CURRENT_TIMESTAMP	2000-06-20 13:19:42
UNIX_TIMESTAMP()	961499982
UNIX_TIMESTAMP('2000-06-20')	961452000
FROM_UNIXTIME(775996580)	1994-08-04 12:36:20
FROM_UNIXTIME(875996580,'%D %y %a %d %m %b %j')	4th 97 Sat 04 10 Oct 277
SEC_TO_TIME(3600)	01:00:00
TIME_TO_SEC('12:15:54')	44154

▲ Fig. 6.19 : *Test des fonctions de date et d'heure de MySQL*

Fonctions d'agrégation

Les fonctions d'agrégation calculent la valeur d'une fonction à partir des valeurs des colonnes d'une table et enregistrent cette valeur dans la table réponse. Le tableau ci-après récapitule les fonctions d'agrégation de MySQL :

▼ Tab. 6.19 : Fonctions d'agrégation de MySQL

Fonction	Description
COUNT(expression)	Retourne le nombre de champs non NULL d'une colonne de la table réponse.
COUNT(*)	Retourne le nombre de champs d'une colonne de la table réponse, qu'ils aient la valeur NULL ou non.
AVG(expression)	Retourne la moyenne d'une table réponse.
MIN(expression)	Retourne la valeur minimale d'une table réponse.
MAX(expression)	Retourne la valeur maximale d'une table réponse.
SUM(expression)	Retourne la somme d'une table réponse.
STD(expression) STDDEV(expression)	Retourne l'écart standard d'une table réponse.
BIT_OR(expression)	Retourne le OU logique au niveau des bits.
BIT_AND(expression)	Retourne le ET logique au niveau des bits.

Les exemples ci-après illustrent l'emploi des principales fonctions d'agrégation. Ils se rapportent à une requête dont la table réponse représente la jointure de deux tables **article** et **groupearticle** d'une base de données pour une boutique web et donne les articles appartenant à un groupe d'articles donné. La table réponse comporte uniquement les colonnes relatives au nombre d'articles, à leur prix moyen, au prix le plus faible et au prix le plus élevé, ainsi qu'à l'écart standard entre les prix. La moyenne ainsi que l'écart standard sont déterminés en faisant appel à la fonction **ROUND()**, afin d'arrondir le résultat à deux chiffres après la virgule.

requête SQL
requête SQL:
SELECT GroupeArt, COUNT(NomArt) AS Nombre from article AS A, groupearticle AS G WHERE G.NumGrArt=G.NumGrArt AND G.NumGrArt=1 GROUP BY G.NumGrArt LIMIT 0, 30

GroupeArt	Nombre
Aliments	27

▲ Fig. 6.20 : *Exemple 1*

requête SQL
requête SQL:
SELECT GroupeArt, ROUND(AVG(PrixArt),2) AS 'Moyenne (F)' from article AS A, groupearticle AS G WHERE G.NumGrArt=G.NumGrArt AND G.NumGrArt=1 GROUP BY G.NumGrArt LIMIT 0, 30

GroupeArt	Moyenne (F)
Aliments	25.71

▲ Fig. 6.21 : *Exemple 2*

requête SQL
requête SQL:
SELECT GroupeArt, MIN(PrixArt) AS 'Prix minimal (F)' from article AS A, groupearticle AS G WHERE G.NumGrArt=G.NumGrArt AND G.NumGrArt=1 GROUP BY G.NumGrArt LIMIT 0, 30

GroupeArt	Prix minimal (F)
Aliments	0.00

▲ Fig. 6.22 : *Exemple 3*

Les bases de données en pratique à l'aide de MySQL

6

requête SQL

requête SQL:
SELECT GroupeArt, MAX(PrixArt) AS 'Prix maximal (F)' from article AS A, groupearticle AS G WHERE G.NumGrArt=G.NumGrArt AND G.NumGrArt=1 GROUP BY G.NumGrArt LIMIT 0, 30

GroupeArt	Prix maximal (F)
Aliments	185.00

▲ Fig. 6.23 : *Exemple 4*

requête SQL

requête SQL:
SELECT GroupeArt, ROUND(STD(PrixArt),2) AS 'Ecart standard (F)' from article AS A, groupearticle AS G WHERE G.NumGrArt=G.NumGrArt AND G.NumGrArt=1 GROUP BY G.NumGrArt LIMIT 0, 30

GroupeArt	Ecart standard (F)
Aliments	41.09

▲ Fig. 6.24 : *Exemple 5*

Chapitre 7

Applications Internet et Intranet et bases de données dynamiques

7. Applications Internet et Intranet et bases de données dynamiques

Aux débuts du Web, les premières pages web étaient statiques. Souvent, l'actualisation des pages créées sur ce modèle laissait à désirer, faute d'avoir prévu, dans le budget des responsables du site, les ressources requises pour la mise à jour des contenus. Bien entendu, les informations obsolètes sont dépourvues d'intérêt et les qualités que les visiteurs trouvent à un site sont inversement proportionnelles à l'ancienneté de la page visitée. Toutes ces raisons ont mis en évidence la nécessité de solutions dynamiques répondant aux exigences simultanées de l'actualisation des contenus et de la facilité de maintenance.

Ce qui caractérise les pages web dynamiques est le fait qu'elles soient générées au moment où le visiteur les demande. Les pages web n'existent donc pas en tant que telles sur le serveur web, mais elles reçoivent leur contenu à la volée, en interaction avec la demande adressée par l'utilisateur.

Pour que ces pages web dynamiques puissent exister, un certain nombre de préalables doivent être satisfaits. Première condition : la possibilité de traiter des pages côté serveur, en faisant appel à l'interface CGI du serveur web et en utilisant des langages de script tels que Perl ou PHP. Deuxième condition : l'utilisation d'une source de données consistant, dans le cas de figure le plus simple, en différents fichiers texte placés dans le système de répertoires du serveur, l'idéal étant d'utiliser un serveur de bases de données SQL.

La source de données, qui doit être adaptée à la complexité des données à manipuler, comporte les informations qui doivent être insérées dans les pages à traiter au moment où elles sont appelées. Si vous utilisez des applications interactives simples, telles que celles qui ont été présentées au chapitre *Des pages web interactives avec PHP*, et qui restent jusqu'à un certain point des pages dynamiques, nul besoin de recourir à une base de données.

Cependant, dès qu'il s'agit de gérer de grands volumes de données, tels que ceux qui entrent en jeu dans une boutique web, l'utilisation d'un serveur de bases de données SQL s'avère inévitable.

Avec la présentation, dans les précédents chapitres, du langage de script PHP et du serveur de bases de données MySQL, nous avons à présent réuni les conditions pour la réalisation de pages web dynamiques et associées à des bases de données.

Cependant, le code HTML étant un élément indispensable des pages web, nous éclaircirons ci-après quelques problèmes résultant du fonctionnement conjoint du code HTML et du code PHP dans les scripts PHP.

Nous présenterons ensuite les possibilités offertes par la programmation de bases de données avec PHP et MySQL, ce qui nous donnera le cadre pour les applications dynamiques associées à des bases de données, qui seront présentées après cela.

7.1.   Programmation HTML et PHP

La question de l'utilisation conjointe du code HTML et PHP dans l'optique de la facilité de maintenance des pages web a déjà été abordée à la section *Mise en page à l'aide de modèles*. L'utilisation des modèles qui a été décrite à cet endroit constitue une solution à ce problème.

Il existe une autre solution permettant de séparer la mise en page (commandes HTML) et le code (PHP) afin de faciliter la maintenance des pages. Elle consiste à recourir à un style de programmation modulaire, qu'il est possible de réaliser en entreposant dans des fichiers `include` séparés des blocs HTML volumineux tels que les définitions HTML de formulaires.

Il est également possible de réaliser une programmation modulaire par le recours systématique aux fonctions. C'est ainsi que l'utilisation de fonctions, qui peuvent également être enregistrées dans des fichiers `include`, permet également de mettre en place des interfaces avec des commandes HTML, par l'entremise desquelles le code créé peut être maintenu de manière plus transparente.

Édition de textes

L'exemple ci-après illustre l'emploi d'une fonction simple permettant d'éditer du texte formaté. La fonction reçoit en paramètre les variables $sz pour le corps de la police, $col pour la couleur du texte, $ft pour la police, ainsi que la variable $txt pour le texte à éditer.

```php
function EditionSCF ($sz, $col, $ft, $txt)  {
    echo "<FONT FACE=\"$ft\" COLOR=\"$col\" SIZE=\"$sz\">$txt</FONT>";
}
```

Le script ci-après montre une application de cette fonction, dans laquelle un texte est édité avec différents corps et différentes polices.

▼ Listing 7.1 : *Script 08ex08.php3*

```php
<?
include("html_func.php3");
$arr= array("ARIAL","Verdana","COURIER","Script MT Bold","Script MT Bold");
$txt="Cette fonction édite un texte formaté<br>";

for ($sz=5;$sz>0;$sz--) {
        editionSCF($sz,"red",$ft=pos($arr),$txt);
        next($arr);
}
?>
```

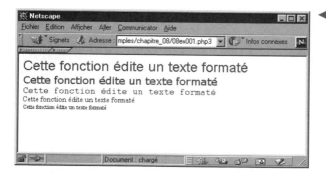

◀ Fig. 7.1 :
Édition formatée de texte utilisant la fonction editionSCF()

Édition de tableaux

Lors de la réalisation de pages web générées dynamiquement, il est souvent nécessaire de définir des tableaux HTML réalisant par nature une imbrication étroite entre le code PHP et le code HTML, produisant du code qui devient rapidement illisible. La solution offerte par les modèles, qui est utilisable de manière très convaincante dans les tableaux en particulier, afin de parvenir à une séparation des commandes HTML et du code PHP, a été décrite à la section *Mise en page à l'aide de modèles*.

Une autre solution à envisager dans de nombreux cas, en particulier dans le contexte de l'édition tabulaire des résultats de requêtes de bases de données, consiste à générer automatiquement des tableaux par l'entremise d'une fonction PHP conçue à cet effet.

La fonction `table_out()` intervient dans l'exemple suivant, où elle met en évidence la procédure utilisée pour la génération automatique d'éléments HTML.

Cette fonction reçoit en paramètre la variable `$rows`, définissant le nombre de lignes à créer dans le tableau HTML, ainsi que la variable `$cols`, pour le nombre de colonnes. Le contenu des différentes cellules du tableau est également obtenu du tableau PHP `$arr`, qui est également passé en paramètre de la fonction. La fonction utilise d'autres paramètres : `$width`, pour la largeur du tableau HTML, exprimé en pourcentage de la largeur de la fenêtre du navigateur, la largeur de la bordure du tableau (`$border`), la valeur définissant les attributs `cellpadding` et `cellspacing` (`$cs`) ainsi que la couleur d'arrière-plan des cellules (`$color`).

L'édition de la têtière du tableau intervient à l'aide d'une boucle `for`, qui est parcourue un nombre de fois égal au nombre de colonnes, défini dans la variable `$cols`.

```
for ($c=0;$c<$cols;$c++) {
  $elem=pos($arr);
      echo "<th width='$cellwd' bgcolor='$color'>$elem</th>";
      next($arr);
  }
```

À chaque passage de boucle, une nouvelle valeur est assignée à la variable `$elem` à partir du tableau `$arr` passé en paramètre de la fonction, les différents éléments du tableau étant extraits sous l'action des instructions

```
$elem=pos($arr);
...
next($arr);
```

L'édition du corps du tableau HTML fait appel à une double boucle `for` : la boucle externe se charge des rangées du tableau tandis que la boucle interne traite les colonnes, jusqu'à ce que la valeur finale prédéfinie dans la variable `$rows` ou `$cols` soit atteinte.

La boucle `for` interne comporte la structure HTML destinée à une cellule du tableau, qui est éditée en direction du navigateur à l'aide d'une commande `echo` :

```
echo "<td bgcolor='$color'>$elem</td>";
```

Voici le code complet de la fonction :

▼ Listing 7.2 : *Extrait du script 08ex002.php3*

```
<?
function table_out($rows,$cols,$arr,$width,$border,$cp,$cs,$color) {
 reset ($arr);
 $cellwd=100/$cols."%";
 echo "<table width='$width' border='$border' cellpadding='$cp' cellspacing='$cs'>";
 for ($c=0;$c<$cols;$c++) {
$elem=pos($arr);
      echo "<th width='$cellwd' bgcolor='$color'>$elem</th>";
      next($arr);
 }
 for ($r=1;$r<$rows;$r++) {
   echo "<tr>";
   for ($c=0;$c<$cols;$c++) {
$elem=pos($arr);
      echo "<td bgcolor='$color'>$elem</td>";
      next($arr);
   }
 echo "</tr>";
 }
 echo "</table>";
}
?>
```

L'exemple suivant nous permettra d'illustrer l'utilisation de la fonction `table_out()`.

Le fichier ASCII *cours.txt* comporte les données suivantes, séparées par des points-virgules :

▼ Listing 7.3 : *Fichier de données cours.txt*

```
Cours;Formateur;Salle;Début;Durée
Excel I; G.Leierer;208;01.04.2000; 12 heures
Excel II; G.Leierer;209;08.04.2000;15 heures
Access I; R.Stoll; 209;01.04.2000;12 heures
SQL-Server;R.Stoll;210;08.04.2000;12 heures
```

Les données figurant dans ce fichier sont destinées à être lues par la fonction `table_out()`, puis à être éditées sous forme tabulaire dans la fenêtre du navigateur. L'édition sous forme de tableau du contenu du fichier requiert un tableau de 5 colonnes sur 5 rangées. Le tableau est édité sans bordure et avec un arrière-plan de couleur grise. Les valeurs correspondant aux variables `cellpadding` et `cellspacing` s'élèvent à 2 points, tandis que la largeur du tableau représente 90 % de celle de la fenêtre du navigateur.

Ce tableau nécessite l'appel de la fonction `table_out()`, d'après la deuxième ligne de la portion de code ci-après. Comme vous pouvez le constater, toutes les caractéristiques essentielles du tableau HTML sont configurables par l'intermédiaire de la fonction.

Avec l'appel de la fonction **my_fgetcsv()** à la première ligne du script, le contenu du fichier *cours.txt* est lu afin d'être envoyé vers le tableau PHP **$arr**. La fonction précise par ailleurs le caractère utilisé comme séparateur des différents éléments du tableau PHP, en l'occurrence un point-virgule.

▼ Listing 7.4 : *Extrait du script 08ex002.php3*

```
<?
$arr=my_fgetcsv ("cours.txt",";");
table_out (5, 5, $arr, "90%", 0, 2, 2, "#E8E8E8");
?>
```

Le script génère donc l'édition des données dans la fenêtre du navigateur :

Cours	Formateur	Salle	Début	Durée
Excel I	G.Leierer	208	01.04.2000	12 heures
Excel II	G.Leierer	209	08.04.2000	15 heures
Access I	R.Stoll	209	01.04.2000	12 heures
SQL-Server	R.Stoll	210	08.04.2000	12 heures

▲ Fig. 7.2 : *Édition de tables à l'aide de la fonction table_out()*

La fonction utilisée pour écrire le contenu du fichier ASCII dans un tableau est reproduite ci-après. Contrairement à la fonction PHP **fgetscv()**, qui lit une ligne à partir d'un fichier, la scinde à l'aide d'un caractère séparateur et la retourne sous forme de tableau PHP, la fonction **my_fgetscv()**, utilisée ici, lit la totalité du fichier.

▼ Listing 7.5 : *Extrait du script 08ex002.php3*

```
<?
function my_fgetcsv($filename, $sep) {
 $arr=file($filename);
 $resultat=array("");
  foreach ($arr as $elem) {
 $str=$elem;
 $buf=explode ($sep,$str);
 $resultat=array_merge($resultat,$buf);
  }
  array_shift($resultat);
  return $resultat;
}       // my_fgetcsv
?>
```

Applications Internet et Intranet et bases de données dynamiques

7

7.2. Programmation de bases de données sous PHP et MySQL

Nous avons présenté à la section *Définition et manipulation des données sous MySQL* les principales commandes SQL de MySQL. Nous avons montré à cette occasion les modalités de leur mise en œuvre à partir de l'invite du client `mysql` ou à l'aide d'un utilitaire de gestion de bases de données tel que `phpMyAdmin`.

À présent, nous allons apprendre à utiliser PHP pour accéder au serveur de bases de données MySQL.

Une interface de base de données simple

Voici comment se présente le scénario typique pour l'utilisation d'une base de données MySQL associée à PHP :

Le serveur de bases de données MySQL est situé sur le serveur distant de votre fournisseur d'accès à Internet (FAI). Celui-ci vous a attribué un compte utilisateur, un mot de passe et les droits correspondants vous permettant de gérer le serveur de bases de données.

À présent, vous voulez accéder au serveur de bases de données MySQL en utilisant les scripts PHP indiqués, cela pour créer des bases de données et des tables, pour insérer des données dans les tables et pour interroger les bases présentes à l'aide de requêtes appropriées.

Pour ce faire, PHP dispose de toute une série de fonctions destinées à l'accès à un serveur de bases de données MySQL. Ces fonctions sont détaillées ci-après :

Quelques fonctions suffisent pour débuter

```
*mysql_connect()
■ mysql_create_db()
■ mysql_db_query()
■ mysql_fetch_array()
```

Mais auparavant, nous allons montrer, en guise d'introduction à la programmation de bases de données avec PHP, comment utiliser ces quelques fonctions pour créer une interface simple mais fonctionnelle avec MySQL.

Établissement de la connexion au serveur de bases de données MySQL

La connexion au serveur de bases de données MySQL est établie par la fonction `mysql_connect()`. Cette fonction attend des paramètres optionnels qui sont le nom d'hôte du serveur de bases de données, le nom de l'utilisateur MySQL et un mot de passe. À défaut de nom d'hôte, la fonction utilise le nom d'hôte `localhost`.

Sachant que vous aurez fréquemment besoin des données d'accès au serveur de bases de données, il est utile de créer un script PHP à cet effet, contenant les données sous forme de variables. Vous pourrez ensuite le lier aux scripts que vous créerez par la suite, en utilisant l'instruction `include()`. Ce fichier `include` peut se présenter comme suit :

▼ Listing 7.6 : *Script connection_data.php3*

```
<?          // connection_data.php3
/* Accès au serveur de bases de données MySQL */
$MySQL_Host="localhost";
$MySQL_User="admin";
$MySQL_Passw="admin";
// $MySQL_Host="localhost";
// $MySQL_User="root";
// $MySQL_Passw="";
?>
```

La plupart des problèmes relatifs à l'accès à une base de données MySQL externe apparaissent déjà au niveau des données d'accès. Dans le cas où votre FAI vous aurait attribué un nom d'hôte, un compte utilisateur et un mot de passe, les choses sont claires et si vous avez reporté correctement ces données dans votre script, il ne devrait y avoir aucune difficulté pour accéder à la base de données.

Il arrive souvent que des fournisseurs, qui autorisent pourtant l'utilisation du serveur de bases de données installé sur leur serveur, ne fournissent strictement aucun support pour les bases de données. La question se pose alors souvent du nom à utiliser pour le nom d'hôte. Si votre fournisseur fait tourner MySQL sur le même hôte sur lequel le serveur HTTP et PHP tournent, le nom d'hôte correct est `localhost`. Dans ce cas de figure, PHP peut accéder à MySQL pratiquement de l'intérieur. Si dans ce cas un compte utilisateur est demandé, vous pouvez essayer le compte `root`. Généralement, il n'est pas nécessaire de donner de mot de passe.

Lorsque la question des données d'accès est réglée, il convient d'appeler la fonction `mysql_connect()` pour établir la connexion au serveur de bases de données.

Dans l'exemple suivant, cet appel intervient à l'intérieur de la fonction personnalisée `connect()`, qui comporte également une routine de gestion d'erreur. Lorsque la connexion a été établie, la fonction `mysql_connect()` retourne une valeur de type `integer` servant d'identificateur de connexion. Si une erreur se produit lors de l'établissement de la connexion, la fonction retourne `FALSE`. Dans la fonction `connect()`, cela est utilisé pour réaliser une gestion d'erreur simple : un message d'erreur s'affiche en cas d'erreur et l'exécution du script s'interrompt avec l'instruction `exit`.

Dans le programme principal du script, la fonction `connect()` est appelée et la valeur retournée par la fonction est assignée à la variable `$dblk`. Lorsque la connexion a été établie, cette variable contient alors l'identificateur de connexion, qui sera utilisé pour d'autres fonctions de bases de données.

▼ Listing 7.7 : *Script 08ex003.php3*

```
<?
include("connection_data.php3");
$dblk=connect();
```

```
function connect() {
global $MySQL_Host, $MySQL_User, $MySQL_Passw;
if (! $linkid=@mysql_connect("$MySQL_Host","$MySQL_User","$MySQL_Passw")) {
    echo "Impossible d'établir la connexion à ",$MySQL_Host,"<br>";
    exit;
}
return $linkid;
}
?>
```

Création d'une base de données avec PHP

Lorsque l'accès au serveur de bases de données MySQL est opérationnel, vous pouvez essayer, pour commencer, de créer une nouvelle base de données sur le serveur. Vous utiliserez pour ce faire la fonction PHP mysql_create_db(). Pour étendre notre interface de bases de données, nous pouvons procéder de manière analogue à ce que nous avions fait avec la fonction connect() et créer une nouvelle fonction que nous nommerons createdb(). Cette fonction appellera la fonction mysql_create_db() et créera une nouvelle base de données. Dans le cas où une erreur se produirait, cette fonction procéderait à la gestion d'erreur correspondante.

Dans l'optique d'une programmation modulaire, les fonctions d'interfaces ainsi créées et toutes les autres fonctions que nous créerons par la suite seront enregistrées dans un fichier à part, tel que *mysql_func.php3*, qui pourra alors être lié au script par l'intermédiaire d'une instruction include().

▼ Listing 7.8 : *Script 08ex004.php3*

```
<?
include("connection_data.php3");
include("mysql_func.php3");
$lk=connect();
$db= "testdb";
if ($succ=createdb($db, $lk)) {
    echo "La base de données ",$db," a été créée";
}
?>
```

La fonction create_db() codée dans le script suivant attend différents paramètres : une variable de type string, portant le nom de la base de données à créer, ainsi que l'identificateur de connexion de la connexion courante. Dans le cas où la nouvelle base de données ne peut être créée, par exemple parce qu'il existe déjà une autre base de données sous le même nom, un message d'erreur est émis et l'exécution du script s'interrompt. La fonction mysql_error() est utilisée pour émettre le message d'erreur approprié. Cette fonction édite le texte de la dernière erreur qui s'est produite.

▼ Listing 7.9 : *Script mysql_func.php3*

```
<?                                      // mysql_func.php3
/* Fonctions offrant une interface de base de données simple */
```

```
/* -------------------------------------------------------- */
function connect() {
global $MySQL_Host, $MySQL_User, $MySQL_Passw;
if (! $linkid=mysql_connect("$MySQL_Host","$MySQL_User","$MySQL_Passw")) {
   echo "Impossible d'établir de connexion à ",$MySQL_Host,"<br>";
   exit;
}
return $linkid;
}

function createdb($db, $lkid) {
   if (! $res=mysql_create_db($db, $lkid)) {
   echo mysql_error($lkid);
   exit;
   }
   return $res;
  }
?>
```

Gestion de la nouvelle base de données sous PHP

Lorsqu'une nouvelle base de données a été créée sur le serveur de bases de données, il est possible de créer de nouvelles tables dans cette base de données et de les alimenter avec des données. La procédure appliquée consiste à utiliser la fonction PHP `mysql_db_query()` pour envoyer des commandes SQL au serveur de bases de données.

Ainsi, si vous voulez créer des tables dans la nouvelle base de données, vous pouvez utiliser la commande SQL **CREATE TABLE**, en procédant de la manière habituelle.

Pour étendre en conséquence notre interface de bases de données, nous créerons comme précédemment une fonction supplémentaire, que nous appellerons `send_sql()`. Cette fonction sera utilisée pour envoyer toutes sortes de commandes SQL au serveur de bases de données, pour retourner le résultat d'une requête SQL sous la forme d'un renvoi vers la liste de résultats et pour intercepter les erreurs d'exécution qui pourraient se produire. La fonction est enregistrée dans le fichier `include` *mysql_func.php3*, à côté des autres fonctions d'interface.

Cette fonction appelle la fonction PHP `mysql_db_query()`, qui attend comme paramètre une variable de type **string** contenant un nom de base de données valide, ainsi qu'une autre variable du même type contenant une commande SQL correcte syntaxiquement. De la même manière que précédemment, la fonction `mysql_error()` est appelée dans le cas d'une erreur d'exécution pour afficher un message d'erreur en rapport avec l'erreur, après quoi la fonction **exit** est appelée pour interrompre le traitement du script. La fonction `send_sql()` retourne le pointeur fourni par la fonction PHP `mysql_db_query()` sur la liste de résultats de la requête qui a été exécutée.

```
function send_sql($db, $sql) {
   if (! $res=mysql_db_query($db, $sql)) {
   echo mysql_error();
   exit;
```

Applications Internet et Intranet et bases de données dynamiques

7

```
        }
    return $res;
    }
```

Cette fonction peut à présent être utilisée dans le programme principal du script pour envoyer toute commande SQL au serveur de bases de données MySQL.

Création de tables

La fonction **send_sql()** peut être testée à l'aide du script ci-après. Ce script crée sur le serveur de bases de données la table **article** dans la base de données **testdb**. Nous avons déjà vu les commandes SQL correspondantes à la section *Définition et modification de la structure d'une table*. La fonction **send_sql()** reçoit en paramètre la variable de chaîne **$sql**, qui contient cette commande.

▼ Listing 7.10 : *Script 08ex005.php3*

```
<?
include("connection_data.php3");
include("mysql_func.php3");
$lk=connect();

$db="testdb";
$sql = "CREATE TABLE article (NumARt BIGINT NOT NULL AUTO_INCREMENT PRIMARY KEY,NumCde VARCHAR(25),
➥ NomArt VARCHAR(100),TexteArt MEDIUMTEXT,PrixArt DECIMAL(8,2),NumGrArt BIGINT,NumSGrArt BIGINT)";

If ($res=send_sql($db,$sql))  {
    echo "La commande SQL a été exécutée";
}
?>
```

Transfert de données sur le serveur de bases de données

Lorsque vous utilisez la fonction **send_sql()** pour transférer des données utiles sur le serveur MySQL, vous pouvez utiliser la commande SQL **INSERT** (voir la section *Saisie, modification et suppression d'enregistrements*).

Si le volume de données est important, comme c'est le cas dans le cadre de la maintenance d'une base de données d'articles destinée à une boutique web, il s'avère plus efficace d'utiliser la commande **LOAD DATA INFILE**.

Le script suivant fournit une illustration sur ce point :

▼ Listing 7.11 : *Script 08ex006.php3*

```
<?
include("connection_data.php3");
include("mysql_func.php3");
$lk=connect();
$db="testdb";
```

```
$sql = "LOAD DATA LOCAL INFILE'c:/apache/www3_docs/data.txt' INTO TABLE article FIELDS TERMINATED
➥ BY';'(NumCde, NomArt, TexteArt, PrixArt, NumGrArt, NumSGrArt)";

If ($res=send_sql($db,$sql)) {
    echo "La commande SQL a été exécutée";
}
?>
```

Dans le fichier concerné, les différents enregistrements à transférer sont attendus ligne par ligne, les champs étant séparés les uns des autres par un point-virgule. Vous pouvez naturellement convenir d'autres séparateurs de champs en spécifiant le caractère correspondant au niveau du paramètre FIELDS TERMINATED BY.

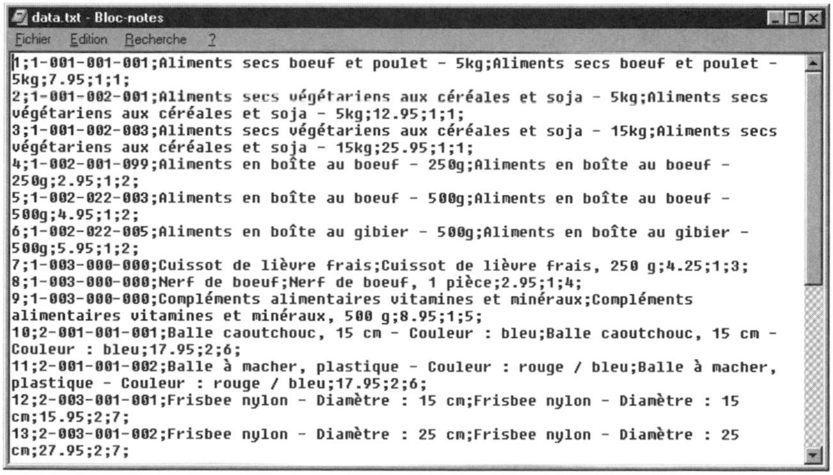

▲ Fig. 7.3 : *Fichier texte utilisé pour charger les données à l'aide de la commande LOAD DATA INFILE*

Une fonction d'édition sous forme tabulaire des résultats d'une requête

Les fonctions qui ont été créées jusqu'à présent pour mettre en place l'interface de la base de données peuvent être utilisées avec PHP pour créer une base de données sur un serveur MySQL distant, pour y créer une table ainsi que pour alimenter cette dernière en données. Par ailleurs, vous pouvez envoyer des commandes SQL quelconques au serveur pour interroger cette base de données.

Il nous manque encore surtout une fonction permettant d'évaluer et de représenter sous forme tabulaire le résultat de la requête, qui a été retourné par MySQL. Le script ci-après présente le code de la fonction d'interface tab_out(), utilisé afin de répondre à ce besoin.

La fonction tab_out() attend un seul paramètre, qui est le renvoi vers la liste de résultats d'une requête. Ce renvoi est fourni par la fonction PHP mysql_db_query() ou bien par la fonction send_sql(), qui a été présentée plus haut.

Cette information est fournie par la fonction PHP mysql_num_fields(), qui reçoit en paramètre la variable $result avec le renvoi vers le résultat de la requête.

Les commandes echo qui suivent sont destinées à éditer une définition de table HTML dans la fenêtre du navigateur. Tout d'abord, une boucle for contrôlée par la variable de compteur $i et la valeur finale $nombre génère dynamiquement la têtière de la table. Pour ce faire, la fonction PHP mysql_field_name() est appelée plusieurs fois à l'intérieur de la boucle for. Cette fonction fournit le nom d'un champ dans le résultat d'une requête et attend de recevoir en paramètre le renvoi $result vers la liste de résultats de la requête ainsi qu'une valeur de type integer pour le numéro d'index du champ à afficher. La variable de compteur $i de la boucle for est utilisée pour cette valeur. De la sorte, le nom du champ correspondant est finalement retourné pour tous les £nombre champs de la table réponse et est inscrit dans un champ de la table, dans la première rangée de cette dernière. L'algorithme central de la fonction réside dans la combinaison suivante d'une boucle while et d'une boucle foreach. Cette structure donne le résultat suivant :

La fonction PHP mysql_fetch_array() est appelée à l'intérieur de la boucle while. Cette fonction récupère un enregistrement de la liste de réponses de la requête et le dépose dans un tableau. La fonction attend un paramètre représenté par le renvoi $result vers la liste de résultats de la requête. Un autre paramètre, MYSQL_ASSOC, établit que le tableau doit être adressé comme un tableau associatif.

Cet appel de la fonction est répété à l'intérieur de la boucle while jusqu'à ce que la fonction retourne la valeur FALSE : à ce moment, tous les enregistrements de la liste de résultats de la requête ont été lus.

À chaque passage de la boucle while, l'enregistrement de la liste de résultats contenu dans le tableau associatif $row est extrait à l'aide d'une boucle foreach, avant d'être édité à l'aide d'une commande echo dans une cellule du tableau HTML précédemment défini.

Après chaque passage de la boucle while, une rangée est terminée par la balise HTML </TR> éditée à l'aide de la commande echo. De cette manière, un tableau adapté dynamiquement aux dimensions de la liste de résultats est édité dans le navigateur avec les résultats de la requête.

▼ Listing 7.12 : *Script 08ex007.php3*

```
<?
function tab_out( $result) {
$nombre=mysql_num_fields($result);
echo "<table width=90% border=0 cellpadding='2' cellspacing='2'>";
echo "<tr bgcolor=#D0D0D0>";
for ($i=0;$i<$nombre;$i++) {
    echo "<th>";
    echo mysql_field_name($result,$i);
    echo "</th>";
}
echo "</tr>";
echo "<tr>";
while ($row = mysql_fetch_array($result,MYSQL_ASSOC)) {
foreach ($row as $elem) {
    echo "<td bgcolor='#E8E8E8'><font size='-1'>$elem</font></td>";
}
echo "</tr>";
}
```

```
echo "</table>";
} // tab
?>
```

Exécution des requêtes

Pour tester le fonctionnement de la nouvelle fonction d'interface `tab_out()`, vous pouvez exécuter une requête de sélection, de manière analogue aux requêtes que nous avons précédemment exécutées à la section *Sélection d'enregistrements*.

La requête est exécutée en appelant la fonction d'interface `send_sql()`. Cette fonction reçoit en paramètre une variable `$sql`, de type `string`, contenant la commande SQL correspondante. Cette commande crée une jointure entre les trois tables `article`, `groupearticle` et `sousgroupearticle`.

Après cela, le renvoi `$res` vers la liste de résultats de la requête est passé à la fonction `tab_out()` qui réalise l'édition sous forme tabulaire de la table réponse de la requête.

▼ Listing 7.13 : *Script 08ex008.php3*

```
<?
include("mysql_connect.php3");
include("mysql_func.php3");

$sql="SELECT NumArt,NumCde,NomArt,PrixArt,A.NumGrArt,GroupeArt,SGroupeArt FROM article AS A,
➥ groupearticle AS B,sousgroupearticle AS C WHERE A.NumGrArt=B.NumGrArt AND A.NumSGrArt=C.
➥ NumSGrArt AND B.NumGrArt=1 AND C.NumSGrArt>1";

If ($res=send_sql($db,$sql))  {
    echo "La commande SQL a été exécutée<br>";
}
tab_out($res);
?>
```

Le résultat de la fonction `tab_out()` est reproduit ci-après dans une représentation tabulaire du résultat de la requête.

NumArt	NumCde	NomArt	PrixArt	NumGrArt	GroupeArt	SGroupeArt
4	1-002-001-099	Aliments en boîte au boeuf - 250g	2.95	1	Aliments	Aliments en boîte
5	1-002-022-003	Aliments en boîte au boeuf - 500g	4.95	1	Aliments	Aliments en boîte
6	1-002-022-005	Aliments en boîte au gibier - 500g	5.95	1	Aliments	Aliments en boîte
7	1-003-000-000	Cuissot de lièvre frais	4.25	1	Aliments	Aliments frais
8	1-003-000-000	Nerf de boeuf	2.95	1	Aliments	Biscuits pour chien
9	1-003-000-000	Compléments alimentaires vitamines et minéraux	8.95	1	Aliments	Compléments alimentaires

◀ Fig. 7.4 :
Édition de la table réponse d'une requête exécutée à l'aide de l'interface PHP

Applications Internet et Intranet et bases de données dynamiques

7

Les fonctions MySQL de PHP

Nous venons d'étudier les principales fonctions utilisées pour accéder à un serveur de bases de données MySQL.

Outre ces fonctions, PHP dispose de toute une série de fonctions permettant d'utiliser MySQL ; vous les trouverez récapitulées dans le tableau ci-après.

Dans les exemples présentés dans cet aperçu, la variable `$res` se rapporte au renvoi (requis ou retourné) vers la liste de résultats obtenue par une requête. De même, `$db` fait référence au nom d'une base de données, `$sql` est une variable de type `string` contenant une commande SQL et `$lkid` l'identificateur de connexion correspondant à une connexion qui a été établie.

Ce dernier paramètre est toujours optionnel. S'il n'est pas spécifié, la fonction utilise la connexion établie à ce moment. La variable `$succ` est la valeur retournée par la fonction concernée ; cette valeur indique l'issue de l'opération : succès (`TRUE`, `1`) ou échec (`FALSE`, `0`).

▼ **Tab. 7.1 : Les principales fonctions MySQL de PHP**

Fonction	Exemple	Description
`mysql_affected_rows`	$nombre=mysql_affected_rows ($lkid)	Fournit le nombre d'enregistrements concernés d'une opération SQL précédente.
`mysql_change_user`	$succ=mysql_change_user ($name, $passwd, $db, $lkid)	Modifie l'utilisateur connecté courant.
`mysql_close`	mysql_close ($lfid)	Ferme une connexion au serveur de bases de données.
`mysql_connect`	$succ=mysql_connect ($host, $user, $passwd)	Ouvre une connexion au serveur de bases de données.
`mysql_create_db`	$succ=mysql_create_db ($db, $lkid)	Crée une base de données intitulée $db.
`mysql_data_seek`	$succ=mysql_data_seek ($res, $row)	Déplace le pointeur d'enregistrement interne jusqu'au numéro d'enregistrement $row.
`mysql_db_query`	$res=mysql_db_query ($db, $sql, $lkid)	Émet une requête SQL $sql an la base de données.
`mysql_drop_db`	$succ=mysql_drop_db ($db, $lkid)	Supprime une base de données intitulée $db.
`mysql_errno`	$err= mysql_errno ($lkid)	Fournit le numéro d'erreur $err d'une opération précédente.
`mysql_error`	$errmsg=mysql_error ($lkid)	Fournit le texte d'erreur $errmsg de l'opération SQL précédente.
`mysql_fetch_array`	$arr=mysql_fetch_array ($res, $type)	Fournit un enregistrement comme tableau $arr. $type indique le type du tableau : `MYSQL_ASSOC` : associatif `MYSQL_NUM` : numérique `MYSQL_BOTH` : les deux
`mysql_fetch_field`	$obj=mysql_fetch_field ($res, $offset)	Fournit un objet $obj avec des informations sur les champs provenant du résultat de la requête.

▼ Tab. 7.1 : **Les principales fonctions MySQL de PHP**

Fonction	Exemple	Description
mysql_fetch_lengths	$arr=mysql_fetch_lengths ($res)	Fournit la longueur de chaque champ dans un enregistrement comme tableau $arr.
mysql_fetch_object	$obj=mysql_fetch_object ($res, $type)	Fournit un enregistrement comme objet $obj.
mysql_fetch_row	$arr=mysql_fetch_row ($res)	Fournit un enregistrement comme tableau indexé $arr.
mysql_field_name	$name=mysql_field_name ($res, $index)	Fournit le nom d'un champ avec l'index $index dans le résultat de la requête.
mysql_field_seek	$resultat=mysql_field_seek ($res, $offset)	Place le pointeur de champ sur le champ suivant de la liste de réponses lue par mysql_fetch_field.
mysql_field_table	$name=mysql_field_table ($res, $offset)	Fournit le nom de la table contenant le champ indiqué.
mysql_field_type	$type=mysql_field_type ($res, $offset)	Fournit le type de données colonne dans une table réponse.
mysql_field_flags	$opt=mysql_field_flags ($res, $offset)	Fournit les options d'un champ dans une table réponse.
mysql_field_len	$len=mysql_field_len ($res, $offset)	Fournit la longueur $len d'un champ.
mysql_free_result	$succ=mysql_free_result ($res)	Supprime un résultat de la liste des résultats.
mysql_insert_id	$id=mysql_insert_id ($lkid)	Fournit l'identificateur $id de la dernière commande INSERT (uniquement avec AUTO_INCREMENT).
mysql_list_fields	$res=mysql_list_fields ($db, $table,$lkid)	Retourne un renvoi vers les champs d'une table $table.
mysql_list_dbs	$res=mysql_list_dbs ($lkid)	Retourne une liste de toutes les bases de données présentes sur le serveur.
mysql_list_tables	$res=mysql_list_tables ($db, $lkid)	Retourne une liste des tables dans une base de données $db.
mysql_num_fields	$nombre=mysql_num_fields ($res)	Fournit le nombre $nombre de champs dans le résultat d'une requête.
mysql_num_rows	$nombre=mysql_num_rows ($res)	Fournit le nombre $nombre d'enregistrements dans le résultat d'une requête.
mysql_pconnect	$succ=mysql_pconnect ($host, $user, $passwd)	Ouvre une connexion persistante à un serveur de bases de données MySQL.
mysql_query	$succ=mysql_query ($sql, $lkid)	Envoie une commande SQL $sql au serveur.

7

Applications Internet et Intranet et bases de données dynamiques

▼ Tab. 7.1 : Les principales fonctions MySQL de PHP		
Fonction	**Exemple**	**Description**
mysql_result	$resultat=mysql_result ($res, $row, $field)	Retourne le contenu $resultat du résultat de la requête pour un champ.
mysql_select_db	$succ=mysql_select_db ($db, $lkid)	Sélectionne une base de données $db.
mysql_tablename	$name=mysql_tablename ($res, $i)	Fournit le nom de la table à laquelle le champ $i appartient.

Navigation dans la liste des résultats obtenus en réponse à une requête

La fonction mysql_data_seek(), permettant de naviguer à l'intérieur de la liste de résultats d'une requête, est une fonction importante pour l'accès aux bases de données à l'aide de PHP.

Cette fonction place le pointeur d'enregistrement interne sur un enregistrement donné de la liste de résultats d'une requête, spécifié par une valeur de type integer représentant le numéro d'enregistrement.

Cet enregistrement est ensuite accessible par l'intermédiaire de l'une des fonctions mysql_fetch_row(), mysql_fetch_array() ou mysql_fetch_object(), prévues à cet effet.

L'exemple ci-après illustre l'utilisation de la fonction mysql_data_seek().

La fonction d'interface send_sql() reçoit en paramètre une variable de chaîne avec une requête SQL et appelle de son côté la fonction de base de données PHP mysql_db_query() pour exécuter la requête correspondante. La fonction mysql_data_seek() est ensuite appelée afin de positionner le pointeur d'enregistrement sur l'enregistrement souhaité de la table réponse de la requête.

Dans notre exemple, il s'agit de l'enregistrement 3. Il convient de noter, au sujet des numéros d'enregistrements, que la numérotation des enregistrements de la liste des résultats commence à 0.

Pour que l'enregistrement soit édité dans la fenêtre du navigateur sous forme tabulaire, on fait appel à la fonction row_out(). Cette fonction est une variante de la fonction d'interface tab_out(), que nous avions créée dans un précédent exemple. Cette nouvelle fonction peut être ajoutée au fichier include *mysql_func.php3*, destiné à ces fonctions.

▼ Listing 7.14 : *Script 08ex009.php3*

```
<?
include("mysql_connect.php3");
include("mysql_func.php3");
$sql="SELECT NumArt,NumCde,NomArt,PrixArt,A.NumGrArt,GroupeArt,SGroupeArt FROM article AS A,
➡ groupearticle AS B,sousgroupearticle AS C WHERE A.NumGrArt=B.NumGrArt AND A.NumSGrArt=C.
➡ NumSGrArt AND B.NumGrArt=1 AND C.NumSGrArt>1";
If ($res=send_sql($db,$sql))  {
    echo "La commande SQL a été exécutée<br>";
```

```
    }
    $row=3;
    $succ=mysql_data_seek ($res, $row);
    $arr=mysql_fetch_array($res,MYSQL_ASSOC);
    row_out($arr);

    function row_out($obj) {
      echo "<table width=90% border=0 cellpadding='2' cellspacing='2'>";
      echo "<tr bgcolor=#D0D0D0>";
      foreach ($obj as $k=>$elem) {
         echo "<td>$k</td>";
      }
      echo "</tr>";
      echo "<tr bgcolor=#E8E8E8>";
    foreach ($obj as $k=>$elem) {
         echo "<td>$elem</td>";
      }
      echo "</tr>";
      echo "</table>";
    }
    ?>
```

Comme vous pouvez le voir en comparant avec la table réponse de la page, l'enregistrement édité ici correspond au quatrième enregistrement de la table réponse de la requête.

La commande SQL a été exécutée						
NumArt	NumCde	NomArt	PrixArt	NumGrArt	GroupeArt	SGroupeArt
7	1-003-000-000	Cuissot de lièvre frais	4.25	1	Aliments	Aliments frais

◀ Fig. 7.5 :
Utilisation de la fonction mysql_data_seek pour naviguer dans la table réponse d'une requête

Identification d'informations sur les champs à partir du résultat d'une requête

La fonction `mysql_fetch_field()` permet d'obtenir des détails sur les champs du résultat d'une requête.

L'illustration ci-après montre les informations retournées par la fonction ainsi que leur présentation dans un exemple concret. Vous pouvez voir les noms de champs, les tables originelles (en l'occurrence les tables désignées par A, B et C), les types de données, l'ensemble des attributs des champs ainsi que les informations sur les clés.

La commande SQL a été exécutée													
name	table	def	max_length	not_null	primary_key	multiple_key	unique_key	numeric	blob	type	unsigned	zerofill
NumArt	A		1	1	1	0	0	1	0	int	0	0
NumCde	A		13	1	0	0	0	0	0	string	0	0
NomArt	A		46	1	0	0	0	0	0	string	0	0
PrixArt	A		4	1	0	0	0	1	0	real	0	0
NumGrArt	A		1	1	0	0	0	1	0	int	0	0
GroupeArt	B		8	1	0	0	0	0	0	string	0	0
SGroupeArt	C		24	1	0	0	0	0	0	string	0	0

◀ Fig. 7.6 :
Utilisation de la fonction mysql_fetch_field() pour afficher les informations sur les champs

7

Applications Internet et Intranet et bases de données dynamiques

L'exemple est basé sur la requête utilisée précédemment. Cette requête est adressée aux trois tables `article` (A), `groupearticle` (B) et `sousgroupearticle` (C) dont la table réponse crée une jointure entre ces tables.

La fonction `mysql_fetch_field()` est à présent utilisée pour obtenir des détails sur chaque champ de la table réponse obtenue par cette requête. Pour ce faire, la fonction doit recevoir en paramètre le renvoi `$res` vers la liste des résultats de la requête exécutée, à côté du numéro du champ sur lequel l'information est requise. Rappelons que la numérotation des enregistrements de la liste des résultats commence à `0`.

Dans notre exemple, l'appel de la fonction s'applique pour commencer à ce premier champ :

```
$obj=mysql_fetch_field ($res, 0);
```

La fonction retourne son résultat dans l'objet `$obj`. Comme les objets peuvent être traités comme des tableaux associatifs (tables de hachage), le contenu de cet objet peut être lu à partir d'une boucle `foreach`.

S'agissant de la représentation tabulaire du contenu retourné par la fonction, la première chose à voir sont les mots-clés figurant dans ce tableau PHP. En effet, ces mots-clés sont utilisés pour générer la têtière de la table réponse à l'aide de balises HTML appropriées éditées par des commandes `echo`.

Puis la fonction est appelée depuis une boucle `for`, où elle est exécutée une fois pour chaque champ de la table réponse.

```
...
for ($i;$i<$nombre;$i++) {
 $offset=$i;
 $obj=mysql_fetch_field ($res, $offset);
   echo "<tr bgcolor=#E8E8E8>";
   foreach ($obj as $k=>$elem) {
      echo "<td>$elem</td>";
   }
   echo "</tr>";
}
...
```

Le paramètre `$offset`, passé en paramètre de la fonction, est chargé d'indiquer le numéro des champs dans la table réponse. Il est contrôlé par la variable compteur de la boucle `for`. La valeur finale de la boucle est le nombre `$nombre` de champs, qui est déterminé par l'intermédiaire de la fonction `mysql_num_fields()`, dont il a été précédemment question.

Une autre boucle `for` est utilisée pour extraire les données respectives de l'objet retourné par la fonction à chaque passage de boucle et pour les envoyer au navigateur afin d'y former les rangées de la table HTML. La fonction utilise à cet effet la commande `echo` chargée d'éditer les balises HTML appropriées.

Voici pour conclure le script complet correspondant à notre exemple :

▼ Listing 7.15 : *Script 08ex010.php3*

```
<?
include("mysql_connect.php3");
include("mysql_func.php3");


$sql="SELECT NumArt,NumCde,NomArt,PrixArt,A.NumGrArt,GroupeArt,SGroupeArt FROM article AS A,
➥ groupearticle AS B,sousgroupearticle AS C WHERE A.NumGrArt=B.NumGrArt AND A.NumSGrArt=C.
➥ NumSGrArt AND B.NumGrArt=1 AND C.NumSGrArt>1";
If ($res=send_sql ($db,$sql))  {
    echo "La commande SQL a été exécutée<br>";
}
$nombre=mysql_num_fields($res);
$obj=mysql_fetch_field ($res, 0);
echo "<table width=90% border=0 cellpadding='2' cellspacing='2'>";
echo "<tr bgcolor=#D0D0D0>";
foreach ($obj as $k=>$elem) {
    echo "<td>$k</td>";
}
echo "</tr>";
for ($i;$i<$nombre;$i++) {
 $offset=$i;
 $obj=mysql_fetch_field ($res, $offset);
  echo "<tr bgcolor=#E8E8E8>";
  foreach ($obj as $k=>$elem) {
    echo "<td>$elem</td>";
  }
  echo "</tr>";
}
echo "</table>";
?>
```

Identification des options des champs (drapeaux)

Vous avez vu dans l'exemple précédent comment il est possible d'obtenir des informations précises sur les champs d'une table réponse à l'aide de la fonction `mysql_fetch_field()`.

Dans le cas où vous avez uniquement besoin des drapeaux "`not_null`", "`primary_key`", "`unique-_key`", "`multiple_key`", "`blob`", "`unsigned`", "`zerofill`", "`binary`", "`enum`", "`auto_increment`", "`timestamp`", vous pouvez également utiliser la fonction `mysql_field_flags()`.

Cette fonction attend, tout comme la fonction `mysql_fetch_field()`, un renvoi vers la liste de résultats d'une requête ainsi qu'une valeur de type `integer` pour les numéros du champ de la table, pour lequel l'information est requise.

Le script ci-après présente l'utilisation de la fonction à partir d'un exemple concret :

▼ Listing 7.16 : *Script 08ex011.php3*

```
<?
include("mysql_connect.php3");
include("mysql_func.php3");
$sql="SELECT NumArt,NumCde,NomArt,PrixArt,A.NumGrArt,GroupeArt,SGroupeArt FROM article AS A,
➥ groupearticle AS B,sousgroupearticle AS C WHERE A.NumGrArt=B.NumGrArt AND A.NumSGrArt=C.
➥ NumSGrArt AND B.NumGrArt=1 AND C.NumSGrArt>1";
If ($res=send_sql($db,$sql))  {
    echo "La commande SQL a été exécutée<br>";
}
$nombre=mysql_num_fields($res);
echo "<table width=90% border=0 cellpadding='2' cellspacing='2'>";
echo "<tr bgcolor=#D0D0D0>";
echo "<th>Feld</th><th>Option</th></tr>";
for ($i;$i<$nombre;$i++) {
    echo "<tr bgcolor=#E8E8E8><td>",$i+1,"</td><td>";
    echo mysql_field_flags ($res, $i);
    echo "</td></tr>";
}
echo "</table>";
?>
```

L'illustration suivante montre les valeurs retournées par la fonction `mysql_field_flags()`. On y voit les drapeaux des champs de la table réponse résultant de la requête.

Feld	Option
La commande SQL a été exécutée	
1	not_null primary_key auto_increment
2	not_null
3	not_null
4	not_null
5	not_null
6	not_null
7	not_null

◀ **Fig. 7.7 :**
Utilisation de la fonction mysql_field_flags() pour afficher les options des champs

Calcul du nombre d'enregistrements ajoutés, modifiés ou supprimés

Dans les opérations SQL, dans lesquelles des enregistrements sont insérés, modifiés ou supprimés, il est souvent intéressant de savoir combien d'enregistrements ont été affectés par l'opération qui a été exécutée.

La fonction `mysql_affected_rows()` fournit le nombre d'enregistrements concernés par la dernière commande INSERT, LOAD DATA INFILE, UPDATE, REPLACE ou DELETE.

Le script suivant illustre l'utilisation de la fonction en prenant l'exemple de la commande SQL LOAD DATA INFILE, utilisée pour verser dans une table des enregistrements provenant d'un fichier texte.

▼ Listing **7.17** : *Script 08ex012.php3*

```
<?
include("connection_data.php3");
include("mysql_func.php3");
$lk=connect();
$db="testdb";
$sql = "LOAD DATA LOCAL INFILE'c:/apache/www/data.txt' INTO TABLE article FIELDS TERMINATED BY';
➥ '(NumCde, NomArt, TexteArt, PrixArt, NumGrArt, NumSGrArt)";
If ($res=send_sql($db,$sql))  {
    echo "La commande SQL a été exécutée<br>";
}
$nombre=mysql_affected_rows($lk);
echo "<br>",$nombre," enregistrements insérés";
?>
```

Sortie :

```
La commande SQL a été exécutée
15 enregistrements insérés
```

Les enregistrements doivent être traités comme des objets

Nous terminerons cette série d'exemples de fonctions de bases de données par la fonction `mysql_fetch_object()`, permettant de récupérer des enregistrements par l'intermédiaire d'une requête SQL, afin de les diriger vers un objet.

En fait, le mode opératoire de cette fonction ne se distingue pas de celui de la fonction `mysql_fetch_array()`. Il y a cependant une différence, puisque la valeur retournée par la fonction est de type **object**. Cette valeur peut également être traitée en conséquence ; ainsi, l'accès aux différents champs d'un enregistrement peut suivre la syntaxe :

```
$obj -> nomchamp
```

Cette construction n'est pas possible avec la fonction `mysql_fetch_array()`. Le script ci-après illustre l'utilisation de cette construction :

▼ Listing **7.18** : *Script 08ex013.php3*

```
<?
include("mysql_connect.php3");
include("mysql_func.php3");
$sql="SELECT NumArt,NumCde,NomArt,PrixArt,A.NumGrArt,GroupeArt,SGroupeArt FROM article AS A,
➥ groupearticle AS B,sousgroupearticle AS C WHERE A.NumGrArt=B.NumGrArt AND A.NumSGrArt=C.
➥ NumSGrArt AND B.NumGrArt=1 AND C.NumSGrArt>1";
If ($res=send_sql($db,$sql))  {
    echo "La commande SQL a été exécutée<br>";
}
$obj=mysql_fetch_object($res,MYSQL_ASSOC);
```

```
echo "Article : ",$obj->NomArt, "<br>";
echo "Groupe d'articles : ",$obj->GroupeArt, "<br>";
echo "Prix :   ",$obj->PrixArt, " F";
?>
```

Sortie :

```
La commande SQL a été exécutée
Article : Aliments en boîte au bœuf - 250g
Groupe d'articles : Aliments
Prix : 2.95 F
```

Chapitre 8

Sécurité des transactions web avec SSL

8. Sécurité des transactions web avec SSL

Il existe plusieurs approches visant à assurer la sécurité des transactions sur le Web. L'une des solutions le plus largement utilisées est le protocole SSL (Secure Sockets Layer Protocols), développé par Netscape. Ce protocole, pour pouvoir être utilisé, doit être pris en charge par le serveur HTTP. En raison d'une réglementation restrictive des USA en matière d'exportation, cette condition n'est pas réalisable avec la version normale du serveur web Apache. Pour pouvoir outrepasser ces limitations relatives au protocole SSL, il est nécessaire d'utiliser un module additionnel chargé de conférer des fonctionnalités SSL au serveur web Apache.

Nous commencerons par présenter le concept de SSL. Puis nous passerons à l'installation du logiciel SSL OpenSSL en décrivant les étapes nécessaires à sa mise en service sur un serveur web Apache.

8.1. Qu'est-ce que SSL ?

SSL est un protocole chargé d'assurer la confidentialité des échanges de donnees intervenant entre deux utilisateurs communiquant à travers des réseaux aussi peu sécurisés que l'est Internet. SSL est indépendant du protocole correspondant à la couche Application et peut de ce fait être utilisé pour différents services Internet.

SSL est intégré aux principaux navigateurs du marché. Il peut servir à assurer la confidentialité des informations transmises, en particulier des données se rapportant aux cartes bancaires. Les fonctions SSL intégrées aux navigateurs de Netscape et de Microsoft utilisent des algorithmes de cryptage où la longueur des clés est réduite à 40 bits, en raison des limitations américaines en matière d'exportation. De telles clés sont aisément décryptées lors d'attaques brutales ("brute force attacks").

Fonctionnement de SSL

- le client envoie une demande au serveur ;
- le serveur envoie au client son certificat signé ;
- le client contrôle la fiabilité et l'authenticité du certificat ;
- le client communique au serveur quelles méthodes de cryptage et quelles clés il peut utiliser ;
- le serveur détermine à partir de cette information le mécanisme de cryptage le plus efficace et communique son choix au client ;
- le client génère à l'aide de cet algorithme de cryptage une clé de session utilisable dans le cadre de la session courante ;
- le client crypte cette clé à l'aide de la clé publique du serveur et l'envoie au serveur ;
- le serveur utilise sa clé privée pour décrypter la clé de session et fait part au client de son accord ;
- la communication de données sécurisée peut alors commencer, avec l'envoi par le client de la demande cryptée qu'il adresse au serveur en utilisant la clé de session.

Le protocole SSL est une couche de protocole supplémentaire qui vient s'intercaler entre le protocole TCP et les protocoles de la couche Application.

Lors de l'utilisation de SSL, le client redirige toutes les données vers des routines SSL correspondantes. Ces routines sont chargées de crypter les données et de les réacheminer vers le protocole TCP. Du côté du serveur, les données cryptées sont décryptées par des routines correspondantes, après quoi elles sont redirigées vers le processus du serveur.

SSL prend en charge les différents algorithmes de cryptage. C'est ainsi que le SSL OpenSSL, diffusé en licence Open Source, maîtrise différents algorithmes de cryptage, parmi lesquels MD5, DES, RSA, RC4, IDEA et Blowfish.

Le serveur crypte la réponse à une demande en utilisant une clé privée.

Le client peut utiliser une clé publique certifiée correspondante pour vérifier si le message n'a pas été modifié et s'il provient réellement du bon serveur. À l'issue de la connexion sécurisée, les deux parties suppriment leur clé de session.

8.2. Installation de SSL sur le serveur web Apache

La première étape pour mettre en place un serveur web sécurisé consiste à installer le logiciel SSL. Dans cet ouvrage, notre préférence va aux solutions Open Source, raison pour laquelle nous décrirons ci-après l'installation d'OpenSSL.

Le projet OpenSSL

    www.openssl.org

OpenSSL est une bibliothèque Open Source puissante et robuste destinée à l'implémentation du Secure Sockets Layer-Protocols (SSL v2/v3) ainsi que du Transport Layer Security-Protocols (TLS v1) et des algorithmes cryptographiques correspondants. La version courante d'OpenSSL est la version 0.9.5a.

OpenSSL est basé sur la bibliothèque SSLeay, développée par Eric A. Young et Tim J. Hudson.

Considérations légales

Il convient d'observer dans le cadre de l'utilisation d'OpenSSL que la bibliothèque fait appel à des algorithmes de cryptographie dont l'utilisation est soumise aux réglementations établies par les USA en matière d'exportation et d'importation.
L'exportation de ce logiciel depuis les USA ou son importation dans d'autres pays obéit donc à un certain nombre de règles et de limitations dont le respect incombe à l'utilisateur.

Installation d'OpenSSL sous Linux

Installation express

- Créez le répertoire d'installation */usr/local/openssl*
- Copiez dans ce répertoire l'archive comportant les sources OpenSSL
- `gunzip - c openssl-0.9.5a.tar.gz | tar xf -`
- `$ cd openssl-0.9.5.a`
- `$ ./config`
- `$ make`
- `$ make test`
- `$ make install`

La première opération à exécuter pour installer OpenSSL consiste à créer un répertoire d'installation (par exemple */usr/local/openssl*), à y copier l'archive *openssl-0.9.5a.tar.gz*, puis à la désarchiver en exécutant la commande `gunzip - c openssl-0.9.5a.tar.gz | tar xf -`.

Vous devriez ensuite trouver le répertoire *../openssl-0.9.5.a*, en dessous du répertoire d'installation. En règle générale, il suffit de suivre les étapes d'installation indiquées correspondant à l'installation par défaut. Le script de configuration `config` conçu à cet effet reconnaît automatiquement l'ensemble des caractéristiques essentielles de votre machine UNIX (Linux).

Après l'appel du script de configuration à l'aide de la commande `./config` et la compilation des sources à l'aide de la commande `make`, vous devez exécuter la commande `make test` pour procéder à un autotest général. Si à ce moment aucune erreur n'apparaît, vous pouvez passer à l'installation en exécutant la commande `make install`.

Ajout du module additionnel et recompilation des fichiers source Apache

Ajout de modules au serveur Apache

- copiez dans le répertoire d'installation d'Apache l'archive comportant les sources du module additionnel ;
- désarchivez l'archive ;
- appelez la commande `./FixPatch` ;
- recompilez Apache.

Pour pouvoir utiliser l'application SSL, vous devez installer le module additionnel sur le serveur web Apache et recompiler ce dernier.

Pour ce faire, procurez-vous le module additionnel correspondant à votre version d'Apache. Le module additionnel a été développé par Ben Laurie, un membre du Apache Group. Ainsi, si vous utilisez la version 1.3.12 d'Apache, l'archive correspondante est *apache_1.3.12 + ssl_1.39.tar.gz*.

L'archive comporte toute une série de modules additionnels, de fichiers *Readme* ainsi qu'un exemple de fichier de configuration. Le module additionnel doit être ajouté aux sources du serveur Apache. Vous pouvez utiliser pour cela le script `FixPatch`, après quoi le serveur Apache doit être recompilé.

Lors de la compilation du serveur web Apache, vous pouvez suivre la procédure qui a été décrite à la section *Déroulement de la procédure d'installation* (page 35).

Les bibliothèques SSL requises sont automatiquement liées, sans qu'il soit nécessaire de spécifier des options de configuration supplémentaires pour l'appel du script de configuration `configure`. Après l'exécution de `make install` (voir page 35), vous trouverez dans le répertoire *bin* de votre installation d'Apache (*/usr/local/apache/bin*) le fichier exécutable *httpdsd* de la bibliothèque Apache SSL.

Avant de pouvoir utiliser Apache SSL, il vous reste encore deux choses à faire. La première consiste à modifier le fichier de configuration *httpsd.conf*, qui a été créé automatiquement lors de la recompilation du serveur Apache pourvu du module additionnel. La seconde consiste à créer un certificat de serveur pour le serveur Apache SSL.

Modification du fichier de configuration

Le fichier de configuration *httpsd.conf* situé dans le sous-répertoire *../conf* du répertoire d'installation du serveur Apache (il s'agit du répertoire */usr/local/apache/conf*, dans une installation par défaut) nécessite quelques modifications. Les plus importantes, sans lesquelles le serveur Apache SSL ne pourrait même pas démarrer, sont indiquées ci-après.

Modifications se rapportant à SSL dans le fichier httpsd.conf

```
...
Port 443
...
# SSL
SSLCacheServerPath /usr/local/apache/apache_1.3.12/src/
modules/ssl/gcache
SSLCacheServerPort 1234
SSLCacheServerRunDir /tmp
SSLSessionCacheTimeout 15
SSLCertificateFile /usr/local/apache/apache_1.3.12/SSLconf/
conf/httpsd.pem
```

Le fichier *../SSLconf/conf/httpd.conf* fournit un exemple de configuration pour le serveur Apache SSL. Ce fichier comporte cependant uniquement l'option spécifique à SSL d'un fichier de configuration Apache SSL, tandis que d'autres paramètres importants lui font défaut.

Contrairement à un serveur web normal, le port par défaut pour un serveur web SSL n'est pas le port 80 mais le port 443. En principe, vous pouvez utiliser n'importe quel port, mais ce port doit être spécifié chaque fois qu'une page est appelée. Dans le cas où vous voudriez appeler le serveur web Apache SSL sans spécifier de port, il est donc recommandé d'utiliser le port 443, qui a été défini par défaut pour les serveurs SSL.

Création du certificat du serveur

L'indication

```
SSLCertificateFile /usr/local/apache/apache_1.3.12/SSLconf/conf/httpsd.pem
```

à ajouter obligatoirement au fichier de configuration *httpds.conf* se rapporte au chemin vers le certificat du serveur Apache SSL. Dans un premier temps, ce certificat n'est pas encore créé et doit donc l'être avant qu'Apache SSL ne puisse être lancé. Vous pouvez créer aux fins de test un certificat de serveur, en appelant **make certificate** depuis le sous-répertoire *../src* de votre répertoire d'installation d'Apache.

SSL par la pratique

Lors de l'appel d'une page à partir d'un serveur SSL (cet appel est réalisé par l'indication **https://** au lieu de l'indication **http://**), le navigateur affiche tout d'abord une alerte de sécurité indiquant qu'une connexion non sécurisée va être établie.

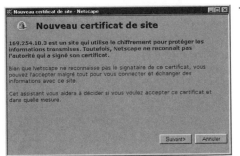

◄ Fig. 8.1 :
Établissement d'une connexion non sécurisée

Après que le serveur a envoyé son certificat signé au client, il est possible de l'afficher dans la fenêtre de navigateur afin de le contrôler. Pour ce faire, une autre alerte de sécurité s'affiche à l'écran, invitant l'utilisateur à vérifier le certificat dans le cas où il n'aurait pas encore été installé sur la machine du client.

◄ Fig. 8.2 :
Demande de vérification du certificat présenté par le serveur

Lorsque le certificat présenté a été vérifié par le client, il peut être installé sur la machine du client.

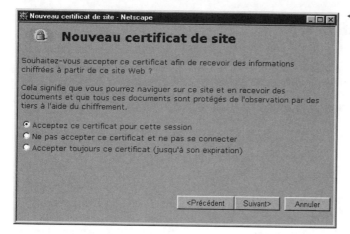

◀ **Fig. 8.3 :**
*Le certivicat présenté
par le client a été vérifié
et peut être installé*

Chapitre 9

Création d'une application de e-commerce sous PHP et MySQL

9. Création d'une application de e-commerce sous PHP et MySQL

Le cas d'école fournissant une illustration parfaite des applications dynamiques associées à des bases de données sur le Web est une boutique web. Nous présenterons ci-après le développement d'une boutique web utilisant PHP et MySQL. Pour que cet exemple soit suffisamment parlant, nous utiliserons aux fins de test des données fictives inspirées d'une boutique d'accessoires pour chiens.

À l'exception de la page d'entrée de la boutique, à travers laquelle nous montrerons, parallèlement aux fonctionnalités de la boutique propres à PHP, comment quelques commandes HTML peuvent modéliser l'interface de cette boutique, nous n'avons intégré aucun élément esthétique à cette application. La boutique est pour ainsi dire "nue", laissant ainsi la voie ouverte à toutes les possibilités d'adaptation de son layout, en fonction des besoins divers qui se dégageront.

9.1. Conception et réalisation de la base de données de la boutique web

Les considérations de fond sur la conception de la base de données de la boutique ont été présentées à la section *Développement du modèle entité-relation : exemple d'un site de e-commerce*. À l'occasion du passage de ce modèle entité-relation en un modèle de base de données relationnelle, nous avons établi la nécessité de 8 tables, représentées ci-après avec les relations qu'elles peuvent entretenir.

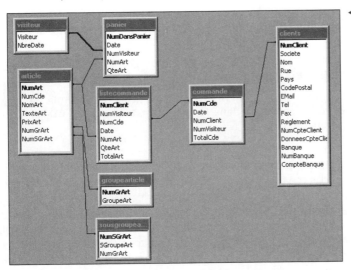

◄ Fig. 9.1 :
La vue relationnelle de la base de données de la boutique

Création des tables destinées à la base de données de la boutique web

Les tables requises pour la base de données peuvent être créées directement à l'invite du client MySQL `mysql`. Il s'avère cependant plus simple d'écrire dans un fichier ASCII les commandes SQL requises à cette fin et d'envoyer ce fichier au serveur MySQL, par le biais de l'utilitaire d'administration `phpMyAdmin`. Dans le cas où vous n'auriez accès au serveur web MySQL que par l'intermédiaire d'un accès au Web, seule cette dernière solution pourra être envisagée. Pour ce faire, créez une nouvelle base de données dans votre serveur MySQL, par exemple `maboutiquedb`.

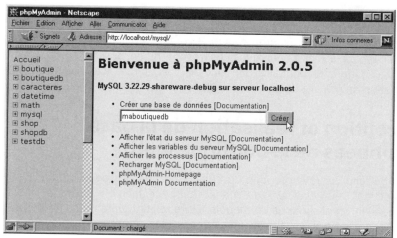

▲ Fig. 9.2 : *Création de la base de données*

Créez ensuite un fichier ASCII comportant les tables requises par l'application de boutique.

CD-ROM

Création des tables de la base de données

Le fichier *createmaboutique.sql* permettant de créer les tables de la base de données `maboutiquedb` se trouve dans le dossier *maboutique* du CD-Rom accompagnant cet ouvrage.

Le fichier comporte les commandes SQL chargées de créer les tables. La table `clients` contient une colonne `NumClient`, utilisée comme clé d'index primaire. Par ailleurs, cette colonne possède l'attribut `AUTOINCREMENT`. Autrement dit, le contenu des champs de cette colonne est incrémenté automatiquement d'une unité, chaque fois qu'un enregistrement est ajouté à la table. Les autres tables utilisent également des clés primaires : il s'agit de la colonne `NumDansPanier` dans la table `panier`, de la colonne `NumGrArt` dans la table `groupearticle`, de la colonne `NumSGrArt` dans la table `sousrroupearticle`, de la colonne `NumArt` dans la table `article`, de la colonne `NumCde` dans la table `commande`. Différentes colonnes des tables citées utilisent l'attribut `NOT_NULL`. Autrement dit, les champs correspondants doivent obligatoirement comporter une valeur.

▼ Listing 9.1 : *Fichier createmaboutique.sql*

```sql
CREATE TABLE clients (
NumClient BIGINT NOT NULL AUTO_INCREMENT PRIMARY KEY,
Societe VARCHAR(50),
Nom VARCHAR(50) NOT NULL,
Rue VARCHAR(50) NOT NULL,
Pays CHAR(2) NOT NULL,
CodePostal VARCHAR(20) NOT NULL,
Ville VARCHAR(50) NOT NULL,
EMail VARCHAR(50) NOT NULL,
Tel VARCHAR(50),
Fax VARCHAR(50),
Reglement VARCHAR(50) NOT NULL,
NomCpteClient VARCHAR(50),
NumCpteClient VARCHAR(50),
DonneesCpteClient VARCHAR(50),
Banque VARCHAR(50),
NumBanque INT(8),
Compte VARCHAR(10)
);

CREATE TABLE panier (
NumDansPanier BIGINT NOT NULL AUTO_INCREMENT PRIMARY KEY,
Date VARCHAR(50) NOT NULL,
NumVisiteur VARCHAR(50) NOT NULL,
NumArt VARCHAR(25) NOT NULL,
QteArt INT(3) NOT NULL
);

CREATE TABLE groupearticle (
NumGrArt BIGINT NOT NULL AUTO_INCREMENT PRIMARY KEY,
GroupeArt VARCHAR(25) NOT NULL
);

CREATE TABLE commande (
NumCde BIGINT NOT NULL AUTO_INCREMENT PRIMARY KEY,
Date VARCHAR(50) NOT NULL,
NumClient BIGINT NOT NULL,
NumVisiteur VARCHAR(50) NOT NULL,
TotalCde DECIMAL(8,2) NOT NULL
);

CREATE TABLE listecommande (
NumClient BIGINT NOT NULL,
```

```
NumVisiteur VARCHAR(50) NOT NULL,
NumCde BIGINT NOT NULL,
Date VARCHAR(50) NOT NULL,
NumArt BIGINT NOT NULL,
QteArt INT NOT NULL,
TotalArt DECIMAL(8,2) NOT NULL
);

CREATE TABLE visiteur (
Visiteur VARCHAR(50) NOT NULL,
NbreDate INT(4) NOT NULL
);

CREATE TABLE article (
NumArt BIGINT NOT NULL AUTO_INCREMENT PRIMARY KEY,
NumCde VARCHAR(25) NOT NULL,
NomArt VARCHAR(100) NOT NULL,
TexteArt MEDIUMTEXT NOT NULL,
PrixArt DECIMAL(8,2) NOT NULL,
NumGrArt BIGINT NOT NULL,
NumSGrArt BIGINT NOT NULL
);

CREATE TABLE sousgroupearticle (
NumSGrArt BIGINT NOT NULL AUTO_INCREMENT PRIMARY KEY,
SGroupeArt VARCHAR(25) NOT NULL,
NumGrArt BIGINT NOT NULL
);
```

Pour créer les tables nécessaires à la base de données de la boutique, copiez le contenu du fichier précédent *createmaboutique.sql* et collez-le dans la zone d'édition de phpMyAdmin située au-dessous de la ligne *Exécuter une ou des requêtes sur la base maboutiquedb* ou bien indiquez le chemin correspondant dans la zone *Emplacement du fichier texte*. Pour envoyer les commandes SQL au serveur, cliquez sur le bouton **Exécuter**. phpMyAdmin affiche alors un message indiquant la réussite de l'opération de création des tables et de définition de leur structure.

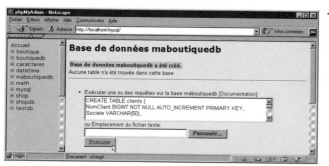

◀ Fig. 9.3 :
Création des tables requises par la base de données maboutiquedb

Saisie des données dans la base de données de la boutique web

Pour pouvoir utiliser la base de données `maboutiquedb`, nous avons besoin de créer quelques enregistrements dans les tables `article`, `groupearticle` et `sousgroupearticle`.

CD-ROM

Alimentation des tables

Le fichier *insertdata.sql* permettant de créer les tables de la base de données `maboutiquedb` se trouve dans le répertoire *maboutique* du CD-Rom accompagnant cet ouvrage.

Ce fichier comporte les commandes SQL requises pour l'entrée des données de test suivant le schéma ci-après :

▼ Listing 9.2 : *Fichier insertdata.sql*

```
INSERT INTO groupearticle (GroupeArt) VALUES (
'Aliments'
);
INSERT INTO groupearticle (GroupeArt) VALUES (
'Jouets pour chiens'
);
INSERT INTO groupearticle (GroupeArt) VALUES (
'Accessoires pour chiens'
);
INSERT INTO groupearticle (GroupeArt) VALUES (
'Livres sur les chiens'
);
...
```

Pour envoyer ces commandes au serveur, vous pouvez également utiliser phpMyAdmin en suivant la procédure appliquée précédemment pour la création de tables (voir fig. 9.4).

Lorsque ces opérations préliminaires ont été achevées, votre serveur de bases de données devrait comporter une base de données `maboutiquedb` contenant les tables figurant dans l'illustration précédente. Ces tables regroupent quelques données permettant de réaliser les tests fonctionnels qui doivent être réalisés.

Pour une utilisation pratique de la boutique web, qui rend nécessaire de procéder à une maintenance régulière des données et tout particulièrement de celles de la table `article`, il est recommandé d'utiliser la commande SQL **LOAD DATA INFILE**, chargée de récupérer les données d'un fichier texte susceptible d'être complété ou échangé facilement.

La commande SQL ci-après, que vous pouvez envoyer au serveur de bases de données à l'aide de phpMyAdmin, prend les données du fichier *donneesarticles.txt* pour les ajouter à la table `article`.

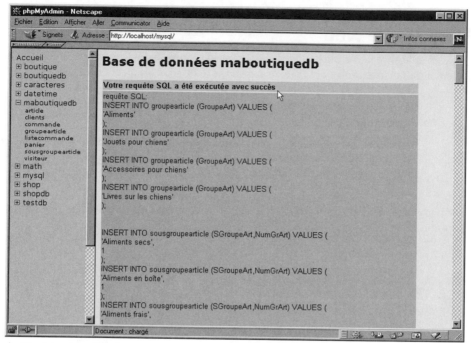

▲ Fig. 9.4 : *Insertion des données requises dans les tables de la nouvelle base de données*

```
LOAD DATA LOCAL INFILE'c:/apache/www/htdocs/donneesarticles.txt' INTO TABLE article FIELDS
➥ TERMINATED BY',' (NumCde, NomArt, TexteArt, PrixArt, numGrArt, NumSGrArt)
```

Les données du fichier *donneesarticles.txt* sont séparées par un caractère séparateur et comportent un \n utilisé comme caractère de fin de ligne, d'après le modèle suivant :

▼ Listing 9.3 : *Extrait du fichier donneesarticles.txt*

```
9-999-999-999,Aliments secs - 15kg,Aliments secs bœuf et poulet - 15kg Extra,22.95,1,1
9-999-999-999,Aliments secs - 25kg,Aliments secs bœuf et poulet - 25kg Extra,32.95,1,1
...
```

9.2. L'interface de la base de données de la boutique web

L'interface de la base de données de la boutique web est réalisée à l'aide de la classe maboutiquedb et d'autres classes dérivées de cette classe. La classe maboutiquedb crée les méthodes getnum() et readrow(). La méthode getnum() est chargée de déterminer le nombre d'enregistrements figurant dans la table réponse résultant d'une requête. Quant à la méthode readrow(), elle écrit un enregistrement d'une table réponse dans un tableau associatif. Après cela, la routine se poursuit dans une boucle foreach, où les différents éléments du tableau sont passés en paramètre aux variables de l'objet qui appelle la méthode readrow(). Pour qu'il soit possible de cette manière d'accéder aux objets de la base de données, une classe est créée pour chacune des tables de la base de données. Cette classe comporte différentes variables de classes avec le nom des colonnes des différentes tables.

Voici comment peut se dérouler l'accès aux enregistrements d'une table réponse :

▼ Listing 9.4 : *Extrait du script 10ex001.php3*

```
<?
include("../../maboutique/dbclass.php3");
$myarticle =new article;
mysql_connect("$MySQL_Host","$MySQL_User","$MySQL_Passw");
$result=mysql("$db","SELECT * FROM article");
$myarticle->getnum($result);
while ($myarticle->z <$myarticle->num) {
 $myarticle->readrow($result);
}
?>
```

Les variables d'objet de l'objet **$myarticle** comportent à présent les valeurs de l'enregistrement qui a été lu. Grâce au référencement des variables d'objet correspondantes, celles-ci peuvent alors être utilisées dans le contexte de l'application en fonction des besoins, comme ci-après :

```
echo $myarticle->NomArt;
echo $myarticle->NumCde;
echo $myarticle->PrixArt;
```

Le script suivant permet d'éditer de cette manière le nom d'article, le numéro de commande et le prix de tous les enregistrements figurant dans la table **article** :

▼ Listing 9.5 : *Script 10ex001.php3*

```
$myarticle =new article;
mysql_connect("$MySQL_Host","$MySQL_User","$MySQL_Passw");
$result=mysql("$db","SELECT * FROM article");
$myarticle->getnum($result);
while ($myarticle->z <$myarticle->num) {
 $myarticle->readrow($result);
  echo $myarticle->NomArt;
  echo $myarticle->NumCde;
  echo $myarticle->PrixArt;
  echo "<br>";
}
```

Cette approche présente l'intérêt de définir clairement la portée des noms en matière de noms se rapportant aux bases de données et de l'encapsuler de manière spécifique aux objets.

Le script suivant présente la définition de la classe **maboutiquedb** ainsi que d'autres classes héritées de cette classe.

▼ Listing 9.6 : *Script dbclass.php3*

```php
<?
/* dbclass.php3                    */
/* ================================ */
class maboutiquedb {
  var $z;
  var $row;
  var $num;

  function getnum($query){
$this->z = 0;
$this->num = mysql_num_rows($query);
      }

  function readrow($query){
$this->row=mysql_fetch_array($query, MYSQL_ASSOC);
    foreach ($this->row as $k=>$elem) {
$this->$k=$elem;
      }
$this->z++;
    }
} //maboutiquedb

class  article extends maboutiquedb {
   var $NumArt;       // NumArt
   var $BumCde;       // BumCde
   var $NomArt;       // NomArt
   var $TexteArt;     // TexteArt
   var $PrixArt;      // PrixArt
   var $NumGrArt;     // NumGrArt
   var $NumSGrArt;    // NumSGrArt
} // article

class  groupearticle extends maboutiquedb {
   var $NumGrArt;       // Numéro de groupe d'articles
   var $GroupeArt;      // Groupe d'article
} // groupearticle

class  sousgroupearticle extends maboutiquedb {
   var $NumSGrArt;       // Numéro de sous-groupe d'articles
   var $SGroupeArt;      // Sous-groupe d'articles
   var $NumGrArt;        // Numéro de groupe d'articles
} // sousgroupearticle
```

```php
class panier extends maboutiquedb {
   var $NumDansPanier;      // Numéro dans le panier
   var $Date;          // Date
   var $NumVisiteur;            // Numéro de visiteur
   var $NumArt;          // Numéro d'article
   var $QteArt;        // Quantité d'article
 } //panier

class  listecommande extends maboutiquedb {
   var $NumClient;          // Numéro de client
   var $NumVisiteur;           // Numéro de visiteur
   var $NumCde;           // Numéro de commande
   var $Date;        // Date commande
   var $NumArt;        // Numéro d'article
   var $QteArt;      // Quantité d'article
   var $TotalArt;    // Total de l'article
 } // listecommande

class commande extends maboutiquedb {
   var $NumCde;        // Numéro de commande
   var $Date;      // Date commande
   var $NumClient;      // Numéro de client
   var $NumVisiteur;          // Numéro de visiteur
   var $TotalCde;  // Total commande
 } // commande

class  visiteur extends maboutiquedb {
   var $Visiteur;        // Visiteur
   var $NbreDate;          // Date
 } // visiteur

class clients extends maboutiquedb {
   var $NumClient;             // NumClient
   var $Societe;        // Société
   var $Nom;        // Nom
   var $Rue;     // Rue
   var $Pays;        // Pays
   var $CodePostal;           // CodePostal
   var $Ville;         // Ville
   var $EMail;       // EMail
   var $Tel;         // Tel
   var $Fax;        // Fax
   var $Règlement;     // Règlement
   var $NomCpteClient;      // Nom compte client
   var $NumCpteClient;      // Numéro compte client
```

```
        var $DonneesCpteClient;      // Données du compte client
        var $Banque;        // Banque
        var $NumBanque;         // Numéro de la banque
        var $Compte;        // Numéro de compte;
    } // clients
    ?>
```

9.3. La structure du programme de l'application de boutique

La boutique web est constituée d'une série de scripts dont le fonctionnement est expliqué dans les lignes qui suivent. Les relations existant entre les différents composants de la boutique web seront également détaillées dans un schéma d'ensemble. Les scripts PHP y sont représentés par des rectangles et les relations entre les scripts par des flèches. Les différents scripts accèdent aux tables (également représentées) de la base de données sous-jacente à la boutique web. Les abréviations utilisées sont explicitées ci-après.

Signification des abréviations utilisées

- ID : table visiteur
- A : table article
- GA : table groupearticle
- SGA : table sousgroupearticle
- PA : table panier
- CL : table clients
- CDE : table commande
- LCD : table listecommande

Gestion des sessions dans l'application de boutique

Comme cela a été mentionné à la section *Le protocole de transfert hypertexte (HTTP)*, le protocole HTTP est un protocole sans connexion, ce qui signifie que le serveur et le client terminent le processus à l'issue de chaque commande et que, dans la suite du processus de communication, un nouveau processus est démarré après chaque commande, indépendamment du contenu des messages d'état qui ont été transmis. Il n'existe donc aucune connexion entre les différents processus. Les données qui ont été générées en réponse à une demande adressée au serveur HTTP ne sont plus disponibles au moment où une autre demande intervient.

Pour la réalisation d'une application web plus importante, à l'intérieur de laquelle le client se déplace sur plusieurs pages demandées par le serveur web, il importe donc de prendre des mesures appropriées afin que les différentes demandes émises par le même client puissent être mises en rapport sur une durée donnée. Pour ce faire, plusieurs possibilités sont à envisager.

Pour autant que vous utilisiez PHP 4.0, vous avez la possibilité de faire appel au système de gestion de sessions intégré à cette version de PHP (pour plus de précisions, reportez-vous à la section *Gestion des sessions à l'aide de PHP 4.0*). Dans ce cadre, le système de gestion de sessions de PHP 4 crée automatiquement l'identificateur de session requis pour la gestion des sessions et assure la sérialisation et l'enregistrement des données ayant trait à la session dans le système de fichiers du serveur web.

Lorsque, comme dans l'application de boutique décrite dans ces pages, cette solution de doit pas être utilisée pour des raisons de compatibilité avec des versions antérieures de PHP (de nombreux serveurs administrés par des fournisseurs d'accès à Internet utilisent encore PHP3), il convient d'envisager d'autres moyens pour assurer la gestion des transactions se rapportant au même utilisateur au-delà des différentes requêtes HTTP.

Dans l'application de boutique présentée ici, nous aurons recours à une solution mixte combinant l'utilisation d'une base de données et de cookies. L'identifiant utilisateur unique, qui est généré pour chaque visiteur de la boutique et qui est transporté entre les différentes pages dans la chaîne de requête de l'URI référençant ces pages, est géré dans cette application de boutique sur le serveur de bases de données MySQL. De plus, lorsque la configuration est définie en conséquence (et lorsque cela est autorisé par le client), cet identifiant est également enregistré sous forme de cookie sur la machine du client.

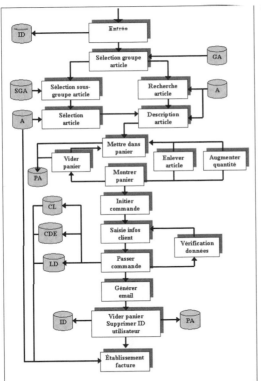

◀ Fig. 9.5 :
Structure de l'application de boutique web

9.4.   Réalisation de l'interface web avec PHP

La boutique web utilise une gestion de sessions associant la base de données. Autrement dit, les données générées au cours de la transaction se déroulant sur plusieurs pages sont gérées par le serveur de bases de données MySQL. C'est dans ce cadre que l'identifiant utilisateur est transmis entre les différentes pages de l'application dans la chaîne de requête de l'URI référençant la page.

Développé sous PHP 4.0, le système de boutique est également utilisable sous PHP3 moyennant quelques modifications.

Modifications requises dans l'utilisation avec PHP3

Pour l'essentiel, les modifications requises pour l'utilisation des scripts avec PHP3 concernent l'utilisation de la boucle **foreach**, qui est absente de PHP3 et qui doit être remplacée par une structure équivalente utilisant la boucle **while** et la fonction **list()** :

Voici la boucle **foreach** constituant une solution pratique pour manipuler des tableaux sous PHP 4 :

```
foreach ($arr as $key => $elem) {
        echo "$key=>$elem<br>";
    }
```

Si vous utilisez PHP3, cette boucle peut être remplacée par la structure plus lourde ci-après :

```
reset ($arr);
    while (list($key, $elem) = each ($arr)) {
      echo "$key=>$elem<br>";
    }
```

Gestion de sessions

La gestion des sessions introduite par PHP 4.0 (reportez-vous sur ce point à la section *Gestion des sessions à l'aide de PHP 4.0*), n'est pas utilisée dans cette application, pour des raisons de compatibilité avec les anciennes versions de PHP : en effet, les adaptations que cela nécessiterait ne sont pas aussi simples à réaliser que ne l'est par exemple le remplacement de la boucle **foreach**.

Configuration du système de boutique

La configuration du système de boutique intervient dans le fichier *my_data.php3*. Ce fichier définit l'ensemble des données relatives à la boutique, qui figurent également dans la ligne d'en-tête des pages de la boutique. C'est également dans ce fichier que doivent être spécifiées les données de connexion au serveur MySQL ainsi que le répertoire de publication du serveur web.

Si le serveur ayant été configuré pour la prise en charge des transactions sécurisées (voir à ce sujet le chapitre *Sécurité des transactions web avec SSL*), la variable **$ssl** définit si la transmission des données confidentielles concernant le client doit intervenir en utilisant le protocole SSL.

Un autre paramètre concerne la gestion du panier. Dans le cas où la variable **$keep** possède la valeur **FALSE** (valeur par défaut), le contenu du panier est supprimé lorsque l'utilisateur quitte le système de boutique, qu'une commande ait été passée ou non. Lorsque la variable **$keep** possède la valeur **TRUE**, le contenu du panier est conservé pendant une durée de **$keep_time** jours, lorsque le visiteur a quitté le système avec un panier rempli, mais sans passer commande.

À la section *Désignations et menus*, la variable globale du tableau associatif $w peut être modifiée afin de personnaliser les entrées du menu de l'interface de la boutique et les désignations dans les tables affichant le contenu du panier et dans la facture générée automatiquement.

▼ Listing 9.7 : *Script my_data.php3*

```php
<?
/* my_data.php3                                         */
/* ================================================== */

$Societe ="Ma boutique";
$Rue="Place du marché";
$Ville     ="Paris";
$Pays    ="F";
$CodePostal       ="75000";
$Tel   ="01 23 45 67 89";
$HTTP      ="localhost/";
$EMail    ="info@maboutique.fr";
$TVA = 19.6 / 100;

/* Données de connexion */
$MySQL_Host="localhost";
$MySQL_User="";
$MySQL_Passw="";
$db="maboutiquedb";

/* Panier */
$keep_time=0;
$keep = FALSE;

/* SSL */
$ssl = 0; // 1=connexion sécurisée
$ssl_host="https://myhost.fr";

/* Chemins */
$Base="d:/apache/htdocs/";
$Base_R="/maboutique";
$Server="localhost";

/* Couleurs */
$Chbl="#6699FF";
$Cdbl="#0000A0";
$blk="#000000";
$red="#FF0000";
/* Désignations et menus */
$w=array(
```

```
"Cat"=>"Catalogue",
"Basket"=>"Panier",
"Order"=>"Commande",
"Entry"=>"entrée",
"Exit"=>"Sortie",
"ArtNr"=>"NumArt",
"Art"=>"Article",
"Number"=>"Quantité",
"Price"=>"Prix",
"Tax"=>"TVA",
"Sum"=>"Montant",
"Total"=>"Total TTC (FF)"
);
?>
```

Accès à la boutique

Le script d'accès à la boutique (*entree.php3*) contrôle la gestion de session réalisée dans la boutique. La fonction centrale de ce script est la fonction `get_id()`. Celle-ci est chargée de l'attribution et de l'enregistrement de l'identifiant utilisateur dans la base de données du serveur, ainsi que, éventuellement, de la définition d'un cookie sur la machine du client. Le schéma de principe de cette fonction est représenté dans l'illustration suivante :

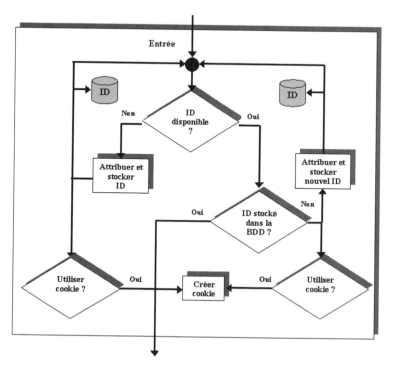

▲ Fig. 9.6 : *Attribution de l'identifiant d'utilisateur à l'aide de la fonction get_id()*

La routine commence par vérifier si le visiteur de la boutique ne dispose pas déjà d'un identifiant. Cela peut être le cas lorsque le visiteur a "abandonné" son panier sans passer commande des articles. Dans le cas contraire, un nouvel identifiant est créé ainsi que la date correspondante, au format "nombre de jours depuis le début de l'année". Ces données sont stockées dans la table `visiteur`. L'identifiant utilisateur est généré par l'expression

```php
$id=md5(uniqid(rand()));
```

L'identifiant est basé sur l'heure système, en microsecondes, cryptée par un algorithme MID5 (fonction `md5()`) et après un décalage par un préfixe aléatoire (fonction `rand()`).

Dans le cas où la boutique a été configurée en conséquence par l'intermédiaire de la variable `$keep`, la fonction crée en plus un cookie sur la machine du client. La durée de vie de ce cookie est définie par l'intermédiaire de la variable `$keep_time`.

```php
setcookie('C_ID',$id,time()+$keep_time*24*60*60);
```

Certes, le système de boutique fonctionne bien sans cookies ; cependant, lorsque le visiteur les accepte, cela lui offre en plus la possibilité de retrouver le panier d'une précédente visite dans l'état où il l'avait laissé.

Après l'attribution de l'identifiant et son enregistrement dans la table `visiteur`, un nouveau contrôle de l'identifiant est effectué, mais cette fois le résultat est la présence d'un identifiant. Dans le cas où le contrôle permet de constater la présence d'un identifiant, l'opération suivante consiste à vérifier si ce dernier se trouve déjà dans la table `visiteur`. Dans le cas contraire, l'identifiant n'était pas valable et un nouvel identifiant est créé, éventuellement associé à la définition d'un cookie. Si l'identifiant a été trouvé dans la table `visiteur`, le client peut accéder à la boutique et est redirigé vers le script chargé de la sélection du groupe d'articles (*selection-_groupe.php3*). Voici tout d'abord le code de la fonction `get_id()` :

▼ Listing 9.8 : *Script get_id.php3*

```php
<?
/* get_id.php3 */
/* ============================================= */

function get_id($id)
{
  global $db, $keep,$keep_time,$REMOTE_ADDR, $PHP_SELF;
  if ($id != "") {
$result=mysql("$db","SELECT * FROM visiteur WHERE  Visiteur='$id'");   //
$qte=mysql_num_rows($result);
    if ($qte == "0") {
$id=md5(uniqid(rand()));
      if ($keep) {
        setcookie("C_ID",$id,time()+$keep_time*24*60*60);
      }
$NbreDate=date("z");
      mysql("$db","INSERT INTO visiteur VALUES ('$id','$NbreDate')");
```

```
        Header("Location: $PHP_SELF?Identifiant=$id");
        }
}
if ($id == "") {
  $id=md5(uniqid(rand()));
    if ($keep) {
        setcookie("C_ID",$id,time()+$keep_time*24*60*60);
    }
  $NbreDate=date("z");
    mysql("$db","INSERT INTO visiteur VALUES ('$id','$NbreDate')");
    Header("Location: $PHP_SELF?Identifiant=$id");
    }
  return $id;
}
?>
```

Dans le script *entree.php3*, la procédure commence par vérifier à partir des données figurant dans le champ **NbreDate** si la table **visiteur** comporte des identifiants utilisateurs plus anciens que ceux prédéfinis par la variable $keep_time. Le cas échéant, les identifiants sont supprimés. C'est la fonction de la commande SQL

```
mysql("$db","DELETE FROM panier WHERE NumDansPanier ='$WNumDansPanier'");
```

La procédure s'applique de même aux entrées dans la table **panier**. Pour ce faire, le contenu de la table **panier** est lu enregistrement par enregistrement dans les variables d'objet de l'objet $mypanier.

```
while ($mypanier->z <$mypanier->num) {
  $mypanier->readrow($result);
  $WNumDansPanier=$mypanier->NumDansPanier;
  $WDate=$mypanier->Date;
  ...
}
```

Lorsque la date d'une entrée est postérieure à celle qui est prédéfinie par la variable $keep_time, le contenu de la table **panier** est supprimé, de la même manière qu'avec les entrées de la table **visiteur**, par la commande SQL suivante, dépendant de la condition correspondante :

```
if ($WDate < $aujourdhui-$keep_time) {
  mysql("$db","DELETE FROM panier WHERE NumDansPanier ='$WNumDansPanier'");
  }
```

Puis la procédure contrôle si la machine du client comporte un cookie avec un identifiant utilisateur :

```
if ($C_ID) {
  ...
}
```

Le cas échéant, le contenu du cookie est utilisé comme identifiant.

```
$Identifiant= $C_ID;
```

La fonction **get_id()** est alors appelée, afin de procéder au contrôle ou à l'attribution de l'identifiant, comme nous l'avons étudié plus haut. Voici à présent le code complet du script *entree.php3* :

▼ Listing 9.9 : *Script entree.php3*

```
<?
/* entree.php3                                         */
/* ================================================== */

include("maboutique.php3");
Init_boutique();
$mypanier =new panier;
mysql_connect("$MySQL_Host","$MySQL_User","$MySQL_Passw");
$aujourdhui=date("z");
mysql("$db","DELETE FROM visiteur WHERE NbreDate < $aujourdhui-$keep_time");
$result=mysql("$db","SELECT NumDansPanier,Date FROM panier");
$mypanier->getnum($result);
while ($mypanier->z <$mypanier->num) {
 $mypanier->readrow($result);
 $WNumDansPanier=$mypanier->NumDansPanier;
 $WDate=$mypanier->Date;
  if ($WDate < $aujourdhui-$keep_time) {
  mysql("$db","DELETE FROM panier WHERE NumDansPanier ='$WNumDansPanier'");
  }
}
if ($C_ID) {
 $Identifiant= $C_ID;
}
$Identifiant=get_id($Identifiant);
Header("Location: $Base_R/selection_groupe.php3?Identifiant=$Identifiant");
?>
```

Le catalogue du système de la boutique

Dans la boutique web, les articles proposés peuvent être choisis parmi deux niveaux de catalogue : les groupes d'articles et les sous-groupes d'articles. Par ailleurs, il est également possible de trouver l'article souhaité en faisant une recherche par mots-clés.

Sélection du groupe d'articles

Le script responsable de la sélection du groupe d'articles est le script *selection_groupe.php3*. Celui-ci est construit selon un schéma typique que l'on retrouve également pour tous les autres scripts du système de boutique : tout d'abord l'instruction `include` lie le fichier *maboutique.php3*. Ce fichier comporte d'autres instructions `include` correspondant à différents fichiers requis, ainsi que la fonction `Init_boutique()`, à l'aide de laquelle des variables globales peuvent être initialisées. Après l'appel de cette fonction d'initialisation, l'instruction

```
mysql_connect("$MySQL_Host","$MySQL_User","$MySQL_Passw");
```

établit la connexion au serveur de bases de données MySQL. Puis la fonction `MenuBoutique()` est appelée, pour mettre en place le système de navigation du système de boutique.

Ensuite, la commande

```
$mygrart =new groupearticle;
```

crée un nouvel objet `$mygrart` hérité de la classe `groupearticle`. Les méthodes et les variables d'objet de cet objet permettent d'accéder à la table `groupearticle` requise dans ce script. La liste déroulante permettant de sélectionner le groupe d'articles est réalisée par la définition de formulaire ci-après, comportant une liste déroulante dynamique définie entre les balises <SE-LECT> ... </SELECT> :

```
echo" <form action='sousgroupe.php3?Identifiant=$Identifiant' method=post>";
echo "<select name='grart'>";
$result = mysql("$db","SELECT * FROM groupearticle");
$mygrart->getnum($result);
while ($mygrart->z < $mygrart->num) {
  $mygrart->readrow($result);
    echo "<option value='$mygrart->NumGrArt'>$mygrart->GroupeArt\n";
      }
echo "</select></font>";
echo "<input type=submit value='OK'>";
echo "</form>";
```

L'algorithme central pour la liste déroulante figure dans une boucle `while` : pour chaque entrée de la base de données, qui figure dans la table `groupearticle` de la base de données `maboutiquedb`, un attribut <option> de la structure HTML <SELECT> se fait assigner d'une part une valeur constituée par un numéro de groupe d'articles `$mygrart->NumGrArt` et d'autre part l'élément de liste correspondant du groupe d'articles `$mygrart->GroupeArt` :

```
echo "<option value='$mygrart->NumGrArt'>$mygrart->GroupeArt\n";
```

Le formulaire comportant la liste déroulante dynamique transmet ses données à l'aide de la méthode **POST** qui les envoie au script *sousgroupe.php3* qui est chargé de la sélection du sous-groupe d'articles. L'identifiant utilisateur `$Identifiant` requis par ce script est transmis dans la chaîne de requête.

Le script comporte encore une autre définition de formulaire créant une zone d'édition pour une chaîne de recherche. Les données de ce deuxième formulaire sont transmises au script *rech_artiche*, qui procède à la recherche par mots-clés.

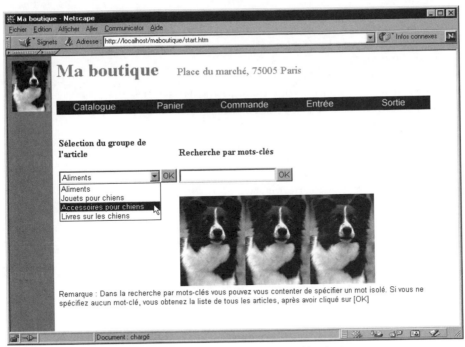

▲ Fig. 9.7 : *Sélection du groupe d'articles à partir d'une liste déroulante*

Voici le code du script *selection_groupe.php3* au complet :

▼ Listing 9.10 : *Script selection_groupe.php3*

```
<?
/* selection_groupe.php3                                    */
/* ================================================== */


include("maboutique.php3");
Init_boutique();
mysql_connect("$MySQL_Host","$MySQL_User","$MySQL_Passw");
MenuBoutique($Base_R,$Identifiant);
$mygrart =new groupearticle;
echo "<table width ='96 %' border=0>";
echo"<tr><td width = 30%>";
echo "<b>Sélection du groupe de l'article</b>";
echo" <form action='sousgroupe.php3?Identifiant=$Identifiant' method=post>";
echo "<select name='grart'>";
$result = mysql("$db","SELECT * FROM groupearticle");
$mygrart->getnum($result);
while ($mygrart->z < $mygrart->num) {
 $mygrart->readrow($result);
  echo "<option value='$mygrart->NumGrArt'>$mygrart->GroupeArt\n";
```

```
        }
echo "</select></font>";
echo "<input type=submit value='OK'>";
echo "</form></td><td>";
echo "<b>Recherche par mots-clés</b>";
echo "<form method='POST' action='rech_article.php3?Identifiant=$Identifiant'>
  <p><input type='text' name='chainerecherche' size='20'><input type='submit' value='OK'
➨ name='B1'></p></form>";
echo "</td>";echo "</tr>";echo "<tr>";
echo "<td>";echo "</td>";echo "<td>";
echo "<img src='$Base_R/images/Collie.jpg'>";
echo "<img src='$Base_R/images/Collie.jpg'>";
echo "<img src='$Base_R/images/Collie.jpg'>";
echo "</td></tr></table>";
EditSCF("-1","$blk","Arial","Remarque : Dans la recherche par mots-
clés vous pouvez vous contenter de spécifier un mot isolé.
Si vous ne spécifiez aucun mot-
clé, vous obtenez la liste de tous les articles, après avoir cliqué sur [OK]");
?>
```

Sélection du sous-groupe d'articles

Après que l'utilisateur a sélectionné un groupe d'articles à partir de la liste déroulante correspondante, l'application charge la page *sousgroupe.php3*. Cette page affiche une liste, qui est
également générée dynamiquement, et qui fait apparaître les sous-groupes rattachés au groupe
d'articles sélectionné.

Le script correspondant est très simple. Il est basé sur une requête de la table sousgrouparticle
de la base de données maboutiquedb.

```
$result=mysql("$db","SELECT * FROM sousgrouparticle WHERE NumGrArt='$grart'");
```

La table réponse contient tous les groupes d'articles satisfaisant à la condition formulée dans la
clause WHERE de la requête, autrement dit ceux dont le numéro de groupe d'articles correspond
à la variable $grart. La variable $grart a été transmise par la méthode POST à partir du premier
formulaire du script *selection_groupe.php3*. Elle contient le numéro du groupe d'articles sélectionné dans la liste déroulante.

Les liens hypertextes requis pour l'affichage des sous-groupes d'articles sont générés dynamiquement dans une boucle while : ainsi, un lien hypertexte est édité pour chaque entrée de la
table réponse résultant de la requête

```
while ($mysgrart->n < $mysgrart->num) {
...
```

Ce lien hypertexte comporte une destination, représentée par le script *article.php3*, ainsi que le
nom du lien, représenté par le nom du sous-groupe de l'article $mysgrart->NumSGrArt.

```
<a href='$Base_R/article.php3?NSGA=$mysgrart->NumSGrArt&NGA=$mysgrart->NumGrArt&Identifiant=
➨ $Identifiant'>$mysgrart->SGroupeArt</a></li>");
```

La chaîne de requête des liens ainsi générés est utilisée pour transmettre le numéro du groupe d'articles et celui du sous-groupe d'articles ainsi que l'identifiant de l'utilisateur. Voici le code complet du script :

▼ Listing 9.11 : *Script sousgroupe.php3*

```
<?
/* sousgroupe.php3                                         */
/* ======================================================= */

include("maboutique.php3");
Init_boutique();
MenuBoutique($Base_R,$Identifiant);
mysql_connect("$MySQL_Host","$MySQL_User","$MySQL_Passw");
$mysgrart =new sousgroupearticle;
$result=mysql("$db","SELECT * FROM sousgroupearticle WHERE NumGrArt='$grart'");
EditF("Arial","Sous-groupe d'articles :<br><br>");
echo "<ul>";
$mysgrart->getnum($result);
while ($mysgrart->z < $mysgrart->num) {
  $mysgrart->readrow($result);
    EditF("Arial","<li>
<a href='$Base_R/article.php3?NSGA=$mysgrart->NumSGrArt&NGA=$mysgrart->NumGrArt&Identifiant=
➡ $Identifiant'>$mysgrart->SGroupeArt</a></li>");
    }
echo "</ul>";

?>
```

◀ Fig. 9.8 :
Sélection des sous-groupes d'articles du catalogue par l'intermédiaire de liens hypertextes

Liste des articles

Lorsque le groupe et le sous-groupe de l'article ont été sélectionnés, la procédure passe au script *article.php3*, par l'intermédiaire des liens hypertextes générés dynamiquement par le script *sousgroupe.php3*. Ce script génère la page sur laquelle s'affichent les articles de la base de données qui appartiennent aux groupes et aux sous-groupes sélectionnés.

▲ **Fig. 9.9 :** *Affichage des articles disponibles d'un sous-groupe d'articles*

Cette liste est générée à partir de la table **article** de la base de données suite à la requête suivante :

```
$result=mysql("$db","SELECT * FROM article WHERE NumGrArt='$NGA' AND NumSGrArt='$NSGA' ORDER BY
➥ NomArt");
```

La condition de recherche spécifiée dans la clause **WHERE** de cette requête comporte les paramètres

```
NumGrArt='$NGA' AND NumSGrArt='$NSGA'
```

Ces paramètres, à savoir les variables **$NGA** et **$NSGA**, contenant respectivement le numéro du groupe et celui du sous-groupe de l'article, ont été transmis au script par la méthode HTTP **GET** dans la chaîne de requête de l'URI de la page en cours.

À l'issue de la requête adressée à la table **article**, la fonction **tab_out2()** est appelée. Cette fonction crée une table HTML comportant des liens hypertextes renvoyant vers les articles choisis.

Voici le script complet :

▼ Listing 9.12 : *Script article.php3*

```
<?
/* article .php3                                          */
/* ====================================================== */

include("maboutique.php3");
Init_boutique();
$myarticle =new article;
mysql_connect("$MySQL_Host","$MySQL_User","$MySQL_Passw");
$Identifiant=get_id($Identifiant);
MenuBoutique($Base_R,$Identifiant);
$result=mysql("$db","SELECT * FROM article WHERE NumGrArt='$NGA' AND NumSGrArt='$NSGA' ORDER BY
➡ NomArt");
EditF("Arial","Articles sélectionnés :<br><br>");
tab_out2($result,$Identifiant);


function tab_out2 ($result,$Identifiant) {
global $Base_R;
echo "<table width=96% border=0 cellpadding='2' cellspacing='2'>";
echo "<tr bgcolor='#FFE000'>";
echo "<th>Numéro de commande :</th>";
echo "<th>Articles (cliquez sur l'article pour voir sa description)</th>";
echo "</tr>";
echo "<tr>";
while ($row =  mysql_fetch_array($result,MYSQL_NUM)) {
echo "<td><font size='-1'><div align='left'>$row[1]</font></div></td>";
echo "<td><font size='-1'><div align='left'><a  href='$Base_R/description.php3?A_NumArt=$row[0]
➡ &Identifiant=$Identifiant'>$row[2]</a></font></div></td>";
echo "</tr>";
}
echo "</table>";
} // tab_out2
?>
```

Recherche par mots-clés

Au lieu de choisir les articles proposés dans la boutique à partir du groupe et du sous-groupe auxquels ils appartiennent, il est possible de procéder à une recherche par mots-clés. Pour ce faire, le visiteur peut entrer une chaîne de recherche dans la zone de saisie prévue à cet effet dans la page *selection_groupe.php3*. Cette chaîne de recherche sert de base pour la recherche par mots-clés. Comme on ne vérifie pas la correspondance exacte, il est également possible de saisir une partie du nom de l'article recherché. Dans le cas où le visiteur ne saisit pas de chaîne de recherche, tous les articles de la base de données sont listés dans l'ordre alphabétique. La saisie de la chaîne "bœuf" donne par exemple le résultat suivant :

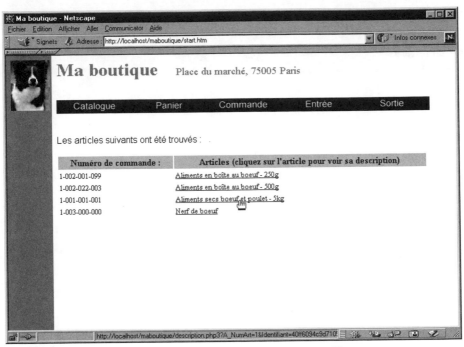

▲ **Fig. 9.10** : *Liste des articles obtenue par une recherche par mots-clés*

La recherche par mots-clés est réalisée par la requête

```
$result=mysql("$db","SELECT DISTINCT * FROM article WHERE NomArt LIKE'%$chainerecherche%' ORDER BY NomA
```

Cette requête génère une table réponse à partir de la table **article** de la base de données **maboutiquedb**. Cette table réponse comporte tous les articles satisfaisant la condition

```
NomArt LIKE'%$chainerecherche%'
```

formulée dans la clause correspondante **WHERE**. À l'issue de cette requête, les enregistrements qui ont été trouvés sont à nouveau édités sous forme de liens hypertextes dans la fenêtre du navigateur, à l'aide de la fonction **tab_out2()**. Voici le script complet :

▼ **Listing 9.13** : *Script rech_article.php3*

```
<?
/* rech_article.php3                              */
/* ============================================== */

include("maboutique.php3");
Init_boutique();
MenuBoutique($Base_R,$Identifiant);
mysql_connect("$MySQL_Host","$MySQL_User","$MySQL_Passw");
$myarticle =new article;
```

```
$result=mysql("$db","SELECT DISTINCT * FROM article WHERE NomArt LIKE'%$chainerecherche%' ORDER BY
➡    NomArt");

EditF("Arial","Les articles suivants ont été trouvés :<br><br>");
tab_out2($result,$Identifiant);

?>
```

Description des articles

La recherche dans le catalogue du système de boutique aboutit finalement aux descriptions des articles sélectionnés, dans lesquelles figurent toutes les caractéristiques des produits ainsi que des illustrations. Un formulaire correspondant peut être utilisé pour ajouter le produit choisi dans le panier, avec la quantité souhaitée.

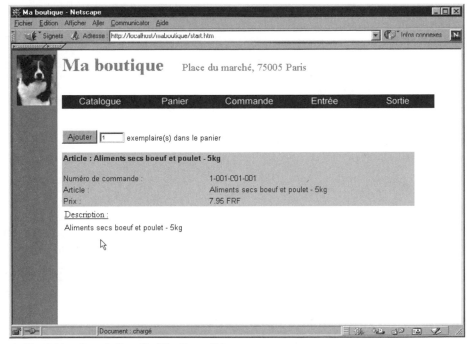

▲ Fig. 9.11 : *Description détaillée d'un article*

Dans le script correspondant, la requête

```
$result=mysql('$db','SELECT * FROM article WHERE NumArt='$A_NumArt'');
```

interroge la table **article** pour lire, à l'intérieur d'une boucle **while**, l'enregistrement correspondant au numéro d'article demandé et l'écrire dans les variables d'objet de l'objet **$myarticle** :

```
$myarticle->getnum($result);
while ($myarticle->z <$myarticle->num) {
  $myarticle->readrow($result);
```

Création d'une application de e-commerce sous PHP et MySQL

```
}
include("description_form.php3");
?>
```

La partie suivante du script, qui est constituée principalement de commandes HTML et d'un formulaire édités dans la fenêtre du navigateur par l'intermédiaire de commandes **echo**, a été enregistrée dans un fichier **include**. Voici pour commencer le script *description.php3*, dans lequel la requête de la base de données est exécutée afin de générer la vue de détail des produits :

▼ **Listing 9.14** : *Script description.php3*

```
<?
/* description.php3                                      */
/* ============================================== */

include("maboutique.php3");
Init_boutique();
$myarticle =new article;
mysql_connect("$MySQL_Host","$MySQL_User","$MySQL_Passw");
$Identifiant=get_id($Identifiant);
MenuBoutique($Base_R,$Identifiant);
$result=mysql("$db","SELECT * FROM article WHERE NumArt='$A_NumArt'");
$myarticle->getnum($result);
while ($myarticle->z <$myarticle->num) {
  $myarticle->readrow($result);
}
include("description_form.php3");
?>
```

L'affichage du résultat de la requête dans la fenêtre du navigateur est assuré par le script *description_form.php3*, qui est lié au script *description.php3* en tant que fichier **include**.

Ce script définit une table HTML chargée de créer un état formaté des données relatives aux produits.

Gestion des illustrations des produits

Les illustrations correspondant aux différents articles ne sont pas stockées dans la base de données mais sont enregistrées dans un répertoire créé à cet effet.

L'accès à ces images passe par le nom des fichiers, qui est choisi à partir du numéro attribué aux différents articles. Les illustrations, dont le nom de fichier est formé par la combinaison du numéro d'article et de l'extension *.jpg*, sont affichées dans la fenêtre du navigateur à l'aide de la commande HTML transmise au navigateur avec la commande **echo** :

```
echo "<img src='$Base/images/$myarticle->NumArt.jpg'></td></tr>";
```

L'indication de la quantité d'articles à commander fait appel à une zone d'édition, réalisée à l'intérieur d'un formulaire HTML. Ce formulaire comporte également deux zones d'édition masquées. La première sert à transmettre l'identifiant utilisateur et la seconde transmet la date au format "Nombre de jours depuis le début de l'année". Cette dernière valeur est générée par l'appel de fonction

```
date("z");
```

Elle sera ultérieurement utilisée afin de vérifier si le contenu d'un panier qui a été abandonné peut être effacé.

Les données du formulaire sont transmises à l'aide de la méthode HTTP POST au script *danspanier.php3*, chargé de les traiter. Un clic sur le bouton **Ajouter** se charge de l'envoi des données.

Voici le script complet :

▼ Listing **9.15** : *Script description_form.php3*

```
<?
/* description_form.php3                                  */
/* ===================================================== */
echo "<FORM ACTION='$Base_R/danspanier.php3'METHOD='POST'>";
echo "<INPUT TYPE='SUBMIT' VALUE='Ajouter'>";
echo " ";
EditSCF("-
1","$blk","Arial","<INPUT TYPE='TEXT' Name='Quantite' Value='1' size='2'> exemplaire(s)");
EditSCF("-1","$blk","Arial"," dans le panier");
echo "<INPUT TYPE='hidden' NAME='Identifiant' VALUE='$Identifiant'>";
$NbreDate=date("z");
echo "<input type='hidden' name='Date' value='$NbreDate'>";
echo "<input type='hidden' name='NumArt' value='$myarticle->NumArt'>";
echo "<input type='hidden' name='NumDansPanier' value=''>";
echo "</FORM>";


echo "<table width=93% border='0' cellpadding='2' cellspacing='0'>";
echo "<tr><td bgcolor=#FFE000 colspan='2'>";
EditSCF("-1","$blk","Arial","<b>Article : $myarticle->NomArt<br><br>");
echo "</td>";
if (file_exists("$Base/images/$myarticle->NumArt.jpg")) {
   echo "<td></td><td></td><td rowspan='6' align='right' valign='top'>";
echo "<img src='$Base/images/$myarticle->NumArt.jpg'></td></tr>";
}
echo "<tr><td bgcolor=#FFE000>";
EditSCF("-1","$blk","Arial","Numéro de commande : ");
echo "</td><td bgcolor=#FFE000>";
EditSCF("-1","$blk","Arial","$myarticle->NumCde");
echo "</td><td></td></tr>";
echo "<tr><td bgcolor=#FFE000>";
EditSCF("-1","$blk","Arial","Article : ");
echo "</td><td bgcolor=#FFE000>";
```

```
EditSCF("-1","$blk","Arial","$myarticle->NomArt");
echo "</td><td></td></tr>";
echo "<tr><td bgcolor=#FFE000>";
EditSCF("-1","$blk","Arial","Prix : ");
echo "</td><td bgcolor=#FFE000>";
EditSCF("-1","$blk","Arial","$myarticle->PrixArt FRF");
echo "</td><td></td></tr>";
echo "</table>";

echo "<table width=93% border='0' cellpadding='2' cellspacing='2'>";
if ($myarticle->TexteArt != "") {
echo "<tr><td><u>Description :</u></td></tr>";}
echo "<tr><td>";
EditSCF("-1","$blk","Arial","$myarticle->TexteArt");
echo "</td></tr>";
echo "</table>";
?>
```

Le panier du système de boutique

Le rôle du panier dans un système de boutique est central. Le panier doit être rempli d'articles que le visiteur sélectionne lors de son passage dans la boutique. À tout moment, le contenu du panier doit pouvoir être modifié, contrôlé ou même vidé complètement. Dans le système de boutique qui est décrit ici, le panier repose sur une solution de base de données : autrement dit, les références aux articles sélectionnés sont gérées dans la table **panier** de la base de données.

Remplissage du panier

Le script *danspanier.php3* fait appel à la commande

```
mysql("$db","INSERT INTO panier VALUES
('$NumDansPanier','$Date','$Identifiant','$NumArt','$QteArt')");
```

pour enregistrer dans les champs correspondants de la table **panier** le contenu des variables, et cela, pour chaque article sélectionné. La date stockée correspond au nombre de jours depuis le début de l'année.

L'illustration suivante montre la définition de cette table ainsi que les données qu'elle est susceptible de contenir (voir fig. 9.12).

Après qu'un enregistrement comportant la sélection réalisée par le client a été ajouté, le navigateur du client reçoit par l'intermédiaire de la fonction **Header()** l'instruction d'effectuer une redirection vers la page *entree.php3*, à la demande de l'URI correspondant :

Base de données maboutiquedb - table panier

Champ	Type	Attributes	Null	Defaut	Extra
NumDansPanier	bigint(20)		Non	0	auto_increment
Date	varchar(50)		Non		
NumVisiteur	varchar(50)		Non		
NumArt	varchar(25)		Non		
QteArt	int(3)		Non	0	

Nom de la clé	Unique	Champ	Action
PRIMARY	Oui	NumDansPanier	Effacer

requête SQL

requête SQL:
SELECT * FROM panier LIMIT 0, 30

NumDansPanier	Date	NumVisiteur	NumArt	QteArt
1	175	40ff6094c9d710550ebfbd1679a2b496		6

◄ Fig. 9.12 :
Le panier du système de boutique est géré par la table panier

```
Header("Location: $Base_R/entree.php3?Identifiant=$Identifiant");
```

La méthode HTTP GET est utilisée dans la chaîne de requête de cet URI pour transmettre l'identifiant **Identifiant** du visiteur de la boutique. Ce dernier peut à présent reprendre la consultation du catalogue du système de boutique et sélectionner d'autres articles.

Voici le code complet du script *danspanier.php3* :

▼ Listing 9.16 : *Script danspanier.php3*

```
<?
/* danspanier.php3                                     */
/* ================================================== */

include("maboutique.php3");
Init_boutique();
mysql_connect("$MySQL_Host","$MySQL_User","$MySQL_Passw");
mysql("$db","INSERT INTO panier VALUES
('$NumDansPanier','$Date','$Identifiant','$NumArt','$QteArt')");
Header("Location: $Base_R/entree.php3?Identifiant=$Identifiant");
?>
```

Visualisation du panier

Le contenu courant du panier peut être visualisé dans n'importe quelle situation, en appelant le menu **Panier** du menu principal de la boutique. Dans ce cas, la procédure commence par demander la page *contenupanier.php3*.

Lors du chargement de cette page, une vérification de l'identifiant du visiteur est réalisée, par l'appel de la fonction **get_id()**, dont il a été question plus haut. Le script appelle ensuite la fonction **voir_panier**, qui est chargée d'interroger la base de données afin de déterminer le contenu du panier correspondant à l'identifiant courant passé en paramètre de la fonction :

▼ Listing 9.17 : *Script contenupanier.php3*

```
<?
/* contenupanier.php3                                    */
/* ================================================= */

include("maboutique.php3");
Init_boutique();
$myarticle =new article;
$mypanier = new panier;
mysql_connect("$MySQL_Host","$MySQL_User","$MySQL_Passw");
$Identifiant=get_id($Identifiant);
MenuBoutique($Base_R,$Identifiant);
voir_panier($Identifiant);
?>
```

Interrogation des tables 'articles' et 'panier'

La fonction `voir_panier()` procède tout d'abord à l'évaluation de la table réponse de la commande SQL :

```
$result=mysql("$db","SELECT * FROM panier WHERE NumVisiteur='$Identifiant'");
```

Cette évaluation vérifie s'il existe des entrées dans la table **panier**. Le cas échéant, une deuxième commande **SELECT** est envoyée au serveur de bases de données, dont la table réponse réalise une jointure (**JOIN**) entre les tables **panier** et **article**. La table **panier** stocke uniquement les numéros d'articles. Les autres informations relatives à l'article en question doivent être récupérées depuis la table **article** à partir de ces numéros :

```
$result=mysql("$db","SELECT W.NumArt AS'$w[NumArt]',NomArt As'$w[Art]',QteArt AS'$w[Number]',
➥ PrixArt AS'$w[Price]',PrixArt*0.16 AS'$w[Tax]',QteArt*PrixArt*1.16 AS'$w[Sum]' FROM panier
➥ as W,article as A WHERE W.NumArt=A.NumArt AND W.NumVisiteur='$Identifiant' ORDER BY A.NumArt");
```

La condition de jointure

```
WHERE W.NumArt=A.NumArt ...
```

formulée dans la clause **WHERE** de la commande **SELECT** est donc représentée par le numéro d'article présent dans les deux tables. La condition de sélection

```
AND W.NumVisiteur='$Identifiant'
```

qui intervient ensuite est l'identifiant courant du visiteur de la boutique.

La requête utilise des noms d'alias

```
SELECT W.NumArt AS'$w[NumArt]' ...
```

tirés de la variable globale $w pour les champs de base de données qui doivent être sélectionnés à partir des tables **panier** et **article** à l'aide de cette commande **SELECT**. La raison en est que les noms de champs ou leurs noms d'alias, qui sont utilisés en tant que titres de colonnes dans la sortie tabulaire des tables réponses, doivent rester variables. Il s'agit en effet de faciliter l'adaptation du système de boutique à d'autres systèmes sans être obligé de modifier le code SQL.

L'appel de la fonction **tabout1()** à la suite de la commande SELECT envoyée au serveur de bases de données permet d'afficher dans le navigateur la représentation sous forme tabulaire de la table réponse résultant de cette requête.

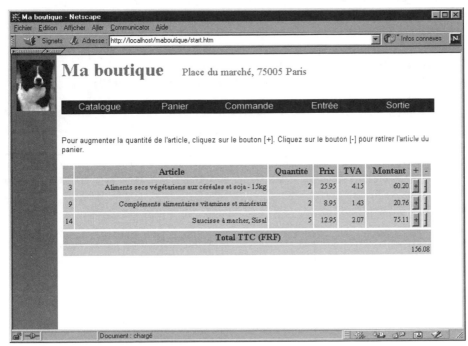

▲ Fig. 9.13 : *Affichage du contenu du panier*

Une autre commande SELECT

```
$result=mysql("$db","SELECT SUM(QteArt*PrixArt*1.16) AS'$w[Total]' FROM panier as W,article as
➡A WHERE W.NumArt=A.NumArt AND W.NumVisiteur='$Identifiant'GROUP BY W.NumVisiteur");
```

exécute à l'aide de la clause GROUP BY un groupement du résultat de la requête sur la base de l'identifiant **NumVisiteur** commun à toutes les entrées. Ce groupement fait ensuite l'objet d'une addition utilisant la fonction d'agrégation **SUM()** dans l'expression

```
QteArt*PrixArt*1.16
```

Le résultat de cette requête représente donc le total du contenu de la corbeille, TVA incluse. L'appel de la fonction **tab_out()** ajoute le résultat de cette requête à la suite de la table réponse précédente.

Voici le script complet :

▼ Listing 9.18 : *Script voirpanier.php3*

```
<?
/* voir_panier.php3                                    */
/* ================================================== */

function voir_panier($Identifiant) {
global $w, $db, $myarticle, $mypanier, $TVA, $Base_R;
EditSCF("-1","$blk","Arial","
Pour augmenter la quantité de l'article, cliquez sur le bouton [+].
Cliquez sur le bouton [-] pour retirer l'article du panier.<br> ");
$result=mysql("$db","SELECT * FROM panier WHERE NumVisiteur='$Identifiant'");
$qte=mysql_num_rows($result);
if ($qte == "0") {
EditB("Arial","Le panier est vide <br><br>");
} else {
$result=mysql("$db","SELECT W.NumArt AS'$w[NumArt]',NomArt As'$w[Art]',QteArt AS'$w[Number]',
➥ PrixArt AS'$w[Price]',PrixArt*0.16 AS'$w[Tax]',QteArt*PrixArt*1.16 AS'$w[Sum]' FROM panier as
➥ W,article as A WHERE W.NumArt=A.NumArt AND W.NumVisiteur='$Identifiant' ORDER BY A.NumArt");
tab_out1($result,$Identifiant);

$result=mysql("$db","SELECT SUM(QteArt*PrixArt*1.16) AS'$w[Total]' FROM panier as W,article as
➥A WHERE W.NumArt=A.NumArt AND W.NumVisiteur='$Identifiant'GROUP BY W.NumVisiteur");
tab_out($result);
mysql_data_seek($result,0);
$row = .mysql_fetch_array($result,MYSQL_ASSOC);
$Tot= $w[Total];
 return $row[$Tot];
 } // else
 } // func
?>
```

Fonction d'affichage tabulaire du panier

L'affichage du contenu du panier dans un tableau fait appel à la fonction **tab_out()** (voir *Une fonction d'édition sous forme tabulaire des résultats d'une requête*) ou à une variante de cette fonction, la fonction **tab_out1()**.

La fonction **tab_out()** a été modifiée pour faire apparaître sur chaque rangée du tableau deux boutons supplémentaires **[+]** et **[-]**, en regard de chaque enregistrement. Lorsque l'utilisateur clique sur le bouton **[+]**, un script (*qte_nouvelle.php.*) est appelé, permettant de modifier la quantité d'un article donné. Le bouton **[-]** est utilisé pour retirer un article du panier.

Les boutons sont réalisés sous forme de formulaires HTML constitués des boutons qui sont placés dans les cellules correspondantes. La portion de code ci-après illustre la définition du bouton **[+]** :

```
echo "<td bgcolor='#E8E8E8'>";
```

```
echo "<FORM ACTION='qte_nouvelle.php3' METHOD='POST'>";
echo "<input type='hidden' name='NumArt' value='$row[$NumArt]'>";
echo "<input type='hidden' name='NomArt' value='$row[$Art]'>";
echo "<input type='hidden' name='Quantite' value='$row[$Qte]'>";
echo "<input type='hidden' name='Identifiant' value='$Identif'>";
echo "<input type='SUBMIT' NAME='SUBMIT' value='+'>";
echo "</td>";
echo "</form>";
```

Le traitement sous-jacent au bouton **[+]** fait appel au script *qte_nouvelle.php3*, qui reçoit en paramètre, par l'intermédiaire de la méthode HTTP POST, les variables requises pour la suite du traitement **$NumArt**, **$NomArt**, **$Qte** et **$Identifiant** :

▼ Listing 9.19 : *Fonction tab_out1() (script mysql_func.php3)*

```
function tab_out1($result,$Identif ) {
global $w;$Art=$w[Art];$NumArt=$w[NumArt];$Qte=$w[Number];
$qte=mysql_num_fields($result);
echo "<table width=96% border=0 cellpadding='2' cellspacing='2'>";
echo "<tr bgcolor=#D0D0D0>";
for ($i=0;$i<$qte;$i++){
    echo "<th> ";
    echo mysql_field_name($result,$i);
    echo "</th>";
}
echo "<th>";echo "+";echo "</th>";
echo "<th>";echo "-";echo "</th>";
echo "</tr>";
echo "<tr>";

while ($row =  mysql_fetch_array($result,MYSQL_ASSOC)) {
foreach ($row as $elem) {
    echo "<td bgcolor='#E8E8E8'><font size='-1'><div align='right'>$elem</div></font></td>";
}

echo "<td bgcolor='#E8E8E8'>";
echo "<FORM ACTION='qte_nouvelle.php3' METHOD='POST'>";
echo "<input type='hidden' name='NumArt' value='$row[$NumArt]'>";
echo "<input type='hidden' name='NomArt' value='$row[$Art]'>";
echo "<input type='hidden' name='Quantite' value='$row[$Qte]'>";
echo "<input type='hidden' name='Identifiant' value='$Identif'>";
echo "<input type='SUBMIT' NAME='SUBMIT' value='+'>";
echo "</td>";
echo "</form>";
echo "<td bgcolor='#E8E8E8'>";
echo "<FORM ACTION='suppression.php3' METHOD='POST'>";
```

```
echo "<input type='hidden' name='NumArt' value='$row[$NumArt]'>";
echo "<input type='hidden' name='Identifiant' value='$Identif'>";
echo "<input type='SUBMIT' NAME='SUBMIT' value='-'>";
echo "</td>";
echo "</form>";
echo "</tr>";
}
echo "</table>";
} // tab_out1
```

Modification de la quantité pour un article dans le panier

La modification de la quantité pour un article mis dans le panier est réalisée par l'intermédiaire du bouton **[+]**. Celui-ci appelle la page *qte_nouvelle.php3*, chargée d'afficher une zone de saisie prévue à cet effet.

▲ Fig. 9.14 : *Modification de la quantité pour un article*

Le script correspondant définit un formulaire HTML, chargé de la transmission au script *qte_ok- .php3*, via la méthode HTTP POST, des données suivantes : la quantité modifiée $qte_nouvelle, entrée dans la zone de saisie, ainsi que les variables $NumArt et $Identifiant, liées à des champs masqués. Le script *qte_ok.php3* procède pour sa part aux modifications requises dans la table panier de la base de données maboutiquedb.

▼ Listing 9.20 : *Script qte_nouvelle.php3*

```
<?
/* qte_nouvelle.php3                                            */
/* ================================================== */

include("maboutique.php3");
Init_boutique();
MenuBoutique($Base_R,$Identifiant);
mysql_connect("$MySQL_Host","$MySQL_User","$MySQL_Passw");
$Identifiant=get_id($Identifiant);
EditSCF("-
1","$blk","Arial","<p><br><br>Indiquez dans la zone de saisie la nouvelle quantité pour l'article
➥ suivant :<br> ");
EditSCF("-1","$blk","Arial","$NomArt");
EditSCF("-1","$blk","Arial","?");
echo "<FORM ACTION='$Base_R/qte_ok.php3' METHOD='POST'>";
echo "<input type='hidden' name='NumArt' value='$NumArt'>";
echo "<input type='hidden' name='Identifiant' value='$Identifiant'>";
echo "<input type='text' name='qte_nouvelle' value='$Quantite' size='3'>   ";
echo "<INPUT TYPE='submit' NAME='Submit' VALUE='Nouvelle quantité'></form>";

?>
```

Le code du script *qte_ok.php3*, chargé de réaliser les modifications requises dans la base de données **maboutiquedb**, est reproduit ci-après :

▼ Listing 9.21 : *Script qte_ok.php3*

```
<?
/* qte_ok.php3                                            */
/* ================================================== */

include("maboutique.php3");
Init_boutique();
mysql_connect("$MySQL_Host","$MySQL_User","$MySQL_Passw");
mysql("$db","UPDATE panier set QteArt='$qte_nouvelle' WHERE NumArt='$NumArt'");
Header("Location: $Base_R/contenupanier.php3?Identifiant=$Identifiant");
?>
```

L'appel de la fonction **Header()** envoie ensuite au navigateur du client l'instruction de demander à nouveau la page *contenupanier.php3*, avec les données modifiées du panier.

La commande

Le déroulement de la commande suit un certain nombre d'étapes. À l'issue de la vérification du contenu du panier par le client, ce dernier est invité à lancer la procédure de commande. Celle-ci comprend la saisie des données du client, le contrôle du caractère complet de ces données et l'enregistrement de ces dernières dans la base de données du système de boutique.

Pour signaler au gérant de la boutique la réception d'une commande, un message électronique généré automatiquement lui est adressé avec le détail de la commande. Le client se fait confirmer sa commande par une facture établie sur la base de cette dernière. Cette facture est affichée dans la fenêtre du navigateur et peut ensuite être imprimée par le client à l'aide de la commande **Fichier/Imprimer**.

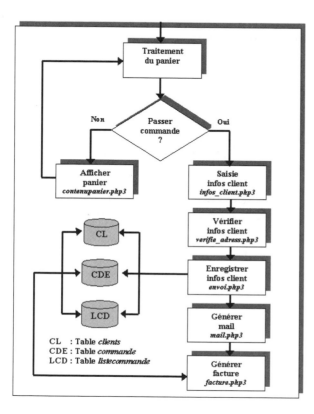

◀ Fig. 9.15 :
Le déroulement du processus de commande

Lancement de la commande

La commande est lancée par le client en pressant sur le bouton prévu à cet effet sur la page *commande.php3*.

Le script qui génère cette page comporte la définition HTML chargée de réaliser les boutons requis et de transmettre par la méthode HTTP POST les données aux scripts responsables de la suite du traitement :

▼ Listing 9.22 : *Script commande.php3*

```
<?
/* commande.php3                                        */
/* ==================================================== */
```

```
include("maboutique.php3");
Init_boutique();
$myarticle =new article;
$mypanier = new panier;
mysql_connect("$MySQL_Host","$MySQL_User","$MySQL_Passw");
$Identifiant=get_id($Identifiant);
MenuBoutique($Base_R,$Identifiant);
$Total=voir_panier($Identifiant);
echo "<p>";
echo "<table border='0'>";
echo "<tr><td valign='top'>";
EditSCF("-1","$blk","Arial","<b>Voulez-vous passer votre commande ?</b>");
echo "</td><td>";
echo "<form action='$Base_R/infos_client.php3' method='post'>
<input type='hidden' name='Identifiant' value='$Identifiant'>
<input type='hidden' name='Total' value='$Total'>
<input type='submit' value='Oui'></form>";
echo "</td><td>";
echo "<form action='$Base_R/contenupanier.php3' method='post'>
<input type='hidden' name='Identifiant' value='$Identifiant'>
<input type='submit' value='Non'></form>";
echo "</td></tr></table>";
?>
```

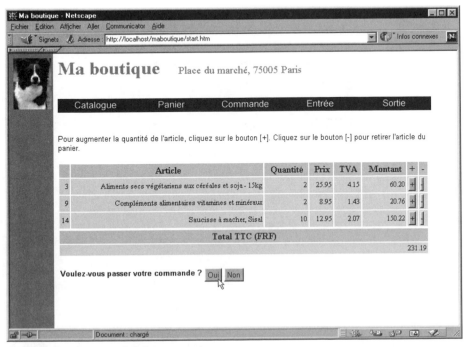

▲ Fig. 9.16 : *Lancement de la commande*

Saisie des données client

La saisie des données relatives au client passe par la page *infosclient.php3*. Le script correspondant commence par l'initialisation des variables globales prévues à cet effet. Puis la connexion au serveur MySQL est établie. Par ailleurs, une nouvelle vérification de l'identifiant utilisateur est réalisée. Le formulaire HTML requis pour la saisie des données client est enregistré dans le fichier include *formulaire_client.php3*, afin de réaliser la séparation du code et de la mise en page.

▼ Listing 9.23 : *Script infos_client.php3*

```
<?
/* infos_client.php3                                      */
/* ===================================================== */

include("maboutique.php3");
Init_boutique();
mysql_connect("$MySQL_Host","$MySQL_User","$MySQL_Passw");
$Identifiant=get_id($Identifiant);
MenuBoutique($Base_R,$Identifiant);
include("formulaire_client.php3");
?>
```

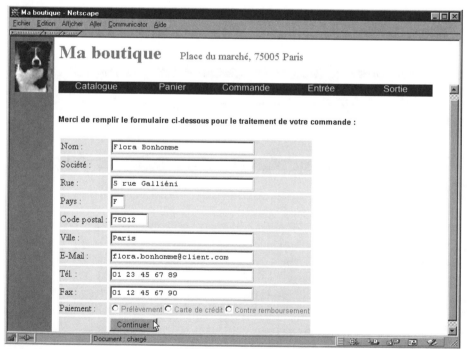

▲ Fig. 9.17 : *Saisie des données client*

Le formulaire HTML chargé de la saisie des données client générales comporte 9 zones de saisie, 3 boutons d'option ainsi qu'un bouton pour envoyer les données. Lorsque le client a cliqué sur ce bouton, les données sont transmises par la méthode HTTP POST au script *secure.php3*, qui procède à la saisie de données supplémentaires exigeant un traitement confidentiel (éléments bancaires et informations sur la carte bancaire).

Le listing ci-après montre comment le formulaire HTML est réalisé à l'aide de commandes PHP :

▼ Listing 9.24 : *Script formulaire_client.php3*

```
<?
/* formulaire_client.php3                       */
/* ================================================= */

EditSCF("-1","$blk","Arial","<b>Merci de remplir le formulaire ci-dessous pour le traitement
➥ de votre commande :</b><p>");
echo "<form action='secure.php3' method='post'>";
echo "<table bgcolor=#F0F0F0>";
echo "<tr>";
echo "<td colspan =2></td>";
echo "<tr>";
 echo "<td>Nom :</td>";
 echo "<td><input type='text' name='ENom' size='30'></td>";
echo "</tr>";
echo "<tr>";
 echo "<td>Société :</td>";
 echo "<td><input type='text' name='ESociete' size='30'></td>";
echo "</tr>";
echo "<tr>";
 echo "<td>Rue :</td>";
 echo "<td><input type='text' name='ERue' size='30'> </td>";
echo "</tr>";
echo "<tr>";
 echo "<td>Pays :</td>";
 echo "<td><input type='text' name='EPays' size='2' MAXLENGTH='2'></td>";
echo "</tr>";
echo "<tr>";
 echo "<td>Code postal :</td>";
 echo "<td><input type='text' name='ECodePostal' size='7' maxlength='12'></td>";
echo "</tr>";
echo "<tr>";
 echo "<td>Ville :</td>";
 echo "<td><input type='text' name='EVille' size='30'></td>";
echo "</tr>";
echo "<tr>";
 echo "<td>E-mail :</td>";
 echo "<td><input type='text' name='EEMail' size='30'></td>";
echo "</tr>";
```

```
echo "<tr>";
 echo "<td>Tél. :</td>";
 echo "<td><input type='text' name='ETel' size='30'></td>";
echo "</tr>";
echo "<tr>";
 echo "<td>Fax :</td>";
 echo "<td><input type='text' name='EFax' size='30'></td>";
echo "</tr>";
echo "<tr>";
 echo "<td>Paiement :</td>";
 echo "<td><INPUT TYPE='radio' NAME='EPaiement' VALUE='BANQUE'>";
EditSCF("-1","$Chbl","Arial","Prélèvement");
echo  "<INPUT TYPE='radio' NAME='EPaiement' VALUE='CREDIT'>";
EditSCF("-1","$Chbl","Arial","Carte de crédit");
echo  "<INPUT TYPE='radio' NAME='EPaiement' VALUE='REMBOURST'>";
EditSCF("-1","$Chbl","Arial","Contre remboursement");
echo "</td>";
echo "</tr>";
$Date=date("d-m-Y");
echo "<input type='hidden' name='kTotal' value='$Total'>";
echo "<input type='hidden' name='kDate' value='$Date'>";
echo "<input type='hidden' name='kNumVisiteur' value='$Identifiant'>";
echo "<tr>";
echo "<td> </td>";
echo "<td><input type='submit' value='Continuer'></td></tr>";
echo "</form>";
echo "</table>";

?>
```

La saisie des données client confidentielles intervient dans un formulaire séparé. En fonction de la configuration du système de boutique ($ssl=1, dans le script *my_data.php3*) et avec un serveur web SSL, la transmission des données au script chargé de les traiter passe par l'utilisation du protocole SSL et d'une connexion sécurisée.

▼ Listing 9.25 : *Script secure.php3*

```
<?
include("maboutique.php3");
Init_boutique();

echo "<table bgcolor=#FFE000>";
if ($GLOBALS[ssl]==1){
 echo "<form action='$GLOBALS[ssl_host]/$Base_R/envoi.php3' method='post'>";
 } else {
 echo "<form action='envoi.php3' method='post'>";
```

```
}
if ($EPaiement=='CREDIT') {
echo "<tr>";
 echo "<td>Nom de la carte de crédit :</td>";
 echo "<td><input type='text' name='ENomCpteClient' size='20'></td>";
echo "</tr>";
echo "<tr>";
 echo "<td>Numéro de carte :</td>";
 echo "<td><input type='text' name='ENumCpteClient' size='20'></td>";
echo "</tr>";
echo "<tr>";
 echo "<td>Valable jusqu'au :</td>";
 echo "<td><input type='text' name='EDonneesCpteClient' size='10'></td>";
echo "</tr>";
}
if ($EPaiement=='BANQUE') {
echo "<tr>";
 echo "<td>Nom de l'organisme :</td>";
 echo "<td><input type='text' name='Banque' size='50'></td>";
echo "</tr>";
echo "<tr>";
 echo "<td>Numéro de la banque :</td>";
 echo "<td><input type='text' name='NumBanque' size='8'></td>";
echo "</tr>";
echo "<tr>";
 echo "<td>Numéro de compte :</td>";
 echo "<td><input type='text' name='Compte' size='10'></td>";
echo "</tr>";
}
if ($EPaiement=='REMBOURST') {
echo "Livraison en contre-remboursement à l'adresse indiquée";
echo "<p><br></p>";
}

echo "<input type='hidden' name='Total' value='$kTotal'>";
echo "<input type='hidden' name='Date' value='$kDate'>";
echo "<input type='hidden' name='NumVisiteur' value='$kNumVisiteur'>";
echo "<input type='hidden' name='ENom' value='$ENom'>";
echo "<input type='hidden' name='ESociete' value='$ESociete'>";
echo "<input type='hidden' name='ERue' value='$ERue'>";
echo "<input type='hidden' name='EPays' value='$EPays'>";
echo "<input type='hidden' name='ECodePostal' value='$ECodePostal'>";
echo "<input type='hidden' name='EVille' value='$EVille'>";
echo "<input type='hidden' name='EEMail' value='$EEMail'>";
echo "<input type='hidden' name='ETel' value='$ETel'>";
```

```
echo "<input type='hidden' name='EFax' value='$EFax'>";
echo "<input type='hidden' name='EPaiement' value='$EPaiement'>";
echo "<tr><td></td>";
echo "<td><input type='submit' value='Envoyer la commande'></td></tr>";
echo "</form>";
echo "</table>";
?>
```

Vérification des données relatives au client et émission de la commande

Après que le client a envoyé au serveur les données demandées (nom, coordonnées, modalités de paiement) en utilisant les formulaires correspondants, le système vérifie leur validité. La portion de code chargée de cette vérification est enregistrée dans le fichier include *verifie_a-dress.php3*. L'objet de ce script est de contrôler la saisie des données dans les différents formulaires de saisie.

▲ Fig. 9.18 : *Contrôle de validité des données saisies*

Voici le code du script en question :

▼ Listing 9.26 : *Script verifie_adress.php3*

```
<?
/* verifie_adress.php3                           */
/* ============================================= */
```

```
Init_boutique();
$msg1="Dommage ...<br>";
$msg2="<br>Revenez à la page précédente (<--) et complétez le formulaire";

if ($ENom == "") {
  MenuBoutique($Base_R,$NumVisiteur); echo "<p><br></p>";
  EditSCF("+1","$red","Arial","$msg1 Vous n'avez pas spécifié de nom<br>$msg2");
  exit;
}
if ($ERue == "" OR $EVille == "" OR $EPays == "" OR $ECodePostal == "") {
    MenuBoutique($Base_R,$NumVisiteur);
    EditSCF("+1","$red","Arial","$msg1 Vous avez indiqué une adresse incomplète<br>$msg2");
    exit;
}
if ($EEMail == "") {
 MenuBoutique($Base_R,$NumVisiteur);
 EditSCF("+1","$red","Arial","$msg1 Vous avez omis l'adrese électronique<br>$msg2");
 exit;
}
if ($EPaiement == "CREDIT" AND $ENomCpteClient == "" OR $EPaiement == "CREDIT" AND $ENumCpteClient
➡ == "" OR $EPaiement == "CREDIT" AND $EDonneesCpteClient == "") {
  MenuBoutique($Base_R,$NumVisiteur);
  EditSCF("+1","$red","Arial","$msg1 Vos données de carte de crédit sont incomplètes<br>$msg2");
  exit;
}

if ($EPaiement == "BANQUE" AND $Banque == "" OR $EPaiement == "BANQUE" AND $NumBanque ==
➡ "" OR $EPaiement == "BANQUE" AND $Compte == "") {
  MenuBoutique($Base_R,$NumVisiteur);
  EditSCF("+1","$red","Arial","$msg1 Vos données bancaires sont incomplètes<br>$msg2");
  exit;
}
?>
```

À l'issue de cette vérification de la validité des données client, les données correspondantes sont stockées dans les tables clients, commande et listecommande de la base de données maboutiquedb.

Lorsque les variables globales et les variables d'objets requises ont été initialisées, la connexion au serveur de bases de données est établie.

La commande SQL

```
mysql("$db","INSERT INTO clients VALUES (
'$NumClient','$ESociete','$ENom','$ERue','$EPays','$ECodePostal',
'$EVille','$EEMail','$ETel','$EFax','$EPaiement','$ENomCpteClient',
'$ENumCpteClient','$EDonneesCpteClient','$Banque','$NumBanque','$Compte')");
```

enregistre dans la table **clients** de la base de données les données issues des formulaires *formulaire_client.php3* et *secure.php3*. Pour l'instant, la variable **$NumClient** ne comporte encore aucune valeur. Comme le champ **NumClient** de la table **clients** possède l'attribut **auto_incre-ment**, le numéro de client est généré automatiquement lorsqu'un nouvel enregistrement est ajouté à la table. Ce numéro de client peut ensuite être extrait de la table à partir de la commande **SELECT** suivante :

```
$result=mysql("$db","SELECT NumClient FROM clients WHERE Name='$ENom' AND Rue='$ERue' AND Ville=
➜ '$EVille'");
```

Le numéro de client ainsi établi est stocké avec la date, l'identifiant utilisateur et le montant de la commande dans la table **commande** :

```
mysql("$db","INSERT INTO commande VALUES (
'$NumCde','$Date','$myclient->NumClient','$NumVisiteur','$Total')");
```

La valeur correspondant au numéro de commande n'est créée qu'au moment où l'enregistrement est validé. Elle est ensuite établie à l'aide de la commande **SELECT** suivante :

```
$result=mysql("$db","SELECT NumCde FROM commande WHERE NumVisiteur='$NumVisiteur' AND Date='$Date'
➜ AND NumClient='$myclient->NumClient'");
```

Puis le contenu courant du panier est extrait et les numéros d'articles correspondants sont stockés dans la table **listecommande** de la base de données avec le numéro de client et le numéro de commande, la date de la commande ainsi que le montant de la commande pour un article (**PrixArt*QteArt+$TVA**) :

```
mysql("$db","INSERT INTO listecommande VALUES ('$myclient->NumClient','$NumVisiteur','$mycommande-
>NumCde','$Date','$myarticle->NumArt','$mypanier->QteArt','$Total[$i]')");
```

Cette table est utilisée pour l'établissement de la facture mais le gérant de la boutique peut également s'en servir à des fins de gestion des stocks.

Lorsque toutes les tables requises de la base de données **maboutiquedb** ont été coordonnées, le contenu des tables **panier** et **visiteur** est vidé. Si un cookie comportant l'identifiant utilisateur a été enregistré sur la machine du client, celui-ci est également supprimé :

```
if ($C_ID) {
    setcookie("C_ID");
}
```

L'appel de la fonction **Header()**

```
Header("Location: $Base_R/mail.php3?KID=$myclient->NumClient&AID=$mycommande-
>NumCde&EZA=$EPaiement&EKN=$ENomCpteClient&BID=$NumVisiteur");
```

transmet ensuite au navigateur du client l'instruction de demander au serveur HTTP l'URI indiqué dans l'en-tête **Location**. Voici le code complet :

▼ Listing 9.27 : *Script envoi.php3*

```php
<?
/* envoi.php3                                    */
/* ================================================= */

include("maboutique.php3");
include("verifie_adress.php3");
Init_boutique();
$myarticle =new article;
$mypanier = new panier;
$myclient = new clients;
$mycommande = new commande;
mysql_connect("$MySQL_Host","$MySQL_User","$MySQL_Passw");
mysql("$db","INSERT INTO clients VALUES (
'$NumClient','$ESociete','$ENom','$ERue','$EPays','$ECodePostal',
'$EVille','$EEMail','$ETel','$EFax','$EPaiement','$ENomCpteClient',
'$ENumCpteClient','$EDonneesCpteClient','$Banque','$NumBanque','$Compte')");
$result=mysql("$db","SELECT NumClient FROM clients WHERE Name='$ENom' AND Rue='$ERue' AND Ville=
➡ '$EVille'");
//$myclient->getnum($result);
while ($myclient->z <$myclient->num) {
 $myclient->readrow($result);
}
mysql("$db","INSERT INTO commande VALUES (
'$NumCde','$Date','$myclient->NumClient','$NumVisiteur','$Total')");
$result=mysql("$db","SELECT NumCde FROM commande WHERE NumVisiteur='$NumVisiteur' AND Date='$Date'
➡ AND NumClient='$myclient->NumClient'");

$mycommande->getnum($result);
while ($mycommande->z <$mycommande->num) {
 $mycommande->readrow($result);
}
$result=mysql("$db", "SELECT * FROM panier WHERE NumVisiteur='$NumVisiteur'");
$mypanier->getnum($result);
while ($mypanier->z <$mypanier->num) {
 $mypanier->readrow($result);
 $result2=mysql("$db", "SELECT * FROM article WHERE NumArt='$mypanier->NumArt'");
 $myarticle->getnum($result2);
  while ($myarticle->z <$myarticle->num) {
 $myarticle->readrow($result2);
 $Total[$i]=(($mypanier->QteArt * $myarticle->PrixArt)+($mypanier->QteArt * $myarticle-
>PrixArt * $TVA));
```

```
        mysql("$db","INSERT INTO listecommande VALUES ('$myclient-
>NumClient','$NumVisiteur','$mycommande->NumCde','$Date','$myarticle->NumArt','$mypanier-
>QteArt','$Total[$i]')");
  $i++;
    }
  }
mysql("$db","DELETE FROM panier WHERE NumVisiteur='$NumVisiteur'");
mysql("$db","DELETE FROM visiteur WHERE Visiteur='$NumVisiteur'");
if ($C_ID) {
    setcookie("C_ID");
}
Header("Location: $Base_R/mail.php3?KID=$myclient->NumClient&AID=$mycommande-
>NumCde&EZA=$EPaiement&EKN=$ENomCpteClient&BID=$NumVisiteur");
?>
```

Génération d'un courrier adressé au gérant de la boutique

Lorsque la commande du client a été reçue et enregistrée dans la base de données maboutiquedb, le gérant de la boutique est avisé par courrier électronique de l'arrivée d'une commande. Pour ce faire, un courrier électronique est généré automatiquement, avec toutes les données nécessaires au traitement de la commande.

Pour commencer, la commande SELECT

```
$result=mysql("$db", "SELECT K.NumClient, Societe, Nom, Rue, Pays, CodePostal, Ville, EMail, Tel,
➡ Fax, Paiement, NomCpteClient, NumCpteClient, DonneesCpteClient, Banque, NumBanque, Compte, Date,
➡ TotalCde AS'Total commande' FROM clients AS K, commande AS A WHERE A.NumClient=K.NumClient AND
➡ A.NumClient ='$KID'");
```

envoie une requête aux tables clients et commande. Cette requête crée une table réponse comportant l'adresse et les autres données client (coordonnées électroniques, mode de règlement, etc.) du client qui a passé la commande courante.

La table réponse résultant de cette requête est convertie à l'aide de la fonction str_out() en une chaîne de caractères $CLIENT, qui doit figurer dans le message électronique qui sera envoyé par la suite.

```
$CLIENT=str_out($result);
```

Une autre requête interroge les tables listecommande et article pour générer une table réponse résultant de la jointure des deux tables. Cette table réponse contient les différentes lignes de la commande du client, précisant chaque fois le numéro d'article, la désignation, le prix, la quantité, le montant.

```
$result=mysql("$db","SELECT A.NumArt, NomArt, PrixArt, QteArt, TotalCde FROM listecommande AS B,
➡ article AS A WHERE B.NumArt=A.NumArt AND B.NumCde='$AID'");
```

La table réponse résultant de cette requête est utilisée pour générer la chaîne de caractères $COMMANDE à l'aide de la fonction str_out().

Les chaînes de caractères $CLIENT et $COMMANDE ainsi que les lignes de titre $TITRE et $LIGNE sont ensuite utilisées pour composer le contenu du message à envoyer :

```
mail("$EMail","Commande", "$TITRE$LIGNE$CLIENT$COMMANDE","From: ");
```

Le message est expédié à l'adresse électronique du gérant de la boutique, qui est contenue dans la variable globale $EMAIL. Le contenu de cette variable globale est défini dans le fichier *my_data.php3*.

Pour terminer, le navigateur du client reçoit, par l'envoi d'un en-tête `Location`, l'instruction de demander l'URI indiqué dans l'en-tête :

```
Header("Location: $Base_R/facture.php3?KID=$K_NumClient&AN=$A_NumCde&ZA=$EPaiement&KN=
➥ $ENomCpteClient&ID=$NumVisiteur");
```

Cet URI fait référence au script *facture.php3*, utilisé pour générer la confirmation de la commande et la facture destinées au client. Voici le code du script *mail.php3* :

▼ Listing **9.28** : *Script mail.php3*

```
<?
/* mail.php3                                 */
/* ============================================= */

include("maboutique.php3");
Init_boutique();
$K_NumClient=$KID;$A_NumCde=$AID;$EPaiement=$EZA;$ENomCpteClient=$EKN;$NumVisiteur=$BID;
mysql_connect("$MySQL_Host","$MySQL_User","$MySQL_Passw");
$result=mysql("$db", "SELECT K.NumClient, Societe, Nom, Rue, Pays, CodePostal, Ville, EMail, Tel,
➥ Fax, Paiement, NomCpteClient, NumCpteClient, DonneesCpteClient, Banque, NumBanque, Compte, Date,
➥ TotalCde AS'Total commande' FROM clients AS K, commande AS A WHERE A.NumClient=K.NumClient AND
➥ A.NumClient ='$KID'");
$CLIENT=str_out($result);
$result=mysql("$db","SELECT A.NumArt, NomArt, PrixArt, QteArt, TotalCde FROM listecommande AS B,
➥ article AS A WHERE B.NumArt=A.NumArt AND B.NumCde='$AID'");
$COMMANDE=str_out($result);
$TITRE="Commande\n";
$LIGNE="----------\n";

mail("$EMail","Commande", "$TITRE$LIGNE$CLIENT$COMMANDE","From: ");

Header("Location: $Base_R/facture.php3?KID=$K_NumClient&AN=$A_NumCde&ZA=$EPaiement&KN=
➥ $ENomCpteClient&ID=$NumVisiteur");

?>
```

La fonction **str_out()** utilisée par le script *mail.php3* est chargée de générer une chaîne de caractères à partir des éléments de la table réponse résultant d'une requête SQL.

Pour ce faire, les différents éléments de la table réponse, dont l'identificateur doit être passé en paramètre de la fonction, sont assignés à une variable de chaîne à l'intérieur d'une boucle `foreach` d'une variable de chaîne `$str`. Pour éviter que cette variable de chaîne ne reçoive une nouvelle valeur à chaque passage de boucle, la fonction utilise l'opérateur de concaténation `.`, permettant ainsi de concaténer à chaque passage de boucle le nouveau contenu de la variable `$str` à la suite de la variable `$str`.

Lorsque la totalité du contenu de la table réponse a été extraite, la chaîne globale ainsi concaténée est retournée par la fonction.

▼ Listing 9.29 : *Fonction str_out (script mail.php3)*

```php
function str_out($result) {
$qte=mysql_num_fields($result);
while ($row = mysql_fetch_array($result,MYSQL_ASSOC)) {
foreach ($row as $k=>$elem) {
 $str=$str.$k.": ".$elem."\n";
  }
}
return $str."\n";
} // str_out
?>
```

Établissement de la facture destinée au client

Pour conclure la procédure de commande, une facture est générée, qui reprend les données de la commande qui est arrivée. Cette facture peut être imprimée par le client et lui sert en même temps de confirmation de sa commande.

La requête

```php
$sql="SELECT * FROM clients WHERE NumClient='$KID'";
```

détermine tout d'abord dans la table **clients** le client auquel correspond le numéro du client courant et utilise une boucle **while** pour écrire les données le concernant dans les variables d'objet de l'objet **$myclient**.

```php
$myclient->getnum($res);
while ($myclient->z <$myclient->num) {
 $myclient->readrow($res);
}
```

Les données du client sont requises pour générer l'adresse de facturation, qui est établie par une série d'appels de la fonction d'édition `EditSCF()`.

L'établissement de la facture qui est réalisé ensuite fait appel à la requête

```php
$sql="SELECT A.NumArt AS'$w[NumArt]', NomArt AS'$w[Art]', PrixArt AS'$w[Price]',PrixArt*0.16
➥ AS'$w[Tax]',QteArt As'$w[Number]',TotalCde As'$w[Sum]' FROM listecommande AS A, article AS
➥B WHERE A.NumArt=B.NumArt AND NumClient=$KID AND NumCde=$NumCd";
```

Cette requête crée une table réponse résultant d'une jointure entre les tables `listecommande` et `article`. La condition de jointure spécifiée dans la clause `WHERE` de cette requête est le numéro d'article commun aux deux tables :

```
WHERE A.NumArt=B.NumArt
```

Les conditions de sélection suivantes sont le numéro de client et le numéro de commande :

```
AND NumClient=$KID AND NumCde=$NumCd";
```

Après l'envoi de la commande SQL au serveur de bases de données, la table réponse résultant de la requête est affichée sous forme tabulaire à l'aide de la fonction `tab_out()`, qui a été décrite plus haut.

Une autre requête est chargée d'établir le total général de la commande :

```
$sql="SELECT Sum(TotalCde)AS'$w[Total]' FROM listecommande AS A, article AS B WHERE A.NumArt=B.
➥ NumArt AND NumClient=$KID AND NumCde=$NumCd GROUP BY NumCde";
```

Cette valeur est déterminée en appliquant la fonction d'agrégation `SUM()` aux totaux des articles regroupés par numéro de commande à l'aide de la clause `GROUP BY`. Cette table réponse est également éditée sous forme tabulaire à l'aide de la fonction `tab_out()`.

Pour que le client puisse accéder par la suite au document en cours, la commande

```
EditSCF("-1","$blk","Arial","<a href=\"/$Base_R/facture.php3?KID=$KID$NumCd=NumCd&ZA=$ZA&KN=$KN\
➥ ">$Server/$Base_R/facture.php3?KID=$KID$NumCd=NumCd&ZA=$ZA&KN=$KN</a>");
```

crée un lien hypertexte comportant l'URI permettant de redemander le document au serveur HTTP.

Le script *facture.php3* est reproduit ci-après :

▼ Listing 9.30 : *Script facture.php3*

```
<?
/* facture.php3                                    */
/* ================================================ */

include("maboutique.php3");
Init_boutique();
MenuBoutique($Base_R,$Identifiant);
$myclient=new clients;

mysql_connect("$MySQL_Host","$MySQL_User","$MySQL_Passw");
$sql="SELECT * FROM clients WHERE NumClient='$KID'";
$res=send_sql($db,$sql);

$myclient->getnum($res);
while ($myclient->z <$myclient->num) {
  $myclient->readrow($res);
}
```

```php
EditSCF("+1","$blk","Arial","<p><br>Confirmation de la commande / facture</b><br>");
if ($myclient->Societe != "") {
EditSCF("","$blk","Arial","<b>Société :<br></b>"); EditSCF("-1","$Chbl","Arial","$myclient-
>Societe<br>");
} else {
EditSCF("","$blk","Arial","<b>Monsieur / Madame </b><br>");
}
EditSCF("-1","$blk","Arial","$myclient->Nom<br>");
EditSCF("-1","$blk","Arial","$myclient->Rue<br>");
EditSCF("-1","$blk","Arial","$myclient->Pays-$myclient->CodePostal $myclient->Ville <br>");
if ($myclient->Tel != "") {
EditSCF("-1","$blk","Arial","Tel: $myclient->Tel<br>");
}
if ($myclient->Fax != "") {
EditSCF("-1","$blk","Arial","Fax: $myclient->Fax<br>");
}
if ($myclient->EMail != "") {
EditSCF("-1","$blk","Arial","E-Mail: $myclient->EMail<br>");
}
echo "<p><br></p>";
$sql="SELECT A.NumArt AS'$w[NumArt]', NomArt AS'$w[Art]', PrixArt AS'$w[Price]',PrixArt*0.16 AS
➥ '$w[Tax]',QteArt As'$w[Number]',TotalCde As'$w[Sum]' FROM listecommande AS A, article AS B
➥ WHERE A.NumArt=B.NumArt AND NumClient=$KID AND NumCde=$NumCd";

$res=send_sql($db,$sql);
tab_out($res);
$sql="SELECT Sum(TotalCde)AS'$w[Total]' FROM listecommande AS A, article AS B WHERE A.NumArt=B.
➥ NumArt AND NumClient=$KID AND NumCde=$NumCd GROUP BY NumCde";
$res=send_sql($db,$sql);
tab_out($res);
echo "<br><br>";
EditSCF("-1","$blk","Arial","Si vous voulez poser une question, prenez contact avec nous<br>");
EditSCF("-1","$blk","Arial","<a href=\"mailto:$EMail\">$EMail</a>");
EditSCF("-1","$blk","Arial"," ou téléphonez-nous au numéro : ");
EditSCF("-1","$blk","Arial","$Tel<br>Veuillez rappeler votre numéro de commande :");
EditSCF("-1","$blk","Arial"," $NumCd");
EditSCF("-1","$blk","Arial","<p>Ce document est accessible à l'adresse suivante :<br>");
$Base_R=ereg_replace("^/","",$Base_R);
EditSCF("-1","$blk","Arial","<a href=\"/$Base_R/facture.php3?KID=$KID$NumCd=NumCd&ZA=$ZA&KN=$KN\"
➥ >$Server/$Base_R/facture.php3?KID=$KID$NumCd=NumCd&ZA=$ZA&KN=$KN</a>");

} // tab_out

?>
```

Le menu de la boutique

Le menu de la boutique est réalisé à l'aide de la fonction MenuBoutique(). Dans la variante la plus simple, il s'agit d'une solution hypertexte conformément au listing suivant :

▼ Listing 9.31 : *1re variante du système de menus*

```
function MenuBoutique($Base_R,$Identifiant) {
echo "<a href='$Base_R/entree.php3?Identifiant=$Identifiant'><img border='0' src='$Base_R/images/
➥ catalogue.jpg'></a>";
echo "<a href='$Base_R/contenupanier.php3?Identifiant=$Identifiant'><img border='0' src='$Base_R/
➥ images/panier.jpg'></a>";
echo "<a href='$Base_R/commande.php3?Identifiant=$Identifiant'><img border='0' src='$Base_R/
➥ images/commande.jpg'></a>";
echo "<a href='$Base_R/entree.php3?Identifiant=$Identifiant'><img border='0' src='$Base_R/images/
➥ entree.jpg'></a>";
echo "<a href='$Base_R/sortie.php3?Identifiant=$Identifiant'><img border='0' src='$Base_R/images/
➥ sortie.jpg'></a>";
echo "<p><br></p>";
} // MenuBoutique
```

Cette fonction reçoit en paramètre la variable $Base_R, qui contient le chemin du répertoire de la boutique sur le serveur web ainsi que la variable $Identifiant avec l'identifiant de l'utilisateur courant. Ces variables sont requises pour formuler les liens correspondants du système de menus.

Si la classe fphover.class est disponible (elle appartient au logiciel Microsoft FrontPage), l'applet Java correspondante permet également de choisir une solution visuellement plus exigeante.

Le listing ci-après présente la solution correspondante. Cette solution, comparée à celle utilisant des liens hypertextes, présente l'intérêt de permettre de générer dynamiquement les entrées du menu à partir du tableau de configuration correspondant du fichier *my_data.php3*. Il est certain que d'autres solutions sont envisageables pour le menu de la boutique, que vous pouvez mettre en œuvre en fonction de vos propres souhaits.

▼ Listing 9.32 : *2e variante du système de menus*

```
function MenuBoutique1($Base_R,$Identifiant) {
 global $w;
 function hover($link,$item,$Base_R,$Identifiant) {
 global $item_arr;
  echo "<applet code='fphover.class' codebase='./' width='130' height='24'>
  <param name='color' value='#000080'>
  <param name='hovercolor' value='#0000FF'>
  <param name='textcolor' value='#FFFFFF'>
  <param name='text' value=$item>
  <param name='effect' value='glow'>
  <param name='url' valuetype='ref' value=\"$Base_R/$link?Identifiant=$Identifiant\">
  <param name='target' value='_self'>
</applet>";
```

```
    } // hover

$item_arr= array("$w[Cat]"=>"entree.php3","$w[Basket]"=>"contenupanier.php3","$w[Order]"=>
➡ "commande.php3","$w[Entry]"=>"entree.php3","$w[Exit]"=>"sortie.php3");
    foreach ($item_arr as $key=>$elem) {
        hover($elem,$key,$Base_R,$Identifiant);
    }
    echo "<p><br></p>";
    }  // MenuBoutique1
```

Chapitre 10

L'accès aux sources de données ODBC depuis PHP

10. L'accès aux sources de données ODBC depuis PHP

Nous avons décrit dans les précédents chapitres comment utiliser le serveur de bases de données MySQL, en mettant en particulier l'accent sur l'accès à ce SGBD via PHP.

Nous montrerons dans le présent chapitre comment utiliser l'interface ODBC et les fonctions ODBC de PHP pour accéder à toutes sortes de SGBD, pour autant que ces derniers prennent en charge l'interface ODBC avec les pilotes correspondants.

10.1. Qu'est-ce qu'ODBC ?

L'interface ODBC (Open Database Connectivity) est une interface de programmation d'applications (API) standardisée, développée par Microsoft. Elle permet à une application d'atteindre les sources de données pour lesquelles il existe des pilotes ODBC compatibles. L'accès aux bases de données ODBC utilise par défaut le langage de requête SQL.

La norme ODBC actuelle est la version ODBC 3.0, mais la norme 2.5 reste encore largement utilisée. C'est ainsi qu'il existe pour MySQL des pilotes ODBC utilisables sous Windows et sous Linux et basés sur la norme 2.5.

L'architecture d'ODBC est constituée de 4 composants :

Les composants d'ODBC

- application ODBC ;
- gestionnaire de pilotes ODBC ;
- pilote ODBC ;
- source de données ODBC.

L'application ODBC exécute les commandes SQL à l'aide de requêtes ODBC et reçoit le résultat de ces requêtes.

Le gestionnaire de pilotes ODBC active le pilote ODBC requis pour l'application, traite les demandes ODBC et exécute pour ces dernières un contrôle des paramètres.

Le pilote ODBC établit la connexion à la source de données et y envoie les demandes. Par ailleurs, il convertit si nécessaire les données au format approprié, initialise et gère les actions du curseur et retourne le résultat de la demande à l'application.

Les messages d'erreur natifs du SGBD sont par ailleurs convertis en messages d'erreur correspondant au standard ODBC.

La source de données est constituée des données auxquelles l'utilisateur souhaite accéder, du SGBD et, le cas échéant, de l'application réseau par l'intermédiaire de laquelle l'accès au SGBD intervient. Les données destinées à l'application sont stockées et gérées dans les sources de données. L'accès aux sources de données ODBC peut se faire en local ou bien par réseau. Pour lier les sources de données à ODBC, toutes les versions de Windows utilisent le programme Administrateur ODBC.

10.2. Les fonctions ODBC de PHP

Les fonctions PHP d'accès aux bases de données ODBC sont récapitulées dans le tableau ci-après. Dans les exemples fournis dans ce tableau, la variable $res correspond au renvoi, requis ou retourné, vers la table réponse résultant de la requête ; $con est l'identifiant de la connexion ODBC, et $sql une variable de chaîne contenant une commande SQL. La variable $succ est la valeur retournée de la fonction concernée, qui signale la réussite (TRUE, 1) ou l'échec (FALSE, 0) de l'opération qui a été exécutée.

▼ **Tab. 10.1 : Fonctions ODBC de PHP**

Fonction	Exemple	Description
odbc_autocommit	$status= odbc_autocommit($con, [$switch]);	Modifie le comportement de validation automatique ($switch=0/1).
odbc_binmode	$res= odbc_binmode($res, $mode);	Gestion de données binaires. Les modes suivants sont possibles : ODBC_BINMODE_PASSTHRU retourne les données binaires directement vers la sortie. ODBC_BINMODE_RETURN : Retourne les données binaires sans les modifier. ODBC_BINMODE_CONVERT : Convertit les données binaires en caractères et les retourne.
odbc_close	odbc_close($con);	Ferme une connexion ODBC.
odbc_close_all	odbc_close_all()	Ferme toutes les connexions ODBC.
odbc_commit	$succ=odbc_commit($con);	Exécute une transaction ODBC.
odbc_connect	$con= odbc_connect($dsn, $user, $pwd, [$cursor_type]);	Établit une connexion à une source de données ODBC. Les paramètres autorisés pour cursor_type sont : SQL_CUR_USE_IF_NEEDED SQL_CUR_USE_ODBC SQL_CUR_USE_DRIVER SQL_CUR_DEFAULT
odbc_cursor	$name= odbc_cursor($res);	Identifie le nom du curseur.
odbc_do	$res= odbc_do($con, $sql);	Synonyme de odbc_exec.
odbc_exec	$res= odbc_exec($con, $sql);	Prépare une commande SQL et l'exécute.
odbc_execute	$succ= odbc_execute($res, [$arr]);	Exécute une commande SQL préparée.
odbc_fetch_into	$n=odbc_fetch_into($res, [$num] , $arr);	Extrait une ligne de la table réponse et l'écrit dans un tableau. Retourne le nombre $n de colonnes de la table réponse. Retourne FALSE en cas d'erreur.
odbc_fetch_row	$succ=odbc_fetch_row($res, [$num]);	Retourne une ligne de la table réponse.
odbc_field_name	$name=odbc_fieldname($res, $field _number);	Retourne un nom de colonne.

▼ Tab. 10.1 : Fonctions ODBC de PHP

Fonction	Exemple	Description
odbc_field_type	$type=odbc_field_type($res, $field_number);	Retourne le type de données d'un champ.
odbc_field_len	$len=odbc_field_len($res, $field_number);	Retourne la longueur d'un champ.
odbc_free_result	$succ=odbc_free_result($res);	Libère la mémoire occupée par le résultat d'une requête.
odbc_longreadlen	$succ=odbc_longreadlen($res, $length);	Définit l'utilisation de colonnes LONG.
odbc_num_fields	$num=odbc_num_fields($res);	Retourne le nombre $num de colonnes de la table réponse.
odbc_pconnect	$con=odbc_pconnect($dsn, $user, $pwd, [$cursor_type]);	Ouvre une connexion persistante à la base de données.
odbc_prepare	$res=odbc_prepare($con, $sql);	Prépare une commande SQL en vue de son exécution.
odbc_num_rows	$num=odbc_num_rows($res);	Retourne le nombre de lignes du résultat d'une requête.
odbc_result	$res=odbc_result($res, $col);	Retourne le contenu $res d'un champ avec le numéro de la colonne $col (1..n).
odbc_result_all	$num=odbc_result_all($res, [$format]);	Retourne le résultat d'une requête sous forme de table HTML. Retourne le nombre de rangées dans le résultat de la requête.
odbc_rollback	$succ=odbc_rollback($con);	Annule une transaction.
odbc_setoption	$succ=odbc_setoption($id, $function, $option, $param);	Modifie les options ODBC $idd'un identifiant de connexion ou de résultat. $function est la fonction ODBC utilisée. 1 : SQLSetConnectOption() 2 : SQLSetStntOption()

Utilisation des fonctions ODBC de PHP

L'accès à l'interface ODBC d'une base de données fait appel à un nombre réduit de fonctions, qui sont décrites plus en détail ci-après.

Connexion à une source de données ODBC

Syntaxe de odbc_connect()

```
int odbc_connect(string dsn, string user, string password, int [cursor_type] );
```

La fonction `odbc_connect()` établit une connexion à une source de données ODBC. Cette fonction retourne un identifiant de connexion ODBC ou `FALSE`, en cas d'erreur.

Exemple :

▼ Listing 10.1 : *Script 11ex001.php3*

```
<?
$dsn="biblio";
$user="";
$pwd="";

if (!$cc=odbc_connect($dsn, $user, $pwd)){
   echo "Echec de la connexion ODBC";
   exit;
} else {
echo "La connexion ODBC à la source de données $dsn a été établie";
}
?>
```

L'identifiant de connexion ($con dans l'exemple précédent) retourné par la fonction est utilisé par d'autres fonctions ODBC. Plusieurs connexions ODBC peuvent coexister. Le paramètre optionnel `cursor_type` définit le type de curseur utilisé pour cette connexion. Les différentes valeurs correspondant au paramètre `cursor_type` sont récapitulées ci-après :

Les différents types de curseur

- `SQL_CUR_USE_IF_NEEDED`
- `SQL_CUR_USE_ODBC`
- `SQL_CUR_USE_DRIVER`
- `SQL_CUR_DEFAULT`

Exécution d'une commande SQL

La fonction `odbc_exec()` envoie une commande SQL au serveur de bases de données désigné par l'identifiant $con et retourne un identifiant de résultat ODBC $res.

Syntaxe de odbc_exec()

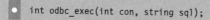

```
int odbc_exec(int con, string sql);
```

En cas d'erreur, la fonction retourne `FALSE`. L'identifiant de connexion ODBC est généré par les fonctions `odbc_connect()` ou `odbc_pconnect()`. Les fonctions `odbc_prepare()` et `odbc_execute()` peuvent être utilisées pour l'exécution simultanée de plusieurs commandes SQL.

Exemple :

▼ **Listing** **10.2** : *Script 11ex002.php3*

```
<?
$dsn="biblio";
$user="";
$pwd="";

if (!$con=odbc_connect($dsn, $user, $pwd)){
    echo "Echec de la connexion ODBC";
}
$sql= "SELECT * FROM Livre";
$res=odbc_exec($con, $sql);
$num=odbc_num_rows($res);
echo "$num enregistrement(s) trouvé(s)";
odbc_close($con);

?>
```

Lecture d'une ligne de résultats

La fonction `odbc_fetch_row()` retourne une ligne de la table réponse d'une requête exécutée à l'aide de la fonction `odbc_do()` ou `odbc_exec()`. En cas de succès, c'est-à-dire lorsqu'une ou plusieurs lignes de réponses ont été trouvées, la fonction retourne TRUE, ou FALSE dans le cas contraire. Après que la fonction `odbc_fetch_row()` a été appelée, les champs de la ligne de réponse retournée sont évalués à l'aide de la fonction `odbc_result()`.

Syntaxe de odbc_fetch_row()

```
int odbc_fetch_row (int res, int [row_number] );
```

Si le paramètre optionnel `row_number`, qui indique le nombre de lignes de la table réponse, n'est pas spécifié, `odbc_fetch_row()` définit le pointeur interne sur la ligne suivante de la table réponse. Si le pilote ODBC ne prend pas en charge la requête de lignes données de la table réponse, le paramètre `row_number` est ignoré.

Accès à une colonne du résultat de la requête

La fonction `odbc_result()` peut être utilisée pour accéder au contenu d'un champ dans une ligne de la table réponse résultant d'une requête. Le paramètre `$field` référence la colonne de la ligne de la table réponse et peut être spécifié avec le nom de la colonne soit comme numéro de colonne soit comme chaîne. Les numéros de colonnes commencent par 1.

Syntaxe de odbc_result()

```
string odbc_result(int res, mixed field);
```

Détermination du nombre de colonnes du résultat

Syntaxe de odbc_num_fields()

```
int odbc_num_fields(int result_id);
```

La fonction **odbc_num_fields()** retourne le nombre de colonnes d'une table réponse. En cas d'erreur, la valeur retournée est **-1**.

L'exemple suivant utilise les trois fonctions qui viennent d'être décrites. Après l'établissement de la connexion et l'envoi de la commande SQL au serveur de bases de données, la première ligne de la table réponse est lue par les instructions

```
$row=1;
odbc_fetch_row($res, $row);
```

L'accès aux champs de cette ligne de réponse intervient à l'aide de la fonction **odbc_result()**. Cette fonction est appelée dans une boucle **for**. La valeur finale du compteur de boucle **$col** correspond au nombre de colonnes figurant dans la ligne de la table réponse résultant de la requête. Celle-ci est auparavant déterminée à l'aide de la fonction **ocbc_num_fields()**.

▼ Listing **10.3** : *Script 11ex003.php3*

```
<?
$dsn="biblio";
$user="";
$pwd="";
if (!$con=odbc_connect($dsn, $user, $pwd)){
    echo "Echec de la connexion ODBC";
    exit;
}
$sql= "SELECT * FROM Livre";
$res=odbc_exec($con, $sql);
$row=1;
odbc_fetch_row($res, $row);
$num=odbc_num_fields($res);
for ($col=1;$col<$num+1;$col++) {
    echo odbc_result($res, $col);
    echo " ";
```

```
    }
    odbc_close($con);
    ?>
```

Écriture d'une ligne de résultat dans un tableau PHP

La fonction `odbc_fetch_into()` écrit une ligne du résultat d'une requête dans un tableau PHP de type numérique et commençant par l'index de tableau 0. En cas de succès, la fonction retourne le nombre de colonnes de la table réponse, et FALSE dans le cas contraire. Le tableau `$res_arr`, dans lequel le contenu de la ligne de réponse est écrit, doit être passé à la fonction comme paramètre par référence, c'est-à-dire avec l'opérateur &.

Syntaxe de odbc_fetch_into()

```
int odbc_fetch_into(int res, int [rownumber] , array res_arr);
```

Dans l'exemple suivant, le script accède à nouveau à la première ligne de la réponse d'une requête. L'accès intervient à l'aide de la fonction `odbc_fetch_into()`, qui stocke le résultat dans un tableau à passer par référence (ici, le tableau `$arr`). L'édition des éléments du tableau peut alors être réalisée simplement à l'aide de la boucle foreach.

▼ Listing **10.4** : *Script 11ex004.php3*

```
<?
$dsn="biblio";
$user="";
$pwd="";
if (!$con=odbc_connect($dsn, $user, $pwd)){
    echo "Echec de la connexion ODBC";
    exit;
}
$sql= "SELECT * FROM livre";
$res=odbc_exec($con, $sql);
$row=1;
odbc_fetch_into($res,$row, &$arr);
foreach ($arr as $elem) {
    echo $elem;
    echo " ";
}
odbc_close($con);
?>
```

Accéder à une base de données Access à l'aide des fonctions ODBC de PHP

Nous allons vous montrer dans l'exemple suivant comment les fonctions ODBC de PHP peuvent être utilisées pour accéder à une base de données Microsoft Access. L'unique condition est qu'Access ait été installé sur un serveur de votre réseau avec les pilotes ODBC requis pour cela.

Établissement de la connexion à la source de données

La première chose à faire est d'installer une nouvelle source de données système avec la base de données à laquelle il est prévu d'accéder. Pour ce faire, ouvrez l'Administrateur ODBC, en cliquant sur l'icône *Sources de données ODBC* dans le Panneau de configuration de Windows. Dans la boîte de dialogue **Administrateur de source de données ODBC**, activez l'onglet **DNS système** et cliquez sur le bouton **Ajouter**.

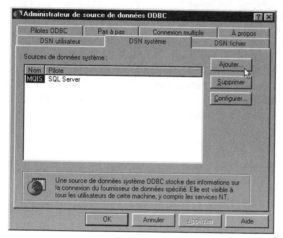

◀ Fig. 10.1 :
Installation d'un nouveau DNS système dans l'Administrateur ODBC

Dans la boîte de dialogue qui s'ouvre ensuite, sélectionnez le pilote ODBC requis pour la connexion à la base de données. Il s'agit en l'occurrence de l'option *Microsoft-Access Driver (*.mbd)*.

◀ Fig. 10.2 :
Sélection du pilote ODBC pour la nouvelle source de données dans l'Administrateur ODBC

Après avoir cliqué sur le bouton **Terminer**, une nouvelle boîte de dialogue s'ouvre, à partir de laquelle vous pouvez définir le nom de la nouvelle source de données système et spécifier le chemin de la base de données.

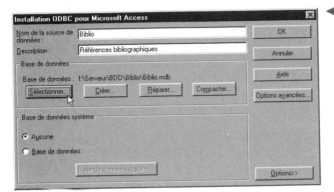

◀ Fig. 10.3 :
Définition du nom de la source de données et sélection de la base de données source

La structure de la base de données exemple

Pour accéder à une base de données à l'aide d'ODBC, vous devez connaître la structure de la base de données. Autrement dit, si vous voulez exécuter des requêtes SQL, il faut au moins connaître le nom des tables et de leurs colonnes. Dans le cas d'une base de données Access, le moyen le plus rapide pour obtenir ces informations est d'afficher les relations entre les tables de la base de données, à l'aide de la commande **Outils/Relations**. Dans l'exemple suivant, nous utiliserons une base de données bibliographique constituée de 9 tables.

Base de données Access

La base de données exemple *Biblio.mdb* se trouve sur le CD-Rom accompagnant cet ouvrage.

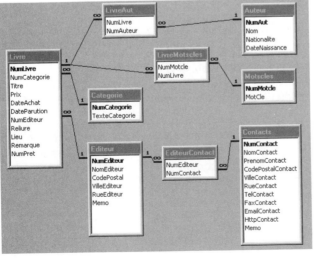

◀ Fig. 10.4 :
Structure de la base de données Biblio

Accès à la base de données exemple

Pour exécuter une requête sur la base de données Biblio, la première opération consiste à établir la connexion à la source de données ODBC, en appelant la fonction odbc_connect(). Pour ce faire, la fonction reçoit en paramètre le nom de la source de données système, qui a été installée à l'aide de l'Administrateur ODBC.

```
if (!$cc=odbc_connect($dsn, $user, $pwd)){
    echo "Echec de la connexion ODBC";
    exit;
}
```

La fonction retourne un identifiant de connexion, qui sera utilisée pour l'appel des fonctions ODBC suivantes. Mais, pour commencer, une variable de chaîne est créée avec la requête SQL à exécuter :

```
$sql= "SELECT Nom,Titre,NomEditeur AS Editeur, DateParution As Année, ROUND(Prix)
➥ AS Prix FROM Livre AS L, LivreAut AS LA, Auteur AS A, Editeur AS E WHERE A.NumAut=LA.NumAuteur
➥ AND LA.NumLivre=L.NumLivre AND L.NumEditeur=E.NumEditeur";
```

La requête génère une table réponse à partir de la jointure entre les tables Livre, Auteur et Editeur de la base de données Biblio, incluant la relation LivreAut, qui forme une relation m:n entre la table Livre et la table Auteur.

La variable de chaîne contenant la requête SQL ainsi que l'identifiant de connexion ODBC sont passés en paramètres de la fonction odbc_exec() afin d'être préparés et envoyés au serveur de bases de données.

```
$res=odbc_exec($cc, $sql);
```

Dans le cas où la requête aboutit, la fonction retourne un identifiant de résultat ODBC ($result dans cet exemple), avec le renvoi vers la table réponse résultant de la requête.

Édition du résultat de la requête

Pour afficher dans la fenêtre du navigateur le résultat de la requête, la fonction d'édition tab_out() est appelée ; elle reçoit en paramètre l'identifiant de résultat ODBC $result.

Le mode de fonctionnement de la fonction d'édition tab_out() a déjà été abordé à la section *Une fonction d'édition sous forme tabulaire des résultats d'une requête*. Nous devons cependant modifier légèrement cette fonction d'édition pour l'utiliser dans le cadre des fonctions ODBC de PHP.

Ces modifications concernent tout d'abord le compteur de boucles de la boucle for. À présent, sa valeur initiale est 1. En effet, la fonction odbc_field_name(), à l'aide de laquelle le nom des colonnes de la table réponse est déterminé, attend comme paramètre non pas l'index de champ commençant par 0, comme dans la fonction MySQL correspondante, mais un numéro de colonne commençant par 1.

Une autre modification concerne l'utilisation de la fonction odbc_fetch_into(), qui lit une ligne de la table réponse et l'écrit dans un tableau numérique. Contrairement à la fonction SQL analogue mysql_fetch_array(), cette fonction ne retourne pas le tableau cible comme valeur de retour. C'est en fait le tableau cible de la fonction qui doit être passé en paramètre par référence en utilisant l'opérateur &. Ce même tableau cible contient les données de la ligne de la table réponse à l'issue de l'appel de la fonction. Ces données peuvent ensuite être extraites de manière habituelle à l'aide d'une boucle **foreach**. Voici le code complet du script :

▼ **Listing 10.5** : *Script 11ex005.php3*

```
<?
$dsn="biblio";
$user="";
$pwd="";
if (!$cc=odbc_connect($dsn, $user, $pwd)){
    echo "Echec de la connexion ODBC";
    exit;
}
$sql= "SELECT Nom,Titre,NomEditeur AS Editeur, DateParution As Année, ROUND(Prix) AS Prix FROM
➥ Livre AS L, LivreAut AS LA, Auteur AS A, Editeur AS E WHERE A.NumAut=LA.NumAuteur AND LA.
➥ NumLivre=L.NumLivre AND L.NumEditeur=E.NumEditeur";
$res=odbc_exec($cc, $sql);
tab_out($res);
function tab_out($result) {
$nombre=odbc_num_fields($result);
echo "<table width=90% border=0 cellpadding='2' cellspacing='2'>";
echo "<tr bgcolor=#D0D0D0>";
for ($i=1;$i<$nombre+1;$i++){
    echo "<th>";
    echo odbc_field_name($result,$i);
    echo "</th>";
}
echo "</tr>";
echo "<tr>";
while ($resultat = odbc_fetch_into($result,&$arr)) {
foreach ($arr as $elem) {
    echo "<td bgcolor='#E8E8E8'><font size='-1'>$elem</font></td>";
}
echo "</tr>";
}
echo "</table>";
} // tab
?>
```

L'illustration suivante montre le résultat de la requête ODBC envoyé à la base de données Access, tel qu'il apparaît dans la fenêtre du navigateur.

Nom	Titre	Editeur	Année	Prix
MIRANDA, S.	L'art des bases de données, Introduction aux bases de données	Eyrolles	1990	145.0
MOREJON, J.	Principes et conception d'une base de données relationnelle	Editions d'Organisation	1991	160.0
MIRANDA, S.	L'art des bases de données, Comprendre et évaluer SQL	Eyrolles	1990	250.0
GARDARIN, G.	Comprendre les bases de données, Modèles et langages	Eyrolles	1993	129.0
GARDARIN, G.	Les bases de données, Les systèmes et leurs langages	Eyrolles	1991	125.0
MARCENAC, P.	SGBD relationnels, Optimisation des performances	Eyrolles	1993	159.0
BONNIN, C.	Pratique de SQL et QMF	Eyrolles	1992	220.0
BUSTA J.M.	L'art des bases de données, Introduction aux bases de données	Eyrolles	1990	145.0

▲ **Fig. 10.5 :** *La table réponse résultant de la requête de la base de données Biblio*

Pour exécuter d'autres requêtes de la base de données `Biblio`, il est nécessaire de modifier en conséquence la variable de chaîne `$sql` à l'aide de la requête SQL à exécuter. La base de données comporte par exemple la table `Motcles`, qui est reliée à la table `Livre` par l'intermédiaire de la table `LivreMotscles` dans une relation m:n. Pour faire une recherche par mot-clé, ces deux tables sont ajoutées à la requête SQL précédente avec les modifications de jointure correspondantes.

▼ **Listing 10.6 :** *Script 11ex006.php3*

```
<?
$dsn="Biblio";
$user="";
$pwd="";
if (!$cc=odbc_connect($dsn, $user, $pwd)){
    echo "Echec de la connexion ODBC";
    exit;
}
$sql= "SELECT Nom As Auteur,Titre,NomEditeur AS Editeur, DateParution As Année, ROUND(Prix)
➥ AS Prix, MotCle FROM Livre AS L, LivreAut AS LA, Auteur AS A, Editeur AS E,LivreMotscles AS LMC,
➥ Motscles AS MC WHERE A.NumAut=LA.NumAuteur AND LA.NumLivre=L.NumLivre AND L.NumEditeur=E.
➥ NumEditeur AND L.NumLivre=LMC.NumLivre AND LMC.NumMotCle=MC.NumMotCle AND MotCle
➥ LIKE'bases de données'";

$res=odbc_exec($cc, $sql);
tab_out($res);

function tab_out($result) {
$nombre=odbc_num_fields($result);
echo "<table width=90% border=0 cellpadding='2' cellspacing='2'>";
echo "<tr bgcolor=#D0D0D0>";
for ($i=1;$i<$nombre+1;$i++){
    echo "<th>";
    echo odbc_field_name($result,$i);
    echo "</th>";
}
echo "</tr>";
echo "<tr>";
```

```
while ($resultat = odbc_fetch_into($result,&$arr)) {
foreach ($arr as $elem) {
    echo "<td bgcolor='#E8E8E8'><font size='-1'>$elem</font></td>";
}
echo "</tr>";
}
echo "</table>";
} // tab
?>
```

La requête précédente, à partir de laquelle la base de données est interrogée sur le mot-clé "bases de données", génère la table réponse suivante.

Auteur	Titre	Editeur	Année	Prix	MotCle
MOREJON, J.	Principes et conception d'une base de données relationnelle	Editions d'Organisation	1991	160.0	bases de données
MIRANDA, S.	L'art des bases de données, Comprendre et évaluer SQL	Eyrolles	1990	250.0	bases de données
GARDARIN, G.	Comprendre les bases de données, Modèles et langages	Eyrolles	1993	129.0	bases de données
GARDARIN, G.	Les bases de données, Les systèmes et leurs langages	Eyrolles	1991	125.0	bases de données
MARCENAC, P.	SGBD relationnels, Optimisation des performances	Eyrolles	1993	159.0	bases de données
BONNIN, C.	Pratique de SQL et QMF	Eyrolles	1992	220.0	bases de données
MIRANDA, S.	L'art des bases de données, Introduction aux bases de données	Eyrolles	1990	145.0	bases de données
BUSTA J.M.	L'art des bases de données, Introduction aux bases de données	Eyrolles	1990	145.0	bases de données

▲ Fig. 10.6 : *Le résultat de la requête après modification*

Chapitre 11

Administration de bases de données MySQL sous Windows

11. Administration de bases de données MySQL sous Windows

11.1. Les clients MySQL pour Windows

À la longue, l'administration de bases de données MySQL avec le client `mysql` utilisable en mode Ligne de commande, qui est fourni avec le serveur de bases de données MySQL, finit par être peu agréable à utiliser.

Nous avons déjà présenté à la section *Administration du serveur de bases de données MySQL à partir du navigateur web* (page 62) l'utilitaire phpMyAdmin, qui s'est montré particulièrement adapté à cet usage, d'autant qu'il est disponible avec le code source PHP, ce qui en fait un sujet d'étude exemplaire pour l'utilisation de PHP.

Pour un emploi sous Windows, il existe également un certain nombre de clients MySQL facilitant l'utilisation du serveur de bases de données. Nous présenterons ci-après un utilitaire de gestion de bases de données pour le Web.

Un client SQL léger pour MySQL : myAdmin

Le client MySQL est un utilitaire léger et robuste particulièrement indiqué pour l'administration de bases de données MySQL.

myAdmin

http://members.xoom.com/qabi

L'installation du logiciel s'effectue automatiquement et très facilement, après que vous avez désarchivé l'archive compressée et appelé le programme d'installation.

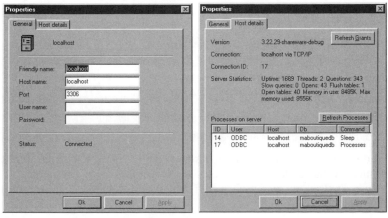

▲ Fig. 11.1 : Connexion au serveur de bases de données à l'aide de l'utilitaire myAdmin

MyAdmin permet d'établir une connexion TCP/IP à n'importe quel serveur de bases de données MySQL en spécifiant les paramètres de connexion correspondants. Lorsque la connexion a été établie, le client donne accès aux bases de données autorisées et à leurs tables.

Dans la fenêtre SQL de l'utilitaire, les commandes SQL peuvent être saisies et envoyées au serveur de bases de données. Une liste recense les commandes SQL envoyées au serveur depuis le lancement du client. Les séquences de commandes plus importantes peuvent être chargées sous forme de fichier ASCII et être à nouveau enregistrées.

L'illustration suivante montre la table réponse résultant d'une requête, dans une fenêtre qui peut être agrandie.

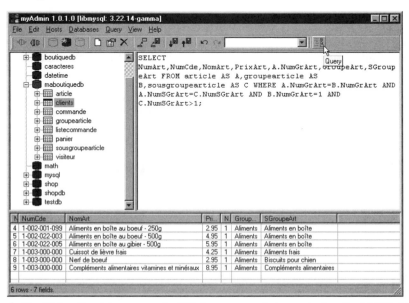

▲ **Fig. 11.2 :** *Envoi de commandes SQL à un serveur de bases de données MySQL à l'aide de l'utilitaire myAdmin*

11.2. Utilisation d'Access comme frontal de bases de données MySQL

Dans les précédents chapitres, vous avez fait l'expérience de MySQL, qui s'est avéré être un serveur de bases de données rapide et robuste et très compétent pour l'implémentation d'applications de bases de données sur le Web.

Nous montrerons à présent comment le SGBD pour PC Access peut être utilisé comme frontal pour MySQL.

Mais quel est l'intérêt d'utiliser Access en relation avec le serveur de bases de données MySQL ?

Alors que l'utilisation de logiciels tels que les tableurs s'est généralisée même parmi les non-informaticiens, l'utilisation de bases de données reste encore un domaine plutôt réservé aux spécialistes. Malgré cela, l'utilisation de SGBD légers mais performants tels qu'Access tend également à se généraliser chez les non-informaticiens pour des usages de bureautique.

C'est ainsi que de plus en plus d'entreprises forment leur personnel à l'utilisation d'Access. Par ailleurs, de nombreux clients demandent des solutions de bases de données fondées sur des technologies performantes et flexibles empruntées aux serveurs SQL tout en disposant pour leurs employés de l'interface familière représentée par Access. Toutes ces raisons justifient donc que l'on s'intéresse de plus près à la question de MySQL et d'Access.

Installation et configuration du pilote ODBC MyODBC

myODBC

■ http://www.tcx.se

Avant de pouvoir accéder à une base de données MySQL à partir d'Access, il est nécessaire d'installer un pilote ODBC. Le logiciel MyODBC propose un pilote du domaine public, correspondant à la norme ODBC 2.5 et fonctionnant très bien avec les programmes Microsoft. Pour pouvoir utiliser toutes les fonctions du pilote, il est nécessaire de posséder la version 3.21.17 de MySQL ou une version plus récente. L'installation du pilote se déroule sans problème et est exécutée après le désarchivage de l'archive compactée, en lançant le programme d'installation *setup.exe*.

Options de MyODBC

Le pilote ODBC MyDOBC peut être configuré avec différentes options particulièrement pour différents clients qui ne sont pas entièrement compatibles avec ODBC.

La définition des options intervient avec le pilote pour Windows dans la boîte de dialogue **TDV mysql Driver default configuration**, accessible à partir de l'Administrateur ODBC et représentée ci-après (page 439).

Les différentes options du tableau suivant sont présentées dans l'ordre où elles apparaissent. Les valeurs correspondant aux drapeaux à définir pour le pilote UNIX/Linux correspondant ont la signification suivante :

▼ Tab. 11.1 : Les options du pilote ODBC

Option	Signification
1	Le client ne peut utiliser la largeur de colonne réelle fournie par MyODBC.
2	Le client ne peut utiliser le nombre retourné par MyODBC correspondant aux enregistrements traités dans une requête. Lorsque l'option est définie, MySQL retourne le message found rows (requiert au moins la version MySQL 3.21.14).
4	Crée un fichier journal de débogage dans le fichier *c:\myodbc.log*. La définition de l'option donne le même résultat que la ligne MYSQL_DEBUG=d:t:O,c::\myodbc.log dans le fichier *autoexec.bat*.
8	Aucune limitation de la longueur des paquets, des volumes de résultats et des paramètres.
16	Pas de demande, même si le pilote le sollicite.
32	Simule le pilote ODBC 1.0.

▼ **Tab. 11.1 : Les options du pilote ODBC**

Option	Signification
64	Ignore l'utilisation de noms de bases de données dans `database.table.column` (MySQL 3.22).
128	Utilisation de curseurs de gestionnaire ODBC (expérimental).
256	Ne pas utiliser l'option `extended fetch` pour les rangées (expérimental).
512	Passer des champs `CHAR` occupant toute la largeur de la colonne.
1024	La fonction `SQLDescribeCol()` retourne les noms de colonne complets.
2048	Utiliser le protocole `compressed protocol` s'il est pris en charge par le serveur (MySQL 3.22).
4096	Ignorer les espaces après les noms de fonctions et avant les parenthèses '('.
8192	Forcer l'utilisation de `named pipes` (uniquement Windows NT).
16384	Convertir des colonnes `BIGINT` (`LONGLONG`) en `INT`.
32768	Ne pas utiliser de catalogue (expérimental).
65536	Lire les options à partir du fichier *c:\my.cnf*.
131072	Exécuter des contrôles de sécurité supplémentaires.

Le tableau suivant présente les options requises pour un fonctionnement correct sur certains clients :

▼ **Tab. 11.2 : Options recommandées pour différents clients**

Client	Option
Applications BDE	1 ou 3
Visual Objects	1
Vision	2
Active server pages	2
Access 7.0	2
Access 2.0	2+32
ODBCETE32 + quiktest	512+1
Visual Basic / ADO	2+16384

Le pilote ODBC est fourni dans deux variantes. Le pilote par défaut est *myodbc.dll*. Une autre version, avec le fichier *myodbc2.dll*, est optimisée pour offrir une plus grande rapidité et peut être utilisée à la place de *myodbc.dll*. Il suffit alors de substituer la DLL correspondante.

Mise en place d'une base de données MySQL comme source de données système ODBC

Pour accéder avec Access à la base de données MySQL `maboutiquedb`, dont il a été question précédemment, celle-ci doit être installée comme source de données système à l'aide de l'Administrateur ODBC. La création d'une source de données ODBC à l'aide de l'Administrateur ODBC a été décrite à la section *Accéder à une base de données Access à l'aide des fonctions ODBC de PHP* (page 426). Pour installer une base de données MySQL comme source de données ODBC, vous pouvez en principe procéder de manière analogue, le pilote myODBC attendant d'autres indications lors de l'installation de la source de données que le pilote Microsoft correspondant.

Ouvrez l'Administrateur ODBC, activez l'onglet **DNS système** et cliquez sur le bouton **Ajouter**. Dans la boîte de dialogue qui s'ouvre alors, sélectionnez dans la liste le pilote MySQL de la société TCX. Cliquez ensuite sur le bouton **Terminer** pour ouvrir la boîte de dialogue **TDX mysql Driver default configuration**.

Dans la zone d'édition *Windows DSN name*, saisissez un nom pour la source de données à installer. Indiquez dans les autres zones d'édition le nom d'hôte ou l'adresse IP du serveur sur lequel MySQL tourne, le nom de la base de données, à laquelle vous voulez accéder ainsi que les données d'accès *User* et *Password*.

Vous devez également vérifier si l'indication figurant dans la zone de saisie *Port* correspond à votre version de MySQL. Une cause fréquente de l'impossibilité d'établir une connexion ODBC est un port incorrect. Jusqu'à la version 3.20 de MySQL, il faut utiliser le port 3333. À partir de la version 3.21, il faut utiliser le port 3306.

Comme le client est Access, vous devez activer l'option *2*, conformément au tableau présenté page 438.

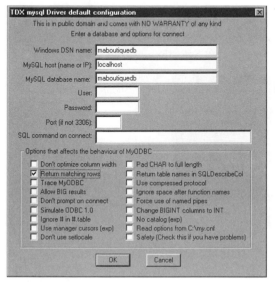

◀ Fig. 11.3 :
Configuration du pilote ODBC myODBC pour une connexion MySQL

Importation d'une base de données MySQL vers Access

Créez une nouvelle base de données Access et exécutez la commande **Fichier/Données externes/Importer**. Dans la liste déroulante *Type de fichiers*, sélectionnez le type *ODBC Databeses ()*.

Dans la boîte de dialogue **Sélectionner la source de données**, activez l'onglet **Source de données machine**. Sélectionnez l'option de la source de données *maboutiquedb* dans la liste.

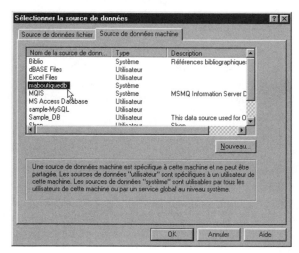

◀ **Fig. 11.4 :**
Sélection d'une source de données ODBC

Si vous n'avez pas encore installé de source de données ODBC, vous pouvez encore le faire en cliquant sur le bouton **Nouveau**. Il vous reste à suivre les instructions de l'assistant.

Lorsque vous avez sélectionné la source de données, cliquez sur le bouton OK. Lorsque la connexion s'établit, toutes les tables de la base de données choisie apparaissent. Vous pouvez à présent sélectionner les tables que vous voulez importer vers Access. Comme nous avons besoin de toutes les tables, vous pouvez cliquer sur le bouton **Sélectionner tout**.

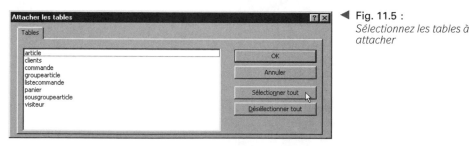

◀ **Fig. 11.5 :**
Sélectionnez les tables à attacher

Access importe ensuite les tables indiquées et les affiche dans la fenêtre **Base de données** de l'onglet **Tables**.

◀ Fig. 11.6 :
*Les tables de la base de
données MySQL ont été
importées*

Gestion de la base de données

Après avoir importé sous Access la base de données MySQL `maboutiquedb`, vous pouvez accéder aux différentes tables de la base de données et y réaliser des opérations de saisie, de modification et de suppression des données.

Utilisation de tables individuelles

Le moyen le plus simple pour utiliser la base de données MySQL consiste à réaliser les différentes modifications requises directement dans les différentes tables. Contrairement à ce qui se passe avec une base de données SQL, vous n'avez pas besoin de commande SQL, mais vous pouvez entrer les données directement dans la table correspondante. Pour rechercher différents enregistrements dans la base de données, ou pour exécuter des requêtes, vous pouvez utiliser toutes les commandes du menu proposées par Access.

	NumArt	NumCde	NomArt	TexteArt	PrixArt	NumGrArt
		1-001-001-001	Aliments secs I	Aliments secs I	7,95	
		1-001-002-001	Aliments secs v	Aliments secs v	12,95	
		1-001-002-003	Aliments secs v	Aliments secs v	25,95	
		1-002-001-099	Aliments en boï	Aliments en boï	2,95	
		1-002-022-003	Aliments en boï	Aliments en boï	4,95	
		1-002-022-005	Aliments en boï	Aliments en boï	5,95	
		1-003-000-000	Cuissot de lièvr	Cuissot de lièvr	4,25	
		1-003-000-000	Nerf de boeuf	Nerf de boeuf, 1	2,95	
		1-003-000-000	Compléments a	Compléments a	8,95	
	☐	2-001-001-001	Balle caoutchou	Balle caoutchou	17,95	
	☐	2-001-001-002	Balle à macher	Balle à macher	17,95	
	☐	2-003-001-001	Frisbee nylon -	Frisbee nylon -	15,95	
	☐	2-003-001-002	Frisbee nylon -	Frisbee nylon -	27,95	
	☐	2-000-000-000	Saucisse à mai	Saucisse à mai	12,95	
	☐	1-003-000-000	Collier, Cuir, 25	Collier, Cuir, 25	12,95	
	☐	3-002-001-001	Accessoires po	Accessoires po	37,95	
	☐	3-002-001-002	Accessoires po	Accessoires po	47,95	
	☐	3-000-000-000	Muselière, Cuir	Muselière en cu	62,75	
	☐	3-000-000-000	Couverture, lain	Couverture en la	52,95	
	☐	3-000-000-000	Panier, synthét	Panier, synthét	125	
	☐	3-000-000-000	Boîte à lancer,	Boîte à lancer e	0	
	☐	4-005-001-001	Pierre Leduc : L	ISBN 1-186-448	185	

Enr : 1 sur 27

◀ Fig. 11.7 :
*La table article de la
base de données MySQL
maboutiquedb*

Création de formulaires

L'un des atouts d'Access réside dans la possibilité de créer des interfaces utilisateurs sous forme de formulaires, permettant ainsi à des non-informaticiens d'utiliser la base de données sans aucun problème. Vous pouvez créer de cette manière des interfaces d'administration simples d'emploi destinées à la base de données de boutique web. Cette possibilité dépasse le cadre de cet ouvrage, aussi nous contentons-nous de la mentionner.

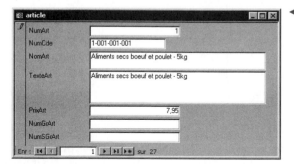

◄ **Fig. 11.8 :**
Création de formulaires
personnalisés pour gérer
la base de données
maboutiquedb

Chapitre 12

Utilitaires pour PHP4

12. Utilitaires pour PHP4

Le moteur ZEND, qui constitue le cœur de PHP 4, est pris en charge par toute une série d'outils complémentaires de ZEND. Il s'agit notamment d'un optimiseur multipasse en version bêta. Par ailleurs, un compilateur est prévu ainsi qu'un module de cache de script.

12.1. L'optimiseur Zend Optimizer

L'optimiseur Zend est un optimiseur de code multipasse destiné au code généré par le compilateur runtime interne du moteur ZEND. L'avantage de son utilisation se situe au niveau de la vitesse d'exécution des scripts PHP, qui est augmentée de manière sensible. Le gain annoncé se situe entre 40 et 100 % de la vitesse d'exécution. La version actuelle est la version bêta 3, qui peut être téléchargée gratuitement depuis le site de ZEND.

Configuration requise

Plates-formes prises en charge

- système à base de x86 Linux glibc2.1 (par exemple Red Hat 6.1, Mandrake 7.0, Slackware 7.0 et SuSE 6.2) ;
- système à base de x86 Linux glibc2.0 (par exemple SuSE 6.1) ;
- système à base de x86 Linux libc5 (par exemple Slackware 4.0 et Debian 1.3.1r8) ;
- Sparc Solaris 7 ;
- FreeBSD 3.4 et 4.0 ;
- Windows 9x/NT 4.0.

ZEND Optimizer requiert la PHP version 4.0.0 ou RC2. Les versions plus anciennes ou les versions bêta ne sont pas prises en charge.

PHP peut être installé comme programme CGI ou comme module Apache.

Pour les détenteurs de Windows (Windows 9x/NT), il existe une version utilisant les fichiers binaires PHP 4.0 RC1 Win32.

Installation de l'optimiseur

L'installation de l'optimiseur est extrêmement simple, tant sous Linux que sous Windows.

Installation sous Unix/Linux

Installation express

- recompilation de PHP 4.0 RC2 avec l'option `--disable-debug` ;
- désarchivage de l'archive ;
- `cp ZendOptimizer.so /usr/local/Zend/lib`.
- Paramètres de *php.ini* :
- `zend_optimizer.optimization_level=7` ;
- `zend_extension="/usr/local/Zend/lib/ZendOptimizer.so"`.
- Redémarrage d'Apache.

La condition pour l'installation de l'optimiseur sous UNIX/Linux est que PHP 4.0 ait été compilé en mode **non-debug**, sans quoi l'optimiseur ne pourra pas être chargé.

Le cas échéant, PHP doit être recompilé avec les options de configuration

 `--disable-debug`

Ces conditions étant réunies, il suffit de décompresser l'archive compressée qui contient les fichiers de l'optimiseur et de copier la bibliothèque *ZendOptimizer.so* dans un répertoire système correspondant. Ce peut être par exemple le répertoire */usr/local/Zend/lib*.

Le fichier de configuration *php.ini* doit comporter les lignes suivantes :

 `zend_optimizer.optimization_level=7`
 `zend_extension="/usr/local/Zend/lib/ZendOptimizer.so"`

Vous devez ensuite relancer le serveur web Apache.

Installation sous Windows

Installation express

- désarchivage de l'archive ;
- copier *ZendOptimizer.dll* dans le répertoire système.
- Modifications dans le fichier *php.ini* :
- `zend_optimizer.optimization_level=7` ;
- `zend_extension_ts="C:\Program Files\Zend\lib\ZendOptimizer.dll"`.
- Redémarrage d'Apache.

L'optimiseur fonctionne uniquement avec les binaires Win32 compilés en mode **non-debug** de PHP4.0 RC2.

Pour installer l'optimiseur sous Windows, l'archive doit être décompressée et le fichier *ZendOptimizer.dll* copié dans un répertoire système quelconque, tel *c:\Program Files\Zend\lib*.

En outre, le fichier de configuration *php.ini* doit comporter les lignes suivantes :

```
zend_optimizer.optimization_level=7
zend_extension_ts="C:\Program Files\Zend\lib\ZendOptimizer.dll"
```

Le serveur web Apache doit enfin être relancé.

Fonctionnement de l'optimiseur

L'optimiseur, qui est placé au sein du moteur Zend entre le compilateur runtime et l'exécuteur, optimise le code intermédiaire du compilateur runtime en plusieurs passes d'optimisation pour parvenir à une vitesse de traitement plus élevée.

Zend est un optimiseur multipasse, qui optimise un élément de code déterminé à chaque passe. Jusqu'à vingt optimisations différentes sont prévues. La version bêta en utilise actuellement trois.

Configuration de l'optimiseur

L'optimiseur peut être configuré dans le fichier *php.ini* à l'aide de la directive

```
zend_optimizer.optimization_level=x
```

pour différentes combinaisons des passes d'optimisation à exécuter. La version bêta actuellement disponible prend en charge trois différentes passes d'optimisation (1, 2 et 4), dans différentes combinaisons. L'option par défaut, dans laquelle les trois passes d'optimisation sont exécutées, est actuellement 7. Le tableau ci-après montre les différentes possibilités de combinaison.

▼ **Tab. 12.1 : Les possibilités d'optimisation de Zend Optimiser**

Option	Optimisation
0	Pas d'optimisation
1	Passe 1
2	Passe 2
3	Passes 1 et 2
4	Passe 4
5	Passes 1 et 4
6	Passes 2 et 4
7	Toutes (1, 2, 4)

Test de l'optimiseur

Pour déterminer si l'optimiseur a été installé et s'il fonctionne correctement, faites un test à l'aide de la fonction `phpinfo()`.

```
<?
  phpinfo();
?>
```

La fonction `phpinfo()` génère l'affichage suivant lorsque l'optimiseur est installé.

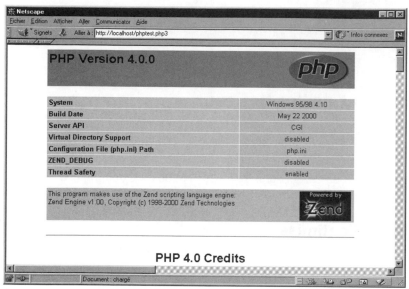

▲ **Fig. 12.1** : *Affichage des paramètres de Zend Optimizer*

Le script suivant peut être utilisé pour mettre en évidence le résultat de l'optimisation.

Le cœur de cette routine de test est une boucle `while`, dont le temps d'exécution est déterminé à l'aide de la fonction `microtime()`.

▼ **Listing 12.1** : *Script 16ex001*

```
<?
$nombre=10;
$i=1;
echo "<table width=70% border=0 cellpadding='2' cellspacing='2'>";
echo "<tr bgcolor=#D0D0D0>";
echo "<th>N° de l'appel</th>";
echo "<th>Temps d'exécution de la fonction de test</th>";
echo "</tr>";
while ($i<$nombre+1) {
 $t=test_func2();
 $time=$time+$t;
 echo "<tr>";
 echo "<td bgcolor='#E8E8E8'>$i</td>";
 echo "<td bgcolor='#E8E8E8'>$t</td>";
 echo "</tr>";
 $i++;
}
$m_time=$time/$i;
echo "<tr>";
```

```
echo "<td bgcolor=#D0D0D0><b>Moyenne</b></td>";
echo "<td bgcolor=#D0D0D0><b>$m_time</b></td>";
echo "</tr>";
echo "</table>";

function test_func1() {
 $$debut=microtime();
 while ($i<1000000) {
 $w=$i*$i;
 $i++;
 }
 $fin=microtime();
 $arr_a=explode(" ",$$debut);
 $arr_e=explode(" ",$fin);
 $resultat=$arr_e[1]+$arr_e[0]-($arr_a[1]+$arr_a[0]);
 return $resultat;
}

function test_func2() {
 $$debut=microtime();
  for ($i=1;$i<1000000;$i++) {
 $w=$i*$i;
  }
 $fin=microtime();
 $arr_a=explode(" ",$$debut);
 $arr_e=explode(" ",$fin);
 $resultat=$arr_e[1]+$arr_e[0]-($arr_a[1]+$arr_a[0]);
 return $resultat;
}
?>
```

La présence de l'optimiseur fait varier de manière sensible la valeur moyenne des dix appels de la fonction de test.

N° de l'appel	Temps d'exécution de la fonction de test
1	5,5025210380554
2	3,9852470159531
3	3,9289749860764
4	3,9311510324478
5	3,9243850708008
6	3,9346599578857
7	3,9446589946747
8	3,9386229515076
9	4,9346480369568
10	3,936879992485
Moyenne	**3,8147044615312**

◀ Fig. 12.2 :
Exécution de la fonction de test

Chapitre 13

Annexe

13. Annexe

13.1. Les noms réservés de MySQL

Le tableau suivant dresse la liste des noms réservés de MySQL. L'usage de ces noms est donc proscrit dans les noms d'objets de bases de données MySQL, c'est-à-dire pour les tables, les colonnes et les noms d'alias. La plupart de ces noms sont également des noms réservés selon la norme ANSI SQL92.

▼ Tab. 13.1 : Les noms réservés de MySQL

action	add	aggregate	all
alter	after	and	as
asc	avg	avg_row_length	auto_increment
between	bigint	bit	binary
blob	bool	both	by
cascade	case	char	character
change	check	checksum	column
columns	comment	constraint	create
cross	current_date	current_time	current_timestamp
data	database	databases	date
datetime	day	day_hour	day_minute
day_second	dayofmonth	dayofweek	dayofyear
dec	decimal	default	delayed
delay_key_write	delete	desc	describe
distinct	distinctrow	double	drop
end	else	escape	escaped
enclosed	enum	explain	exists
fields	file	first	float
float4	float8	flush	foreign
from	for	full	function
global	grant	grants	group
having	heap	high_priority	hour
hour_minute	hour_second	hosts	identified
ignore	in	index	infile
inner	insert	insert_id	int
integer	interval	int1	int2
int3	int4	int8	into

▼ Tab. 13.1 : Les noms réservés de MySQL			
if	is	isam	join
key	keys	kill	last_insert_id
leading	left	length	like
lines	limit	load	local
lock	logs	long	longblob
longtext	low_priority	max	max_rows
match	mediumblob	mediumtext	mediumint
middleint	min_rows	minute	minute_second
modify	month	monthname	myisam
natural	numeric	no	not
null	on	optimize	option
optionally	or	order	outer
outfile	pack_keys	partial	password
precision	primary	procedure	process
processlist	privileges	read	real
references	reload	regexp	rename
replace	restrict	returns	revoke
rlike	row	rows	second
select	set	show	shutdown
smallint	soname	sql_big_tables	sql_big_selects
sql_low_priority_updates	sql_log_off	sql_log_update	sql_select_limit
sql_small_result	sql_big_result	sql_warnings	straight_join
starting	status	string	table
tables	temporary	terminated	text
then	time	timestamp	tinyblob
tinytext	tinyint	trailing	to
type	use	using	unique
unlock	unsigned	update	usage
values	varchar	variables	varying
varbinary	with	write	when
where	year	year_month	zerofill

Chapitre 14

SuperIndex

D

E

F

G

H

I

J

K

L

M

N

O

P

R

S

Achevé d'imprimer en France
par l'imprimerie Hérissey à Évreux (Eure)
Dépôt légal : Août 2000
N° d'imprimeur : 87642